REDACCIÓN SIN DOLOR

SANDRO COHEN

REDACCIÓN SIN DOLOR

6ª
EDICIÓN

Planeta

Diseño de portada: Rafael Hernández Herrera
Imagen de portada: 123 RF Professional Stock Photos

© 1994, 2010, 2014, Sandro Cohen

Derechos exclusivos de edición en castellano reservados
para los países de habla hispana

© 1994, 2010, 2014, Editorial Planeta Mexicana, S.A. de C.V.
Bajo el sello editorial PLANETA M.R.
Avenida Presidente Masarik núm. 111, 2o. piso
Colonia Chapultepec Morales
C.P. 11570, México, D.F.
www.editorialplaneta.com.mx

Primera edición: julio de 1994
Segunda edición: octubre de 1994
Séptima reimpresión: septiembre de 1997
Tercera edición: febrero de 1998
Décima tercera reimpresión: octubre de 2003
Cuarta edición: abril de 2004
Novena reimpresión: julio de 2009
Quinta edición: mayo de 2010
Quinta reimpresión: abril de 2014

Sexta edición: septiembre de 2014
ISBN: 978-607-07-2355-1

Impreso en los talleres de Litográfica Ingramex, S.A. de C.V.
Centeno núm. 162-1, colonia Granjas Esmeralda, México, D.F.
Impreso y hecho en México – *Printed and made in Mexico*

Para Josefina:
cuando la musa lo exige, es preciso escribir.

Agradecimiento

La escritura de cualquier libro implica un viaje. Y cuando el libro pasa por varias ediciones, como ha sucedido felizmente con este, el viaje se enriquece. Pero no solo por esto me siento afortunado. A lo largo de este proceso de 20 años, me ha acompañado mi hija Yliana, quien tenía apenas 15 cuando apareció la primera edición de *Redacción sin dolor*. Muy pronto se incorporó a mi equipo de trabajo, primero como asistente y después como maestra. Y para esta sexta edición, Yliana ha preparado de manera especial un tratado sobre el uso de los verbos, algo que hacía mucha falta. De esta manera, Yliana se incorpora a *Redacción sin dolor* como coautora. ¡Bienvenida y enhorabuena!

Prólogo a la sexta edición

Lengua y tiempo, una batalla constante

En los 20 años que han transcurrido desde la aparición de *Redacción sin dolor*, en julio de 1994, el idioma castellano ha enfrentado múltiples desafíos y ha salido airoso en todos los casos. Numerosos *especialistas* y *observadores* del idioma no eran muy optimistas en aquellos días cuando la revolución tecnológica parecía amenazar el léxico y el carácter mismo de nuestros verbos y sustantivos, sobre todo. Se generaba angustia, por ejemplo, alrededor de la *invasión* de términos técnicos que adoptábamos del inglés casi de manera espontánea, sin dedicarle gran reflexión.

Las polémicas entre periodistas, escritores, académicos y simples hablantes *de a pie*[1] se ponían al rojo vivo con sustantivos como *interfaz* y verbos como *migrar*, por mencionar solo dos. Los cambios en la tecnología venían con tal rapidez que apenas había tiempo suficiente para digerir las palabras nuevas que los acompañaban, muchas de ellas desconocidas en cualquier idioma hacía cinco años. Si bien al principio *interfaz* se escribía de por lo menos tres maneras diferentes —*interfaz*, *interface* e *interfase*—, con el tiempo se llegó a la grafía que hoy en día resulta prácticamente universal: *interfaz*. Usamos este vocablo para hablar de la "conexión, física o lógica, entre un computador y el usuario, un dispositivo periférico o un enlace de comunicaciones" (*Diccionario de la Real Academia Española*, DRAE). Puede tratarse de un teclado, un monitor, un *trackpad*, un *mouse*, *ratón*, pantalla, monitor o cualquier otra herramienta que sirva de enlace entre nosotros —los seres humanos— y el *hardware* que hace los cálculos necesarios para que podamos cumplir con nuestras tareas: escribir, diagramar, computar, diseñar, ilustrar, dibujar, manejar imágenes, *rasterizar*, graficar, almacenar y barajar datos de cualquier índole.

El verbo *migrar* (variante de *emigrar*), por otro lado, según el DRAE es intransitivo y significa, entre otras acepciones parecidas, "abandonar la residencia habitual dentro del propio país, en busca de mejores medios

---

[1] Estos últimos son los más importantes cuando se trata de la evolución de los idiomas.

9

de vida". En el mundo de la informática, sin embargo, este verbo ha adquirido valor transitivo y significa, más o menos, "trasladar aplicaciones o programas informáticos de una plataforma o sistema operativo a otro". En una página web de Microsoft, por ejemplo, leemos lo siguiente: "Quizás ya tenga una aplicación funcionando en una máquina virtual existente. Puede *migrar* esta máquina virtual a Microsoft Azure".[2] Está claro que la *máquina virtual* no migrará sola a Azure; alguien tiene que *migrarla*. Así, un verbo que antes nada más había sido intransitivo, ahora ha adquirido, en contextos informáticos, transitividad. Este titubeo entre el carácter transitivo e intransitivo de ciertos verbos no es nuevo. Para no ir más lejos, el verbo *iniciar*, que según el DRAE es solo transitivo o pronominal, se emplea casi siempre de manera intransitiva por un enorme sector de la población de todos los países de habla española: *El partido* ⊗*iniciará a las 18 horas*; *Aquí* ⊗*inicia la carretera México-Acapulco*. Según las reglas gramaticales en uso, debe decirse y escribirse *El partido se iniciará a las 18 horas* y *Aquí se inicia la carretera México-Acapulco*. Al parecer, la Asociación de Academias no se ha dado cuenta del uso tan extendido de *iniciar* como verbo intransitivo. El *Diccionario Panhispánico de dudas* (DPD) afirma, secamente, que el uso intransitivo de *iniciar* es "error debido al cruce con el verbo sinónimo *empezar*", que sí puede ser transitivo o intransitivo. ¿Pero cuántos millones de hablantes hacen falta para que su manera de emplear una palabra deje de constituir un error y se convierta en una forma aceptable para la Academia? Mientras son peras o manzanas, en *Redacción sin dolor* sigue empleándose *iniciar* de modo transitivo y pronominal.

Huelga decir que hace 25 años la vasta mayoría de las personas redactaba a mano —con lápiz o pluma— o en una máquina de escribir, mecánica o eléctrica. En aquel entonces, asimismo, las hojas de cálculo se compraban en cuadernos enormes que ocupaban casi toda la superficie de cualquier escritorio. Diez años de contabilidad de una empresa mediana podían ocupar buena parte de una oficina. Hace un cuarto de siglo las fichas de una biblioteca de 20 mil volúmenes cabían en un cuarto de cinco por cuatro metros cuadrados. Ahora podemos cargarlas en cualquier *flash drive* comprado en el supermercado o la tienda de la esquina. O, simplemente, *subimos* esta información a la *nube*, donde queda a resguardo hasta el momento en que nos haga falta. ¿Y los libros en sí? Cabían en un edificio de dos o tres pisos. Ahora podemos tenerlos

---

[2] http://msdn.microsoft.com/es-es/library/jj156161.aspx. [fecha de consulta: 18 de julio de 2014]

a nuestra disposición en cualquier momento en un iPad, una *tableta* que pesa menos de 340 gramos.

En los años 90 del siglo pasado nos peleábamos por la ortografía de palabras como *flopi*, CD-ROM y *módem*. Hoy en día, sin embargo, solo los mayores de 40 años saben qué era un *flopi*, los CD-ROM están en el proceso de convertirse en meros artículos de nostalgia y los módems se han vuelto una parte integral, casi invisible, de nuestra manera de ser, trabajar y comunicarnos. Es probable que en un futuro más o menos cercano dejen de ser necesarios por las mejores tecnológicas que ya vienen en camino.

En el año 2000 sacar fotografías era una tarea que requería cierta preparación: buscar la cámara, comprarle rollo, saber insertarlo de manera correcta para que la luz del día no lo echara a perder, y luego había que tener cuidado para no desperdiciar ninguna foto. Los rollos de película, nada baratos, se enviaban a laboratorios especializados para que fueran revelados, un proceso que tardaba semanas entre el envío y la recepción del material. Solo los profesionales, o aficionados muy aventajados, podían hacerlo en cuartos oscuros propios. Durante las vacaciones de una familia típica, se sacaban tal vez dos, tres o cuatro rollos de fotografías —entre 24 y 100 imágenes—, cuando mucho. Hoy en día es común sacar 100 imágenes con teléfono celular en una hora. No es raro que esta familia típica termine sus vacaciones con mil fotografías nuevas catalogadas y editadas en su computadora de escritorio, portátil o en el teléfono móvil mismo, que en nuestros días hace las veces de un estudio completo de comunicaciones, fotografía, filmación, almacenaje…

La gran diferencia entre lo que sucede hoy y lo que pasaba hace 20 años radica en que a estas alturas no nos angustiamos, o nos angustiamos menos, porque —para bien o mal— nos hemos aclimatado a la velocidad de la evolución tecnológica. Y aunque seguimos peleándonos por el léxico, no lo hacemos tanto. El español se ha vuelto más flexible e inclusivo. En la actualidad, adoptamos con menos resistencia vocablos de otros idiomas, y esto representa un gran avance.

Uno de los problemas que se han suscitado en las últimas dos décadas tiene que ver con el modo en que nos han llegado estas palabras: casi siempre por escrito. Si nos llegaran de manera oral, nos resultaría más o menos sencillo castellanizar su grafía, como sucedió con miles de voces hasta mediados del siglo XX: *edecán*, *garaje*, *grafiti*, *bulevar*, *suflé*… Estas palabras entraban en el idioma de boca en boca, por rutas sinuosas no siempre fáciles de trazar. Mas hoy en día llegan por escrito, en sus idiomas originales, mediante manuales de usuario, páginas de internet, periódicos y revistas que están al día en todas las novedades. Ahora, con frecuencia son las distribuidoras comerciales las que determinan cómo se escriben.

Las castellanizaciones forzadas casi nunca se arraigan. La gente suele preferir el término extranjero, el cual debe escribirse en letra cursiva, hasta que el nuevo vocablo se *deforme* lo suficiente, de manera oral, para que halle una grafía aceptable y comprensible en español, como fue el caso de *caché*, *escáner* o *internet* mismo, palabras todas que ahora han hallado cobijo en el DRAE. ¿Quién dice que el día de mañana *trackpad* no se escribirá *tracpa* o *trácpad*? Lo que ahora sabemos es que *nótbuk* jamás *pegó*, que seguimos escribiendo, en letra cursiva, *notebook*. A pesar de ser palabra común y corriente en 2014, *byte* también se niega a castellanizarse como *bait*, que mucha gente confundiría con *carnada*, la traducción castellana de *bait* en inglés.

¿Y qué decir de otra clase de vocablos *nuevos* de índole social, ya no tecnológica, como *gay*? El DRAE la tiene entre sus páginas desde 2001. Conserva la grafía del inglés, pero no consigna la voz con letra cursiva. Dicho de otro modo, la Academia desea que digamos [gái], pero nadie pronuncia la palabra así. Seguimos pronunciándola a la inglesa, [géi]. Y el DPD pretende que el plural sea *gais*, y no *gays*. Si tuviera yo que hacer futurismo, no creo que la pronunciación *gay* [géi] cambie a [gái] solo porque la Real Academia Española (RAE) así lo dispone. Por lo menos recoge el vocablo, al igual que *byte*, voz que aparece en el Diccionario, pero con letra cursiva. En letra redonda aparecen *web*, *blog*, *píxel* o *pixel*, junto con un gran número de palabras que se han castellanizado sin problema alguno porque su grafía no se opone a las reglas tradicionales de la lengua española (como la palabra *internet*).

La batalla de las *simplificaciones*

En 1999, cinco años después de la primera edición de *Redacción sin dolor*, la RAE publicó un opúsculo de 162 páginas titulado *Ortografía de la lengua española*. Hacía mucha falta. Pretendía, entre otras cosas, ordenar y simplificar varias cuestiones importantes en relación con la manera en que debían emplearse los signos de puntuación. Para ese entonces florecía la *edición de escritorio* (*desktop publishing*), y con ella se instaló entre nosotros el caos: los antiguos guardianes de las normas editoriales —los tipógrafos, junto con los editores tradicionales— se habían convertido en una especie en extinción. Durante siglos habían guardado celosamente las normas tocantes a la ubicación de los puntos, por ejemplo, respecto de las comillas y los paréntesis. También cuidaban la armonía entre familias tipográficas, tamaños de letra, caja y página. Sabían cómo armar cornisas, capitulares e índices. Pero de buenas a primeras aparecieron ejércitos entusiastas de la edición de escritorio: secretarias, vendedores de seguros, amas de casa, estudiantes, oficinistas, abogados, contadores públicos, economistas, sociólogos… En otras palabras: *todo el mundo*. Eran muy preparados en sus áreas de conocimiento, pero no en cuestiones de escritura y edición, y se dispusieron a realizar a vapor el trabajo —antes paciente y minucioso— de los antiguos editores y tipógrafos. Quien tuviera a su disposición una computadora más o menos equipada y una impresora láser era capaz de producir los *originales* que luego se imprimirían en *offset*, y unos años después se publicarían directamente en la *red de redes*, el internet. ¿Qué necesidad había de editores y tipógrafos?

Así, aquella *Ortografía…* cayó en un momento oportuno. Sea porque las escuelas ya no dedicaban el tiempo suficiente a los menesteres básicos de la lengua castellana, o sea porque el énfasis educativo se había trasladado a las carreras técnicas, poca gente dominaba los pormenores de la puntuación, sintaxis y ortografía. Y de la gramática, ni hablar. Este nuevo libro de la RAE hizo un primer intento por simplificar algunas cuestiones, entre ellas la manera de citar, usar los dos puntos, las comillas y el punto final. Estas simplificaciones fueron recogidas en la 4ª edición de *Redacción sin dolor*, de abril de 2004.

Aquella *Ortografía…* también lanzó una propuesta de simplificación que no prosperó: quitar los acentos diacríticos de *solo* (adverbio) y de los pronombres demostrativos. La mayoría de las personas cuyos ojos pasaron por ese libro no le hicieron mucho caso, yo incluido, porque se trataba de una mera sugerencia. Se dejaba perfectamente abierta la posibilidad de seguir usando la tilde si uno percibía "riesgo de ambigüedad" (pp. 49, 51). No adopté estas medidas en *RSD* por la discrecionalidad que implicaban. Sabía, como maestro, que a los alumnos les costaba más trabajo determinar si había ambigüedad que distinguir entre un adjetivo y un adverbio, en el caso de *solo*, y entre un adjetivo y un pronombre demostrativos. A mí mismo me resulta difícil, a veces, detectar *en caliente* si hay ambigüedad, o no, en lo que escribo, puesto que tengo muy claro cuál es mi mensaje. Son los lectores los que se confunden, no uno. Se requieren considerables años de *vuelo* para desarrollar esta sensibilidad. El público en general tampoco acogió la *simplificación*, que más bien venía siendo una manera de complicar aún más el problema.

Pero en diciembre de 2010, la Asociación de Academias dio a conocer la nueva *Ortografía de la lengua española*, ahora de 746 páginas. Obra bastante más ambiciosa que la de 1999, colocó una gran cantidad de puntos sobre las íes y volvió a la carga con *solo* y los pronombres demostrativos. Aunque siguió dejando un resquicio para los conservadores que deseaban continuar escribiéndolos con tilde, ofreció una explicación más extensa acerca de por qué no era necesaria; demostró que en los pocos casos de posible ambigüedad bastaba con usar un sinónimo o con cambiar la sintaxis, precisamente lo que hacemos con innumerables palabras y frases que pueden dar lugar a confusiones. Muchos escritores, periodistas y hablantes en general —que se habían tomado la molestia de aprender las reglas tradicionales— pusieron el grito en el cielo: les parecía una abominación escribir *solo*, como adverbio, sin tilde. (Y lo mismo tratándose de los pronombres demostrativos). Les daba la impresión de que no era un modo de simplificar la ortografía, sino de hacer concesiones para dar gusto a los ignorantes en lugar de *educarlos*. Mas yo pregunto, honestamente, ¿para qué seguir atormentando a 500 millones de hispanohablantes con una tilde que, para efectos prácticos, posee poquísima utilidad?

La nueva *Ortografía…* también aclaró importantes detalles acerca del uso de las mayúsculas y las minúsculas, amén del empleo de las comillas y la letra cursiva. Todas estas medidas, y otras que no mencionaremos aquí, han sido tomadas en cuenta e incorporadas en la 6ª edición de *Redacción sin dolor*.

¿Qué hay de nuevo?

En esta edición de RSD hay cambios significativos respecto de las anteriores. El más notable es la tercera parte. Lo que antes se había titulado "Algunas palabras y frases problemáticas" se convirtió en un libro aparte: *Guía esencial para resolver dudas de uso y estilo* (Planeta, 2011, 270 pp.). Así, ya no aparece en esta 6ª edición. En su lugar se incluye "Los verbos y su lógica temporal relativa", que comprende los nuevos últimos cinco capítulos de este libro. De manera entusiasta, mi hija Yliana Cohen investigó y preparó este tema desde que ambos nos dimos cuenta de su absoluta necesidad en el contexto de la redacción.

No elaboré una sección especial para los verbos en la primera edición de RSD porque me había limitado a desarrollar una explicación comprensible de cómo se construían oraciones simples y cómo estas se combinaban para formar proposiciones, o enunciados, de mayor envergadura: oraciones compuestas de todo tipo. Encima, me parecía impostergable explicar, con un lenguaje sencillo y accesible, cómo y por qué usar los signos de puntuación. Para ello elaboré numerosos ejemplos y ejercicios prácticos; esto constituyó la segunda parte del libro. Con cada edición sucesiva procuré afinar estos dos aspectos fundamentales de la redacción mientras seguía creciendo la tercera parte.

No obstante, tanto en mis clases de la Universidad Autónoma Metropolitana-Azcapotzalco como en múltiples talleres de redacción para adultos profesionales empecé a darme cuenta de que pocas personas tenían una idea clara de qué tiempos verbales debían emplear en sus crónicas, reseñas, narraciones e investigaciones, y qué relaciones había entre estos tiempos. "¿Hay que narrar en el pasado?". "¿Se puede usar el presente para contar lo que me pasó en la infancia?". "¿Por qué debo emplear el pasado si mi abuelita todavía vive en su casa de Colima?". "Y si algo sucede en el pasado, ¿cómo doy a entender que algo sucedió *antes* de lo que estoy contando?". Yliana y yo empezamos a recoger estas preguntas, y cuando vimos que se repetían de manera casi sistemática, decidimos que no debíamos soslayar más la tarea.

Yliana explica la morfología de los verbos *en todos los tiempos y modos* y da ejemplos sencillos de su formación. Ilustra la diferencia entre los modos indicativo, subjuntivo e imperativo y —aún más importante— pone en claro lo que llamamos los *planos temporales narrativos*, cómo funcionan y qué tiempos verbales hay que usar dentro y *fuera* de cada uno, y por qué. Considero que esta nueva tercera parte vendrá a reforzar de manera importante la utilidad de RSD como herramienta práctica de aprendizaje.

El capítulo cuatro cambió sustancialmente, pues en esta ocasión se tratan las oraciones subordinadas de manera más general en un principio (subordinadas sustantivas, adjetivas y circunstanciales) hasta llegar después a lo más particular (de sujeto, de complementos, especificativas y explicativas). En otras palabras, desde el primer capítulo se hace hincapié en que todo elemento de la oración tiene valor sustantivo, adjetivo, verbal o adverbial, pues no solo hay *palabras* sustantivas (nombres de todo lo que existe —material y abstracto— y pronombres) sino también frases y oraciones completas con valor sustantivo (es decir, que podrían ir en lugar de una sola palabra). Por ejemplo: *mi querida madre* y *quien me dio la vida* podrían estar en lugar del sustantivo *Margarita*; la primera es frase; la segunda, oración subordinada, y ambas equivalen al sustantivo *Margarita*. Y como se trata de construcciones sustantivas, pueden fungir como el sujeto, el complemento directo, el complemento indirecto o formar parte de los complementos adnominales o de los prepositivos (o *preposicionales*) del adjetivo o del verbo: Mi querida madre (*Quien me dio la vida* o *Margarita*) trajo el pan [aquí se trata de sujeto]; Ayer visité a *quien me dio la vida* (a *mi querida madre* o a *Margarita*) [aquí se trata de complemento directo]; Llevaré flores a *Margarita* (a *quien me dio la vida* o a *mi querida madre*) [aquí se trata de complemento indirecto]; Fui a <u>casa</u> de *quien me dio la vida* (**de** *mi querida madre*, **de** *Margarita*) [aquí se trata de complemento adnominal del sustantivo *casa*]; Estaba muy <u>orgulloso</u> **de** *Margarita* (**de** *quien me dio la vida*, **de** *mi querida madre*) [aquí se trata de complemento preposicional —o *prepositivo*— del adjetivo *orgulloso*]; Me <u>acuerdo</u> **de** *mi querida madre* (**de** *Margarita* o **de** *quien me dio la vida*) [aquí se trata de complemento preposicional del verbo *acuerdo*]. Lo mismo sucede con los adjetivos. La frase *de mi vecino* y la oración subordinada *que huyó anoche* pueden estar en lugar del adjetivo sencillo *sucio*: "el gato *de mi vecino*", "el gato *que huyó anoche*", "el gato *sucio*". Puede hacerse una afirmación semejante con los complementos circunstanciales, que no solo pueden representarse mediante una palabra (adverbio), sino también con frases u oraciones adverbiales: No vino *ayer* (adverbio de tiempo). No vino *cuando quedó de hacerlo* (oración subordinada circunstancial de tiempo). No vino con mucha prisa (frase adverbial).

Además, en este nuevo capítulo cuatro se agregan cinco cuadros sinópticos que serán de gran utilidad para repasar o asimilar visualmente la relación gramatical entre las oraciones. En el primero se ve cómo podemos coordinar y subordinar en general; en el segundo se incluyen ejemplos de cada tipo de coordinación; en el tercero, de cada subordinada sustantiva que puede haber; en el cuarto, de cada caso de subordinada adjetiva, y en el quinto, de cada subordinada circunstancial.

La otra gran novedad es un nuevo planteamiento de los usos de la coma. En la 5ª edición ya había intentado un nuevo orden y numeración de las reglas. De 10 las reduje a 6, cuatro usos obligatorios y dos discrecionales, y entre estos dos había cuatro casos donde desaparecía la discrecionalidad. En los cuatro años desde que empezamos a usar la 5ª edición en clase, sin embargo, nos dimos cuenta de que esta manera de presentar las comas causaba un poco de confusión. Así, ahora vienen primero seis usos obligatorios, pues agregué la coma antes de oraciones adversativas con *pero* y *aunque* (cuando es conjunción), y la coma antes de conjunciones cuando estas introducen ideas nuevas, no seriadas con lo que venía antes. Este uso aparecía como un *agregado* dentro del primer uso de la coma, la serial.

Luego propongo como un uso discrecional —el cual, de hecho, es mal visto por la Academia— la coma que *puede* separar el sujeto que es una oración subordinada, o que incluye una oración subordinada, del predicado *solo cuando se trate de conservar la mejor sintaxis* y de otra manera podría producir confusión en los lectores. Otra vez: la cuestión de la discrecionalidad… Luché conmigo mismo largamente sobre este detalle. La regla académica es muy clara y siempre la he incluido en términos generales: *no se separa el sujeto del núcleo de predicado con una coma.* ¡Qué fácil y *limpio* resultaría aplicar esta regla a rajatabla y sin excepciones! Estaba a punto de hacerlo. Pero volví sobre los ejemplos que había incluido al respecto en la *Guía esencial para aprender a redactar*, con los cuales ya había demostrado que se dan muchos casos en que, con una simple coma entre el sujeto y el núcleo del predicado, pueden resolverse problemas de posible ambigüedad cuando interviene una subordinación nominativa. Desde luego, si cambiando la sintaxis puede comunicarse el mismo mensaje con la misma eficacia, o mejor, ¡adelante! Pero a veces no es posible. La Academia nos obligaría a mantener la ambigüedad si quisiéramos conservar la mejor sintaxis. Así, decidí contravenir a la Academia en este caso, explicando por qué.

Después incluyo otra coma discrecional, la número 8, relacionada con las inversiones sintácticas a las cuales —salvo los casos mencionados en las reglas 9, 10, 11 y 12— pueden seguirles una coma, o no. Estas últimas cuatro reglas tocan las situaciones donde, tras una inversión sintáctica, resulta *obligatorio* emplear una coma. De esta manera, en términos generales se conserva la lógica de la 5ª edición, pero se agregan dos usos que no aparecían de manera específica y se termina con cuatro usos obligatorios de la coma dentro del tema de la inversión sintáctica.

El capítulo 6 no sufrió grandes cambios, pero los capítulos 7 y 8, que hablan de los demás signos de puntuación y la acentuación, respectivamente, se han *modernizado*, asimismo, con las nuevas reglas ortográficas de diciembre de 2010. El "Apéndice A", sobre los gerundios, aparece con grandes cambios. De hecho, es un texto nuevo.

En primer lugar, se ha simplificado su estructura. Se explica la formación de los gerundios; después, su naturaleza, y en tercer lugar, cómo se abusa de ellos. Ahora se ofrece una lista de 16 usos claros y diferenciados de gerundios bien empleados, algunos de los cuales no habían sido tomados en cuenta en las ediciones anteriores. Y en todos los casos se dan ejemplos abundantes. Al final, se exponen las tres situaciones principales en que el gerundio se emplea mal, y se explica el porqué de cada caso.

Así, considero que *Redacción sin dolor* se ha puesto al día tanto con respecto a la *Ortografía…* de 2010 como a la *Nueva gramática de la lengua española*, en dos tomos o en su forma de *Manual*, que aparecieron en 2009 y 2010, respectivamente. He recurrido de manera exhaustiva a ellos para documentar y respaldar lo que expongo en RSD, pero como había demostrado con anterioridad, hay casos en que me desvío de la ortodoxia académica. En estas situaciones, sin embargo, lo digo sin ambages y doy mis razones. Usted, lector, es libre de elegir su propio camino. Cumplo, como maestro y como autor, con exponer con claridad los puntos de vista de las Academias de todos los países de habla española, reunidas en la Asociación de Academias. De este modo cada quien sabrá en qué momento y por qué emplear un criterio diferente, pero lo hará con conocimiento de causa y no solo porque así se le ocurrió. Las *ocurrencias* pueden ser muy buenas, mas no son confiables cuando se trata de dominar el ejercicio de la redacción, un noble oficio que, lejos de estar en vías de extinción, se está volviendo cada vez más necesario y ubicuo en nuestra vida diaria, ya que pasamos incontables horas frente a pantallas, mediante las cuales nos comunicamos, casi siempre, gracias a la palabra escrita.

Departamento de Humanidades,
Universidad Autónoma Metropolitana-Azcapotzalco,
julio de 2014

Introducción para escépticos y entusiastas

Hay ciertos términos que de inmediato provocan escozor. La palabra *redacción* es uno de ellos. Mucha gente cree en lo más íntimo de su ser que está en deuda con su propio idioma. Ha cursado la primaria, la secundaria y muchas veces hasta la preparatoria y la universidad, pero intuye que ha fallado en una cuestión fundamental: no aprendió a expresarse bien por escrito.

Para empezar, es necesario eliminar todo sentimiento de culpa. Si el problema se halla tan generalizado, será porque la política educativa no otorgó la importancia debida al idioma español: a su sintaxis, ortografía y puntuación. En algún momento difícil de precisar, probablemente en los años 60, los encargados de la educación decidieron que estas tres disciplinas eran minucias que debían pasar a segundo o tercer plano. Así, el estudio del idioma empezó a descuidarse en las escuelas.

El primer paso para volver a acercarse a la lengua castellana desde la perspectiva de cómo funciona intrínsecamente consiste en reconocer lo que considero como dos verdades: que sí es importante saber redactar bien y que cualquiera puede aprender a hacerlo si se lo propone.

Se hace hincapié en estos dos puntos porque muchas personas no lo creen así. Piensan que la buena redacción compete solo a los escritores, periodistas y maestros de escuela. Gracias a algún mecanismo de defensa, quienes opinan de este modo están convencidos de que no hay problema si los recados, cartas, mensajes, pedidos, reportes, informes y memorandos que escriben cotidianamente están redactados de manera confusa. Si alguien les señalara que tal o cual palabra no se escribe así, o que emplean mal los gerundios, responderían sin pensarlo: "Pero tú me entiendes, ¿no? Eso es lo importante".

Tal vez, ¡pero quién sabe! En algunas ocasiones sí es posible comprender el sentido de un escrito mal redactado, con faltas de ortografía, sintaxis y puntuación. Pero muchas veces surgen equívocos de consecuencias imprevisibles, sobre todo cuando aquellos que leen no conocen a quienes escriben, cuando nada saben del contexto personal, profesional o emocional del redactor. Además, uno puede preguntarse por qué debiera invertir grandes esfuerzos para comprender un texto que pudo haberse escrito de modo claro desde el principio.

¿Cuántas veces, todos los días, en cualquier ciudad actual, ocurren episodios tan desafortunados como el que sigue?

"¡Ay! —exclamó por teléfono la señora cuando por fin localizó al abogado que le habían recomendado—. Yo suponía que iba a encontrarse usted en su despacho a las dos de la tarde porque apuntó claramente que daba asesorías hasta las cinco. Pero cuando llegué, me informaron que no estaba y que iba a tardar todavía unas tres horas. Ya no pude esperarlo porque debía presentarme en los tribunales".

El hecho de que el abogado desconociera el significado de una simple palabra de cinco letras, *hasta*, causó un contratiempo a la señora; tal vez le provocó, además, un problema legal. En este ejemplo, hay un claro error de redacción, y no resulta difícil imaginar la retahíla de confusiones que se suscitan diariamente por escritos en que se cometen lo que podrían parecer, a primera vista, faltas inocentes. No hay que ir muy lejos: una sola coma puede cambiar de manera radical el sentido de una oración.

No es lo mismo afirmar, por ejemplo, "No vino en septiembre" que "No, vino en septiembre". Tampoco significa lo mismo "Juan escucha la sinfonía" que "Juan, escucha la sinfonía".

No hace falta aspirar a ser escritor profesional para aprender a redactar bien. Cualquiera puede hacerlo si tan solo aprende a reconocer cuáles son los elementos gramaticales que maneja cotidianamente y de manera natural. No son tantos que representen un problema insuperable. En un lapso corto y con un poco de práctica todos los días, uno se sorprendería de lo bien que puede llegar a redactar, y sin grandes sufrimientos.

A lo largo de esta introducción he insistido en la frase *redactar (o escribir) bien*. Adrede he evitado el giro *redactar correctamente*, porque la noción de *lo correcto* varía mucho de un lugar a otro y, sobre todo, de una a otra época. Lo que es *correcto* en España no lo es necesariamente en Argentina. Y lo que era, hace dos siglos, de uso común en el lugar mismo donde uno vive, tal vez nos parezca hoy forzado, rimbombante o simplemente arcaico.

Pero de ahí a afirmar que *todo es relativo* hay una gran brecha. Por esto, lo que se pretende en este libro no es la corrección sino la precisión y la claridad en el lenguaje escrito.[1] Dentro de lo posible, se señalará lo que

---

[1] Hago énfasis en la palabra *escrito*. En el lenguaje hablado es posible ser mucho más liberal gracias a todos los fenómenos ajenos a la escritura propia que lo apuntalan y aclaran: gestos y otros elementos del lenguaje corporal, tono de voz, repeticiones, la posibilidad de responder a preguntas, cambios en el tono de voz y la velocidad con que hablamos, etcétera. Además, al conversar, sabemos con quién hablamos y es posible dar muchos factores por entendidos, lo cual es

los académicos consideran *de norma culta*, aunque la suya no constituye la última palabra. Lo importante aquí es tratar de comprender el porqué de las reglas existentes y determinar si todavía siguen siendo válidas para uno dentro de su peculiar circunstancia. Después de todo, no es lo mismo una carta de amor que un artículo periodístico o instrucciones para armar una página web. Cabe la posibilidad, incluso, de que la Academia misma haya atentado en contra de la claridad y precisión del idioma al legitimar ciertas usanzas que enturbian y confunden. Como ejemplo, dos botones...

El primero: el *Diccionario* de la Real Academia Española, DRAE, ha adoptado —*por fin*, dirán muchos— la palabra *gay*, con el sentido de "homosexual", pero la consigna en letra redonda, no cursiva. Esto, según las reglas de la Academia misma, nos obligaría a pronunciar [gái] y no [géi].[2] En todos los países de habla española, la palabra *gay* se pronuncia a la inglesa. ¿Debe uno, por un dictado de la Academia, cambiar su pronunciación? Aún más preocupante: ¿la Academia tomó siquiera en cuenta este problema al reproducir la grafía inglesa mientras consignaba el término en letra redonda? Muchas otras palabras de origen extranjero ya aparecen en el DRAE, con su ortografía original, aunque están consignadas con letra cursiva, como *show*, *jazz*, *ballet*, etcétera.

El segundo: en la explicación que ofrece el *Manual* de la *Nueva gramática de la lengua española*, se recomienda que, en general, se abstenga uno de emplear gerundios cuya acción es posterior a la del verbo principal, pero esta prohibición "[...] se atenúa cuando la posterioridad que se expresa es tan inmediata que casi se percibe como simultaneidad, y también cuando cabe pensar que el gerundio denota una relación causal, consecutiva o concesiva: *Los cartagineses lo atacaron, obligándole a refugiarse en una torre, a la que luego le prendieron fuego* (Fuentes, *Naranjo*); *Alba se la arrebató de la mano de un zarpazo y la lanzó contra la pared, haciéndola añicos* (Allende, *Casa*)" (27.3.1e). Mas hay otros ejemplos, universalmente reprobados, como *Chocó el camión, muriéndose varias personas*, donde el gerundio "denota una relación causal, consecutiva o concesiva", pues las personas murieron *a causa* del choque. La inmediatez tampoco es una clave confiable, pues mientras que en el ejemplo de Allende, lo que Alba lanzó contra la pared se hizo añicos

---

prácticamente imposible cuando desconocemos a los destinatarios finales de lo que escribimos.

² Se trata de transcripciones fonéticas cuando se insertan entre corchetes. En estas palabras, las letras *g* son duras, como en *gato*, o [gá-to] en una transcripción fonética.

en cuestión de milisegundos, en el de Fuentes, ¿cuántos segundos, minutos, horas transcurrieron hasta que el atacado sintió la obligación de refugiarse en una torre? ¿Debo contar con cronómetro para saber cómo emplear bien el gerundio? La Academia se abstiene de aclarar esto, algo que bien valdría la pena hacer. Por eso, mientras son peras o manzanas, sigo la recomendación general: *no hay que emplear el gerundio de* posterioridad.

Por otra parte, este libro no se limita a ofrecer simples reglas mecánicas, porque estas jamás podrían estar a la altura de la complejidad y riqueza del idioma castellano. Las fórmulas simplistas crean casi siempre más problemas de los que resuelven, porque no toman en cuenta las casi infinitas posibilidades combinatorias de las palabras del español moderno. Pero si el lector aprende a reconocer la dinámica de sus propias palabras, cómo se relacionan dentro de la oración y por qué las organizamos de una manera y no de otra (al orden de las palabras dentro de la oración, los gramáticos lo llaman *sintaxis*), entonces sí podrá aplicar correctamente, y con la flexibilidad necesaria, las recomendaciones que se hacen a lo largo de estas páginas. Lo hará, además, según sus propios gustos y necesidades.

Una vez aclarado lo anterior, solo resta decir que el libro se divide en tres partes. La primera versa sobre la estructura de la oración y el orden de los vocablos dentro de ella. De las tres, esta es la más teórica y, por ende, a algunos lectores podría parecerles la más árida. No obstante, debo hacer hincapié en que, para dominar el lenguaje escrito, es recomendable conocer su naturaleza, de qué manera se comporta y cómo se llaman sus partes. De otra forma, no tendríamos manera de señalar objetivamente aquello que deberíamos modificar o mejorar. Ni podríamos afirmar por qué. Todo se reduciría a una opinión subjetiva. Aunque puede haber cierto margen de subjetividad a la hora de discutir la claridad y precisión de cualquier texto, ocurre con frecuencia que el redactor desvirtúa su propio mensaje sin darse cuenta y, por supuesto, sin querer. Hay que señalar esto con toda claridad y conocimiento de causa. Para hacerlo, es preciso dominar aquellos temas de gramática y sintaxis que se tratan en esta primera parte.

En la segunda sección, partiendo de lo establecido en la anterior, se propone una guía práctica para puntuar nuestros escritos de tal manera que estos puedan ser leídos fluidamente y sin confusiones; también se incluye un capítulo sobre la acentuación en general, y sobre problemas específicos de acentuación que surgen con frecuencia. Como puede verse, la naturaleza netamente práctica de esta sección la volverá de gran utilidad para quien busca perfeccionar su redacción cotidiana. La última parte es un tratado sobre los verbos que pretende explicar de manera clara y sencilla cómo funcionan los núcleos de predicado y cómo se relacionan temporalmente entre sí dentro de un escrito.

Por último, es necesario señalar que *Redacción sin dolor* no es, propiamente dicho, un libro de gramática, aunque en él la gramática ocupa un lugar importante, como ya hemos visto. Menciono esto porque su organización responde más bien a los criterios del aprendizaje de la redacción que a los gramaticales. En otras palabras, el lector no encontrará laboriosas definiciones de todas las categorías gramaticales; tampoco hay, por ejemplo, un tratado sobre la teoría de la pluralización. Eso sí, descubrirá un apéndice sobre los problemas y las dudas específicos de concordancia verbal con que uno se tropieza cotidianamente, y otro sobre el uso apropiado e inapropiado del gerundio. Asimismo, podría extrañar el que se desechen algunos planteamientos tradicionales, como el de la ubicación del sujeto de una oración. En su lugar, se pide al lector un poco de paciencia, y se le enseña primero a localizar el núcleo del predicado, el cual le dará una pista inequívoca para identificar el sujeto. Quienes están acostumbrados a las gramáticas tradicionales, tal vez califiquen este procedimiento de heterodoxo, pero para los propósitos de la redacción, es el más indicado por ser el más efectivo. Lo afirmo porque la gramática, como tal, es una disciplina teórica, casi filosófica. La redacción, por otro lado, es un oficio eminentemente práctico. Las definiciones gramaticales, como vimos hace unos párrafos, pueden ser muy enredadas e interpretadas de muchas maneras. Para aprender a redactar, sin embargo, hacen falta señalamientos claros que funcionen en la vida real.

El único obstáculo para hacer esto es la terminología. Todos debemos pensar en lo mismo cuando se usa tal o cual término. De otra manera, sí nos sumiríamos en el caos. Por esto se ha incluido, antes de la primera parte, una "Tabla de términos". En ella el lector encontrará unas cuantas definiciones básicas que le ayudarán a comprender lo que se desarrolla en profundidad más adelante. Se trata de las categorías gramaticales, algunas construcciones básicas y una breve explicación de los modos verbales.

Desde la cuarta edición de *Redacción sin dolor* se incorporaron las nuevas normas ortográficas publicadas por la Real Academia Española en 1999.[3] (Fueron incorporadas desde la primera impresión del *Cua-*

---

[3] Real Academia Española. *Ortografía de la lengua española. Edición revisada por las Academias de la Lengua Española.* Espasa Calpe, Madrid, 1999, 164 pp.

derno de ejercicios prácticos de Redacción sin dolor, pero no en las sucesivas reimpresiones de la tercera edición del libro de texto). No lo hice ni por falta de voluntad ni por *obediencia debida*, sino porque en esa revisión todas las Academias de la Lengua Española se pusieron de acuerdo en homogenizar varios aspectos de la ortografía y puntuación que provocaban muchísimas discusiones bizantinas, como —por ejemplo— la colocación del punto respecto de las comillas, los paréntesis y los signos de admiración e interrogación. El nuevo sistema, aunque podría parecer *raro* para quien está acostumbrado al antiguo, es muchísimo más claro y fácil de manejar. También en esa obra se recurrió al sentido común al eliminar muchos acentos ortográficos innecesarios según las reglas mismas de la Academia, pero que seguían conservándose de todas maneras, principalmente por inercia. En esta sexta edición, se han agregado —igualmente— las últimas normas incluidas en la *Ortografía...* en 2010.

Muchas personas cuestionan la legitimidad de las Academias de la Lengua. Como apunté anteriormente, estas no tienen necesariamente la última palabra ni concuerdo siempre con sus dictámenes. En última instancia, siempre serán los hablantes quienes determinen los derroteros del idioma, no un grupo de estudiosos. Pero gracias al conservadurismo de las Academias —y tal vez un poco de suerte histórica— seguimos hablando y escribiendo el mismo idioma en más de 20 países, aunque sea con una rica variedad de acentos y particularidades. Pienso que si hubiéramos cedido fácilmente a aquellas tentativas de *modernizar* o *liberalizar* la manera de escribir el español (movimientos que se han presentado cíclicamente desde los albores del siglo xx), tal vez no nos entenderíamos tanto. Además, se ha visto que las Academias de la Lengua tienen ganas de abandonar su actitud tradicional estrictamente normativa para adoptar otra más descriptiva. La xxii edición de su diccionario lo atestigua, aunque falta mucho camino por recorrer. *Redacción sin dolor* pretende participar en este diálogo de consenso, conservación y modernización. Valga la paradoja.

Un leve anestésico
(A manera de advertencia)

Por ameno que uno quisiera hacer un libro de redacción, la naturaleza de la materia exige a veces que el lector sufra unos momentos de aridez. La terminología (nomenclatura) en sí puede ser árida, pero sin ella resultaría imposible saber de qué estamos hablando, y en lugar de simplificar las cosas, las volveríamos mucho más complicadas. Además, los nombres de los elementos dejan de ser áridos si los vemos como claves; son pistas de cómo usar dichos términos. Por ejemplo, si sabemos que *adverbio* significa "junto al verbo", podemos relacionar el uso de aquel con el de este, y —ciertamente— lo más común es que los adverbios modifiquen a los verbos, aunque también pueden modificar adjetivos y otros adverbios.

Con esto en mente, se somete al criterio de los lectores una breve tabla que explica, desde el principio, el significado de los términos que se emplearán a lo largo de este libro. Aunque será necesario comprender y —en su caso— memorizar estos términos, así resultará mucho más sencillo y agradable el aprendizaje de los conceptos más avanzados que se verán después.

Tabla de términos

A. Categorías gramaticales

sustantivo. Nombre de cualquier cosa, persona (en estos casos se llama *nombre propio*), animal o concepto abstracto. Ejemplos: *libro*, *impresora*, *fotografía* (cosas); *Guillermo*, *Canadá*, *María Eugenia* (nombres propios); *belleza*, *concordia*, *amor* (conceptos abstractos).

verbo. Palabra que suele expresar acción física o anímica; puede tratarse de acciones tanto exteriores y visibles como interiores o imperceptibles. Ejemplos de verbos de acción o movimiento: *corro*, *abrieras*, *brincaron*, *comiste.* Ejemplos de verbos de acción o movimiento imperceptibles: *pienso, decidieses, odiaran, pudimos.* Como se ve, los verbos se conjugan; es decir, varían en número (singular o plural), persona (primera, segunda, tercera), tiempo (pasado, presente, futuro) y modo (indicativo, subjuntivo, imperativo). También pueden ser *transitivos* o *intransitivos.* Los primeros se emplean cuando hay complemento directo, y los segundos se usan cuando no lo hay. (Todo esto se verá en el capítulo tres y, si se desea profundizar un poco más, en la tercera parte de este libro. No hay que preocuparse ahora).

adjetivo. Palabra que modifica, califica o determina al sustantivo. Ejemplos: música *conmovedora, estas* mujeres, pasos *suyos, cinco* libros. Los adjetivos concuerdan en número y género con el sustantivo que modifican (aunque los únicos numerales que tienen género son *un, una*).

adverbio. Palabra que complementa o modifica un verbo, un adjetivo u otro adverbio. Se trata de palabras invariables; es decir, no concuerdan ni en número ni en género. Ejemplos: 1) Para modificar un verbo: estudia *diligentemente*, festeja *cautelosamente*. 2) Para modificar adjetivos: una cerveza *bien* fría, una actitud *peculiarmente* negativa. 3) Para modificar otros adverbios: lo hizo *muy* bien, se disculpó *poco* amablemente.

artículo. Hay artículos *determinados (definidos)* e *indeterminados (indefinidos)*, y existen en singular, plural, masculino y femenino.

artículos determinados (o definidos)
Los *determinados* se anteponen a sustantivos de los cuales ya se ha hablado (es decir: quien escucha o lee ya tiene conocimiento de ellos). Por ejemplo: *El* libro me gustó. (Ya sabemos de qué libro se trata). *Los* cangrejos me dan risa. *La* feria empieza mañana. *Las* tonterías del jefe son chistosísimas.

artículos indeterminados (o indefinidos)
Los *indeterminados* se anteponen a sustantivos de los cuales no se tenían noticias anteriormente o que no son específicos. Por ejemplo: Me gustaría tomar *un* trago. ¿Me prestas *unas* monedas? Creo que se me ocurrirá *una* idea. Hay *unos* discos que valen la pena.

preposición. Palabra que indica la relación que existe entre dos elementos, el segundo de los cuales será un complemento sustantivo. Ejemplos: Estoy *con* la espalda *contra* la pared. Dejó el chocolate *en* la mesa. *Dentro de* la carta encontrarás la verdad (o: Encontrarás la verdad *dentro de* la carta). Lista de preposiciones: *a, ante, bajo, con, contra, de, desde, en, entre, hacia, hasta, para, por, según, sin, so, sobre, tras.* La preposición *cabe* ("cerca de, junto a") es anticuada y casi no se usa en la actualidad. Las preposiciones son invariables: mantienen una sola forma.

conjunción. Palabra que enlaza dos frases u oraciones: *y, o* (*u*)*, que, pero, ni…* Ejemplos: La bolsa *o* la vida; Llegó, *pero* se fue; *Ni* Míriam *ni* Carolina lo hicieron; Dijo *que* vendría.

pronombre. Palabra que se emplea para designar a una persona o cosa sin emplear su nombre, sea este común o propio. Está en lugar del nombre. Ejemplos: *Él* llegó, *Me* comprende a *mí*, *Les* dije la verdad, *Aquella* no me gusta.

participio. Los participios *activos* terminan en *-ante* o *-iente*: *pensante, doliente*. Los participios *pasivos* terminan en *-ado, -ido. Los hay* irregulares, que terminan en *-ito, -erto, -echo, -eso…: cerrado, cumplido, impreso*. Pueden tener valor adjetivo o sustantivo: *libro cerrado, el pensante*. Los pasivos, en los tiempos compuestos, también se emplean con el verbo auxiliar *haber*: He *comido* tres veces hoy.

interjección. Palabra o frase breve que suele pronunciarse de modo exclamativo y que tiene valor de oración completa aunque no tenga verbo: *¡Formidable!, ¡Magnífico!, ¡Cuidado!, ¡Ay!, ¡Hola!, ¡Hasta luego!*

B. Construcciones sintácticas básicas

sujeto. Es un sustantivo, frase sustantiva u oración subordinada sustantiva que rige al verbo principal de una oración. Por eso, si el sujeto es singular, también lo será el verbo principal: *concuerdan o conciertan*. Algunos definen el sujeto como *aquello de lo cual, dentro de una oración, se afirma o niega algo*. Esta definición, sin embargo, puede causar muchas confusiones. El tema de la localización del sujeto se ve detalladamente en los apartados §1.3, §1.4 y §1.5.

predicado. Dentro de cualquier oración, el predicado es todo aquello que no es el sujeto. Consiste usualmente en un verbo conjugado y diferentes complementos, aunque no siempre es forzoso que estos se incluyan. También puede decirse que el predicado es lo que se afirma o niega del sujeto. El predicado se estudia de manera minuciosa en los capítulos 3 y 4. En el capítulo 4 se ven con especial cuidado las oraciones compuestas (véase abajo: "oración *compuesta*").

frase. Conjunto de palabras que tiene sentido, aunque no sea completo. Por ejemplo: *el otro día, con mi novia, el hermano del cura, el de la izquierda, a su mejor amigo.*

enunciado. Véase *proposición*.

oración. Palabra o conjunto de palabras con que se expresa un pensamiento completo. Suele estar compuesta de sujeto y predicado. Vista así, la oración es más completa que la frase. Ejemplos: *Alicia ya no vive aquí. El cartero nunca llama dos veces. Rosencrantz y Guildenstern han muerto. No todos los hombres son románticos.* También hay oraciones sin verbo o con verbo implícito; estas suelen ser exclamaciones, aunque no necesariamente: *¡Qué barbaridad! Zapatero, a tus zapatos. ¡Aguas con las aguas!* Y hay, incluso, oraciones que carecen de sujeto. Estas se llaman unimembres, pues solo consisten en un miembro: el predicado. Suele tratarse de expresiones de clima: *Está lloviendo, Nieva todos los días en invierno, Hace calor.*

oración simple. Oración en que no existen subordinaciones o coordinaciones, debido a que posee un solo verbo conjugado. Ejemplos:

La radio *es* todavía un medio importante en gran parte del mundo.

El Banco Mundial *aseguró* la compra de granos con su promesa a los productores.

oración compuesta. Dos o más oraciones en una sola proposición, la cual se forma mediante la subordinación o coordinación. Ejemplos:

subordinación:
Los partidos *desean* **que la gente** *se politice*.
Cuando *llegó* **el recibo,** *habían cortado* la luz.

(Las oraciones principales tienen subrayado; las subordinadas están escritas con letra negrita; los verbos conjugados, con letra cursiva).

Coordinación:
El maestro habló, **pero** nadie hizo caso.
Explotó la bomba **y** murieron tres personas.
La autora habló durante una hora; se cansó visiblemente.

La coordinación o subordinación se da cuando en una misma proposición (véase abajo: *proposición*) hay dos o más oraciones, cada una de las cuales posee un verbo conjugado. En el caso de las coordinadas, no hay oración principal: ambas pueden considerarse como tales y *se coordinan* en una sola proposición mediante una conjunción o signo de puntuación (punto y coma, dos puntos, o una coma simple cuando se trata de oraciones seriadas. Esto se verá cuando se hable del *encabalgamiento* en el capítulo 5).

encabalgamiento. Vicio común en la redacción; sucede cuando el que escribe une, en una sola proposición (véase enseguida la entrada de *proposición*), y separadas apenas por una coma, dos oraciones independientes que no sean seriadas. Por ejemplo: *Ya llegó mi prima, está más guapa que nunca.* Estas dos oraciones no son seriadas y no existe entre ellas una relación de coordinación o subordinación. Se dice, entonces, que son dos oraciones *encabalgadas.* Hay muchas maneras de resolver el encabalgamiento: se pueden coordinar las oraciones o subordinar una a la otra. *Ya llegó mi prima* **y** *está más guapa que nunca* (coordinación mediante la conjunción *y*). *Cuando llegó mi prima, estaba más guapa que nunca* (se replanteó la proposición para que la primera oración se subordinara a la segunda mediante la subordinante *cuando*). Las oraciones en serie sí pueden —y deben— ser separadas mediante comas: *El abogado se levantó, tosió discretamente, encaró al juez, levantó las pruebas y empezó a entonar una canción de La Maldita Vecindad.* (Nota: según la primera regla de la coma, que se verá en el capítulo 5, las comas que separan palabras, frases u oraciones seriadas también podrían ser *y* (o *ni* si estamos negando algo). Lo más común es que se use la *y* solo entre el penúltimo y último elementos, pero no es forzoso que así sea: *El abogado se levantó* **y** *tosió discretamente* **y** *encaró al juez* **y** *levantó las pruebas* **y** *empezó a entonar una canción de La Maldita Vecindad.* La solución anterior, sin embargo, produce un efecto de *cantilena.* A veces esto es precisamente lo que se busca. El redactor es libre de hallar la combinación de comas e *y* que mejor exprese su idea. Hay también un par de opciones negativas a la hora de evitar el encabalgamiento: *No llegó mi prima **ni** está más guapa que nunca*; ***Ni** llegó mi prima **ni** está más guapa que nunca*. También cabe evitar el encabalgamiento con una conjunción adversativa: *Mi prima está más guapa que nunca, **pero** no llegó*. El punto y coma también resuelve el problema: *No llegó mi prima; está más guapa que nunca.*

El fenómeno del encabalgamiento, y cómo evitarlo, se estudia con detalle en la sección §5.1.1 de este libro.

proposición. Algunas gramáticas consideran que *proposición* es sinónimo de *oración*. Puede que lo sea en muchas ocasiones, pero no siempre. Para los efectos de este libro, la palabra *proposición* es sinónimo de *enunciado,* término empleado en muchas gramáticas. Será una oración o un conjunto de oraciones —subordinadas o coordinadas— que empieza con mayúscula y termina con punto [.]. Entendido así, una *proposición* puede ser una *oración*, pero también incluye la noción de la construcción mayor que consta de dos o más oraciones; estas construcciones mayores son, como hemos visto, *oraciones compuestas.* Por ejemplo: las oraciones *yo necesito* + *tú me des un beso* pueden unirse en una sola proposición: *Yo necesito que tú me des un beso.* La segunda oración *se subordina* a la primera. También se pueden *coordinar.* Por ejemplo: *el país entero se llenó de júbilo* + *la selección nacional apenas logró un empate.* Coordinadas: *El país entero se llenó de júbilo,* pero *la selección nacional apenas logró un empate.*

Dos oraciones pueden también coordinarse mediante puntuación: *La situación laboral está difícil; la mayoría de los trabajadores desea declararse en huelga.* También: *Ningún obstáculo real existe para alcanzar la victoria: solo hace falta enfocar la meta y no cejar en el esfuerzo.* Esta clase de coordinación se llama *yuxtaposición.*

C. Modos indicativo, subjuntivo e imperativo

La noción de *modo indicativo* suele contraponerse a la de *modo subjuntivo.* El *modo* se considera independientemente del tiempo verbal. Según la gramática, los verbos en modo indicativo denotan seguridad; se usan para afirmar (indicar) algo: *El cielo está nublado* o *María se casó con mi peor enemigo.* Incluso, si digo *Creo que va a llover*, afirmo mi creencia.

Los verbos en modo *subjuntivo*, por otra parte, suelen responder a otro verbo —conjugado en modo indicativo— que indica mandato, consejo, duda, falta de certeza, permiso, posibilidad, deseo o petición: *Quiero que* vengas *a verme mañana* (deseo). *Voy a dejar que* visites *a tu novia en París* (permiso). *Dudo que* sepas *la verdad* (duda). *Es poco probable que la oposición* venza *en las próximas elecciones* (falta de certeza). *Recomiendo que no* vea *usted esa película sin antes leer la novela* (consejo). Deje *ese dinero allí* (mandato). En este último caso se ve que no hay un verbo conjugado en modo indicativo, como sí sucede en los demás ejemplos. Cuando se usa el imperativo, con el cual se da una orden, es como si hubiera un verbo implícito, en modo indicativo, a pesar de que no se incluye dentro de la oración: Yo *quiero* que usted *deje* ese dinero allí...

El subjuntivo también puede emplearse independientemente de otros verbos, como en estos casos: *Ojalá que nos saquemos la lotería*; *Quizá nos hable desde Barcelona*; *No debiéramos abrir el sobre*.

El modo *imperativo* se emplea para mandar o dar órdenes: *Búsquenme una salida... Haz tu mejor esfuerzo... Dilo claramente...* Existe principalmente en la segunda persona (tú, vos, usted, vosotros, ustedes), pero también en la primera: *Vámonos. Hablemos claramente*.

Algunos gramáticos también hablan del modo *potencial*, o *condicional*: *Escribiría si pudiera*; *Dijo que lo haría*. Otros, como Andrés Bello, consideran que este modo forma parte del indicativo.

Primera parte

Vista panorámica de la oración

En esta primera parte se estudiará el concepto de oración y todo aquello que la compone. Se verá en qué consisten el sujeto y el predicado y se analizarán las relaciones que existen entre sus elementos. Esto se hará con el fin de comprender cómo pueden manejarse por motivos estéticos o de claridad y precisión. Algunos de los subtemas que se analizarán aquí son los complementos directo, indirecto y circunstancial; los modificadores; la oración simple y la oración compuesta, y dentro de esta, oraciones especificativas y explicativas.

Si usted, lector, se siente perdido al leer estas palabras, no debe preocuparse: todo se aclarará en su momento y de la manera más transparente. Por desgracia, para poder manejar las palabras en la oración, es necesario llamarlas de alguna manera; de otro modo, nadie sabría a qué nos referimos. Poco a poco, y con toda calma, se irá esclareciendo el misterio encerrado en las palabras citadas en el párrafo anterior y esto nos permitirá proceder a la tarea más importante: aprender a redactar con claridad y precisión.

Capítulo 1
Sujeto y predicado

§ 1.1 Sintaxis: orden, desorden y sus infinitas posibilidades

El área de la gramática que llamamos *sintaxis* tiene que ver con el orden de las palabras en la oración y cómo se combinan para expresar ideas. Las oraciones en español suelen seguir de manera natural cierta sintaxis, cierto *orden*, que se altera con mucha frecuencia por razones de variedad, claridad y eufonía. No hay una sintaxis única que sea correcta, sino que existen ciertas disposiciones —o modos de organizar nuestras palabras y frases— que se antojan más naturales que otras. Pero si repitiéramos siempre las mismas estructuras en nuestros escritos, el lector se aburriría pronto y no seguiría leyendo. Además, puede ser que en ocasiones muy especiales no deseemos que lo escrito parezca natural sino extraño o rebuscado. Cuando esto se hace intencionalmente y con maestría, se logran efectos inesperados. Solo hay que pensar en la poesía, donde suele jugarse con el orden de las palabras precisamente para provocar estos efectos. Como ejemplo extremo de una sintaxis *retorcida* está la siguiente estrofa de la "Fábula de Polifemo y Galatea", de Luis de Góngora y Argote, que data de 1613:

De este, pues, formidable de la tierra
bostezo, el melancólico vacío
a Polifemo, horror de aquella sierra,
bárbara choza es, albergue umbrío
y redil espacioso donde encierra
cuanto las cumbres ásperas cabrío,
de los montes, esconde: copia bella
que un silbo junta y un peñasco sella.

Por las dos estrofas anteriores a esta sabemos que se trata de la cueva donde vive el famoso cíclope, pero creo que muy pocas personas —hayan vivido en el siglo XVII o vivan en el XXI— han comprendido cabalmente el sentido de esta octava real a primera vista. Su música poética es innegable; la belleza de las imágenes también. ¿Pero qué significa? Tendríamos que *desenredar* la sintaxis para tener una mejor idea de lo que cuenta. Ensayemos otra sintaxis, en prosa, para ver si nos resulta más comprensible:

Pues este formidable bostezo de la tierra, este melancólico vacío, es la bárbara choza de Polifemo, el horror de aquella sierra. Es albergue umbrío y redil espacioso, donde Polifemo encierra todas las cabras que cubren las ásperas cumbres del monte: esa bella abundancia que se junta con un silbido y que se sella tras un peñasco.

Después del *desenredo*, si uno vuelve a leer la octava real de Góngora, puede apreciar la poesía en toda su magnificencia: uno de los momentos cumbre de la literatura en lengua española. Pero Góngora no será modelo para nosotros. No hay nada más lejos de lo que en este libro buscamos. Se cita aquí porque es un ejemplo extremo de cómo puede manipularse la sintaxis para provocar *efectos especiales*. Mas, por lo general, cuando escribimos buscamos precisamente lo contrario: claridad y precisión. No queremos que el lector tenga que *desenredar* lo que escribimos, como si fuera un acertijo, sino que lo comprenda de inmediato sin esforzarse en exceso y, además, con gozo.

Aun así, sucede con frecuencia que en nuestros escritos se juntan algunos vocablos que —incluso en un orden natural— pueden causar confusiones. En situaciones así, debemos replantear la oración, cambiar su sintaxis, para que esto no suceda. También cabe la posibilidad de que disuenen algunas palabras organizadas de manera *natural*, lo cual puede producir cacofonías. Muchas veces esto se evita con solo cambiar el orden de las palabras de la oración. Para decirlo de otro modo, si sabemos cómo suelen construirse las oraciones en español, podremos manejarlas no solo para evitar problemas, sino también para que su sentido se transmita con absoluta claridad y fácilmente. Con un poco más de práctica —y si se dispone del talento— uno puede aprender a provocar sensaciones o reacciones específicas en quienes lo leen, gracias a cómo combina las palabras que elige con todo cuidado. Cuando esto se logra, se ha pasado del buen oficio al arte.

Lo primero es indispensable, y aunque no todos pretenden lo segundo, no resulta imposible o quijotesco aspirar a escribir con aquello que los críticos llaman *malicia* en el buen sentido del término: penetración, sutileza, ironía, sagacidad. Aquí se ofrecen las armas para la primera etapa; quien desee alcanzar la segunda podrá hacerlo si se lo propone. Y en este caso la lectura inteligente y gozosa desempeñará un papel fundamental.

§ 1.1.1 La oración

Lo que en este libro llamamos *oración* consiste en *la unidad más pequeña de sentido completo en sí misma en que se divide el habla real*.[1]

---

[1] Esta definición proviene del *Esbozo de una nueva gramática de la lengua española*, publicado por la Comisión de Gramática de la Real Academia Española (RAE). Se editó

Dicho de otra manera, la oración consiste en una o más palabras que expresan una idea completa. Se ha dicho muchas veces que la oración es la unión de un *sujeto* y un *predicado*. Por ejemplo:

* **Yo** <u>leo libros de redacción en mis tiempos libres</u>.

En letra negrita está el sujeto de la oración. La parte subrayada constituye el predicado (todo lo que no es sujeto es predicado). Si únicamente hubiéramos escrito el sujeto, *Yo*, no sería una idea completa. Veremos enseguida exactamente qué significan *sujeto* y *predicado*, pero basta aclarar ahora que no siempre será necesario cumplir con este requisito para tener una oración. Se trata de casos excepcionales, en realidad sencillos, pero que a veces causan confusión en quienes aprenden a redactar. Por esto se mencionarán ahora.

Si alguien dijera o escribiera, por ejemplo, "¡Qué horror!", no podríamos encontrar por ningún lado ni el sujeto ni el predicado, entendidos estos en términos tradicionales. Lo que sí tenemos es un *fragmento* de predicado, el cual insinúa al sujeto, así como al verbo principal. Si construyéramos esta exclamación con un sujeto y un predicado tradicionales, podríamos decir: "¡**Esto** <u>es un horror</u>!". Resulta evidente que las cargas emotivas de los dos planteamientos son distintas.

* ¡Qué horror!
* ¡Esto es un horror!

---

en 1973 y se ha reimpreso innumerables veces. En 1994 apareció la *Gramática de la lengua española*, de Emilio Alarcos Llorach, también avalada por la RAE. No obstante, es una gramática para iniciados. Mucho más accesible es la de Manuel Seco, *Gramática esencial de la lengua española*, que apareció por primera vez en 1989, editada por Espasa Calpe. Actualmente existe una edición de bolsillo muy económica. En 2009 apareció la *Nueva gramática de la lengua española* en dos tomos, publicada por la Asociación de Academias de la Lengua Española. Consta de casi 3 900 páginas, y es una edición cara, pero el año siguiente apareció esta gramática en forma de *Manual*, que tiene poco menos de mil páginas, a un precio más accesible. En 2011 la Asociación de Academias puso a circular su *Nueva gramática básica de la lengua española*, de poco más de 300 páginas, al alcance de prácticamente todos los bolsillos.

Hay disponibles muchísimas gramáticas de la lengua española. Desafortunadamente, no todas coinciden en términos y metodología. De hecho, es casi imposible hallar dos gramáticas que expliquen un mismo fenómeno de la misma manera y con la misma terminología. En este libro —que *no* es una gramática— se ha procurado presentar un sistema funcional, coherente y más o menos sencillo para explicar los fenómenos gramaticales cuando esto hace falta. No está basado en una sola gramática sino en muchas. La terminología que aquí se ofrece ha sido cuidadosamente meditada y se usa homogéneamente a lo largo de la obra.

Lo anterior no significa, sin embargo, que el primero deje de constituir una oración; tampoco debemos entender que el otro, a pesar de contar con sujeto y predicado, sea mejor. Ambos poseen un sentido completo en sí dentro de su contexto. Lo mismo podría afirmarse acerca de "¡Aguas!" o "¡Fuego!".

No solo las exclamaciones pueden formar oraciones de una sola palabra sin sujeto. Hay una clase de oración que los gramáticos llaman *unimembres,* y son extremadamente comunes. Algunos ejemplos: *Llueve, Nieva, Truena.* Pueden construirse también con dos o más palabras, aunque siguen siendo unimembres gracias a que carecen totalmente de sujeto. Ejemplos: *Llovió ayer*; *En Chihuahua nieva con frecuencia.*

Las oraciones que poseen sujeto y predicado se llaman *bimembres.* Las oraciones bimembres se usan tradicionalmente para analizar cuestiones de sintaxis, y son las que veremos a lo largo de este libro.

§1.2 Oración bimembre: algunas estructuras

El orden natural, o lógico, de los elementos a que me he referido es el siguiente:

Sujeto (con su núcleo) + núcleo del predicado
+ complementos del predicado.

Insisto: no significa que esto sea el orden correcto o el mejor, sino el más común. Lo importante es darse cuenta de que *alguien* o *algo* realiza alguna *acción*, y que esta acción puede suceder en una o más circunstancias, y que estas acciones —además— pueden afectar la realidad de manera muy diversa. Dos ejemplos de este paradigma, en su orden más *natural* o *lógico*, podrían ser los siguientes:

• El albañil aventó el bulto dentro del camión.
• La hermana de tu novia me envía cartas largas todos los días.

Si dijéramos: *El bulto dentro del camión el albañil aventó* o *Cartas largas me envía la hermana de tu novia todos los días*, no sería incorrecto, sino únicamente un poco extraño o tal vez confuso. Una de las bellezas del idioma castellano radica en la enorme gama de posibilidades expresivas que nos ofrece, pero hay que aprender a controlarlas. Veamos ahora en qué consiste cada uno de estos elementos.

§1.3 El sujeto, planteamiento preliminar

El *sujeto* de la oración realiza la acción del verbo. Puede ser una sola palabra, como en el caso de nombres propios (como *Juan, María, Pedro, Anastasio*), o varias palabras (como *Los emisarios del pasado* o *Quien llegó tarde*). En estos ejemplos los sujetos están escritos con letra negrita:

* **Mauricio** pinta.
* Llegan a la cárcel **muchas personas inocentes**.
* **Quien suele mentir** puede confundir la verdad.

Como se ve, no es necesario que el sujeto aparezca antes que el predicado, el cual siempre será el resto de la oración (los predicados están subrayados en estos ejemplos). En el primer caso, quien pinta es Mauricio. Por eso decimos que Mauricio realiza la acción del verbo, y por eso es el sujeto. En el segundo caso, debemos preguntarnos quiénes o qué cosas realizan la acción del verbo *llegan*. La respuesta es evidente: *muchas personas inocentes*. Por eso decimos que *muchas personas inocentes* es el sujeto de la oración. En el tercer ejemplo, descubrimos que quien puede olvidar la verdad es *quien suele mentir*, y estas últimas palabras son el sujeto de *puede olvidar la verdad*.

Una de las definiciones tradicionales de *sujeto* es "aquello de que se habla en la oración". De hecho, en el *Esbozo...* de la Real Academia Española, se afirma algo muy parecido: "El sujeto es la persona o cosa de la cual decimos algo". Cabe la posibilidad de que sea cierto o no. Es más: como se trata de una situación que podría en ocasiones ser subjetiva, no todos nos pondríamos de acuerdo en qué es el sujeto. Por ejemplo:

* Después de la rebelión en el sureste, el Ejército amenazó la política indigenista del actual Gobierno.

Si se leyera esta oración a cualquier grupo universitario de primer año —en el entendido de que el sujeto es *la persona o cosa de la cual decimos algo*—, podríamos apostar a que más de la mitad diría que el sujeto es *la rebelión en el sureste* o *la política indigenista del actual Gobierno*, lo cual no es cierto. La situación se vuelve todavía más confusa cuando intervienen personas. Por ejemplo:

- A Martín tres misteriosos desconocidos le enviaron un paquete de libros antiguos.

En esta última oración, ¿cuál es la persona, personas, cosa o cosas de las cuales decimos algo? ¿Martín? ¿Tres misteriosos desconocidos? ¿Un paquete de libros antiguos? Para decirlo pronto, ¿de qué se está hablando? Si preguntáramos esto a tres personas, posiblemente obtendríamos tres respuestas diferentes.

Por eso definimos el *sujeto* como aquella palabra o grupo de palabras que realizan la acción del verbo. Además, el sujeto concuerda en número y persona con este verbo, que llamamos *núcleo del predicado*, y eso casi nunca deja lugar a dudas. Por ejemplo, si el verbo es *canté*, el sujeto solo puede ser *yo*. No podría ser ni *tú* ni *vos* ni *nosotros* ni *vosotros* ni *usted* ni *ustedes*. Si el verbo es *fueron*, el sujeto podría ser *ellos*, *ellas*, *ustedes*, *los cineastas* o cualquier plural en tercera persona.

Se trata de una cuestión práctica, no filosófica. Así, para identificar correctamente el sujeto, debemos localizar primero ese núcleo del predicado. La mejor manera de hacerlo es determinar, antes que nada, en qué consiste o puede consistir un núcleo de predicado, y para qué sirve. Haremos esto enseguida.

§1.4 El núcleo del predicado

En primer término, el núcleo del predicado, también llamado *núcleo verbal,* debe ser obligatoriamente un verbo conjugado. *Verbo conjugado* significa que pueden notarse en él la persona o personas que ejecutan su acción. También significa que podemos saber en qué tiempo y en qué modo se ejecuta esa acción.

Las siguientes son oraciones cuyos núcleos verbales se han subrayado:

- El teléfono <u>suena</u> cada cinco minutos.
- Nadie <u>sabe</u> la verdad.
- En la esquina de enfrente me <u>esperan</u> varios amigos.
- Los fotógrafos <u>violaron</u> las reglas no escritas.

En *oraciones simples* como estas, no se presentan problemas graves para localizar el núcleo verbal de la oración, el cual es al mismo tiempo el núcleo verbal de la proposición. Pero el redactor puede llegar a confundirse en presencia de *oraciones compuestas,* las cuales poseen forzosamente más de un verbo conjugado. En otras palabras, por cada verbo conjugado que haya entre la mayúscula y el punto, habrá una oración. Si hay dos verbos conjugados, hay dos oraciones; si hay tres verbos conjugados, hay tres oraciones, etcétera.

Por ejemplo:

- Mi novia <u>canta</u> melodías insulsas mientras <u>leo</u>.
- Esos muchachos no <u>piensan</u> pero <u>hablan</u> mucho y <u>gritan</u> más.

En la primera proposición hay dos oraciones (no olvide que, según nuestra definición, toda *proposición* empieza con mayúscula y termina con punto; véase la "Tabla de términos"): *Mi novia canta melodías insulsas* y *mientras leo*. En la segunda, hay tres: *Esos muchachos no piensan*, *pero hablan mucho* y —en tercer lugar— *y gritan más*.

Aquí no veremos las oraciones compuestas en profundidad (eso se hará en el capítulo 4), mas para evitar las confusiones que siempre surgen, se constatará rápidamente en qué consisten estas proposiciones.

Como ya hemos visto, las *proposiciones* pueden contener una, dos o más oraciones, cada una de estas con un verbo conjugado. Cuando se trata de *oraciones coordinadas* dentro de una proposición, cada una puede analizarse independientemente, como dos o más oraciones simples. Las que provocan confusión son las *dependientes* o *subordinadas*.[2]

Cada oración tiene su sujeto y su núcleo de predicado. No importa que sean dos o más oraciones coordinadas. También pueden ser una oración independiente y otra subordinada, o cualquier combinación de coordinadas y subordinadas. A veces las diferentes oraciones comparten el mismo sujeto; en otras ocasiones son diferentes. Veamos unos ejemplos:

Coordinadas:
- **Yo** <u>recibo</u> mis quincenas y **yo** las <u>gasto</u>.

Independiente más subordinada:
- **El hombre** le <u>entregó</u> su amor cuando **ella** lo <u>pidió</u>.

Independiente más dos subordinadas:
- **El inspector** <u>quería</u> que **los comerciantes** le <u>regalaran</u> productos a pesar de que **esta práctica** <u>contraviene</u> a la ley.

---

[2] Aunque el término *oración dependiente* puede parecer un poco oscuro, significa sencillamente un grupo de palabras que posee sentido completo, pero que depende de otra construcción gramatical. Esto se verá a detalle cuando se hable de las oraciones compuestas en el capítulo 4.

En el primer ejemplo, el de las dos oraciones coordinadas, el mismo sujeto (*yo*) aparece en ambas, pero podría haber cambiado: **Yo** *recibo mis quincenas* y **mi esposa** *las gasta*. En el segundo ejemplo, el de la oración independiente seguida de una subordinada, hay dos sujetos diferentes: *El hombre* y *ella*. Y en el tercer caso, el de la oración independiente y dos subordinadas, hay tres sujetos diferentes: *El inspector, los comerciantes* y *esta práctica*.

Como hemos visto, cuando se trata de oraciones coordinadas cada una se analiza separadamente, como si fueran oraciones simples. Pero cuando hay una oración subordinada a otra independiente, el verbo que rige a toda la proposición es el que va dentro de la oración independiente. En el segundo ejemplo, entonces, el verbo principal es *entregó*; el subordinado es *pidió*. En el tercer ejemplo, el verbo principal es *quería*, y los otros dos son subordinados.

Veamos a continuación otro ejemplo. La subordinada aparece en letra cursiva:

- Las autoridades capitalinas se <u>niegan</u> a recibir a los manifestantes *que no <u>acepten</u> levantar primero su plantón*.

En esta proposición se ve claramente que hay dos verbos conjugados: *niegan* y *acepten*. Mas solo el primero forma parte de una oración independiente. El segundo pertenece a la oración subordinada (dependiente) que empieza con la palabra *que*. Si el lector analiza con cuidado esta oración, se dará cuenta de que todo lo que viene después de la palabra *manifestantes* puede eliminarse, sin que por eso la oración pierda sentido:

- Las autoridades capitalinas se <u>niegan</u> a recibir a los manifestantes…

No puede afirmarse lo mismo de la segunda parte:

… que no <u>acepten</u> levantar primero su plantón.

Como se dará cuenta el lector, esta oración subordinada —que empieza desde la palabra *que*, causante de la subordinación— aunque agrega información, no se comprende por sí sola. Necesita la oración principal para que se entienda. Hay muchas clases de oraciones subordinadas, las que veremos en el capítulo 4. Aquí solo queríamos poner al lector sobre aviso para que no se confunda si las ve, pues son muy comunes tanto en el habla como en la escritura.

En resumen, el *núcleo del predicado* será un *verbo conjugado*. En oraciones coordinadas, cada núcleo verbal posee el mismo valor, la misma jerarquía. Pero si hay una o más oraciones subordinadas, cada una tendrá su núcleo, aunque, dentro de la proposición como un todo, el núcleo más importante siempre será el de la oración independiente que subordina a las demás.

Ejercicio

Localice el núcleo del predicado en las siguientes proposiciones. Hay oraciones simples y compuestas. En estas habrá un núcleo verbal para la principal y otro para la subordinada; diga cuál es el principal, y cuál, el subordinado. Si son oraciones coordinadas, diga cuáles son los núcleos de predicado:

Oraciones simples
1. El cajero preparó una factura a mi nombre.
2. Los perros andan juntos desde la mañana hasta el anochecer.
3. ¿El correo electrónico llegó bien?
4. Escuché sus pasos con terror y abnegación.
5. Sin motivo aparente, el francotirador asesinó a más de 20 seres humanos.

Oraciones compuestas
6. Andrea necesita que le entregues los resultados del sondeo.
7. Todos la queremos y nadie la defendió.
8. ¿Alguien sabe si van a regalar televisores a fin de año?
9. La casa matriz pidió que reportáramos los resultados.
10. La directora autorizó la excursión pero el clima la volvió imposible.

Respuestas:
1. preparó
2. andan
3. llegó
4. escuché
5. asesinó
6. necesita (principal), entregues (subordinado)
7. queremos (de la primera coordinada), defendió (de la segunda coordinada)
8. sabe (principal), van (subordinado)

9. pidió (principal), reportáramos (subordinado)
10. autorizó (de la primera coordinada), volvió (de la segunda coordinada)

§1.5 Identificación del sujeto, tras haber localizado el núcleo del predicado

Volvamos, entonces, a la localización del núcleo del *predicado* y, habiéndolo localizado, a la identificación del *sujeto* gramatical de cualquier oración. Pongamos como ejemplo una que ya vimos:

- Después de la rebelión en el sureste, el Ejército amenazó la política indigenista del actual Gobierno.

Aquí la tarea salió fácil, pues solo está presente un verbo y no hay oraciones subordinadas. Ese verbo es *amenazó*. Por eso podemos decir que *amenazó* es el núcleo del predicado. Sabiendo esto, cabe preguntar quién *amenazó*, o —en otras palabras— qué concuerda con ese verbo, qué lo rige. Para decirlo de otro modo, ¿qué persona, cosa o fuerza ejecuta la acción del verbo?

La respuesta ya puede afirmarse con cierta facilidad: *el Ejército* amenazó la política indigenista del Gobierno. Por esto podemos decir que *amenazó* —el núcleo del predicado— concuerda en número y persona con *el Ejército*. Así, sabemos que *el Ejército* es el sujeto de la oración. Como *el Ejército* es singular y de la tercera persona,[3] también lo es *amenazó*. No podría decirse *el Ejército amenazaron* o *el Ejército amenazaste*. Decimos que la frase *el Ejército* rige al verbo porque determina su número y su persona. Esto es lo que se entiende cuando decimos que el *verbo principal* (o núcleo del predicado) *concuerda* o *concierta* con el sujeto.[4] Si el sujeto es singular, lo será también el núcleo del predicado, y si el sujeto es plural, el núcleo del predicado será plural también. Si el sujeto está en primera persona (como *yo* o *nosotros*), el núcleo del predi-

---

[3] Hay tres personas: primera, segunda y tercera. Existen en singular y plural. Los pronombres de la primera persona son *yo* (singular) y *nosotros (-as)* (plural); de segunda persona, *tú* y *vos* (singular) y *vosotros (-as)* (plural en España y con sentido arcaico o retórico en América; aquí se emplea el *ustedes* para indicar la segunda persona de plural, solo que pide una conjugación de tercera persona); de tercera persona, *él* y *ella* (singular) y *ellos* y *ellas* (plural).

[4] No siempre se observa concordancia de número entre el sujeto y el núcleo del predicado. Se verán las excepciones en el Apéndice B de este libro.

cado se conjugará en primera persona (como *escribo* o *escribimos*, según sea singular o plural).

El segundo ejemplo que vimos, *Las autoridades capitalinas se niegan a recibir a los manifestantes*, es aun más claro: el núcleo del predicado es *niegan*, y quienes se niegan son *las autoridades*, con lo cual podemos afirmar que *las autoridades* es el sujeto de la oración.

En resumen, si puede determinarse cuál es el núcleo del predicado, solo hace falta ver qué sustantivo, frase sustantiva u oración subordinada (o dependiente) sustantiva rige a ese núcleo, el cual será el sujeto de la oración.

Si en este momento volvemos a los dos primeros ejemplos que propusimos, será relativamente fácil localizar los núcleos de predicado y los sujetos que los rigen.

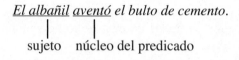

El albañil *aventó* *el bulto de cemento.*

sujeto   núcleo del predicado

Uno se pregunta quién o qué ejecuta la acción del verbo *aventó*. Respuesta: *El albañil*. Por eso podemos decir sin ambages que *el albañil* es el sujeto, por más que el bulto de cemento nos pueda parecer *lo más importante* o *aquello de que se habla*.

El segundo ejemplo:

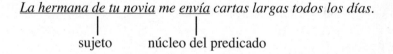

La hermana de tu novia me *envía* cartas largas todos los días.

sujeto   núcleo del predicado

¿Qué o quién ejecuta la acción del verbo *envía*? Respuesta: *La hermana de tu novia*, que es —sin lugar a dudas— el sujeto de la oración.

Uno de los casos que siempre causan confusión es el del verbo *gustar* y otros parecidos como *encantar*, *enloquecer* y *complacer*. En oraciones como *A Juan le gusta comer chocolate,* muchos dirán equivocadamente que el sujeto es *Juan* (cuando en realidad se trata del complemento indirecto), pero si nos preguntamos qué rige al núcleo del predicado, *gusta*, nos daremos cuenta de que la acción de *comer chocolate* es lo que *gusta*. En efecto: *comer chocolate* es una frase sustantiva que aquí funge como el sujeto de la oración, pues rige al núcleo verbal. Lo mismo sucede con oraciones como "A **las muchachas** las *enloquecen* los baladistas de moda" y "A **nosotros** nos *complace* tu decisión". Los sujetos, que realizan la acción de los verbos, están aquí subrayados; los complementos indirectos están resaltados en letra negrita, y los núcleos de predicado aparecen en letra cursiva. Al principio, este análisis puede parecer contraintuitivo, pero obedece fielmente a la regla que hemos postulado: *el sujeto es aquello que realiza la acción del verbo.*

Ejercicio

Localice el sujeto y el núcleo del predicado en cada una de las siguientes oraciones:

1. Con trabajos el maestro logró que los muchachos se sentaran.
2. Treinta pesos y la promesa de volver con más dejó Lorenzo en la casa del viejo.
3. A María no le convencieron las razones de Juan.
4. La mayoría de los animales de esta región encuentra refugio en los bosques protegidos.
5. El libro de poemas terminó en el bote de la basura.
6. Contra todos los vaticinios, el corredor mexicano llegó mucho antes que el competidor etíope apareciera en la meta.
7. Muchos estudios realizados en una serie de universidades europeas y americanas han confirmado lo que todo el mundo temía.
8. En esa mujer encarnan todos los ideales del Renacimiento.
9. Al tesorero dejaron de importarle los pretextos.
10. El crítico, en sus notas, explica algunos puntos oscuros.

Respuestas:
1. Sujeto: el maestro
   Núcleo del predicado: logró
2. Sujeto: Lorenzo
   Núcleo del predicado: dejó
3. Sujeto: las razones de Juan
   Núcleo del predicado: (no) convencieron
4. Sujeto: La mayoría de los animales de esta región
   Núcleo del predicado: encuentra (el verbo es singular porque *mayoría* es singular, pero podría ser plural; véase el Apéndice B).
5. Sujeto: el libro de poemas
   Núcleo del predicado: terminó
6. Sujeto: el corredor mexicano
   Núcleo del predicado (de la oración principal): llegó

7. Sujeto: muchos estudios realizados en una serie de universidades europeas y americanas
   Núcleo del predicado (de la oración principal): han (confirmado)
8. Sujeto: todos los ideales del Renacimiento
   Núcleo del predicado (de la oración principal): encarnan
9. Sujeto: los pretextos
   Núcleo del predicado: dejaron (de importar)[5]
10. Sujeto: el crítico
    Núcleo del predicado: explica

---

[5] Esta es una *construcción verbal perifrástica* o *perífrasis verbal*. En estos casos el verbo consiste en más de una sola palabra: con frecuencia se trata de un verbo conjugado + las preposiciones *de* o *a* (y en, aunque en mucho menor medida) o el relativo *que* + *un infinitivo;* puede formarse también con un verbo conjugado + uno o dos infinitivos juntos, o por un verbo conjugado + participio o gerundio. Por ejemplo:

Acabo de levantarme. / *¡Ponte a hacer* la tarea! / *Quedamos en llegar* temprano / *Hay que entregar* el sobre. / *Tengo que ir* al hospital. / *Has de saber* que andaba buscándote. / *Debe de haber terminado* ya. / Tu hermano me *tiene preocupada.* / *Voy a tener que asistir* a la junta. / Tu maestro *está calificando* los exámenes finales. / *Tengo que poder llegar* a tiempo.

El gerundio solo forma perífrasis después de los siguientes verbos: *estar, andar, ir, seguir, llevar, tener* y *venir.* Ejemplos: *estoy* cantando / *ando* volando bajo / *voy* corriendo / 20 horas *llevo* leyendo / *traes* arrastrando / *tengo* enseñando / *vengo* bufando.

Capítulo 2
El sujeto y sus complementos

§2.1 Sujeto simple y sujeto complejo

El *sujeto* de una oración realiza la acción del verbo. Este sujeto puede constar de un sustantivo —o *nombre*— o de un grupo de palabras que rige al verbo principal, que hemos llamado *núcleo del predicado* o *núcleo verbal*. El sujeto también determinará si el núcleo del predicado es singular o plural. Si el sujeto es singular, el núcleo del predicado lo será también. Si es plural, el núcleo de predicado también deberá serlo. Las siguientes palabras podrían ser sujetos:

* Salvador
* ellos
* usted
* vosotros
* Yolanda

El sujeto también puede ser más de una sola palabra, como en estos casos:

* El maestro de literatura
* La iniciación sexual de cualquier adolescente
* Los Alcohólicos Anónimos
* Todo lo que no se ha comprendido hasta el día de hoy
* La belleza
* Los jóvenes intrépidos del mambo
* El hecho de que viniera temprano
* La filosofía griega

Los sujetos de una sola palabra (sustantivos) que indican una pluralidad —como ocurre con las palabras *gente, multitud, mayoría, grupo* y muchas más— se llaman *colectivos*. Exigen, en general, considerarlos como singulares para los efectos de la conjugación: *Esa gente grita mucho*. En el Apéndice B se contemplan las excepciones a esta regla general.

Asimismo, se dan casos de sujetos complejos —o sujetos de núcleo complejo— que constan de más de una persona, concepto, cosa o conjunto de conceptos o cosas, como en estos casos:

* María y el maestro de Literatura
* La belleza y la filosofía griega

- Tú y los Alcohólicos Anónimos
- Los Alcohólicos Anónimos y los jóvenes intrépidos del mambo

En los sujetos complejos también hay un solo núcleo, el cual consta de más de una palabra ("María / maestro", en el primer ejemplo; "belleza / filosofía", en el segundo). Los sujetos complejos siempre son plurales y exigen que el núcleo del predicado también lo sea. Los simples pueden pedir un verbo en singular o plural, según se trate de uno o más elementos. Así, *Los Alcohólicos Anónimos* exige un verbo en plural, mientras que *El maestro de Literatura* necesita un verbo en singular. Ambos son sujetos simples porque no tienen la estructura *Fulano y Mengano*, *Esto y lo otro*, *Ni Juana ni Chana* o *La bolsa o la vida*, propia de los sujetos complejos.

Con un sujeto simple, siempre habrá una palabra que será el núcleo del sujeto. Con un sujeto complejo, el núcleo poseerá dos o más palabras. Veamos los sujetos simples ya mencionados. En *Salvador, ellos, usted, vosotros* y *Yolanda,* el núcleo del sujeto y el sujeto coinciden porque se expresan en una sola palabra. En *El maestro de Literatura* solo una palabra puede ser el núcleo: *maestro*. El otro sustantivo, *Literatura*, no puede ser el núcleo porque pertenece a lo que se llama *complemento adnominal*, como veremos más adelante. Sucede algo parecido con este otro sujeto: *El bolso de piel de mi amiga*. Aquí hay tres sustantivos, pero solo uno puede ser el núcleo del sujeto: *bolso*. Las palabras *de piel de mi amiga* forman parte del complemento adnominal. La primera frase, *de piel*, indica de qué materia está hecho, mientras que la segunda señala que pertenece a la amiga de quien escribe. En ambos casos el sujeto es singular, y el núcleo del predicado también deberá serlo. En el caso de *Todo lo que no se ha comprendido hasta el día de hoy* y de *El hecho de que viniera temprano*, debido a que son oraciones subordinadas sustantivas, funcionan como un solo sustantivo, así que no tienen núcleo de sujeto.

§2.1.1 Sujeto tácito: aquí estoy pero no me ves

Todos los casos anteriores son de sujeto explícito. También hay sujetos que nunca aparecen, pero están implícitos en la conjugación del verbo principal. Si alguien llegara a decir, por ejemplo, *Escribo guiones de telenovela*, sabríamos que significa *Yo escribo guiones de telenovela*. El hecho de que se trata de la primera persona se ve claramente en la palabra *Escribo*. De la misma manera, si dijera *Deberías enamorarte de mí*, sabríamos que tiene en mente las palabras *Tú deberías enamorarte de mí*. Estos sujetos que no se ven, pero que se entienden, se llaman *tácitos* o *implícitos*.

Puede haber problemas con ellos cuando la conjugación del verbo no aclara del todo cuál es el sujeto. Esto ocurre, sobre todo, en la tercera persona. Si alguien escribiera *Fue a la tienda*, no sabríamos exactamente quién fue, a menos que el contexto lo aclarara; pudo haber sido *él, ella* o, incluso, *usted*. En el lenguaje oral, esto casi nunca llega a crear confusiones, porque si el contexto no está claro, basta con preguntar de inmediato quién fue a la tienda. Pero en un escrito, por informal que sea, si no está claro quién fue a la tienda —es decir: quién es el sujeto—, puede causar problemas serios para la comprensión de lo escrito. Por eso es importante que el redactor se dé cuenta clara de cuándo emplea sujetos tácitos, y debe saber si por el contexto de lo que escribe puede colegirse quién ejecuta la acción que se evoca.

Así, tenemos sujetos simples, complejos y tácitos. Cada sujeto, según su clase, tiene un solo núcleo de una o más palabras. Los dos primeros pueden tener distintas clases de modificadores.

Ejercicio

Determine si los siguientes sujetos son simples o complejos. Escriba, además, el núcleo de cada sujeto, sea simple o complejo, y diga si es singular o plural.

	núcleo	*simple/compuesto*	*singular/plural*

1. Las llaves del coche
2. El marco de esa fotografía
3. El réferi y su colega extranjero
4. Vosotros
5. El teclado descompuesto
6. La canción original
7. El viejo del otro día
8. Ustedes y el viejo del otro día
9. Las marchas campesinas
10. Ni la rama legislativa ni la judicial[1]

---

[1] Como se ve en el apéndice B, "Casos especiales de concordancia", en estructuras como esta el verbo puede conjugarse en singular o plural, según suene mejor.

Respuestas:

núcleo	simple/complejo	singular/plural
1. llaves	simple	plural
2. marco	simple	singular
3. réferi/colega	complejo	plural
4. vosotros	simple	plural
5. teclado	simple	singular
6. canción	simple	singular
7. viejo	simple	singular
8. ustedes/viejo	complejo	plural
9. marchas	simple	plural
10. rama/(rama)	complejo	plural

Ejercicio

Determine cuál es el sujeto tácito en las siguientes oraciones. Si no está absolutamente claro cuál es, invente uno.

1. Fueron a la fiesta muy bien vestidas.
2. Escribí mi primera novela.
3. Nadaste como atleta olímpico.
4. Abuchearon a los ganadores.
5. Fuisteis los más puntuales del grupo.
6. Evaluamos las solicitudes de empleo.
7. ¿Comieron todo?
8. Estuvo muy aburrido.
9. Trata de entenderme.
10. Consiguieron muchos avances.

Respuestas:
1. Ellas, ustedes
2. Yo
3. Tú
4. Ellos, ellas, ustedes
5. Vosotros
6. Nosotros, nosotras
7. Ustedes, ellos o ellas
8. El partido, el estreno, el coctel… (inventar sujeto)
9. Tú
10. Ellos, ellas, ustedes

§2.2 Modificadores directos del sujeto

El <u>maestro</u> de Literatura
|
núcleo del sujeto

La palabra *maestro* es el sustantivo que subordina los demás elementos del sujeto. La palabra *El* es un *artículo definido* (o *determinado*). Los artículos definidos son *el, la, los* y *las*. Introducen elementos específicos, definen: *El libro amarillo está sobre la mesa*, por ejemplo: no cualquier libro amarillo, sino aquel en que piensa el hablante o redactor. *Las ballenas pueden permanecer debajo del agua mucho tiempo*. Aquí se habla de un grupo específico de animales.

Los artículos indefinidos (o *indeterminados*) —por otra parte— son *un, una, unos, unas*. Como su nombre lo indica, no especifican un objeto, cualidad o persona, sino que se refieren a algo indefinido o general: *Un médico no diría eso. Un libro de geometría euclidiana resolvería tu problema. Una extraña belleza emana de esa niña*. Escribir *Unas ballenas pueden permanecer debajo del agua mucho tiempo* (en lugar de *Las ballenas pueden permanecer debajo del agua mucho tiempo*, como en el párrafo anterior) implicaría que hay otras que solo pueden permanecer debajo del agua poco tiempo, pero no especifica cuáles; de ahí, el uso del artículo indefinido.

Como en el ejemplo citado, *El maestro de Literatura*, no hay preposición alguna que intervenga entre *El* y *maestro* (véase la "Tabla de términos" para consultar la lista de preposiciones), se dice que *El* es un *modificador directo*. Veamos algunos otros ejemplos de modificadores directos, todos ellos subrayados:

- <u>Una</u> mujer
- <u>Tres</u> tristes tigres
- <u>Tamaño</u> disparate
- <u>Las</u> <u>buenas</u> conciencias

Aunque *tres* está alejado de *tigres*, sigue siendo modificador directo porque no interviene ninguna preposición. Si se hubiera escrito *Tres tristes taxidermistas de tigres*, la palabra *taxidermistas* pasaría a ser el núcleo del sujeto, y *de tigres* se convertiría en un *complemento adnominal,* como se verá en el párrafo §2.3.1. *Tres* y *tristes*, entonces, siguen siendo modificadores directos y, al mismo tiempo, adjetivos. En el último ejemplo, *Las* y *buenas* son modificadores directos; *Las*, como artículo definido, y *buenas*, como adjetivo. También puede escribirse *Las conciencias buenas*, con un cambio de matiz en el significado, pero en términos gramaticales sigue habiendo dos modificadores directos y un núcleo de sujeto.

Debe aclararse que todo artículo, sea definido o indefinido, funciona estructuralmente como adjetivo, ya que concuerda en número y género con el sustantivo que modifica. Incluso, muchos gramáticos consideran que el artículo conforma una clase de adjetivo.

Así, es *modificador directo* del núcleo del sujeto cualquier adjetivo o artículo que modifica ese núcleo sin que intervenga ninguna preposición. También puede haber un adverbio que modifique directamente algún adjetivo dentro del sujeto, como veremos en el ejemplo *La muchacha más inteligente del grupo*, que viene en la próxima sección.

§2.3 Modificadores indirectos

En la frase ya citada, *El maestro de Literatura,* las palabras *de Literatura* también modifican al núcleo *maestro*, pues se trata de un maestro de esa y no de otra materia. En este caso tenemos un sustantivo, *Literatura*, precedido por una preposición, *de*. Cuando un modificador del núcleo del sujeto requiere una preposición para funcionar, decimos que se trata de un *modificador indirecto*. Tal sería el caso de la palabra *niños* en el sujeto *Las aspirinas para niños*. El artículo definido *Las* sigue siendo modificador directo porque no requiere preposición para modificar el núcleo, *aspirinas*, que está subrayado en el ejemplo. Aquí hay otros dos ejemplos de modificadores indirectos (marcados con las iniciales MI; los directos están marcados con las iniciales MD; la preposición está en letra cursiva y el núcleo está subrayado):

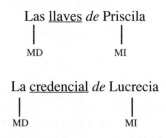

Las llaves *de* Priscila

    MD   MI

La credencial *de* Lucrecia

    MD   MI

El silbato *de*l árbitro

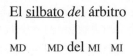

MD   MD del MI MI

Vale la pena examinar la palabra *del* en el último ejemplo, pues se trata de una contracción de dos palabras: *de* + *el*. La preposición sigue siendo *de*, y como veremos un poco más adelante en esta misma sección, *el* es el modificador directo del modificador indirecto árbitro.

Como usted seguramente se ha dado cuenta, esto puede complicarse, pero... ¡no se preocupe! Estas complicaciones son perfectamente comprensibles si se analizan con calma, y —además— son necesarias para poder expresarnos como nosotros queremos. ¿Quién habla —o escribe— como los ejemplos de los libros de gramática? ¡Nuestras necesidades reales los rebasan con creces! Veamos como ejemplo de una de estas complicaciones: el sujeto *La muchacha* más inteligente del *grupo*, donde la palabra *grupo* es modificador indirecto. El núcleo, *muchacha*, también tiene otros modificadores: *la* e *inteligente*, ambos directos. Y la palabra *inteligente*, a su vez, tiene un modificador, *más*, que es un adverbio de comparación. Como este adverbio no requiere ninguna preposición para funcionar, diremos que es un modificador directo del modificador directo.

La muchacha más inteligente d*e*l [*de* + el] grupo

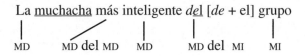

MD   MD del MD   MD   MD del MI   MI

Este fenómeno puede ocurrir de diversas maneras. Seguiremos usando las abreviaturas MD y MI para identificar cada modificador. Los núcleos del sujeto están subrayados. Las preposiciones están en letra cursiva:

El beso *de* la tarántula

MD   MD del MI   MI

Los últimos días *de* la vida *de* un paria

MD   MD   MD del MI   MI   MD del MI del MI MI del (2°) MI

A pesar de que el análisis de este sujeto resulta algo complicado, el sujeto en sí resulta fácilmente comprensible para el lector. Si se observa con detenimiento, veremos que estamos hablando de *días*, que es el núcleo del sujeto; este núcleo va a regir al verbo dentro del predicado que aquí no se ve. ¿Pero de cuáles *días* estamos hablando? Pues, de los *últimos* días. Tanto *los* como *últimos* son modificadores directos, y con esto despachamos la primera parte del sujeto. Pero aún queda la segunda: *de la vida de un paria*. Tenemos dos modificadores indirectos: *vida* y *paria*. Son indirectos porque requieren, en ambos casos, la intervención de la preposición *de*. Y pegado a la palabra *vida* tenemos el artículo *la*. Por esto, decimos que *la* es modificador directo del modificador indirecto (MD del MI, como viene en la diagramación). Lo mismo sucede con la palabra *un* antes de *paria*: es modificador directo del modificador indirecto (del segundo modificador indirecto: *paria*).

En resumidas cuentas, en el sujeto siempre habrá un núcleo y podrá haber modificadores directos e indirectos de este núcleo.

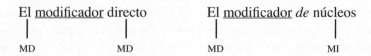

El modificador directo		El modificador de núcleos	
MD	MD	MD	MI

También podrá haber modificadores directos de modificadores indirectos…

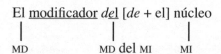

El modificador del [de + el] núcleo		
MD	MD del MI	MI

y modificadores indirectos de otros modificadores indirectos:

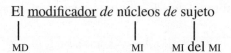

El modificador de núcleos de sujeto		
MD	MI	MI del MI

Y, para terminar (aunque con esto no se agotan todas las posibilidades), un modificador indirecto puede, a su vez, tener algún modificador directo, como en el caso de *un* en *de la vida de un paria*… Todo esto parece más complicado de lo que es en realidad. Como en el mundo cotidiano existen muchísimas clases de personas, objetos e ideas capaces de realizar acciones, también hay muchas clases de sujetos gramaticales. Y estos pueden ser tan sencillos como *María*, o tan complejos como *los últimos días de la vida de un paria*.

Ejercicio

Identifique todos los modificadores del núcleo del sujeto.

1. La letra del [de + el] himno nacional
2. Los aparatos para dentistas
3. Xavier
4. Esas modificaciones al [a + el] reglamento
5. La tragedia del [de + el] trasbordador Columbia
6. Manzanas para la maestra
7. Las medidas más tomadas contra la extrema pobreza
8. Un hombre sin cualidades
9. El libro de *Redacción sin dolor*
10. Unas cuantas preguntas de rigor

Respuestas:
1. MD: La // MI: himno // MD del MI: el // MD del MI: nacional
2. MD: Los // MI: dentistas
3. No hay
4. MD: Esas // MI: reglamento // MD del MI: el
5. MD: La // MI: trasbordador // MD del MI: el // MD del MI: Columbia
6. MI: maestra // MD del MI: la
7. MD: las // MD: tomadas // MD del MD: más // MI: pobreza // MD del MI: la // MD del MI: extrema
8. MD: un // MI: cualidades
9. MD: El // MI: redacción // MI del MI: dolor
10. MD: Unas // MD: cuantas // MI: rigor

§2.3.1 El complemento adnominal

Puede verse lo anterior desde otra óptica. Cuando existe un modificador indirecto del núcleo del sujeto, se forma lo que llamaremos un *complemento adnominal*, que consiste en todo el conjunto modificador a partir de la preposición. En estos ejemplos, los complementos adnominales están subrayados.

- El disco de Martín
- La risa de los cómicos
- Algunas monedas de filántropos titubeantes
- Los boletines de los médicos sin fronteras

- El modificador <u>de núcleos de sujeto</u>
- Los últimos días <u>de la vida de un paria</u>

Los complementos adnominales son conjuntos de palabras que modifican el núcleo del sujeto por medio de una preposición. La más común es *de,* como en este caso, pero también caben otras como *con, contra, sin, para, por,* etcétera:

- La leche *para* infantes
- El gato *con* botas azules
- Una mujer *sin* maquillaje
- Un puente *sobre* aguas turbulentas

Se llama *término* el sustantivo que viene después de la preposición. En los ejemplos anteriores, las palabras *infantes, botas, maquillaje* y *aguas* son los términos de los complementos adnominales. El término (que es el modificador indirecto del núcleo del sujeto, como vimos arriba) puede tener, a su vez, un modificador directo o indirecto. Las palabras *azules* y *turbulentas* son modificadores directos del término en el segundo y cuarto ejemplos. Si se hubiera escrito *El gato <u>con botas de hule</u>*, habría dos términos: *botas* y *hule*. Ambas palabras son, al mismo tiempo, modificadores indirectos. El segundo es modificador indirecto del primero. Pero todo lo que viene subrayado, *con botas de hule*, constituye el complemento adnominal. Esta es una manera de simplificar el análisis del sujeto cuando hay uno o más modificadores indirectos. Pero vale la pena aprender a hacerlo de las dos maneras.

Ya que usted se ha curado en salud y no lo asustan las complicaciones, debe saber que los sujetos también pueden incluir verbos conjugados, lo cual quiere decir que dentro del sujeto puede haber oraciones subordinadas, tal como veremos en el capítulo 4. Un ejemplo muy claro de esto sería lo que sigue:

- Los términos del divorcio necesario que usted tenga a bien dictar

Hasta la palabra *necesario* inclusive, podemos analizar el sujeto como lo hemos venido haciendo:

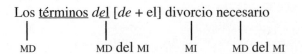

Los <u>términos</u> *de*<u>l</u> [*de* + el] divorcio necesario

MD	MD del MI	MI	MD del MI

Pero *que usted tenga a bien dictar* es una oración subordinada que modifica el núcleo *términos*: *Los <u>términos</u> [...] que usted tenga a bien dictar*. Este es solo un ejemplo de las muchas oraciones subordinadas que pueden existir dentro del sujeto. Hay, incluso, casos donde todo el sujeto es una oración subordinada, como sucede con el siguiente: *El hecho de que tú quieres aprender a redactar...* Pero no se angustie: esto lo veremos con toda calma dos capítulos más adelante. Para reafirmar lo que se ha aprendido acerca de la estructura del sujeto, analice los sujetos del siguiente...

Ejercicio

Analice los siguientes sujetos. Indique cuáles son los modificadores directos e indirectos. Encierre en círculo los núcleos de cada sujeto y subraye los complementos adnominales (CA) donde los haya.

1. Los Neuróticos Anónimos
2. La fealdad
3. La iniciación sexual de cualquier adolescente
4. Lo difícil de los hombres
5. La filosofía griega y "La carabina de Ambrosio"
6. La cuenta regresiva
7. Los hombres del presidente
8. El amor de mi corazón
9. Algunas sugerencias que puedas hacerme
10. Los botones de la camisa de franela roja

Respuestas:
1. MD: Los // MD: Anónimos
2. MD: La
3. MD: La // MD: sexual // MI: adolescente // MD del MI: cualquier // CA: de cualquier adolescente
4. MI: hombres // MD del MI: los // CA: de los hombres ("lo difícil" es frase sustantivada y es el núcleo del sujeto)
5. MD: La // MD: griega (y) MD: la // MI: Ambrosio // CA: de Ambrosio
6. MD: La // MD: regresiva
7. MD: Los // MI: presidente // MD del MI: el // CA: del presidente
8. MD: El // MI: corazón // MD del MI: mi // CA: de mi corazón
9. MD: Algunas // oración subordinada que modifica al núcleo: que puedas hacerme
10. MD: Los // MI: camisa // MD del MI: la // MI del MI: franela // MD del MI del MI: roja

Capítulo 3
El predicado y sus complementos

§3.1 El predicado: la esquina caliente de la oración

Si el sujeto manda en la oración, se trata de un hecho solo aparente o meramente gramatical. Algo parecido ocurre en las familias. Se supone que es el hombre quien manda, pero todos sabemos que son las mujeres quienes tienen el verdadero poder, aunque por razones estratégicas deseen ocultar este secreto. Como sucede en la familia, también en la gramática: entre el sujeto y el predicado existe una relación complementaria que no siempre luce equilibrada en la superficie o sobre el papel.

Ya vimos, por ejemplo, que hay sujetos tácitos, pero no por ello menos potentes. También vimos rápidamente, en el apartado §1.1, que hay oraciones que carecen por completo de sujeto, sea tácito o de cualquier otro tipo. Se llaman *unimembres*: *Llueve muchísimo.* ¿Quién llueve? ¿Qué llueve? Pues, nadie. Nada. Y cuando decimos *Hace calor*, podríamos preguntarnos quién hace ese calor... Pero no hay quién lo haga. A pesar de que parece haber sujeto tácito (tercera persona del singular), no hay tal. No hay sujeto alguno.

Por lo general, nuestras oraciones consisten en un sujeto y un predicado. Pero si quiere saberse dónde está la acción, hay que decir claramente que no está en el sujeto. La emoción, el movimiento, la dinámica —todo lo que nos llama la atención y nos involucra en un escrito— se encuentra en el predicado. Es la *esquina caliente* de la oración.

§3.2 El núcleo del predicado

En los apartados §1.4 y §1.5 se vio la técnica para encontrar el núcleo del predicado, pues a fin de evitar posibles confusiones, teníamos que hallarlo para identificar el sujeto. El núcleo del predicado, como dijimos entonces, siempre aparecerá como un verbo conjugado, lo cual significa que no será ni un infinitivo ni un gerundio ni un participio. Estos se llaman, genéricamente, *verboides*, porque parecen verbos, cuando para efectos gramaticales no lo son. Una oración no puede ser construida a partir de ellos porque carecen de persona, número, tiempo y modo: todo lo que nos da la conjugación. A pesar de que solemos decir que infinitivos como *caminar*, *comer* e *ir* son verbos, en este libro —y en términos gramaticales— los llamaremos *infinitivos*, y estarán en la categoría de los *verboides*, muy cerca de los gerundios y los participios, otras formas igualmente impersonales.

A continuación se verán un infinitivo, un gerundio y dos participios, en ese orden:

- pasar
- pasando
- pasante, pasado (participios activo y pasivo, respectivamente).

Ninguna de estas palabras, por interesantes que parezcan, podría ser el núcleo de un predicado. Para que un verbo pueda serlo, el único requisito es el de estar conjugado, como ya hemos visto. Este verbo puede ser el núcleo de una oración independiente o subordinada; puede serlo también de cualquier oración coordinada. Debemos recordar, sin embargo, que para localizar el sujeto principal de una proposición que incluya alguna oración subordinada, debemos buscar primero el núcleo del predicado dentro de la oración independiente. Por ejemplo, aquí hay una proposición que contiene una oración independiente y otra subordinada. La independiente está subrayada.

- Cuando Matilda termine, <u>tú podrás revisar su tarea</u>.

En esta proposición hay dos sujetos: *Matilda* y *tú*. Pero solo uno está dentro de la oración principal: *tú*. Este es el sujeto principal de la proposición, mientras que *Matilda* lo es de la oración subordinada. En el caso de las oraciones coordinadas, cada sujeto posee la misma jerarquía:

- **Tus enemigos** te admiran y **tus amigos** te ponen obstáculos.

- **Carlos Fuentes** escribió la novela *La muerte de Artemio Cruz* y **los críticos** la aclamaron enseguida.

- **Gonzalo** no escucha ni habla [*Gonzalo* es el sujeto de ambas oraciones, pero en la segunda, *ni habla*, se vuelve tácito].

- **Las comunicaciones electrónicas** son instantáneas, pero **pocos ciudadanos** tienen acceso a ellas.

Estas proposiciones constan de dos oraciones coordinadas gracias a la conjunción *y* en las primeras dos, a *ni* en la tercera, y a *pero* en la última. Cada una tiene su sujeto, en letra negrita, y ninguna de las oraciones está subordinada a la otra. Aunque se antoje una verdad de Perogrullo, es necesario recalcar que la oración independiente, por definición, no depende de nada más ni se subordina a ninguna otra oración. Algunos ejemplos lo aclararán enseguida:

- Quiero una pelota.
- La novela es una basura.
- Tú no sabes.

Estas oraciones se comprenden perfectamente sin que se les agregue nada. A continuación voy a escribir tres oraciones subordinadas. El juego aquí consiste en ver si pueden existir aisladas o independientemente:

- que no cueste más de 25 pesos
- aunque lo niegues
- lo que yo quiero

Aun el más escéptico dirá que estas oraciones no pueden vivir mucho tiempo sin el *oxígeno* que les dan sus respectivas oraciones independientes. Por eso son *subordinadas*: solo tienen sentido —solo *viven* realmente— en virtud de aquellas. Combinemos las dos:

- Quiero una pelota que no cueste más de 25 pesos.
- La novela es una basura, aunque lo niegues.
- Tú no sabes lo que yo quiero.

En resumen: el núcleo del predicado, también llamado *verbo principal* o *núcleo verbal*, estará conjugado. Por lógica, entonces, no podrá ser un verboide. Si estamos buscando el núcleo del predicado con el fin de identificar el sujeto de la oración principal de dos o más oraciones compuestas, debemos encontrarlo dentro de la oración independiente. Es bueno recordar esto para no confundir el sujeto con cualquiera de los complementos del predicado, los cuales veremos a continuación.

Ejercicio

Localice el verbo principal, también llamado núcleo verbal, *dentro de las siguientes proposiciones que contienen oraciones subordinadas. El verbo principal estará dentro de las oraciones independientes (también conocidas como subordinantes).*

1. El director del periódico pidió que tú escribieras ese editorial.
2. Muchos quieren callar a ese perro que no deja de ladrar.
3. Su cuerpo vibra como si estuviera conectado con el extraterrestre.

4. A pesar de que lo acaban de comprar, ese refrigerador no funciona correctamente.
5. Cuando sembraron el manzano, pensaban que daría frutos de inmediato.

Respuestas:
1. pidió
2. quieren
3. vibra
4. funciona
5. pensaban

§3.3 El complemento directo

Muchísimas personas confunden los complementos directo e indirecto con el sujeto, principalmente porque todavía no han aprendido la técnica de localizar el núcleo del predicado para ver quién o qué lo rige (véase §1.5). Pero una vez identificados el núcleo del predicado y el sujeto, el camino se habrá despejado para identificar y manejar los demás elementos de la oración.

El sujeto realiza la acción del verbo principal. Por ejemplo: *Juan escribe*. Esta oración se limita a especificar lo que hace Juan. No dice qué escribe. Sin embargo, si la acción del verbo recayera en algún objeto o persona, se diría que ese objeto o persona es el *complemento directo* del verbo. Algunos lo llaman *objeto directo* o *complemento de objeto directo*, pero significan lo mismo. Aquí, por motivos de sencillez, lo llamaremos *complemento directo*. Veamos:

- Juan escribe <u>una carta</u>.

Aquí se ve claramente qué escribe Juan, o en qué recae o a qué se transfiere la acción del núcleo del predicado *escribe*: una carta. Cuando los verbos admiten uno o más complementos directos, se dice que son *verbos transitivos*, pues su acción se transfiere directamente a una persona, una cosa o, incluso, un concepto abstracto. La mayoría de los verbos pueden admitir o requieren un complemento directo: *coser, leer, molestar, tocar, amar, construir, preferir, formar, aplicar*, etcétera. Los que no admiten complemento directo se llaman *verbos intransitivos*.

Debe señalarse, no obstante, que según el uso que se les dé en la oración, algunos verbos pueden ser transitivos o intransitivos.

Ejemplos de verbos transitivos e intransitivos

*Transitivos (porque admiten complemento directo [CD];
el CD está escrito en letras cursivas):*

* La recepcionista me <u>entregó</u> *el periódico.*
* Eva <u>criticó</u> duramente *la novela.*
* Cada quien <u>cuida</u> *su redacción.*
* Las democracias occidentales <u>rechazan</u> *el terrorismo.*
* Los niños <u>descompusieron</u> *la computadora.*

Nótese que el complemento directo puede constar de una o más palabras. De hecho, es posible que incluya una oración subordinada, como en estos casos (las oraciones subordinadas dentro del CD están subrayadas):

* Benito Juárez firmó *el documento <u>que acabó con la esclavitud.</u>*
* Los narcotraficantes balacearon *la casa <u>donde vive el procurador.</u>*

Intransitivos (porque no admiten complemento directo):

* Casi no <u>salgo.</u>
* <u>Viajamos</u> este fin de semana.
* Todo el día <u>anduvimos</u> de aquí para allá.
* <u>Llegaremos</u> dentro de una hora.
* ¿<u>Irás</u> conmigo?

Aunque algunos verbos suelen ser solo transitivos o intransitivos, muchos pueden tener ambas naturalezas, aunque no al mismo tiempo. Esto dependerá del contexto. El verbo *regresar*, por ejemplo, es intransitivo según el diccionario y la Real Academia Española (RAE). Uno *regresa* a su casa. Uno *vuelve* a su casa. En ambos casos, se trata de verbos intransitivos. Pero en algunos países, *regresar* ha adquirido carácter transitivo, y así se convierte en sinónimo de *devolver*, que es verbo transitivo: *Regresé el libro ayer.* (Las palabras *el libro* constituyen el CD.) Desde luego que este uso no es universal ni se considera *correcto* según la norma culta, y el redactor debe saberlo: los libros *se devuelven*, no *se regresan* porque no tienen patitas para caminar. Pero aquí lo importante no es la corrección *per se*, sino poder distinguir entre verbos transitivos e intransitivos para manejar adecuadamente los complementos.

Además, los significados de los verbos pueden cambiar mucho al pasar de transitivos a intransitivos y viceversa. Uno *vuelve* a su casa (intransitivo). Pero también uno puede *volver* la cabeza para ver hacia atrás (transitivo: ya tiene complemento directo: *la cabeza*). A veces surgen problemas cuando los escritores, casi siempre por las prisas, asignan complementos directos a verbos que están en un contexto intransitivo. Se ha visto, por ejemplo, esta oración en una revista de cómputo:

- Los desarrolladores de software están *migrando* <u>los sistemas operativos</u> de ambientes de carácter a ambientes gráficos.

Aquí no sería recomendable entrar en una discusión acerca de la validez de aceptar el uso de palabras como *software* y frases como *sistemas operativos*, por apasionantes que estos debates puedan resultar. Baste decir por ahora que no hay cómo ni por qué eliminarlas.[1] Lo que aquí llama la atención es el verbo *migrar*, voz consignada como verbo intransitivo por el Diccionario académico (DRAE).

Parece que aquí se está usando como el verbo inglés *to migrate*, cuyo equivalente en español sería *emigrar*: abandonar un lugar para ir a otro.[2] Tanto en inglés como en español, se trata de un verbo intransitivo, incluso en su acepción técnica (véase la nota 10). En el ejemplo, no obstante, se emplea de manera transitiva. No deja de llamar la atención el fenómeno, a pesar de que el sentido se enturbia porque no se espera que tenga complementos directos. Valdría la pena discutir si debe aceptarse y usarse la voz *migrar* como verbo transitivo con una definición puramente técnica, o si realmente sale sobrando.

Otro caso curioso que ha surgido recientemente es el del verbo *aplicar*, el cual debe emplearse de manera transitiva: Uno <u>aplica</u> el engomado a su automóvil; uno <u>aplica</u> sus conocimientos para resolver un problema. También puede emplearse reflexivamente: uno <u>se aplica</u> una pomada medicinal, uno <u>se aplica</u> en sus estudios, como uno <u>se lava</u> los dientes (en términos gramaticales, por supuesto: un alumno *aplicado* es aquel que *se aplica* diligentemente a sus estudios). Pero por influencia del inglés, se

---

[1] En la *Guía esencial para resolver dudas de uso y estilo* (Sandro Cohen, Ciudad de México, Planeta, 2011) se discute el tema un poco más a fondo.

[2] Efectivamente: en inglés *to migrate* posee casi el mismo significado que *emigrar* en español. En el diccionario *Random House* (2ª edición, 1993), sin embargo, la ficha de *migrate* ya contiene una acepción técnica, la cual cito a continuación: 3. *to shift, as from one system, mode of operation or enterprise to another*. Traduzco: 3. cambiar, como en el caso de cambiar de un sistema, modo de operación o empresa a otro [sistema, modo de operación o empresa].

escuchan con cierta frecuencia giros como: *Tus criterios no aplican en este caso.* Debe decirse que no son válidos, que no *se aplican.* También se oyen oraciones como esta: *Apliqué por una posición en la Universidad de Yale.* Debe decirse que *solicité un puesto,* que *metí una solicitud,* que *pedí trabajo* o que *hice examen para entrar* en aquella universidad. En el primer ejemplo del uso no estándar del verbo *aplicar,* se ve que el sujeto solo puede ser *tus criterios,* y como el verbo *aplicar* es transitivo, el oyente extraña la falta de complemento directo y se pregunta inconscientemente ¿Qué es eso que tus criterios no aplican? Esto, sin embargo, no tiene el menor sentido.

El mismo problema surge con el estribillo que suele agregarse, como precaución, a las promociones anunciadas en radio y televisión: *Aplican restricciones.* Uno, con todo derecho, podría preguntarse: ¿Quién o quiénes aplican esas restricciones? Desde luego, lo que los anunciantes quieren decir es, simple y sencillamente: *Se aplican restricciones,* o en otras palabras: *Hay restricciones en cuanto al aprovechamiento de esta oferta.*

Otro verbo mal empleado en este sentido es *iniciar,* el cual es transitivo por naturaleza. Se diría, pues, que: *El árbitro inició el partido a las doce en punto.* Si no nos interesa decir quién inició el partido a las doce en punto, sino que a esa hora empezó, deberíamos decir: *El partido se inició a las doce en punto.* No hay que caer en la tentación de imitar a los locutores de radio y televisión, quienes acostumbran anunciar: *El partido inició a las doce en punto.* Nótese que el verbo *empezar* (como *comenzar*) sí puede ser intransitivo y emplearse sin el pronombre reflexivo: *En este restaurante comenzó todo*; *Nuestros problemas empezaron con los errores de diciembre de 1994.*

En el segundo ejemplo, aquel del infortunado que tuvo a bien solicitar un puesto en Yale, se trata de un caso de simple imitación o servilismo lingüístico.[3] Se espera que no haya solicitado un puesto como profesor de lengua y literatura hispánicas.

Esta clase de discusiones no surge porque los participantes quieran —por un lado— *revolucionar* o —por el otro— *purificar* el idioma, desde una izquierda o una derecha lingüística. Solo se trata de elucidar cuáles son los sentidos claros de las palabras para ver si, así, la redacción puede llegar a ser más precisa. Al usar *aplicar* como se emplea en inglés, solo se enturbia el sentido de lo que escribimos, porque lo entendemos

---

[3] En inglés, el verbo perifrástico es *to apply for (a job, admission, a raise),* lo que sería en castellano solicitar *empleo, aceptación* o *entrada* —en un programa universitario, por ejemplo—, *un aumento de sueldo,* etcétera.

en primera instancia como siempre se ha empleado en español. Desgraciadamente, son los intelectuales —gente de prestigio que habla más de un idioma— quienes suelen emplear estas palabras sin reflexionar en las consecuencias y casi siempre con el afán de aparecer muy, pero muy cultos (ellos dirían *sofisticados*; véanse estos términos en la *Guía esencial para resolver dudas de uso y estilo*. También se toca el concepto de *errores de prestigio* en *Los 101 errores más comunes del español*, ambos de Editorial Planeta).

Debemos dar la bienvenida a neologismos en nuestro idioma siempre y cuando lo enriquezcan y sean necesarios. Con los adelantos tecnológicos que están dándose a un ritmo verdaderamente vertiginoso, resulta imprescindible aceptar muchísimas voces nuevas, algunas de ellas adaptadas al español (como escáner); otras, traducidas, pero con una nueva acepción técnica (*accesar*, por ejemplo, en el sentido de *localizar y transferir datos de un dispositivo de almacenamiento —como un disco duro— a otro, como la memoria de acceso aleatorio, conocida como* RAM: *random access memory*); o tal cual, y en letra cursiva, hasta que el uso les dé su forma definitiva en castellano, como *hardware*, *software*, *mainframe*, *web*, *internet*, etcétera.

Decíamos, entonces, que los verbos transitivos admiten o requieren complemento directo. He aquí algunos ejemplos:

- **Juliana** prepara *la comida*.
- **Marcelo** entregó *los certificados*.
- Compraron *vinos y botanas* **los recién llegados**.

Las palabras en cursivas reciben directamente la acción del verbo principal de cada oración, el cual está subrayado. (Los sujetos aparecen en negritas.) Se puede preguntar: ¿Qué prepara Juliana? Respuesta: *la comida*. ¿Qué entregó Marcelo? Respuesta: *los certificados*. ¿Qué compraron los recién llegados? Respuesta: *vinos y botanas*.

§3.3.1 Consideraciones especiales en relación con la preposición *a* y el complemento directo

Cuando son personas las que reciben la acción del verbo, requieren la preposición *a*, la *a* personal.

- He visto a *mi padre*.
- Golpearon a *los estudiantes* ayer.
- ¿Fotografiaste a *María*?

Asimismo, se emplea la *a* personal cuando se trata de animales e incluso países a los cuales deseamos personificar:

- Cepillo a *mi perrito* todos los días.
- México venció a *Croacia* en la Copa del mundo.

En otros casos, menos frecuentes, debemos usar la *a* del acusativo cuando existe la posibilidad de confusión respecto de qué es el sujeto y qué es el complemento directo:

- Hirió el puma el jaguar.
- Favorece la envidia el éxito.

¿Cuál de los dos animales hirió al otro? ¿Qué favorece a qué? Para que esto quede claro, es necesario recurrir a la *a* del acusativo:[4]

- Hirió el puma al jaguar. Hirió al puma el jaguar
  (o: El jaguar hirió al puma).

- Favorece a la envidia el éxito. Favorece al éxito la envidia
  (o: La envidia favorece al éxito).

La *a* personal también sirve cuando, tratándose de una persona, queremos distinguir entre una específica y otra indeterminada:

- Busco un médico. (No se trata de un médico específico).
- Busco a un médico que trabajaba en este hospital. (Aquí se trata de un individuo y de nadie más).

Tres técnicas para localizar el complemento directo

§3.3.2 ¿Qué o quién hizo qué?

En otras palabras, una manera de localizar el complemento directo, si lo hay, es preguntar: ¿qué hace el sujeto? Si su acción no trasciende, si no se transfiere a objetos o conceptos reales fuera de sí mismo, no hay

---

[4] La palabra *acusativo* se refiere al *caso acusativo* del latín. Las terminaciones de este caso se agregaban a la raíz de las palabras que fungían, en términos nuestros, como complementos directos.

complemento directo. Este es el caso, por ejemplo, en: *Volví a casa, El perro corre* o *Los monjes meditan de tres a cinco de la mañana*. No *volví* nada, ni *corrió* cosa alguna el perro, ni sabemos *qué* meditaron los monjes (suele emplearse el régimen *meditar en o sobre*, lo cual no pide complemento directo sino circunstancial, como se verá en el apartado §3.5).

Si tras preguntarnos qué hace el sujeto, descubrimos que su acción se limita a sí mismo, estamos ante un uso intransitivo del verbo. Pero con verbos transitivos, que requieren complementos directos, siempre podremos obtener respuesta a la pregunta *¿Qué o quién hizo qué en qué objeto, persona o idea abstracta?*

Ejercicio

En cada una de las oraciones siguientes, pregúntese qué o quién hizo qué, y determine si el verbo es transitivo o intransitivo, y si existe complemento directo. Si existe, subráyelo.

1. La mesera tiró el café.
2. Los discos compactos llegaron sin problemas.
3. Ustedes pidieron las refacciones equivocadas.
4. Viniste en el momento justo.
5. No he corrido en cosa de tres meses.
6. Tu jefe corrió a su secretaria sin razón alguna.
7. Tú apagaste el monitor.
8. Los malos tratos prevalecen en la cárcel.
9. Siempre escuchamos ruidos en la noche.
10. El concurso empezó desde temprano.

Respuestas:
1. ¿Qué tiró la mesera? // el café // verbo transitivo: tiró // CD: el café.
2. ¿Qué llegaron los discos compactos? // no tiene sentido // verbo intransitivo: llegaron.
3. ¿Qué pidieron ustedes? // las refacciones equivocadas // verbo transitivo: pidieron // CD: las refacciones equivocadas.
4. ¿Qué viniste? // no tiene sentido // verbo intransitivo: viniste.
5. ¿Qué no he corrido? // no tiene sentido // verbo intransitivo: he corrido.
6. ¿A quién corrió tu jefe? // a su secretaria // verbo transitivo: corrió // CD: su secretaria.
7. ¿Qué apagaste? // el monitor // verbo transitivo: apagaste // CD: el monitor.

8. ¿Qué prevalecen? // los malos tratos, pero, ¡ojo!, esto es el sujeto: los malos tratos no *prevalecen* nada // verbo intransitivo: prevalecen.
9. ¿Qué escuchamos? // ruidos // verbo transitivo: escuchamos // CD: ruidos.
10. ¿Qué empezó el concurso? // nada, pues "El concurso", que es sujeto de la oración, no dio comienzo a nada más. // verbo intransitivo: empezó.

§3.3.3 Sustituir el presunto complemento por un pronombre

Otra técnica útil para determinar si hay complementos directos consiste en ver si se puede sustituirlos por los pronombres de tercera persona propios de estos complementos, los cuales son:

- lo (masculino, singular)
- los (masculino, plural)
- la (femenino, singular)
- las (femenino, plural)

> **Nota importante:** Pueden, asimismo, usarse pronombres para las otras dos personas gramaticales como complementos directos (mí, me, ti, te, nos, os), pero como también pueden emplearse como complementos indirectos —lo cual causaría una confusión aquí—, para esta prueba elegiremos solo los de la tercera persona, mismos que únicamente pueden ser de complemento directo.

Volviendo a Juan y su escritura, si digo *Juan escribe cartas*, puedo sustituir el pronombre *las* por *cartas* y decir *Juan las escribe*. Esto comprueba que *cartas* es complemento directo. Si digo *Juan escribe a María*, no puedo sustituir a *María* por *la* y decir *Juan la escribe*, pues aunque pudiera decirlo, no tendría el mismo sentido. Así, sé que María no es complemento directo. Si digo *El presidente de la compañía hizo una fortuna en bienes raíces*, puedo sustituir *una fortuna en bienes raíces* por *la*, y escribir sencillamente: *El presidente de la compañía la hizo*. Pero, ¡cuidado! En algunas partes del mundo de habla española, decir *hacerla*[5] encierra un sentido muy diferente del que posee aquí, aunque

---

[5] *Hacerla*, con pronombre de complemento directo, puede significar *tener éxito*: *Los especuladores la hicieron en grande al vender sus acciones al triple de su valor*. O, simplemente, *Ya la hizo*, para dar a entender que el sujeto gramatical de la oración ya es persona de éxito.

ambos serían comprensibles en esta oración. Un ejemplo más: *Agentes del Gobierno compraron el tiraje completo de ese número de la revista en que se habían vertido opiniones sumamente críticas.* Aquí tenemos un complemento directo larguísimo que empieza en *el tiraje completo...* y termina en *...sumamente críticas.* (Obsérvese que contiene una oración subordinada: *en que se habían vertido opiniones sumamente críticas*). Como el núcleo del complemento directo, *tiraje*, es singular y masculino, podemos sustituir todo el complemento por el pronombre *lo*: *Agentes del Gobierno lo compraron.* Claro, por el contexto del escrito, debemos saber de qué consta eso que compraron.

Si puede sustituirse lo que creemos que es el complemento directo por el pronombre que concuerda con él en número y género, se trata —en efecto— de un complemento directo. Si no se puede, no lo es.

Ejercicio

Localice los complementos directos en las siguientes oraciones y susti-túyalos por los pronombres correctos.

1. Oigo el ruido de esa impresora todo el día.
2. No dejaron entrar a los pintores.
3. Justina no recogió las camisas.
4. Fabricaron 100 relojes en menos de una hora.
5. La globalización pone las economías locales en una situación difícil.
6. Baltasar teme las consecuencias de sus acciones.
7. ¡Quién estudia gramática!
8. No sé la respuesta.
9. Convencieron a Edgardo.
10. Usted tocó mi lado más sensible.

Respuestas:
1. el ruido de la impresora // lo // Lo oigo todo el día.
2. los pintores // los // No los dejaron entrar.
3. las camisas // las// Justina no las recogió.
4. 100 relojes // los // Los fabricaron en menos de una hora.
5. las economías locales // las // La globalización las pone en una situa-ción difícil.
6. las consecuencias de sus acciones // las // Baltasar las teme.
7. gramática // la // ¡Quién la estudia!
8. la respuesta // la // No la sé.

9. Edgardo // lo // Lo convencieron.
10. mi lado más sensible // lo // Usted lo tocó.

§3.3.4 La prueba de la voz pasiva

Si todo lo demás falla —pero no tiene por qué fallar—, puede tomarse una medida extrema y pasar la oración de *voz activa* a *voz pasiva*. Si esto es posible, estamos en la presencia de un complemento directo, pues sucede que esto no puede hacerse cuando no lo hay, es decir, cuando hay verbo intransitivo.

Voz activa y voz pasiva

En voz activa, el sujeto ejerce acción sobre algo o alguien activamente. Todas las oraciones que hemos visto hasta ahora se han formulado en voz activa. En la voz pasiva, sin embargo, alguien o algo *recibe* la acción pasivamente, que es ejercida por un *agente*. Pero esto solo puede ocurrir si el verbo es transitivo, lo cual implica la necesaria existencia de un complemento directo. Al pasar la oración de voz activa a voz pasiva, el complemento directo se convierte en el *sujeto pasivo* (o *paciente*), y el sujeto se convierte en el *agente*, que aparecerá tras la palabra *por*. En cuanto al verbo, en voz pasiva siempre será una conjugación del infinitivo *ser*, usada conjuntamente con el participio pasivo del verbo original. El tiempo de *ser* dependerá del tiempo del verbo original, y el participio pasivo debe concertar en número y género con el sujeto pasivo. Por ejemplo, si el verbo en voz activa fue *cocieron* y si cocieron *las verduras*, escribiríamos que las verduras *fueron cocidas*. Si el verbo en voz activa fue *planearán*, y si lo que planearán son *vacaciones*, escribiríamos que las vacaciones *serán planeadas*. Veamos dos ejemplos:

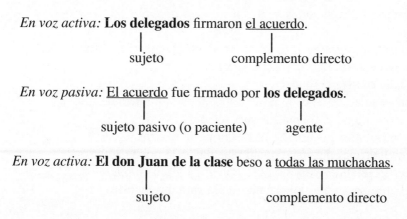

En voz activa: **Los delegados** firmaron <u>el acuerdo</u>.

        sujeto   complemento directo

En voz pasiva: <u>El acuerdo</u> fue firmado por **los delegados**.

    sujeto pasivo (o paciente)   agente

En voz activa: **El don Juan de la clase** beso a <u>todas las muchachas</u>.

        sujeto   complemento directo

En voz pasiva: <u>Todas las muchachas</u> fueron besadas por **el don Juan de la clase**.

sujeto	agente

Esto comprueba que hay complemento directo, pues si no lo hubiera, la proposición no podría plantearse en voz pasiva. Por ejemplo, intente usted escribir esta oración en voz pasiva:

- Llegará a la playa este verano.

¿Puedo escribir *La playa será llegada por él este verano*? Imposible. No hay, entonces, complemento directo.

En la vida real —es decir: en el mundo real de la redacción— suele emplearse la voz pasiva cuando el sujeto —o agente— no es lo que más importa. Si en el ejemplo siguiente vale más el hecho de que se firmaran los acuerdos que quiénes lo hicieron, se vale usar la voz pasiva: *Fueron firmados los acuerdos en Bogotá.* Aquí ni siquiera vemos quién los firmó. Si se indica qué o quién realizó la acción (*el don Juan de la clase*), se emplea la preposición *por* (<u>Todas las muchachas</u> fueron besadas *por* **el don Juan de la clase**), y —como ya hemos visto— lo que había sido el *sujeto* en voz activa pasa a ser el *agente* en voz pasiva, el cual se ha indicado mediante negritas. Lo que en voz activa había sido el complemento directo, en voz pasiva se denomina *sujeto pasivo* o *paciente* —según se vio hace dos párrafos—, y este aparece subrayado. No obstante, el castellano suele preferir la voz activa a la pasiva, lo cual no quiere decir que esta carezca de efectividad cuando se emplea bien.

Ejercicio

Convierta las siguientes oraciones en voz activa a voz pasiva:

1. El crítico literario destrozó el producto de aquel escritor.
2. Javier escribió las cartas de amor.
3. Nadie dice la verdad.
4. Revolucionarán las computadoras nuestra manera de vivir.
5. La Iglesia no comentó los sucesos del otro día.
6. Con trabajos los bomberos desalojaron el cine.
7. Los ladrones habrían copiado las llaves la noche anterior.
8. Los gramáticos casi siempre ponen ejemplos tomados de *El Quijote*.
9. El alumno aventó los papeles en la cara del maestro.

10. Con lujo de violencia, los agentes derribaron la puerta de la casa equivocada.

Respuestas:
1. El producto de aquel escritor fue destrozado por el crítico literario.
2. Las cartas de amor fueron escritas por Javier.
3. La verdad no es dicha por nadie.
4. Nuestra manera de vivir será revolucionada por las computadoras.
5. Los sucesos del otro día no fueron comentados por la Iglesia.
6. Con trabajos, el cine fue desalojado por los bomberos.
7. Las llaves habrían sido copiadas por los ladrones la noche anterior.
8. Ejemplos tomados de *El Quijote* casi siempre son puestos por los gramáticos.
9. Los papeles fueron aventados en la cara del maestro por el alumno.
10. La puerta de la casa equivocada fue derribada con lujo de violencia por los agentes.

§3.4 El complemento indirecto

El núcleo del predicado expresa la acción ejercida por el sujeto. Esa acción se transfiere al complemento directo, pero no sabemos qué o quién se beneficia o se perjudica por ello. Si digo *Juan escribió una carta*, sé qué cosa escribió: *una carta*. Esta, pues, constituye el complemento directo. Pero no sé a quién, en beneficio o perjuicio de quién la escribió. Si agrego la información necesaria, la oración podría leerse de este modo:

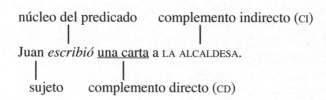

núcleo del predicado   complemento indirecto (CI)

Juan *escribió* una carta a LA ALCALDESA.

sujeto   complemento directo (CD)

Con el complemento indirecto uno sabe en beneficio o perjuicio de quién o de qué se realiza la acción del verbo principal. En el ejemplo anterior, se trata de una persona. De hecho, los complementos indirectos casi siempre son personas, pero se dan casos en que son objetos o conceptos abstractos.

Con el complemento directo, vimos que solo se requiere la preposición *a* cuando se trata de personas, cuando se quiere personificar el CD o cuando hace falta distinguirlo del sujeto. Pero con el complemento indirecto siempre se usará la *a* (nunca la preposición *para*, que introduce complemento circunstancial de finalidad), y no importa que se trate de personas, objetos o conceptos abstractos. Aquí se ven como ejemplos de complemento indirecto un objeto, una cualidad, un plan que aún no existe y una corriente de pensamiento:

1. Nadie debería entregar tanto tiempo a una simple máquina.
2. Me gustaría dedicar un poema a tu belleza.
3. El filántropo donó 80 millones de dólares al proyecto [a + el proyecto].
4. La escritora dedicó sus mejores años al feminismo [a + el feminismo].

Como puede verse en el tercer ejemplo, *el proyecto* constituye el complemento indirecto. La palabra *proyecto* no es una persona y tampoco es una cosa. Se trata de un concepto, como en el cuarto caso: el feminismo. En el primer caso, no obstante, vemos que el complemento indirecto es una cosa: una simple máquina. En el segundo, se trata de un valor o cualidad: belleza. Así, en estos casos, la acción del verbo principal se realiza a favor de *una simple máquina*, *tu belleza*, *el proyecto* y *el feminismo*, respectivamente.

Ejercicio

Localice el complemento indirecto en las siguientes oraciones y determine si se trata de una persona, una empresa, una cualidad, un fenómeno de la naturaleza, una corriente de pensamiento, un valor, una abstracción, un concepto, etcétera.

1. El maestro envió una queja a la directora.
2. No le des importancia a ese traspié.
3. Recetaron antidepresivos a mi primo.
4. ¿Quién quiere donar su tiempo a una organización fraudulenta?
5. Le pagaron muy bien al asesor.
6. Me enviaron un cheque sin fondos.
7. ¿Te endilgaron al chiquito?
8. Ramón inyectó toda la pasión del mundo a su sueño.
9. Sirve café a la señora, por favor.
10. A Pinocho le creció la nariz.

Respuestas:
1. la directora // persona
2. ese traspié // concepto
3. mi primo // persona
4. una organización fraudulenta // una empresa
5. el asesor // persona
6. me (yo; a *mí*) // persona
7. te (tú; a *ti*) // persona
8. su sueño // una abstracción o concepto
9. la señora // persona
10. Pinocho // personaje literario

§3.4.1 El pronombre de complemento indirecto

Ya vimos que los complementos directos pueden ser sustituidos por pronombres. Pero como los de las primeras dos personas son los mismos para complementos directos que para indirectos (me [mí], te [ti][6] nos, os), los únicos que sirven como *prueba* son los de tercera persona (lo, los, la y las). Los pronombres para complementos indirectos en tercera persona son *le* y *les*. Con los complementos directos debíamos poner atención al género de lo que iba a sustituirse, pero en el caso de los indirectos, el género es indiferente; solo deben concordar en número.

- María compró un chocolate a *su hermana*.
- El vendedor de seguros entregó el papel a *un cliente*.
- El maestro dio los resultados a*l alumno* [a + *el alumno*].
- Carmina pidió el cuento a *los jurados*.
- La tempestad perturbó la vida a *los isleños*.

En estos ejemplos tenemos, como complementos indirectos, *su hermana*, *un cliente*, *el alumno*, *los jurados* y *los isleños*, respectivamente; tres en singular y dos en plural. Si por alguna razón dentro de nuestro escrito no queremos o resulta innecesario mencionar el complemento indirecto en su forma completa, podemos sustituirlo por el pronombre *le* o *les*:

---

[6] Las formas *mí* y *ti* son variantes de *me* y *te*, respectivamente, mismas que se emplean después de una preposición. Después de *con* asumen la forma *conmigo* y *contigo*:

- Eso me gusta a *mí*.
- A *ti* te interesa la política.
- Por *mí* no te preocupes, pero por *ti* siempre me preocupo.
- Eso no va *conmigo*, ni *contigo*.

- María *le* compró un chocolate.
- El vendedor de seguros *le* entregó el papel.
- El maestro *le* dio los resultados.
- Carmina *les* pidió el cuento.
- La tempestad *les* perturbó la vida.

Ejercicio

Localice el complemento indirecto y sustitúyalo por el pronombre correcto. Si no hay complemento indirecto, indíquelo.

1. El asaltante robó el reloj al chofer.
2. Los reyes de España entregaron el certificado a los ganadores.
3. Escribieron los niños sendas cartas a los reyes magos.
4. Perdonaron la vida al asesino.
5. Quítale el seguro a la pistola.
6. No cabe ninguna duda a Domingo.
7. Los timadores vieron la cara de tonto a Miguelito.
8. Salió un tumor a la desdichada.
9. Fue de maravilla a los vacacionistas.
10. Agregaron tres ceros a mi cuenta bancaria.

Respuestas:
1. El asaltante le robó el reloj.
2. Los reyes de España les entregaron el certificado.
3. Los niños les escribieron sendas cartas.
4. Le perdonaron la vida.
5. Quítale el seguro.
6. Ninguna duda le cabe.
7. Los timadores le vieron la cara de tonto.
8. Le salió un tumor.
9. Les fue de maravilla.
10. Le agregaron tres ceros.

§3.4.2 La doble sustitución

A veces se vuelve necesario sustituir un pronombre tanto por el complemento directo como por el indirecto dentro de la misma oración. Cuando intervienen las primeras dos personas no hay problema alguno.

- A *nosotros* los técnicos nos propusieron *tres jugadas.*
- *Te* dieron *tres semanas de incapacidad.*
- Tú *me* diste *más que suficiente.*

- Los técnicos *nos las* propusieron.
- *Te las* dieron. [O: A ti *te las* dieron. A *ti* se considera un refuerzo o *duplicación.*]
- *Me lo* diste. [O: A mí *me lo* diste. A *mí* también es un refuerzo o *duplicación.*]

En teoría, tratándose de la tercera persona, esto provocaría en ocasiones la combinación *le lo*, como en el hipotético ejemplo: María ⊗*le lo* compró. El castellano rechaza esta combinación, y el uso ha establecido que se diga y escriba *se lo* en su lugar. Como ya hemos visto, con las primeras dos personas —me, nos, te, os— no hay problema: *Me lo* compraste. *Te lo* pusiste. *Nos la* entregaron. En tercera persona: *Se lo* compraste. *Se lo* pusiste. *Se la* entregaron.

Es imprescindible hacer notar que el pronombre *se* en estos casos sigue siendo de complemento indirecto, y que puede sustituir un sustantivo tanto singular como plural. En otras palabras, puede representar tanto al pronombre *le* (singular) como a *les* (plural).

Vamos a sustituir ambos complementos en cada uno de los ejemplos citados antes del ejercicio de la sección §3.4.1.

- María *se lo* compró.
- El vendedor de seguros *se lo* entregó.
- El maestro *se los* dio.
- Carmina *se lo* pidió.
- La tempestad *se la* perturbó.

Cuando se juntan los dos pronombres de tercera persona —el de complemento directo y el de complemento indirecto—, se da comúnmente el siguiente error en muchas partes del mundo de habla española: se vuelve plural el pronombre de complemento directo (los, las) cuando lo que debe entenderse como plural es el pronombre de complemento indirecto (se):

- Sin doble sustitución   A ustedes les dije **eso.**
- La doble sustitución errónea   Se ⊗**los** dije.
- La doble sustitución correcta   Se **lo** dije.

Eso es singular. *Ustedes* es plural. El *se* se refiere a *ustedes* y es plural. El *lo* debe permanecer en singular, pues sigue representando a *eso*. Con *Carmina les pidió el cuento* sucede lo mismo al hacer la doble sustitución. Muchos escribirán: *Carmina se ⊗los pidió*, pero sigue siendo *un cuento* el que *les* ha pedido a varios. Debe ser *Carmina se lo pidió*. El plural, en este caso, está en el pronombre de complemento indirecto *se*. El cuento sigue siendo singular. Si hubieran sido varios cuentos, entonces sí: *Carmina se **los** pidió*.

Por esto hay que ser enfático al decir que el pronombre de complemento indirecto *se*, puede ser tanto plural como singular. Si el hablante o el redactor considera que su sentido no quedaría claro si obedeciera a la regla, entonces tendría que *duplicar*, agregando el complemento indirecto en su forma completa: *Carmina **se** lo pidió a **los jurados*** [el cuento].

Ejercicio

Sustituya primero solo el complemento directo, luego solo el indirecto, y posteriormente los dos, usando alguna combinación de se + lo, los, la, las.

1. Los patinadores ofrecieron un gran espectáculo al público.
2. El auditor pidió el requerimiento al contador de la empresa.
3. María explicó el tema a sus papás.
4. Federico García Lorca dedicó su alma a las ciudades andaluzas.
5. Nadie regala dinero a los ricos.

Respuestas:
1. Los patinadores lo ofrecieron al público.
   Los patinadores le ofrecieron un gran espectáculo.
   Los patinadores se lo ofrecieron.
2. El auditor lo pidió al contador de la empresa.
   El auditor le pidió el requerimiento.
   El auditor se lo pidió.
3. María lo explicó a sus papás.
   María les explicó el tema.
   María se lo explicó.
4. Federico García Lorca la dedicó a las ciudades andaluzas.
   Federico García Lorca les dedicó su alma.
   Federico García Lorca se la dedicó.

5. Nadie lo regala a los ricos.
   Nadie les regala dinero.
   Nadie se lo regala.

§3.5 Los complementos circunstanciales

A diferencia de los complementos directo e indirecto, los circunstanciales no pueden ser sustituidos por ningún pronombre. Dentro de la oración, sirven para comunicarnos las circunstancias en que se realiza la acción del verbo principal.

Estas circunstancias pueden ser muchísimas. A continuación las enumeraremos en orden alfabético:

* agente[7]
* causa
* concesión
* destinatario
* destino
* finalidad
* lugar
* materia
* medio
* modo
* instrumento
* origen
* tiempo

Veamos algunos ejemplos de cada una de estas categorías:

agente: por los manifestantes, por tu papá, por mi hermano
causa: por razones de fuerza mayor, por las lluvias, por enfermedad
concesión: a pesar de mí mismo, aun con buenas calificaciones
destinatario: para Anastasio, para el público en general, para mí
destino: a Medellín, hacia París, para la Ciudad de México
finalidad: para mejorar, a fin de ganar el concurso, para aprender
instrumento: con un telescopio, con fórceps, con una llave de perico
lugar: en la esquina, a tres kilómetros de distancia, aquí
materia: de madera, de vidrio y acero, de papel

---

[7] El *complemento agente* solo se emplea en la voz pasiva: "La declaración fue firmada *por todos los senadores*".

medio: por carta, por internet, por teléfono, por telegrama, por correo electrónico
modo: con mucho gusto, simple y sencillamente, de buena gana
origen: de Guadalajara, desde Caracas, de Madrid, de las entrañas de la tierra
tiempo: a las tres de la tarde, hoy, ayer, el día de ayer, en el siglo pasado

Conviene aclarar que los circunstanciales pueden emplearse con verbos tanto intransitivos como transitivos. Los complementos directos requieren verbos transitivos —o empleados transitivamente— y predomina el uso de transitivos con los indirectos, aunque sí se dan construcciones como *Le salió <u>una verruga</u> a **la bruja Matiana***, donde *salió* es verbo claramente intransitivo, y donde *una verruga* es el sujeto de la oración.

En el apartado §1.2 vimos que el orden lógico de la oración en castellano es de *sujeto + núcleo del predicado + complementos*. Cuando en una oración simple se sigue esta secuencia, sobre todo en lo referente a los complementos, casi nunca es necesario usar puntuación (siempre y cuando no se incluyan incisos).[8] No obstante, al variar la sintaxis de nuestras oraciones, con frecuencia será necesario puntuarlas para que su sentido sea claro y preciso. De esto nos ocuparemos en la segunda parte del libro. Veamos unos ejemplos de proposiciones cuyos únicos complementos son circunstanciales:

- Dina estudia *en las noches*.
- Emiliano leyó *con gusto*.
- Enrique escribe *sin ton ni son*.
- Salió ayer *para la Antártida*.

Se pueden agregar complementos directos a estas mismas o a otras proposiciones para que sea más completo el sentido. Obsérvese que a la última, como se trata de una oración con verbo intrínsecamente intransitivo, *salir*, no se le puede colocar un complemento directo:

- Dina estudia <u>Relaciones Internacionales</u> *en las noches*.
- Emiliano leyó <u>los cuentos</u> *con gusto*.
- Enrique escribe <u>sonetos</u> *sin ton ni son*.

---

[8] Los *incisos* son palabras o frases parentéticas que deben aislarse del resto de la oración entre comas. Por ejemplo: *Ese señor, **el de traje azul**, acaba de llegar* o *Simón Bolívar, **el Libertador**, nació en Caracas*.

Según el sentido de la oración, podrán incluirse complementos indirectos o no. Por ejemplo, en la primera oración, no es común que alguien estudie para otra persona, pues los conocimientos aprendidos no pueden brincar de un cerebro a otro, por desgracia. En la segunda, no obstante, Emiliano sí podría leer los cuentos *a alguien*. Podría decirse: *Con gusto, Emiliano leyó los cuentos a su sobrina*. Se podría, asimismo, hacer la sustitución del complemento indirecto: *Emiliano le leyó con gusto los cuentos*. O de los dos complementos: *Emiliano se los leyó con gusto*.

Ejercicio

Determine de qué clase de complemento circunstancial se trata en cada una de estas oraciones simples.

1. Los novios llegaron *de madrugada*.
2. Se reunieron los conspiradores *detrás del galpón*.
3. El galardonado dio la entrevista *por teléfono*.
4. Abrió la radio *con un desarmador de cruz*.
5. Cancelaron la excursión *por el terremoto*.
6. Todos cantaron el himno nacional *con gran alegría*.
7. Hicimos la rifa *para recabar fondos*.
8. Reunió más de mil cobijas *para los damnificados*.
9. Martín llegó *desde Córdoba*.
10. Mañana salimos *para Chicago*.
11. Las ventanas fueron rotas *por los pandilleros*.
12. Esa flor está hecha *de vidrio*.
13. Gaspar salió adelante *a pesar de sus discapacidades*.

Respuestas:
1. tiempo
2. lugar
3. medio
4. instrumento
5. causa
6. modo
7. finalidad
8. destinatario
9. origen
10. destino
11. agente

12. materia
13. concesión

§3.6 El orden de los complementos en el predicado

Según el orden natural de los elementos oracionales, después del núcleo del predicado sigue el complemento directo, luego el indirecto y, en último lugar, los complementos circunstanciales. No obstante, serán las necesidades y el gusto del escritor los factores que determinen el orden de las palabras dentro de la oración. Hay que señalar, sin embargo, que si el redactor no tiene cuidado, puede acabar por trasmitir información que no tenía en mente. Por ejemplo, en una redacción descuidada podríamos encontrar una oración como esta: *Voy a comprar un estuche de plata elegante.* En este caso, el redactor quería dar a entender que el *estuche de plata* era elegante, no *la plata* en sí. Pero al colocar el adjetivo *elegante* junto al sustantivo *plata*, no puede sino modificarlo. Para evitar este problema, hay que replantear la sintaxis de la oración: *Voy a comprar un elegante estuche de plata* o *Voy a comprar un estuche de plata, el cual es elegante.* Si usáramos el superlativo, también quedaría resuelto el problema: *Voy a comprar un estuche de plata elegantísimo.* En este caso, la *o* —la marca del género masculino— al final de *elegantísimo* impide que este adjetivo superlativo modifique a *plata* y nos obliga a relacionarlo con *estuche*, que también es masculino.

Estos problemas se deben a las casi infinitas posibilidades combinatorias del idioma y a las relaciones insospechadas que pueden darse entre el sujeto y los complementos dentro de una oración. Una estructura común que incluya todos los complementos en su orden más natural podría ser esta:

- Josefina compró un buen libro a los niños en la calle.

Aquí se observa la estructura, digamos *tradicional*, de sujeto + núcleo del predicado + complemento directo + complemento indirecto + complemento circunstancial de lugar. El lector se dará cuenta, sin embargo, de que este planteamiento da lugar a una gran confusión. No sabemos si el complemento indirecto es *los niños* o *los niños en la calle.* Si el redactor quería dar a entender que los recipientes de los libros eran niños *que estaban en la calle*, este planteamiento sería el correcto, aunque podría mejorar bastante al emplearse una oración subordinada especificativa; esta ha sido subrayada (véase el apartado §4.5.1):

- Josefina compró un buen libro a los niños <u>que estaban en la calle</u>.

Se ha zanjado el problema con el recurso de una oración subordinada especificativa, del tipo que veremos en el cuarto capítulo. Pero si por el contexto ya sabemos quiénes son los niños, y si el lugar de la compra fue en la calle, entonces la oración fue mal planteada desde el principio. Con una inversión sintáctica, como las que veremos en la segunda parte de este libro, la confusión se resuelve sin mayores problemas:

- *En la calle*, Josefina compró un buen libro a los niños.
- Josefina, *en la calle*, compró un buen libro a los niños.

De esta manera puede verse que el orden tradicional de las palabras no siempre es el adecuado. Muchas veces, para que haya más claridad —o para no incurrir en un gazapo que podría resultar entre vergonzoso y humorístico—, hace falta manejar los elementos adecuadamente, sobre todo los complementos o frases incidentales.

Ejercicios

A. *Combine los siguientes sujetos y núcleos de predicado con los diferentes complementos.*

Sujetos:
Los amigos de mi hermana Gloria
El sindicato de electricistas y los representantes del Gobierno
Los animales del zoológico
Los miembros de la delegación interdisciplinaria

Núcleos de predicado (hay que conjugarlos adecuadamente):
ofrecer
comprar
pedir
mencionar
exigir

Complementos directos:
dinero
un rato agradable

respeto
la posibilidad de ir a entrenar a la Costa del Sol
un coche del año

Complementos indirectos:
sus respectivos novios
los organizadores de los juegos de invierno
los especialistas en la materia
el hombre de aspecto amenazador
todos los involucrados

Complementos circunstanciales:
con la conciencia tranquila
en contra de su voluntad
para resolver cualquier dificultad
el día de ayer
a escasos metros del centro mismo del poder

B. En las siguientes oraciones, subraye el sujeto y encierre en círculo el complemento circunstancial o los complementos circunstanciales; indique de qué clase de complemento circunstancial se trata. Escriba "CD" debajo de los complementos directos, y "CI", debajo de los indirectos, si los hubiera.

1. Abelardo, en sus oficinas del Centro, ofreció a los muchachos de la colonia un seminario acerca de cómo prevenir el sida.
2. Los peces de acuario pueden vivir bien en agua correctamente acondicionada.
3. De manera inexplicable, el chofer del camión azul me cerró el paso al rebasarme por la izquierda a 85 kilómetros por hora en una zona de baja velocidad.
4. Las personas involucradas en el fraude explicaron ayer a las autoridades las razones de su procedimiento.
5. De buenas a primeras, los campesinos bloquearon la autopista México-Cuernavaca.
6. Con la mano en la cintura, el profesor de matemáticas reprobó a más de la mitad del grupo.
7. Guillermo y Raúl construyen sus versos por coraje, amor y experiencia.
8. Por fastidio, el niño abandonó la secundaria.

9. Su mamá da clases en la universidad abierta todos los sábados a las nueve de la mañana.
10. Los jóvenes escuchan ese discurso cada 10 minutos en contra de su voluntad.

Respuestas:
1. Sujeto: Abelardo // CD: un seminario acerca de cómo prevenir el sida // CI: los muchachos de la colonia // CC: en sus oficinas del Centro.
2. Sujeto: Los peces de acuario // CC de modo: bien // CC de lugar: en agua correctamente acondicionada.
3. Sujeto: El chofer del camión azul // CD: el paso // CI: [a] mí (me) // CC de tiempo: al rebasarme // CC de lugar: por la izquierda / en una zona de baja velocidad // CC de modo: a 85 kilómetros por hora.
4. Sujeto: las personas involucradas en el fraude // CD: las razones de su procedimiento // CI: las autoridades // CC de tiempo: ayer.
5. Sujeto: los campesinos // CD: la autopista México-Cuernavaca // CC de modo: de buenas a primeras.
6. Sujeto: el profesor de matemáticas // CD: más de la mitad del grupo // CC de modo: con la mano en la cintura.
7. Sujeto: Guillermo y Raúl // CD: sus versos // CC de causa: por coraje, amor y experiencia.
8. Sujeto: el niño // CD: la secundaria // CC de causa: por fastidio.
9. Sujeto: su mamá // CD: clases // CC de lugar: en la universidad abierta // CC de tiempo: todos los sábados / a las nueve de la mañana.
10. Sujeto: Los jóvenes // CD: ese discurso // CC de tiempo: cada 10 minutos // CC de modo: en contra de su voluntad.

§3.7 Complementos preposicionales del verbo

Por otro lado, además de los complementos directo, indirecto y circunstancial, los hay de otro tipo, que se llama —dependiendo de la gramática que se consulte— *complemento de régimen preposicional del verbo*, *complemento preposicional del verbo* o *complemento prepositivo del verbo*. Y se llama así, con la frase *del verbo* incluida, para diferenciarlo del *complemento adnominal* que, como se vio en el capítulo dos de este libro, se inicia con preposición y funciona adjetivamente para modificar a un sustantivo que puede estar dentro del sujeto, del complemento directo, del indirecto o —incluso— del circunstancial, como en los siguientes ejemplos:

- **El tren de madera** cayó sorpresivamente.
- Compré **pan sin azúcar**.
- Les traje dulces a **los hijos de mi hermano**.
- Dejé la carta **en el coche de mi tía**.

En los cuatro ejemplos anteriores, los *complementos prepositivos* (que llevan ese nombre debido a que empiezan con *preposición*) son todos adnominales porque modifican un sustantivo como si fueran adjetivos.

Sin embargo, y a diferencia del adnominal, en el *complemento preposicional del verbo*, la frase no tiene valor adjetivo sino adverbial y se sitúa junto al verbo (no junto al sustantivo, como en todas las proposiciones anteriores). Esta es la razón por la cual en muchas ocasiones se lo considera complemento circunstancial (puesto que —debido a su naturaleza— los adverbios suelen indicar las circunstancias en que se realizan las acciones representadas por los verbos), mas hay que considerar que no en todos los casos estos complementos prepositivos funcionan como circunstanciales.

En el siguiente grupo de oraciones, los primeros cuatro ejemplos incluyen frases preposicionales que sí funcionan como complementos circunstanciales, mientras que los últimos cuatro tienen complementos preposicionales del verbo (que a todas luces no son circunstanciales):

Frases preposicionales que sí funcionan como complementos circunstanciales:

- Entregó *a tiempo* la carta.
- ¿La computadora se quedó *sobre la mesa*?
- Mañana viajaré *a pie hasta Guadalajara*.
- Camina *sin ataduras*.

Frases preposicionales del verbo (no funcionan como complementos circunstanciales):

- Habló *de ti* toda la noche. (Habló *acerca de ti* toda la noche).
- Confía *en tu intuición*.
- No se arrepiente *de sus pecados*.
- Sueñas *con tus futuros hijos*.

Como puede verse en las últimas cuatro proposiciones, *de ti, en tu intuición, de sus pecados* y *con tus futuros hijos* no son ni complementos directos ni indirectos ni circunstanciales. Tampoco forman parte del verbo, como si fueran perifrásticos, porque los verbos que se construyen con preposición (o la conjunción *que*) necesitan un infinitivo después,[9] como se explica en la tercera parte de este libro: "Los verbos y su lógica temporal relativa".

---

[9] Esta es la estructura: verbo + preposición o *que* + infinitivo (voy *a* escuchar, tengo *que* comer). Otras estructuras de verbos perifrásticos son las siguientes: verbo + participio (*ando sorprendido*) y verbo + gerundio (*vengo llegando*). La única restante es la que se forma con los tiempos compuestos del verbo, que siempre requieren el verbo *haber* conjugado + el participio (*he dicho, había cumplido, habrá contado*).

Capítulo 4
Oraciones compuestas

§4.1 La naturaleza de las oraciones compuestas

A lo largo de los primeros tres capítulos de este libro hemos empleado casi exclusivamente oraciones simples. Se han asomado, sin embargo, algunas compuestas, pues estas se dan de manera natural tanto en la lengua hablada como en la escrita. No prestarles atención en este libro, porque pudieran llegar a ser *complicadas*, solo causaría problemas después en el *mundo real* de la redacción.

Por esto es recomendable analizar cómo se construyen las oraciones compuestas, ya que nos permiten introducir un sinfín de construcciones expresivas que no serían posibles si nos limitásemos únicamente a las oraciones simples.

§4.1.1 La diferencia principal entre la oración simple y la compuesta

En la oración simple hay un solo verbo conjugado. En la compuesta, habrá dos o más, y estos verbos pueden conjugarse en cualquier tiempo o modo verbal. Toda oración simple es independiente: no depende gramaticalmente de ninguna otra, pero cuando se trata de oraciones compuestas puede existir entre ellas una relación de *coordinación* o *subordinación* (en este último caso, una sería *independiente* y la otra, *dependiente*, lo cual es otra manera de decir *subordinada*).[1] Las oraciones coordinadas existen de manera independiente; solo se juntan para *trabajar* en conjunto, para *coordinarse*. Las subordinadas, sin embargo, siempre dependerán de otra oración principal. Toda oración, sea independiente o subordinada, posee sujeto y núcleo verbal. Pero cuando se trata de una proposición en que una oración se subordina a otra independiente, el núcleo verbal de la independiente será el principal (nunca el de la subordinada), de la misma manera en que el sujeto de la oración independiente será el principal (nunca el sujeto de la subordinada, a menos que sea el mismo). Veamos este ejemplo:

---

[1] En las oraciones compuestas puede haber una gran variedad de combinaciones de oraciones coordinadas y subordinadas. Por ejemplo, puede haber dos oraciones coordinadas con sendas subordinadas. Una independiente con dos o tres subordinadas; tres coordinadas y una, dos o tres subordinadas, etcétera. La única limitación es la claridad de lo escrito. Llega un momento en que la excesiva coordinación o subordinación confunde al lector, porque este puede perder el hilo lógico del texto. [Esta última proposición es un ejemplo de una oración independiente (*Llega un momento*), una subordinada de tiempo (*en que la excesiva coordinación o subordinación confunde al lector*), seguida de otra subordinada de causa (*porque este puede perder el hilo lógico del escrito*): una oración independiente y dos subordinadas].

- El sacerdote <u>llegó</u> cuando los novios ya <u>estaban</u> desesperados.

Tenemos dos verbos conjugados: *llegó* y *estaban*. El primero, *llegó*, es el núcleo verbal de la oración principal *El sacerdote **llegó***; el segundo, *estaban*, lo es de la subordinada *cuando los novios ya **estaban** desesperados*. Para efectos de localización del sujeto de toda la proposición, debemos fijarnos en el núcleo verbal de la oración independiente y preguntarnos quién o qué realiza la acción, quién o qué *llegó*; en este caso es *el sacerdote*; también es sujeto *los novios*, pero lo es únicamente de la oración subordinada. Las subordinadas, por diferentes motivos, pueden llegar a formar una parte importante de las oraciones compuestas. Veamos otro ejemplo:

- El cuarteto *que <u>buscas</u>* <u>está</u> en la sección de música clásica.

Aquí se ve claramente cuál es la oración subordinada: *que buscas*. Su sujeto es tácito: *tú*. Su núcleo verbal es *buscas*. Alrededor de ella tenemos la oración principal: *El cuarteto [...] está en la sección de música clásica*. Estos ejemplos muestran dos clases de oración subordinada, las cuales veremos con cuidado más adelante.

Si analizamos esta otra proposición, veremos que la relación entre sus oraciones no se parece ni remotamente a las que existían entre las oraciones de los dos ejemplos anteriores:

- En el tianguis tradicional los comerciantes venden frutas y verduras, intercambian otros tipos de mercancía y hablan entre sí.

No se parece porque no hay subordinación sino *coordinación*: los verbos de cada oración son independientes: *venden, intercambian, hablan*. Se coordinan entre sí. Cada oración también tiene su sujeto: el de la primera oración, *los comerciantes*, en este caso lo es también de las demás. Podemos decir que las otras dos poseen, como sujeto tácito, el mismo sujeto de la primera. Las oraciones coordinadas también pueden tener sujetos diferentes:

- **La medicina** <u>se ha transformado</u> mucho en los últimos 20 años, pero **algunas personas** no <u>han llegado a apreciar</u> la importancia de sus adelantos.

En este ejemplo cada oración tiene su propio sujeto: *la medicina* y *algunas personas*. Veamos esta otra coordinación:

- Me <u>gusta</u> **la ópera,** pero **yo** no <u>tengo</u> tiempo para estudiarla.

Se emplean dos núcleos verbales: *gusta* y *tengo*. También se emplean dos sujetos: *la ópera* y *yo*.

Hay distintas clases de oraciones subordinadas que coexisten con las coordinadas. Aunque este no es un libro de gramática sino un manual para aprender a redactar eficazmente, resulta importante reconocer las diferencias entre las oraciones coordinadas y subordinadas, y al mismo tiempo distinguir entre las diversas clases de oraciones subordinadas. Esto nos permitirá emplearlas todas —simples, coordinadas y subordinadas— dentro de cualquier escrito sin temor a equivocarnos.

➤ **Una vez más: las oraciones compuestas —a diferencia de las simples— tienen más de un solo verbo conjugado, y las relaciones que se dan entre estas oraciones pueden ser de índole muy diversa.**

§4.2 Oraciones coordinadas y subordinadas

Los gramáticos se dan vuelo organizando lo que parecen centenares de clases de oraciones compuestas. Alguien tiene que hacerlo, pues el idioma es tan fértil que resulta imposible reducir todos sus matices a unas cuantas categorías. Por otro lado, sí es importante que exista, en alguna parte, el catálogo completo para que en un momento dado podamos consultarlo. Los gramáticos dedican su vida a reconocerlas, separarlas, describirlas, encontrar sus antecedentes literarios, compararlas con otros fenómenos parecidos y, finalmente, rastrear las posibles excepciones a las reglas generales. Y, encima, los idiomas nunca dejan de evolucionar; tampoco los gramáticos, quienes siempre buscan nuevas maneras de analizar formas antiguas. Por esto existen tantos sistemas —cada uno con su propia nomenclatura— para analizar el mismo fenómeno. Y también por esto no hay dos gramáticas iguales. Lo que es *oración* según una es *proposición* o *frase* en otra y *enunciado* en una tercera, mientras en una cuarta se habla de *sintagma* y *cláusula*, etcétera.

Precisamente por esto, desde el principio de este libro definimos nuestros términos. Vale la pena repasarlos y tenerlos claros antes de proseguir la discusión de las complejidades de las oraciones compuestas:

Frase: conjunto de palabras, sin verbo,[2] que no posee sentido completo

Oración: un verbo solo o un conjunto de palabras —incluyendo un verbo— con que se expresa un pensamiento completo

Oración simple: aquella oración que posee un solo verbo donde no hay coordinación ni subordinación de otras oraciones

Oración compuesta: dos o más oraciones en una sola proposición, la cual se forma mediante relaciones de subordinación o coordinación

Proposición: oración simple o cualquier combinación de oraciones compuestas debidamente organizadas y puntuadas, que se inicia con mayúscula y concluye con punto (sinónimo de *enunciado*)

Ejercicio

Determine si las siguientes oraciones son simples o compuestas:

1. Aunque tú no lo creas, sí aprendí a escribir bien.
2. Con estos locos disparatados corriendo de aquí para allá, no puedo concentrarme.
3. Con estos locos disparatados que corren de aquí para allá, no puedo concentrarme.
4. Con ganas tomo café todos los días.
5. ¿Qué ganas con eso que pretendes?
6. El sonido del violín me cimbra y me transporta a países desconocidos.
7. El piano me conmueve al hacerme vibrar todo.
8. Claudio Arrau nació el 6 de febrero de 1903 en Chillán, Chile, y murió en Mürzzuschlag, Austria, el 9 de junio de 1991.
9. A mí sí me interesan todos esos datos, pero nunca logro memorizarlos.
10. Los celos pueden destruir una relación perfectamente sana con dardos de inquina, duda, dolor y desesperación.

Respuestas:
1. compuesta
2. simple
3. compuesta
4. simple
5. compuesta
6. compuesta
7. simple
8. compuesta

---

[2] Recuérdese que al usar el término *verbo*, siempre hablamos de un verbo conjugado.

9. compuesta
10. simple

Ahora veremos las categorías de oraciones compuestas: las coordinadas y las subordinadas.

§4.2.1 Las oraciones coordinadas

En términos generales, las oraciones coordinadas existen una al lado de la otra sin que ninguna se subordine: simplemente se coordinan. Puede que lleven o que no lleven conjunciones. Las conjunciones más comunes empleadas en la coordinación son *y* (y *e*), *pero* y *mas* (que significan lo mismo; *mas*, cuando significa *pero*, nunca debe llevar tilde), *o* (y *u*), *ni* (y *ni… ni*) y *sino que*.

También pueden coordinarse dos o más oraciones sin conjunción. Para esto se emplean signos de puntuación. Como esta opción es menos frecuente que el uso de conjunciones, las oraciones coordinadas mediante signos de puntuación suelen brindar cierta aura de elegancia sentenciosa. Cuando se unen oraciones coordinadas sin ninguna conjunción u otras palabras que sirvan de puente o nexo, se llaman *oraciones yuxtapuestas* u *oraciones coordinadas por yuxtaposición*.

Se podría escribir, por ejemplo: *Los jóvenes nunca escuchan a los mayores; su única escuela es la experiencia.* Aquí hay dos verbos conjugados. De hecho, hay dos oraciones gramaticales completas, unidas por un punto y coma [;].[3] Se trata, como hemos visto, de dos oraciones yuxtapuestas, ninguna de las cuales subordina a la otra; más bien, se coordinan.

La misma idea podría expresarse con la ayuda de alguna conjunción. No solo la puntuación cambia, sino también el matiz de sentido: *Los jóvenes nunca escuchan a los mayores, y su única escuela es la experiencia.* Podría, asimismo, plantearse una *coordinación negativa*: *Los jóvenes ni escuchan a los mayores ni tienen* más escuela que la experiencia. Con casi las mismas palabras, hemos visto tres matices diferentes de sentido al cambiar solo unos cuantos detalles.

Con la yuxtaposición podemos dar a entender diferentes fenómenos que se distribuyen a lo largo de la oración en una *coordinación distributiva*. Podemos escribir, por ejemplo: *Algunos trabajan, otros estudian, los*

---

[3] En la segunda parte de este libro se verá más detalladamente cómo la puntuación puede afectar el sentido de una proposición. Habría que poner especial énfasis en el punto y coma (;) y los dos puntos (:), que se ven en el capítulo 6.

más no hacen nada para pasar el tiempo.[4] En la proposición anterior se emplean tres verbos diferentes para distribuir la acción, pero las diversas oraciones coordinadas podrían compartir el mismo verbo, aunque después de la primera mención este se calle por razones estilísticas: *Los empresarios buscan ganar más dinero; los empleados, aumentar sus ingresos; los sindicatos, consolidar su poder de negociación.* En cada una de las oraciones coordinadas está presente el verbo *buscar*, solo que en el segundo y tercer casos, ha sido suprimido y en su lugar aparece una coma.[5]

También puede plantearse una *coordinación disyuntiva*: *Quiero ir a la universidad o viajar por Sudamérica.* Es importante hacer notar aquí que la conjunción *o* no siempre indica una situación de disyuntiva pura. También puede incluir el sentido de la *y*. Podría decirse, por ejemplo: *Me gustaría estudiar historia o filosofía o literatura.* En este caso, se entiende que el hecho de estudiar historia no elimina la posibilidad de estudiar filosofía o literatura. Por esta razón se antoja innecesaria la combinación *y/o* tan molesta que hemos heredado del idioma inglés.[6] María Moliner, en su *Diccionario de uso del español*, explica esto claramente en la quinta acepción de la palabra *o*: "En muchos casos, más que disyunción entre los términos que une, expresa que la acción es aplicable tanto al uno como al otro, y puede usarse indistintamente 'o' o 'y': 'Dispositivo con que se sujetan a su marco las puertas o [y] ventanas'". De la misma manera, podríamos decir *este libro sirve para estudiantes o profesionistas*, lo cual no quiere decir que si le sirve al primer grupo, no pueda servirle al segundo. Por esto resulta molesto ver y escuchar: ⊗*Este libro sirve para estudiantes y/o profesionistas.*

A veces la relación entre oraciones coordinadas se da en una *coordinación adversativa*, sea parcial o total. Si estas oraciones son por completo incompatibles, se tiene el caso de *coordinación exclusiva*: *No que-*

---

[4] Este, además de ser un ejemplo de *yuxtaposición mediante coma*, ilustra cómo se emplea la coma en oraciones seriadas. En el capítulo 5 veremos cómo se construyen las oraciones seriadas y cómo diferenciarlas de otras que no lo son y que no deben ser separadas con comas, ya que darían lugar al *encabalgamiento*.

[5] Se verá más sobre este recurso, llamado *elipsis* o *verbo callado*, en el apartado §5.1.2.5 de la segunda parte del libro.

[6] Esta combinación también resulta non grata en su idioma de origen. William Strunk. Jr. y E.B. White en *The Elements of Style*, libro que hasta la fecha sigue siendo la Biblia de la redacción práctica en inglés, afirman que *and/or* es: "...A device borrowed from legal writing. It destroys the flow and goodness of a sentence. Useful only to those who need to write diagrammatically or enjoy writing in riddles." Traduzco: ...*y/o* es "un recurso que proviene de la redacción legal. Destruye el flujo y el sentido recto de una proposición. Solo resulta útil para aquellos que necesitan escribir como si dibujasen diagramas o para quienes gozan de escribir adivinanzas".

rías venir a estudiar, sino que llegaste a poner todo de cabeza. Otro ejemplo de coordinación exclusiva: *No sembraste un sueño, sino que mataste la esperanza.*

Con la conjunción adversativa *pero* se da a entender una *coordinación restrictiva*, en la cual la segunda oración plantea una corrección o restricción a lo expresado en la primera: *Dicen que soy chiquito, pero verás que soy sabroso.* Un ejemplo igual de jactancioso podría ser este: *Quería ir a la universidad, pero decidí no perder el tiempo entre tanto mediocre.* Con esta conjunción también puede expresarse que la acción de la segunda oración no seguirá necesariamente la de la primera: *Puedes decirle a mi mamá lo que quieras, pero no me casaré contigo.*

No debemos confundir estas conjunciones —que pueden ser copulativas (*y*, *e* y *ni*), disyuntivas (*o* y *u*) y adversativas (*pero*, *mas* y la locución conjuntiva adversativa *sino que*)— con otros puentes o nexos que llevan a que la oración adjunta sea subordinada, no coordinada. Por ejemplo: *Asistiremos al concierto aunque no tenemos boletos. El asistente desafió a su coordinador, pues con el apoyo del director se siente todopoderoso.*

En resumen, podemos coordinar oraciones independientes en una sola proposición. Esto puede lograrse con el uso de las conjunciones que acabamos de ver o mediante signos de puntuación (yuxtaposición).

§4.2.2 Las oraciones subordinadas

Cuando hay dos oraciones, cada una con su verbo,[7] y una de esas oraciones —por su sentido— no puede existir de manera independiente, esta última se subordina a la que sí podría estar sola. Para que el redactor no se confunda, debe saber que hay una serie de palabras que, antes de un verbo conjugado, iniciarán necesariamente una oración subordinada. Estas son —esencialmente— 11, aunque también pueden incluirse varios sinónimos, los cuales pondremos entre paréntesis. Esto da un total de 19 palabras que, seguidas de un verbo conjugado, detonarán una oración subordinada. En la *Guía esencial para aprender a redactar* (Planeta, 2011) nombré esto como *El detector de subordinaciones.* Aquí la reproduzco:

---

[7] Nunca olvide que estamos hablando de verbos *conjugados.*

105

Detector de subordinaciones

- que (cual, cuales), (cuyo, cuya, cuyos, cuyas)
- como
- cuando
- cuanto (cuan)
- donde
- quien (quienes)

- conforme
- según

- mientras
- pues
- si

La palabra *que* también se combina con otras: *aunque, conque* y *porque*. Además, puede usarse en conjunción con otras palabras que se escriben separadamente: *con que, ya que, en vista de que, mientras que, puesto que, debido a que, por que, a pesar de que*, etcétera. La única versión de *que* que *no* subordina es *sino que*, la cual coordina.[8] *Cuanto*, a su vez, tiene su *cuan*, y *quien* —desde luego— tiene su forma plural: *quienes*. Las otras palabras son invariables. Si uno puede memorizar estas 11 palabras básicas, y no creo que sea un problema excesivamente difícil, podrá agregar las otras derivadas sin mayores complicaciones. Veamos estos ejemplos:

- que entró ayer
- que nadie quería

→ ya pedimos tres libros
→ necesitas el llavero verde

[8] Cuando *aunque* significa *pero*, los gramáticos consideran que coordina. Cuando *no* significa *pero* sino *a pesar de que*, subordina. Ejemplo del *aunque* coordinante: Quiero ir al cine, *aunque* no tengo dinero para comprar el boleto. Ejemplo del *aunque* subordinante: Pienso invitar a Marco Aurelio *aunque* no me invitó a mí el año pasado. También habría que agregar la conjunción ilativa *luego* a la lista de conjunciones que coordinan. Esta se diferencia del adverbio *luego* en que aquella significa *por consiguiente, por lo tanto* (Pienso, luego existo), y el adverbio significa *después*; es decir, da la idea de tiempo (Primero iré a la universidad; luego, al parque). En realidad, la palabra *luego* como conjunción se usa muy poco, así que no habría por qué preocuparse demasiado por ella. Por otro lado, cabe aclarar que ninguna de estas dos conjunciones figura en nuestra lista de conjunciones que coordinan porque, para efectos prácticos, no es necesaria la distinción, y no quisiéramos confundir innecesariamente al estudiante de la buena redacción.

- el cual se perdió   → nadie vio al hombre
- con que María lo desee   → estoy conforme

Las oraciones del lado izquierdo no pueden existir solas. Al lado derecho se encuentran otras tantas que, en un contexto u otro, sí podrían constituir oraciones con vida independiente.

A diferencia de las oraciones coordinadas —las cuales constan de dos oraciones gramaticalmente independientes unidas por algún signo de puntuación o por alguna de las conjunciones que vimos en el apartado anterior—, las subordinadas incluyen al nexo que las subordina y necesitan supeditarse a las independientes o *subordinantes*. Podríamos, por ejemplo, tomar las subordinadas del lado izquierdo y combinarlas con las subordinantes (o *independientes*) del lado derecho. No es forzoso que la oración independiente sea la primera, como consta en el segundo caso:

- Nadie vio al hombre *que entró ayer.*
- , *Con que María lo desee*, estoy conforme.
- Ya pedimos tres libros *que nadie quería.*
- Necesitas el llavero verde, *el cual se perdió.*

Una oración puede modificar a un sustantivo que se encuentre en el sujeto (o puede ser —incluso— el sujeto de una proposición), en el complemento directo o en el indirecto o en uno de los complementos circunstanciales. También puede subordinarse al núcleo del predicado de la oración principal (del cual dependerá siempre). Por esto pueden enriquecerse sustancialmente las posibilidades expresivas de cualquier escrito.

Para saber de qué tipo de oración subordinada se está hablando, se las llama según la función gramatical que desempeñan. Si poseen la función de un sustantivo, por ejemplo, se llaman *subordinadas sustantivas* y pueden fungir como sujeto, complemento directo o indirecto. También pueden estar dentro de un complemento circunstancial:

Subordinadas sustantivas que fungen como sujetos:
- *Quien sabe latín* entiende el significado de la palabra *declinación.*
- *El hecho de que el libro se haya reimpreso muchas veces* me convence de su popularidad.

Subordinadas sustantivas que fungen como complementos directos:
- Voy a escoger a *quien sepa latín.*
- Celebraremos *el hecho de que el libro se haya reimpreso muchas veces.*

Subordinadas sustantivas que fungen como complementos indirectos:
- Debes ofrecer la beca a *quien sepa latín.*
- El crítico lo achacó al *hecho de que el libro se haya reimpreso muchas veces.*

Subordinadas sustantivas dentro de complementos circunstanciales:
- ¡Quién no quiere estar cerca de *quien sepa latín*!
- Además d*el hecho de que el libro se ha reimpreso muchas veces*, se ha traducido a varios idiomas extranjeros.

Incluso, pueden funcionar como el término del complemento de régimen preposicional. Dicho complemento suele tener función adjetiva cuando modifica a otro sustantivo (complemento adnominal: *La casa* de *que te hablé*; En este caso la preposición *de* introduce el término *que te hablé*, oración subordinada que está en lugar de un sustantivo como *té* —la casa de *té*— o de una frase sustantiva como *la abuela*: la casa de *la abuela*. Véase el capítulo 2). Pero también puede funcionar adverbialmente, como complemento preposicional del verbo, el cual suele confundirse con el complemento circunstancial, pero funciona de manera distinta debido a que no expresa las circunstancias en que sucede la acción (véase el apartado §3.7, donde se ve cómo funciona este complemento que comprende una preposición + sustantivos o frases sustantivas). La única diferencia radica en que toda la oración subordinada sustantiva puede ser el término porque se comporta como una unidad, como si fuera una sola palabra: un sustantivo.

Si las oraciones desempeñan la función de un adjetivo (es decir, si modifican a un sustantivo), se denominan *subordinadas adjetivas*. Y, por fin, si desempeñan la función de un complemento circunstancial, serían *subordinadas circunstanciales*. Enseguida analizaremos algunos ejemplos de estas oraciones subordinadas; después veremos cómo pueden emplearse en cualquier redacción para precisar el sentido de lo expresado.

Pero antes será necesario señalar claramente los riesgos que el redactor puede correr al entrar en el terreno de las oraciones compuestas. Para decirlo pronto: una subordinación excesiva —subordinadas de subordinadas de subordinadas, por ejemplo, o muchas coordinadas— puede llegar a enturbiar el sentido de cualquier escrito, y lo volvería farragoso y difícil de comprender. Bien utilizadas, las oraciones subordinadas pueden, al contrario, brindar mayor claridad, más información pertinente y de manera muy variada. Son las oraciones compuestas, al fin y al cabo, mucho más versátiles que las oraciones simples.

El siguiente ejemplo es de una subordinación excesiva; no es que sea *incorrecta*, sino que resulta enredada y puede confundir al lector. Lo que aparece en letra redonda constituye la oración principal; las demás son subordinadas, ocho en total:

- Los documentos *que entregaste a la secretaria que llegó cuando sonó la alarma sísmica, la cual funcionaba a pesar del apagón*, no eran los indicados, *ya que habían sido invalidados por una orden superior, la cual fue trasmitida por fax desde la casa matriz, que se encuentra en Mérida, ciudad que es capital del estado de Yucatán.*

También puede llegarse a la exageración al coordinar las oraciones, aunque se haga correctamente en términos gramaticales, como ocurre en este ejemplo:

- Los jóvenes impacientes prefieren ver antes que nada la aplicación práctica de una teoría, *y* aprovechan cada oportunidad para hacerlo, *pero* pueden perder de vista el porqué de su proceder, *mas* no suelen transigir en este punto *ni* aceptan sustituto alguno de su experiencia de primera mano.

En ambos casos el redactor podría mejorar infinitamente su escrito al establecer jerarquías claras mediante una puntuación más contundente y cierto replanteamiento general de la proposición (en la segunda parte del libro, esto se verá con gran detalle). Enseguida analicemos dos posibles reescrituras:

Primer ejemplo, replanteado:
- Los documentos que entregaste a la secretaria que llegó cuando sonó la alarma sísmica —la cual funcionaba a pesar del apagón— no eran los indicados. Estos habían sido invalidados por una orden superior trasmitida por fax desde la casa matriz en Mérida, capital del estado de Yucatán.

Como verá el lector, las subordinaciones no se han eliminado, ni siquiera la triple subordinación: 1. *que entregaste a la secretaria* 2. *que llegó* 3. *cuando sonó la alarma sísmica.* Esta fue perdonada porque en sí no causaba ninguna confusión, pero el efecto acumulativo de todas juntas podía marear a cualquiera. El punto y seguido después de la palabra *indicados* evita esta sensación desagradable y, al mismo tiempo, establece claramente cuáles son las ideas principales.

Segundo ejemplo, replanteado:
* Los jóvenes impacientes prefieren ver antes que nada la aplicación práctica de una teoría. Aprovechan cada oportunidad para hacerlo, aunque pueden perder de vista el porqué de su proceder. Sin embargo, no suelen transigir en este punto ni aceptan sustituto alguno de su experiencia de primera mano.

§4.3 La subordinación sustantiva

Hay varias maneras de estructurar oraciones subordinadas sustantivas. Las formas más comunes son las siguientes: *el hecho de que*, *el que* o *que* + verbo (el hecho de que me *quieras*, el que me *quieras*, que me *quieras*); *quien*, *quienes*, *los que*, *las que*, *aquellas que*, *aquellos que* + verbo (quien *quiera*, quienes *quieran*, los que *quieran*, las que *quieran*…); *lo que* + verbo (lo que *quieran*, lo que *guste*, lo que *digas*); *cuanto* + verbo (cuanto *quieran*, cuanto *guste*, cuanto *digas*).

Esto no significa que sean las únicas posibilidades, pues siempre que una oración subordinada funja como sustantivo, se llamará *oración subordinada sustantiva*. Si escribimos, por ejemplo, "Te pregunté si querías ser mi novia", *si querías ser mi novia* es lo que pregunté; es decir, el complemento directo, y este solo puede ser representado por una palabra, frase u oración con valor sustantivo. Por lo tanto, *si querías ser mi novia* es una oración subordinada sustantiva.

Ahora, según la función gramatical que desempeñan, podremos llamarles *de sujeto*, *de complemento directo*, *de complemento indirecto* y *de complemento preposicional del verbo*.

§4.3.1 Subordinada sustantiva de sujeto

A veces una oración subordinada constituye el sujeto de una oración. Ocurre, de hecho, con mucha frecuencia. Algunos ejemplos:

- *El hecho de que los representantes voten a favor del proyecto* es una clara señal de nuestro futuro éxito.
- *Quien no haya pecado* podrá tirar la primera piedra.
- *El que me ayudes ahora* significa mucho para mí.
- *Lo que dijo el alcalde* preocupa a toda la comunidad de habla portuguesa.

En estos cuatro ejemplos puede apreciarse que el sujeto es, en realidad, una oración subordinada que posee valor sustantivo y que realiza la acción del verbo principal: *es*, *podrá*, *significa* y *preocupa*. Otro ejemplo:

- *Que tú lo digas* me basta.

Esta proposición se parece a la del segundo ejemplo. La oración de cuatro palabras con verbo conjugado en modo subjuntivo rige al verbo principal dentro del predicado: *basta*. Debemos notar que la subordinación sustantiva *Que tú lo digas* es singular (significa lo mismo que *el que tú lo digas* o *el hecho de que tú lo digas*), y por eso el verbo *basta* también se conjuga en la tercera persona del singular.

En resumen: cuando el sujeto de una proposición consiste en una oración subordinada, decimos que se trata de una *oración subordinada sustantiva de sujeto* o, más sencillamente, una *subordinada de sujeto*. Esta clase de subordinación sustantiva es solo una de cuatro, como se dijo en el último párrafo del apartado anterior. Enseguida del ejercicio veremos la segunda.

Ejercicio

Determine cuáles de las siguientes proposiciones contienen una subordinada de sujeto y cuáles no. En todos los casos, diga cuál es el sujeto.

1. Las lámparas de pilas sirven admirablemente para emergencias cuando se va la luz.
2. Que haya puesto al Consejo de Seguridad entre la espada y la pared es indicio de su poco respeto por la cooperación internacional.
3. Quien desea lo mejor para sus hijos debe pensar en su educación.
4. Las tarjetas de crédito y los monederos electrónicos revolucionaron el mercado de compras al menudeo.
5. Los que siguen hasta Nueva York necesitan pasar por la aduana en Acapulco.

Respuestas:
1. Sujeto: Las lámparas de pilas // es simple; no hay subordinada de sujeto.
2. Sujeto: Que haya puesto al Consejo de Seguridad entre la espada y la pared // subordinada de sujeto. [Sin embargo, el sujeto también pudo ser *indicio de su poco respeto por la cooperación internacional*, puesto que el verbo principal (*es*) es copulativo].
3. Sujeto: Quien desea lo mejor para sus hijos // subordinada de sujeto.
4. Sujeto: Las tarjetas de crédito y los monederos electrónicos // es complejo, no hay subordinada de sujeto.
5. Sujeto: Los que siguen hasta Nueva York // subordinada de sujeto.

§4.3.2 Subordinada sustantiva de complemento directo

Así como hay complementos directos dentro de oraciones simples, también los hay en forma de oraciones subordinadas. En la oración simple *Mario escribió su respuesta*, las palabras subrayadas constituyen el complemento directo. Si el redactor, en lugar de escribir *su respuesta*, hubiera redactado *que vendría pronto*, esta última habría sido una oración subordinada sustantiva de complemento directo. Si así fuera, podríamos —incluso— pasar la oración por las tres pruebas consabidas: 1) preguntar qué escribió Mario, 2) sustituir por un pronombre de tercera persona y 3) pasar la proposición a voz pasiva.

* …que vendría pronto.
* Mario lo escribió.
* Que vendría pronto fue escrito por Mario.

De hecho, cuando el redactor anuncia que cualquier persona *dice*, *escribe* o *pregunta* algo (y ese algo es expresado por una oración), estamos en presencia de una *subordinada sustantiva complementaria directa*, puesto que la mayoría de los verbos enunciativos son transitivos: *Mi mamá dice que…*, *El maestro aseveró que…*, *Los políticos argumentan que…* Esto puede extenderse a otros verbos parecidos, como *pensar*, *negar*, *creer*, *intuir*, *suponer*, *querer*, *entender*, etcétera. Aunque no son verbos estrictamente enunciativos,[9] las oraciones que introducen tam-

---

[9] De hecho, estos se llaman *verbos de pensamiento*, pues aún no han llegado a enunciarse. Por ejemplo, puedo pensar algo: "Pienso *que este ejemplo es tonto*". Después podré *decirlo*: "Digo *que este ejemplo es tonto*". La escritura es una especie de lugar intermedio entre el pensamiento y lo que se dice: "Escribió *que no le gustó el ejemplo*". Otros verbos,

bién son *oraciones subordinadas sustantivas complementarias directas* (o, sencillamente, *subordinadas de complemento directo*). Cada una de ellas va a afirmar o negar algo, y ese algo es el complemento directo de la proposición, planteado en forma de oración subordinada:

- Nuria *piensa* que no me he dado cuenta de su jueguito.
- ¿Tú *crees* que la obra empiece puntualmente?
- El gobernador *supuso* que nadie se le opondría.
- Ese niño ya *intuye* que Alfonso no es su papá.

➤ **Para que no se olvide: en los cuatro ejemplos anteriores, las oraciones principales introducen otras tantas oraciones subordinadas de complemento directo, también llamadas** *complementarias directas*.

Ejercicio

Invente una oración subordinada sustantiva que sustituya al complemento directo simple que aparece en las siguientes proposiciones.

1. El vendedor dijo muchas falsedades.
2. El primer ministro anunció el retiro del presidente.
3. Yo entendí lo peor.
4. Las feministas quieren cambios en el idioma.
5. Tu mamá necesita ayuda.

Respuestas posibles:
1. El vendedor dijo que la lavadora también plancha la ropa.
2. El primer ministro anunció que el presidente se retiraría de la conferencia de prensa.
3. Yo entendí que nos iban a demandar por difamación.
4. Las feministas quieren que el idioma cambie para reflejar la igualdad de los sexos.
5. Tu mamá necesita que tú la ayudes.

§4.3.3 Subordinada sustantiva de complemento indirecto

Como ocurre con los complementos directos, también sucede con los indirectos. Puedo escribir, por ejemplo…

---

como *afirmar* y *plantear*, pueden aplicarse al lenguaje oral o al escrito: "Afirmó *que no se emplearían ejemplos tontos*".

- Entrega las llaves al vencedor [a + el vencedor].

Aquí, el vencedor es el complemento indirecto. Pero este complemento indirecto puede expresarse como una oración subordinada. Véanse estos dos ejemplos:

- Entrega las llaves a quien resulte vencedor.
- ¿Habría yo de ofrecerme al [a + el] que me ha despreciado?

En estos casos una *oración subordinada sustantiva de complemento indirecto* (o *complementaria indirecta*) ocupa el lugar de lo que en una oración simple habría sido, sencillamente, el complemento indirecto. Es importante fijarse en el hecho de que la oración subordinada toda funge como el complemento indirecto, y no solo una parte de él. Contraste estos dos ejemplos con los que siguen:

- Entrega las llaves **al participante** *que resulte vencedor*.
- ¿Habría yo de ofrecerme a **la mujer** *que me ha despreciado*?

En estos casos podemos observar que la oración subordinada —en letra cursiva— solo forma parte del complemento indirecto, el cual está subrayado. Esta clase de oración subordinada se comporta, en realidad, como adjetivo: modifica al sustantivo que en estos dos ejemplos está escrito en letra negrita: *el participante* y *la mujer*; es decir, en el primer ejemplo se especifica a cuál de todos los participantes habrá de entregarse la llave; en el segundo ejemplo se determina a qué mujer el redactor habría de ofrecerse. Veremos con más detalle las subordinadas adjetivas en el apartado §4.7.

Como se verá en los siguientes cuatro ejemplos, la oración subordinada sustantiva fungirá como sujeto (A), complemento directo (B), complemento indirecto (C) o dentro de un complemento circunstancial (D):

A. Quien acabe primero puede salir temprano.
A. Lo que salió en la televisión repugna a cualquier alma sensible.
B. Voy a dejar salir temprano a quien acabe primero.
B. Van a premiar a quien acabe primero.
C. No prestaré atención a lo que salió en la televisión.
C. ¿Quién hace caso a lo que sale en la televisión?
D. Me gustar ponerme junto a quien acaba primero.
D. Su discurso está dentro de lo que salió en la televisión.

§4.4 Un aparte: verbos subordinados en subjuntivo e indicativo

Los verbos de las oraciones subordinadas pueden estar en modo subjuntivo o indicativo.[10] Si alguien escribiera, por ejemplo, *Nadie sabía que el presidente iba a venir*, el verbo *iba* —conjugado en modo indicativo— se encontraría dentro de una oración subordinada. Ocurre lo mismo en esta oración: *El policía argumentó que el conductor **estaba** ebrio*. El verbo *estaba*, el cual se encuentra en modo indicativo, forma parte de la oración subordinada.

El verbo subordinado —o dentro de la oración subordinada— también puede conjugarse en modo subjuntivo: Yo no *quería* que te pasara esto. O: ¿Quién te *pidió* que te metieras en este lío? Los verbos en indicativo —en letra cursiva— suelen llamarse de *voluntad, deseo* o *mandato*, y son los que exigen la presencia del verbo conjugado en subjuntivo, los cuales en estos ejemplos aparecen subrayados. También hay verbos y giros verbales que indican duda e inseguridad: *No creía* que fueras a decirle todo. O: *Dudaba* que supieran la verdad. O: *Es poco probable* que tus hermanos lleguen antes de la medianoche.

Cuando, por otra parte, el verbo principal —no subordinado— es de seguridad o certeza, el subordinado se conjugará en modo indicativo, como en la siguiente oración: *El asesor tenía la certeza de que las nuevas leyes no echarían por tierra el proyecto de expansión*.

§4.5 Otro aparte: Complemento preposicional con oración subordinada sustantiva que modifica sustantivos

Como estas se verán con calma en el apartado §4.8, aquí baste decir que así como hay sustantivos que adquieren función adjetiva si se colocan después de una preposición, también hay *oraciones sustantivas* que adoptan esta función adjetiva si se colocan luego de una preposición.

En otras palabras: una *oración subordinada sustantiva* que va precedida por una preposición puede modificar sustantivos igual que lo hace cualquier adjetivo. Y esos sustantivos pueden ser el núcleo del sujeto, del complemento directo o del complemento indirecto. Suelen emplearse con la combinación *de* + *que*, aunque también pueden usarse *con que, a que, por que* o *en que*. Ejemplos:

---

[10] Se habla de los modos indicativo y subjuntivo en la letra *C* de la *Tabla de términos*, que pertenece a la sección preliminar *Un leve anestésico*, y —más a profundidad— en la tercera parte de este libro, "Los verbos y su lógica temporal relativa".

1. Oración subordinada sustantiva que modifica al núcleo del sujeto

- La <u>certeza</u> **de** *que harás tu mejor esfuerzo* me alienta a seguir pagando tu colegiatura.
- Las <u>razones</u> **por** *que abandonaste el partido* no me parecen suficientes.
- La <u>pluma</u> **con** *que el presidente firmó la nueva ley* se perdió misteriosamente.
- Las <u>conclusiones</u> **a** *que llegaste en tu ponencia* no convencieron a los profesores.

En las proposiciones anteriores, los sustantivos *certeza, razones, pluma* y *conclusiones* son el núcleo del sujeto de cada proposición, pero a estos se les agregaron las preposiciones *de, por, con* y *a* más las oraciones subordinadas sustantivas *que harás tu mejor esfuerzo, que abandonaste el partido, que el presidente firmó la nueva ley* y *que llegaste en tu ponencia*, respectivamente. Tal como se vio en el segundo capítulo de este libro, el complemento adnominal se forma con preposición más el modificador indirecto o *término* (y este puede tener —a su vez— modificadores directos), que siempre será un sustantivo. De la misma manera, a la oración subordinada que sigue a la preposición se la considera sustantiva. Y, en efecto, al igual que el complemento adnominal sencillo, este funciona como cualquier adjetivo. Pudimos haber escrito, por ejemplo, *La certeza **de** <u>mi madre</u> me alienta a seguir pagando tu colegiatura...*

2. Oración subordinada sustantiva que modifica al núcleo del complemento directo

- Tenemos <u>la certeza</u> **de** <u>*que harás tu mejor esfuerzo*</u>.
- Comprendo <u>las razones</u> **por** <u>*que abandonaste el partido*</u>.
- Encontré <u>la pluma</u> **con** <u>*que el presidente firmó la nueva ley*</u>.
- Nadie acepta <u>las conclusiones</u> **a** <u>*que llegaste en tu ponencia*</u>.

En los casos anteriores, *la certeza de que harás tu mejor esfuerzo, las razones por que abandonaste el partido, la pluma con que el presidente firmó la nueva ley* y *las conclusiones a que llegaste en tu ponencia* son los complementos directos de los verbos independientes, pero a los cuatro núcleos se les ha incluido un complemento adnominal cuyo término es una oración subordinada sustantiva.

3. Oración subordinada sustantiva que modifica al núcleo del complemento indirecto

* Echó la culpa de su quiebra a <u>la certeza</u> **de** *que harías tu mejor esfuerzo*.
* No brindaré legitimidad a <u>las razones</u> **por** *que abandonaste el partido*.

En el tercer grupo de ejemplos, vemos que las oraciones subordinadas que fungen como término del complemento adnominal modifican al núcleo del complemento indirecto de la oración principal.

Lo anterior significa, en resumen, que el sustantivo que funja como núcleo del sujeto, del complemento directo o del indirecto, puede estar unido a una oración subordinada sustantiva por medio de una preposición de la misma forma como un sustantivo cualquiera puede modificar a otro sustantivo si se une a él con preposición, a lo cual llamamos *complemento adnominal*.

§4.6 Último aparte: Complemento preposicional con oración subordinada sustantiva que modifica adjetivos en la oración de predicado nominal

Las *oraciones de predicado nominal*[11] son aquellas cuyos sujetos pueden fungir como predicados, y cuyos predicados pueden fungir como sujetos. Es decir, cuando ambas partes tengan valor sustantivo, podremos considerar a cualquiera de ellas el sujeto, y la otra parte será el predicativo o atributo (como en los casos 1 y 3 del siguiente grupo de ejemplos). Y cuando solo una de las partes sea sustantiva, esa será el sujeto; si la otra parte tiene valor adjetivo, automáticamente habremos de considerarla el *predicativo* o *atributo* (como en los casos 2 y 4 que siguen). Eso sí: siempre emplean *verbos copulativos*, como *ser*, *estar*, *resultar*, *parecer*, etcétera. Ejemplos:

1. Mi mamá <u>es</u> la diputada más influyente del estado.
2. Tus groserías <u>resultan</u> inadmisibles.
3. Javier <u>parece</u> político.
4. Adriana <u>está</u> incomparablemente hermosa.

---

[11] La palabra *nominal* suele referirse al sujeto de una oración, puesto que el caso *nominativo* en latín se reservaba exclusivamente para los sujetos de las oraciones. Así, la frase *predicado nominal* puede entenderse como *predicado que es sujeto*.

Pero también podríamos escribir…

- La diputada más influyente del estado <u>es</u> mi mamá.
- Inadmisibles <u>resultan</u> tus groserías.
- Político <u>parece</u> Javier.
- Incomparablemente hermosa <u>está</u> Adriana.

Los verbos copulativos siempre son intransitivos, y como tales no pueden transferir su acción a ningún complemento directo. Una cosa simplemente *es* otra cosa, o *parece* otra cosa, o *está* de tal manera o forma. Lo que sigue al verbo copulativo —sea sustantivo, adjetivo o adverbio— se llama *atributo* o *predicativo*. Lo curioso es que estos atributos pueden ser sustituidos por el pronombre *lo*, y por eso parecen complementos directos aunque no lo sean.

Una vez aclarado qué es una oración de predicado nominal y qué sucede con ellas, conviene aclarar que hay oraciones de predicado nominal que pueden incluir oraciones subordinadas sustantivas (como las que se vieron en el apartado §4.5) que modifiquen al predicativo o atributo. Esto, hasta cierto punto, resulta comprensible por la naturaleza misma de los atributos, que *parecen* complementos directos a pesar de que no lo son. Las oraciones a que me refiero son las de predicado nominal con adjetivo, seguidas de un complemento preposicional que incluye una oración subordinada sustantiva. Estas utilizan las mismas combinaciones que en las que modifican a un sustantivo: *de que, con que, a que, por que* o *en que*. Con unos ejemplos se entenderá claramente:

- Mi contador está <u>contento</u> *con que hayan cambiado la ley.*
- Los atletas no parecen <u>conformes</u> *en que el reglamento sea cambiado ahora.*
- No estoy <u>dispuesto</u> *a que me quites a mi hijo.*
- Luisa y Gerardo están <u>felices</u> *de que sus análisis hayan salido negativos.*

Se ve que los verbos empleados son copulativos (*está, parecen, estoy* y *están*). Después de estos verbos hay un adjetivo seguido de una de las combinaciones mencionadas, las cuales introducen una oración subordinada sustantiva. A pesar de que uno podría decir *Mi contador lo está*, no se trata de oraciones subordinadas sustantivas de complemento directo sino de complementos prepositivos formados por preposición más oración subordinada sustantiva que modifican al *atributo* o *predicativo* de una oración de predicado nominal, y que forman parte él.

§4.7 Las subordinaciones adjetivas

Hay oraciones subordinadas que tienen valor adjetivo. Pueden ser *especificativas* o *explicativas*, y pueden adherirse a un sustantivo (o frase sustantiva) perteneciente a cualquier parte de la oración, sea del sujeto, del complemento directo, del complemento indirecto o del complemento circunstancial. Veamos algunos ejemplos para que este concepto general quede perfectamente claro. Los sustantivos modificados están en letra negrita y las subordinadas adjetivas están en letra itálica; la oración principal —es decir, sin la subordinada— está subrayada:

Subordinada adjetiva que modifica al núcleo del sujeto:

* El **estadio** *que construyó aquella empresa trasnacional* no cumple con las normas mínimas de seguridad.

Subordinada adjetiva que modifica al núcleo del complemento directo:

* Tu esposa no vio **la nalgada** *que le diste a su hermana.*

Subordinada adjetiva que modifica al núcleo del complemento indirecto:

* Los obreros entregaron su pliego petitorio directamente al **funcionario** *que se encarga de las relaciones laborales.*

Subordinada adjetiva que modifica al sustantivo que se encuentra en el complemento circunstancial:

* Los asaltabancos se refugiaron en **la barranca** *que va desde la carretera hasta la cascada.*

Antes de pasar a ver con detalle las subordinaciones adjetivas, conviene recordar una vez más que todo sustantivo —es decir, toda palabra que nombre una cosa, animal, lugar, persona o concepto abstracto— puede ser modificado por un adjetivo. Así, puedo decir el perro *grande*, o la *bella* playa, o el manual *aburrido*. Estos adjetivos modifican —o caracterizan— el sustantivo. Las subordinaciones adjetivas, por otra parte, cumplen una tarea similar, solo que lo hacen mediante una oración subordinada que se inicia con el pronombre relativo *que*,[12] según vimos en los ejemplos anteriores.

Ejercicio

Anote a qué parte de la proposición pertenece la oración subordinada adjetiva (al sujeto, al complemento directo, al complemento indirecto o al complemento circunstancial).

1. Me compré una computadora *que escribe sonetos petrarquistas.*
2. Me quedé en la casa *que compré el año pasado.*
3. El niño *que rompió el vidrio* tendrá que pagar los daños.
4. No entregues tu futuro a un hombre *que no sepa amar.*
5. El reloj *que rompiste* pertenecía a mi bisabuelo.
6. Le dimos dos manos de pintura al auto verde *que compramos al viejito del edificio de enfrente.*
7. Prefiero leer novelas policiacas, *que me divierten horrores.*
8. Yo, *que jamás bebo una gota de alcohol*, me puse hasta las chanclas anoche.
9. Dame el cuchillo *que está sobre la mesa.*
10. ¿Le dieron el premio a la niña *que hacía todas esas preguntas*?

Respuestas:
1. al complemento directo
2. al complemento circunstancial
3. al sujeto
4. al complemento indirecto
5. al sujeto
6. al complemento indirecto
7. al complemento directo
8. al sujeto
9. al complemento directo
10. al complemento indirecto.

---

[12] Los pronombres relativos funcionan como palabras de enlace entre dos frases, y las convierten en una proposición. Hay otros pronombres relativos además de *que*: *quien, cual* (siempre precedido de artículo), *cuyo* y *cuanto*. El pronombre relativo *que* es invariable, mas *quien, cual, cuyo* y *cuanto* varían según su número y género (*cuales, cuyas, cuantos*, etcétera). *Que* y *cual* se refieren indistintamente a personas o cosas. *Quien* se refiere casi siempre a personas. En singular, *cuanto* solo se refiere a cosas; en plural, a personas.

La ventaja de poder elegir entre un adjetivo simple y una oración subordinada adjetiva radica en que muchas veces los adjetivos no pueden comunicar exactamente eso que deseamos dar a entender. Si bien es cierto que decir *El niño travieso* equivale más o menos a *El niño que hace travesuras*, no siempre sucede así. Con frecuencia escuchamos, por ejemplo, sujetos gramaticales como este: *Esa bella mujer...* Pero con una subordinada adjetiva podemos decir mucho más: *Esa mujer que emana belleza...* De la misma manera —como en la proposición número 4 del ejercicio anterior—, no es lo mismo decir *No entregues tu futuro a un hombre insensible*, que *No entregues tu futuro a un hombre que no sepa amar*. Para decirlo de otra manera, una oración subordinada adjetiva puede agregar información importante y con ciertos matices de expresividad que muchas veces serían imposibles si empleásemos un simple adjetivo.

§4.7.1 Oraciones subordinadas adjetivas especificativas

Estas oraciones, como los adjetivos en general, van a especificar o restringir el sentido del sustantivo que las antecede. Aunque pueda parecer un detalle sin grandes consecuencias, en lo que se refiere a la redacción cotidiana, encierra importancia fundamental.

Es así porque, según hemos dicho, hay dos especies de oraciones subordinadas adjetivas, y requieren puntuación distinta (lo cual será analizado con mucho detalle en la segunda parte de este libro). Lo importante aquí no es la puntuación, sino la razón por la cual se requieren dos puntuaciones diferentes: las *subordinadas especificativas* no cumplen la misma función que las *subordinadas explicativas*. Confundir una con la otra podría acarrear consecuencias desastrosas. Por desgracia, suceden desastres de redacción todos los días.

Veamos: si alguien escribe *El niño que hace travesuras...*, queremos especificar de qué niño estamos hablando: es *el niño **que hace travesuras**, y ningún otro*. Pero si se escribe *El niño, que hace travesuras...*, el redactor da por sentado que el lector sabe de qué niño se está hablando, pues habría algún antecedente que lo aclarara. En este caso, no estamos *especificando* de qué niño se trata, sino que estamos agregando información, *explicando* algo acerca de ese niño; estamos agregando un detalle más dentro del discurso que va a armarse enseguida. Esa proposición, en su totalidad, podría ser así: *El niño, que hace travesuras, se porta muy bien en términos generales*. Otro ejemplo:

- El hombre, *que mata a su prójimo*, no merece el paraíso.

Este, que es el caso de una *oración subordinada adjetiva explicativa*, como veremos en el apartado §4.7.2, posee un sentido muy diferente del que aparece en la oración siguiente:

* El hombre *que mata a su prójimo* no merece el paraíso.

En el primer ejemplo, nos damos cuenta de cuál es la idea principal del redactor si eliminamos la oración que está escrita entre las comas (y subrayada): *El hombre no merece el paraíso.* En casos como estos, podemos afirmar que lo que viene entre comas es una *oración incidental* o *parentética.* Es decir: el hecho de que el hombre pueda matar a su prójimo es, en este caso, información incidental o parentética; no resulta esencial para entender rectamente la proposición, pues lo que quiere darse a entender es que *el hombre no merece el paraíso.*

Para plantear esto de manera chusca, podríamos escribir lo siguiente: *El hombre, que se rasca en las mañanas antes de desayunar, no merece el paraíso.* También en este caso tendríamos la misma oración principal después de eliminar lo parentético: *El hombre no merece el paraíso.* Sin embargo, el segundo ejemplo —*El hombre que mata a su prójimo no merece el paraíso*—, dice que *únicamente aquel hombre que mata a su prójimo* no merece el paraíso, mientras que en el primer caso *ningún hombre* merece el paraíso. En verdad se trata de dos fenómenos muy diferentes.

➤ **Debemos recordar que las oraciones subordinadas especificativas no deben ir precedidas de una coma. Si se colocara equivocadamente una coma antes de una oración de esta clase, se entendería como una subordinada explicativa, lo que veremos enseguida.**

§4.7.2 Oraciones subordinadas adjetivas explicativas

A diferencia de las subordinadas especificativas, que restringen o especifican el sentido del sustantivo que las antecede, las *oraciones subordinadas explicativas* van a agregar información adicional, como se vio en los dos ejemplos anteriores. En la segunda parte de este libro, en el apartado referente a las frases y oraciones incidentales (o parentéticas), se verá cómo afecta la puntuación el sentido de las proposiciones que las contienen.

La información que agregan las oraciones explicativas puede ser de cualquier naturaleza, pero no debe resultar esencial para la comprensión cabal de la oración.

- Los teléfonos, *que fueron un invento genial*, han venido a suprimir la comunicación entre los seres humanos.
- A mí me cansan los pintores, *que casi siempre son unos ególatras insoportables*.
- La poesía, *que no es mi fuerte*, me conmueve cuando llego a comprenderla.

Como se dará cuenta el lector, las oraciones subordinadas explicativas, *que aparecen en letra cursiva* (como esta misma), pueden ser fácilmente suprimidas sin que se afecte el significado profundo o esencial de sus respectivas oraciones.

Ejercicio

Indique cuáles de las siguientes proposiciones incluyen oraciones adjetivas especificativas y cuáles incluyen oraciones adjetivas explicativas.

1. Esa grabadora, *que es digital*, funciona de maravilla.
2. Necesito una grabadora *que registre sonido digitalmente*.
3. Se compró un vestido *que nadie más se pondría*.
4. ¿Ustedes ven esa montaña, *la cual tiene un color verdusco*?
5. Quisimos montar una obra *que todos recordarían*.
6. Los pasajeros, *cuyos boletos marcan las 18 horas*, deben acercarse a la puerta 9.
7. Los toreros, *que casi nunca son ateos*, suelen rezar antes de sus corridas.
8. Le regaló el libro a la niña *que le pidió un autógrafo*.
9. Esa es la gota *que colmó el vaso*.
10. Vosotros debéis leer la Biblia, *que es la mejor colección de cuentos jamás reunida*.

Respuestas:
1. explicativa
2. especificativa
3. especificativa
4. explicativa
5. especificativa
6. explicativa
7. explicativa
8. especificativa
9. especificativa
10. explicativa

§4.8 Oraciones subordinadas circunstanciales, también llamadas *subordinaciones circunstanciales*

Cuando estudiábamos la oración simple, vimos en el apartado §3.5 que existen varias maneras de indicar en qué circunstancias ocurren los hechos expresados por el núcleo verbal de una oración. Para hacerlo nos valemos de complementos circunstanciales. Cuando escribimos oraciones compuestas, también podemos dar a entender situaciones parecidas. La gran diferencia entre el complemento circunstancial y la *oración circunstancial* (o *subordinación circunstancial*, u *oración subordinada circunstancial*) consiste en que esta será una oración subordinada con verbo conjugado. Veamos unos ejemplos donde la oración compuesta expresa una situación parecida a la manifiesta por una oración simple:

Oración simple:

* Llegué a mi casa <u>a las tres de la tarde</u>. (cc de tiempo)
* Antonio pinta <u>como loco</u>. (cc de modo)
* Mi mujer me encontró <u>en la misma cantina</u>. (cc de lugar)

Oración compuesta:

* Llegué a mi casa <u>*cuando oímos las campanas dando las tres de la tarde*</u>. (osc de tiempo)
* Antonio pinta <u>como si hubiera enloquecido</u>. (osc de modo)
* Mi mujer me encontró <u>donde me había dejado 10 años antes</u>. (osc de lugar)

En el primer caso de oración compuesta, hemos empleado una subordinación circunstancial de tiempo; en el segundo, una subordinación circunstancial de modo, y en el tercero usamos una oración subordinada circunstancial de lugar. Como puede verse, la oración circunstancial puede enriquecer considerablemente el contenido de una proposición. Ya que se emplea otro verbo conjugado, aumentan también las relaciones que pueden darse entre los diferentes elementos incluidos dentro de cualquier proposición que deseemos escribir. Hay muchas clases de subordinación circunstancial, pero no son tantas que resulten imposibles de aprender a reconocer y usar a gusto. Sus nombres se parecen mucho a los de los complementos circunstanciales, pero varían en algunos casos, y en otros tocan funciones que los primeros no tienen. Estas oraciones subordinadas circunstanciales pueden expresar múltiples nociones:

- adición
- causa (causales)
- comparación (comparativas)
- consecuencia (consecutivas)
- concesión (concesivas)
- condición (condicionales)
- contraste
- excepción
- finalidad (finales)
- intensidad
- lugar (locativas)
- modo (modales)
- restricción (restrictivas)
- tiempo (temporales)

El estudio de las oraciones subordinadas circunstanciales puede ser tan complicado y laborioso como uno lo desee. Pero como se busca aquí una guía práctica para usarlas correctamente, se reducirá la teoría a lo mínimo y se ofrecerán abundantes ejemplos que ayuden a aclarar la función y la sintaxis de estas subordinaciones. Veamos cada caso con sus ejemplos, en el orden en que se han expuesto arriba. Para que puedan distinguirse fácilmente, las oraciones principales están escritas con letra redonda, mientras que las subordinadas aparecen con letra cursiva.

§4.8.1 Adición

- *Además de que es inteligente*, es simpático.
- Ella gana lo que quiere, *aparte de que tiene buenas prestaciones*.
- *Amén de que te quiere más que nadie*, ofrece comprarte una casa de campo.

Palabras que se usan con las subordinadas de adición: *además de*, *amén de*, *aparte de*.

§4.8.2 Causa (causales)

- Te pido calma *porque es preciso que des tu versión de los hechos*.
- *Ya que no vas a comprar nada*, deja de estar tocando la mercancía.

- Estoy feliz *de que haya venido con esta propuesta.*[13]
- Haz lo correcto, *que los virtuosos seguramente recibirán su recompensa.*
- *Como ya se sabe quién va a ganar las elecciones,* mucha gente no saldrá a votar.
- *Puesto que yo tengo lo que tú necesitas,* deberás hacerme una buena oferta.
- Nadie le hizo caso a la señora, *por cuanto su aspecto inspiraba desconfianza.*

Palabras que se usan con las subordinaciones circunstanciales de causa: *que, pues, pues que, porque, puesto que, supuesto que, de que, ya que, como, como que, como quiera que, por razón de que, en vista de que, visto que, debido a que, por cuanto* y *a causa (de) que.*

§4.8.3 Comparación (comparativas)

- *Tan desilusionado como estás tú,* lo estoy yo.
- Me gustan más los ferrocarriles *que* [me gustan] *los aviones.*[14]
- *Como el rico que roba al pobre,* así tú te has apropiado de los bienes de la nación.
- *Como todo se sabe tarde o temprano,* bien así se descubrirá el daño que han perpetrado esos hombres.
- Así como la clase gobernante ha sembrado la desesperanza, así el pueblo le responderá en las urnas.
- Sus palabras fueron *cuales esperábamos de un poeta de su talla.*
- Esa ley se aplica lo mismo a los católicos *que* [se aplica] *a los protestantes.*
- Ese fulano ha robado más dinero *que el cielo tiene estrellas.*
- Virgilio gana mucho más *de lo que necesita.*[15]

---

[13] Véase la sección §4.6. Último aparte: Complemento preposicional con oración subordinada sustantiva que modifica adjetivos en la oración de predicado nominal, donde se explica esta estructura con más detalle; cabe aclarar, sin embargo, que no todos los complementos preposicionales que modifican adjetivos funcionan causalmente.

[14] Cuando el verbo tendría que repetirse, se suele dejar fuera la segunda vez. Esto no significa que no haya verbo. Se trata de un caso de *elipsis.* Se verán otros casos de elipsis en los capítulos 5 y 6.

[15] Estrictamente hablando, *de lo que necesita* es un complemento preposicional que funciona como adverbio que —en este caso— modifica a otro adverbio: *más.* No hay que olvidar que dicho complemento tiene función de adverbial y que los adverbios pueden modificar verbos, adjetivos y otros adverbios.

- Sergio estudia más en un día *que tú* [estudias] *en seis meses.*
- Tanto más la quiero *cuanto más me comprende.*

Palabras que se usan con las subordinaciones circunstanciales comparativas: *como, cual, así como, bien así, tal, tan, como... así también, como... así bien, así como... así también, tal... cual, tanto... cuanto, igual... que, lo mismo que, más, menos, más... que, menos... que* y *tanto más... cuanto que.*

§4.8.4 Consecuencia (consecutivas)

- Estudió tanto *que llegó aturdido al examen.*
- Compro, *luego existo.*
- No has sacado buenas calificaciones, *así que no tendrás permiso para salir durante un mes.*
- Tomé tanta Coca Cola *que ya no me aguanto las ganas de ir al baño.*
- El pobre se esforzó tanto *que, llegada la hora, no pudo hacer nada.*
- El maestro estaba tan enojado *que ya no nos aplicó el examen.*
- No entendimos su respuesta, *así que nadie la tomó en serio.*
- Tanto lo quiere *que solo sueña con casarse con él.*

Palabras que se usan con subordinaciones circunstanciales consecutivas: *así que, así pues, tanto es así... que, tan... que, tal... que, así... que, de manera que* y *en grado que.*

§4.8.5 Concesión (concesivas: que indican concesión o vencimiento de alguna dificultad u objeción planteada en la oración principal)

- *Por mucho que grites,* nadie te va a hacer caso.
- *Aunque no sabes latín,* creo que podrás aprender francés.
- *Aunque no me quisieron asegurar su asistencia,* seguiré adelante con mis planes.
- Saliste triunfante *a pesar de que habían vaticinado tu derrota.*
- Jamás te he pedido nada, *aun cuando me debías todo.*
- No saldré en esa obra, *aunque me prometan las perlas de la Virgen.*
- *Por convincentes que sean sus argumentos,* no me dejaré seducir.
- *Por más que lo estudio,* no logro entender nada.
- *Por bien que juegues,* será difícil que me venzas.

Palabras que se usan con las subordinaciones circunstanciales concesivas: *aunque, aun cuando, ya que, a pesar de que, bien que, mal que* y *por... que* [con adverbio en medio].

§4.8.6 Condición (condicionales)

- *Si tuviera dinero*, compraría [o: compraba] un hospital para gatos.
- *Si hubiera llegado primero*, ahora estaría [o: estuviera] disfrutando un rico pastel.
- Te prepararé tu guiso favorito *si vienes temprano*.
- *Si hubiera tenido tiempo*, te habría [o: hubiera] escrito tres capítulos más.
- Quién sabe cómo se pondrá mi mamá *si no gano esta carrera*.
- *Si las dificultades no fueran tantas*, sería [o: fuera] suficiente un solo trabajo.
- Tú serías [o: fueras] la reina *si yo fuera rey*.
- ¡Qué desastre hubiéramos [o: habríamos] armado *si no hubiéramos leído el periódico antes!*
- *Donde no hagas la tarea*, verás lo que es bueno.

Nota: Cuando el verbo está conjugado en el pretérito del subjuntivo en la parte condicional de la proposición, la que contiene la palabra *si* —también llamada la *prótasis*—, hay dos posibilidades de conjugación:

- si *tuviera*, o si *tuviese*
- si *hubiera*, o si *hubiese*
- si las dificultades no *fueran*, o si... no *fuesen*

En la otra parte de la proposición, la oración principal —también llamada *apódosis*—, cabría el condicional, el pretérito del subjuntivo o el imperfecto, también llamado copretérito. (Se considera que el empleo del imperfecto en estos casos constituye un uso coloquial o popular):

- Si *tuviera (o tuviese)* dinero, *compraría (o comprara o compraba)* un hospital para gatos.
- Ahora *estaría (o estuviera o estaba)* disfrutando un rico pastel si *hubiera (o hubiese)* llegado primero.
- Si las dificultades no *fueran (o fuesen)* tantas, *sería (o fuera o era)* suficiente un solo trabajo.
- Si *cantaras (o cantases)* como Victoria de los Ángeles, otra *sería (o fuera o era)* mi decisión.

Lo que de ninguna manera resulta aceptable es emplear la opción -*ase* o -*iese* en la apódosis. Así, no diríamos *Si cantaras como Victoria de los Ángeles, otra ⊗fuese mi decisión.*

Como puede verse, existen muchas maneras de combinar las conjugaciones dentro de las proposiciones condicionales. En casi todas las situaciones el hispanohablante escoge correctamente la conjugación más apropiada. Los problemas empiezan cuando el redactor decide ampliar la gama de posibilidades de conjugación —y con ello ensanchar su repertorio estilístico, cosa que en sí es buena—, solo para caer en un error de los efectistas, aquellos que desean, a toda costa, emperifollar sus escritos antes que darles la claridad y precisión necesarias para que realmente puedan ser bellos.

Estructura

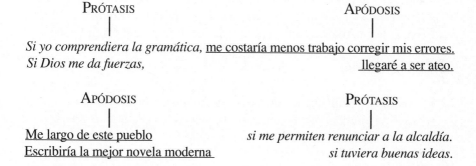

PRÓTASIS   APÓDOSIS

Si yo comprendiera la gramática, me costaría menos trabajo corregir mis errores.
Si Dios me da fuerzas, llegaré a ser ateo.

APÓDOSIS   PRÓTASIS

Me largo de este pueblo   *si me permiten renunciar a la alcaldía.*
Escribiría la mejor novela moderna   *si tuviera buenas ideas.*

Una consideración más acerca de las oraciones subordinadas condicionales: cuando la prótasis —la oración subordinada condicional— viene primero, siempre habrá de usarse coma después. Cuando la apódosis —la oración principal— viene primero, no debe emplearse ninguna coma. Si se aplica esta regla sencilla, la redacción ganará mucho en claridad. En todos los ejemplos de esta sección —como en todo el libro—, se ha aplicado esta regla, como se verá en el apartado §5.2.11 (regla 11).

§4.8.7 Contraste

- Todos ellos se la pasan bien a gusto, *mientras que yo me rompo el lomo trabajando.*
- *Mientras que los países desarrollados dedican un porcentaje importante de su producto interno bruto a la educación,* las naciones

subdesarrolladas destinan la mayor parte del presupuesto a pagar su deuda externa.

- Francisco siempre llega a tiempo, *mientras que Regina es notoria por su impuntualidad.*

Palabras que se usan con las subordinaciones de contraste: *mientras que.*

Nota: la palabra *mientras* puede ser acompañada de *que* [para indicar contraste], de *tanto* [para señalar simultaneidad] y de *más* [como sinónimo coloquial de *cuanto más*]. Como hemos visto, *mientras que* indica contraste, pues es una locución conjuntiva adversativa. Pero usamos *mientras*, solo, para indicar simultaneidad: *Canto mientras me baño. Léeme el poema de Neruda mientras coso este calcetín.* También puede significar *en tanto* o *entre tanto: Marlén va a ir a la tienda; tú, mientras, puedes ver la televisión.* Aquí también cabe *mientras tanto.* La fórmula *mientras más* es sinónima de *cuanto más.* La primera se emplea con más frecuencia en América, mientras que la segunda es común en España.

§4.8.8 Excepción

- Ya no hay nada que hacer, *salvo que tú tengas alguna idea.*
- En este momento no tenemos problema alguno, *aparte de que se acabó el dinero desde la semana pasada.*

Palabras que se usan con las subordinaciones de excepción: *salvo que, aparte de que.*

§4.8.9 Finalidad (finales)

- Los agentes llevaron toda clase de folletos, *a que los revisaran los posibles compradores.*
- *Para que me entiendas*, hablaré con absoluta claridad.
- Se decidió usar computadoras en las escuelas, *a fin de que los alumnos aprendan a usar y sentirse cómodos con la nueva tecnología.*
- Se retiró el presidente *para que nadie pensara en la posibilidad de fraude.*

Palabras que se usan con las subordinaciones circunstanciales finales: *a que, para que, a fin de que.*

§4.8.10 Intensidad

- José Luis ya dio *cuanto ha podido.*
- Se ha caído *cuan largo es.*

Palabras que se usan con las subordinaciones de intensidad: *cuanto, cuan.*

§4.8.11 Lugar

- Visitamos el palacio *donde se firmó el tratado de paz.*
- Los perros llegaron a un claro del bosque, *donde el sol se filtraba con una luz casi surreal.*
- Voy a esconder esta moneda *donde nadie podrá encontrarla.*
- Yo soy *de donde los hombres son fuertes y bondadosos.*
- El funcionario entró *por donde se habían colocado los vendedores.*
- Los cobardes gobiernan *donde faltan los valientes.*

En algunas subordinadas circunstanciales de lugar es posible omitir el verbo de la segunda oración si está perfectamente claro de cuál se trata, como en estos ejemplos:

- Voy *donde Xavier.* (Voy *a donde está Xavier*).
- Los cartuchos que necesitas están *donde las impresoras.*
  (Los cartuchos que necesitas están *donde están las impresoras*).
- Me podrás encontrar *donde la alberca.* (Me podrás encontrar *donde está la alberca*).

Palabras que se emplean con las subordinaciones circunstanciales de lugar: *donde, a donde, adonde, por donde, en donde, de donde.*

§4.8.12 Modo (o modales)

- Lo hizo cuidadosamente, *como lo marca el reglamento.*
- Léanse los cuentos entre ustedes, *como yo siempre se los he leído.*
- Todavía falta por decidir la manera *como arreglarán esta situación.*
- Él resuelve las ecuaciones *como le enseñó el maestro.*
- Lo haré *así como lo quieren mis superiores.*
- Lo haré *como lo quieren mis superiores.*
- *Así como has sembrado*, así cosecharás.

- *Como has sembrado*, así cosecharás.
- Leo y escribo todos los días, *como tú me has sugerido*.
- El prisionero lanzó un grito *como para que resucitaran los muertos*.
- *Como para reconciliarse con lo que parecía un hecho*, mi hermana aventó el retrato del hombre que podría haber sido su esposo.
- Me habla tan cariñosamente *como si su voz misma fuera un arroyo en primavera*.
- Profería blasfemias *como si hubiera sido víctima de una posesión diabólica*.
- Con este sol parece *como que el infierno llegó a instalarse en la tierra*.
- El cínico hacía unas caras rarísimas, *como si no supiera de qué lo acusaban*.
- Lo construyeron *según les enseñaron*.
- Dejaron los objetos *según estaban* cuando murió el niño.
- *Según te acercas al final*, se vuelve más emocionante la trama.
- *Conforme lleguen los resultados*, iremos anunciándolos por la televisión.

Palabras que se usan con las subordinaciones circunstanciales de modo: *como, según, según que, conforme, conforme a, como para, como que* + indicativo y *como si* + subjuntivo.

§4.8.13 Restricción

- *Que yo sepa*, nunca llegó el mariachi.
- Ninguno de ellos pudo resolver el problema, *que nosotros sepamos*.

Palabras que se usan con las subordinaciones circunstanciales de restricción: *que* + *pronombre* + *ser* conjugado en modo subjuntivo. Lo más común es *que yo sepa*.

§4.8.14 Tiempo (temporales)

- *Cuando me ves así*, no sé de qué soy capaz.
- *Mientras coses este botón*, iré a buscar la leche.
- Cayó una granizada salvaje *cuando salíamos de la ciudad*.
- Tardó *cuanto quiso*.
- *Cuando murió el último soldado*, las fuerzas invasoras tomaron la colina.

- *Cuando te encuentre*, te entregaré todo aquello que es tuyo.
- *Apenas llegues a casa*, háblame por teléfono.
- *En cuanto se enteren tus tíos*, tendrás que marcharte.
- Nos vamos de aquí *tan pronto podamos juntar el dinero suficiente.*
- ¡Hazlo *antes que sea demasiado tarde!*
- *Después que derrotó al candidato oficial*, el vencedor ofreció buscar la reconciliación.
- *Cuando me traigas lo mío*, consideraré devolverte lo tuyo.
- ¡Hijo, bájame la ropa de la azotea *antes que empiece a llover!*
- No bien había muerto el marido, *cuando se dedicó a buscar el sustituto.*
- *Así que escuchaba la palabra piojo*, Amparo empezaba a rascarse.
- Aún no habían anunciado el nombre del ganador, *cuando nuestro amigo se había subido al escenario.*

Palabras que se emplean con las subordinaciones circunstanciales de tiempo: *cuando, en cuanto, como, que, mientras, apenas, apenas... cuando, ya que, luego que, así como, así que, tan pronto como, primero que, antes (de) que, y después (de) que.*[16]

§4.9 Complemento preposicional del verbo con oración subordinada sustantiva

En el apartado §3.7 se habló del complemento preposicional (también llamado *de régimen preposicional* y *prepositivo*) del verbo, y se dijo que modifica al verbo —razón por la cual se considera adverbial, aunque no necesariamente circunstancial— y que consta de preposición (*a, con, de* y *en*) + palabra o frase sustantiva. En este apartado solo se agregará que también puede sumársele una oración subordinada a la preposición y que, como término de complemento preposicional, esa oración tendrá valor sustantivo.

He aquí algunos ejemplos:

- Al salir, se encontró con que la grúa se había llevado su auto.
- ¿Te acuerdas de que tienes que recoger a tu sobrina?

---

[16] Las locuciones *antes que* y *después que* pueden usarse con la preposición *de* si el redactor así lo desea: *antes de que, después de que.* De hecho, esta opción va ganando terreno en el uso cotidiano, aunque en términos generales la redacción se antoja más limpia sin la presencia de la palabra *de*. Se trata —por supuesto— de una cuestión de gustos. Sea como fuere, de ninguna manera es incorrecto escribir *antes que* y *después que,* como insisten algunos correctores de estilo mal informados o poco sensibles a la belleza y eufonía del idioma español.

- María se alegra de que hayas venido a su fiesta.
- ¡Apuesto a que deseas irte de viaje!

Ejercicio

Las siguientes son proposiciones incompletas. Requieren complemento preposicional. Complételas como mejor le parezca, pero asegúrese de que el término del complemento preposicional sea una oración subordinada sustantiva. Puede, si lo desea, agregar complementos circunstanciales.

Habló_____.
Confía_____.
Sueñas_____.
Te arrepientes_____.
Mi mamá estará de acuerdo_____.

Respuestas posibles:
Habló <u>de cuanto le importaba</u> todo el día. [de todo aquello que le importaba]
Confía <u>en que debes comprar un boleto de lotería</u>.
Sueñas <u>con que tendrás hijos maravillosos</u>.
Te arrepientes <u>de lo que has hecho</u> desde que te casaste.
Mi mamá estará de acuerdo <u>con que vengas de vacaciones</u> en diciembre.

En resumidas cuentas...

Hemos visto, hasta ahora, de qué constan el *sujeto* y el *predicado* de una oración. Hemos observado que tanto el sujeto como el predicado tienen sus *complementos*, y que cada uno de ellos suele seguir una serie de reglas generales que pueden aplicarse en cualquier momento y hacia cualquier fin. Es importante señalar que aquí no se ha agotado todo el catálogo de clases de *oración*. Hemos visto, eso sí, las más importantes, de las cuales se derivan las demás: las *simples* y las *compuestas*, y dentro de estas las *coordinadas*, *yuxtapuestas* y *subordinadas*.

Parte de esta última ramificación son las *subordinaciones sustantivas* (de sujeto, complemento directo, complemento indirecto y las que van precedidas de preposición y conforman —junto con esta— el complemento preposicional del verbo o que modifican al atributo o predicativo de la oración de predicado nominal), *adjetivas* (especificativas y explicativas) y *circunstanciales* de diversa índole.

La gramática española es sumamente compleja, pero aquí no hemos recurrido a ella sino para conocer su naturaleza: cuáles son las *categorías gramaticales*, cómo se combinan entre sí y cómo pueden manejarse para que la redacción sea lo más precisa y clara posible. En la segunda parte del libro pondremos en práctica todo lo que hemos aprendido a lo largo de la primera.

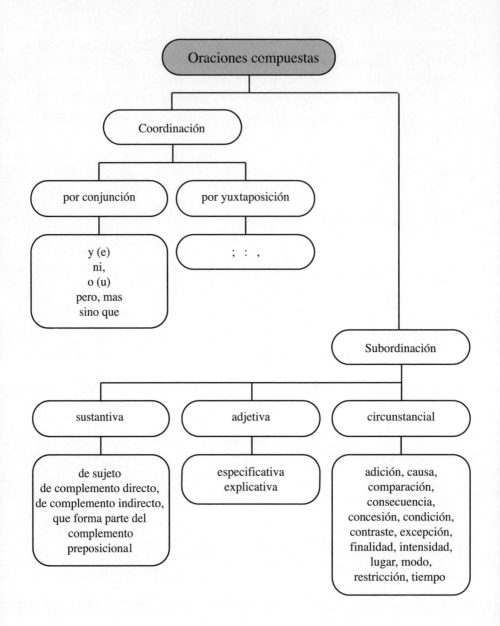

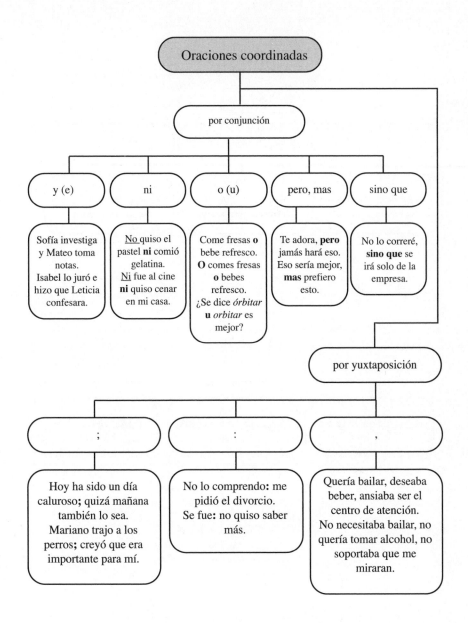

Oraciones coordinadas

por conjunción

y (e)

Sofía investiga y Mateo toma notas.
Isabel lo juró e hizo que Leticia confesara.

ni

No quiso el pastel **ni** comió gelatina.
Ni fue al cine **ni** quiso cenar en mi casa.

o (u)

Come fresas **o** bebe refresco.
O comes fresas **o** bebes refresco.
¿Se dice *órbitar* **u** *orbitar* es mejor?

pero, mas

Te adora, **pero** jamás hará eso.
Eso sería mejor, **mas** prefiero esto.

sino que

No lo correré, **sino que** se irá solo de la empresa.

por yuxtaposición

;

Hoy ha sido un día caluroso; quizá mañana también lo sea.
Mariano trajo a los perros; creyó que era importante para mí.

:

No lo comprendo: me pidió el divorcio.
Se fue: no quiso saber más.

,

Quería bailar, deseaba beber, ansiaba ser el centro de atención.
No necesitaba bailar, no quería tomar alcohol, no soportaba que me miraran.

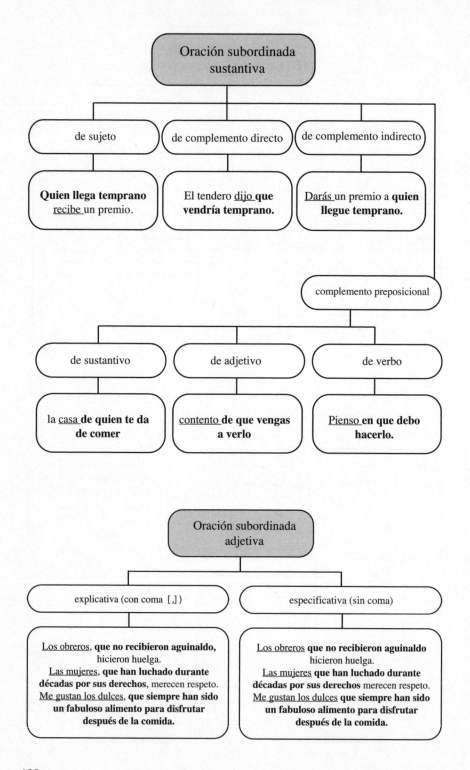

Oración subordinada sustantiva

de sujeto

Quien llega temprano recibe un premio.

de complemento directo

El tendero dijo **que vendría temprano.**

de complemento indirecto

Darás un premio a **quien llegue temprano.**

complemento preposicional

de sustantivo

la casa **de quien te da de comer**

de adjetivo

contento **de que vengas a verlo**

de verbo

Pienso **en que debo hacerlo.**

Oración subordinada adjetiva

explicativa (con coma [,])

Los obreros, **que no recibieron aguinaldo,** hicieron huelga.
Las mujeres, **que han luchado durante décadas por sus derechos,** merecen respeto.
Me gustan los dulces, **que siempre han sido un fabuloso alimento para disfrutar después de la comida.**

especificativa (sin coma)

Los obreros **que no recibieron aguinaldo** hicieron huelga.
Las mujeres **que han luchado durante décadas por sus derechos** merecen respeto.
Me gustan los dulces **que siempre han sido un fabuloso alimento para disfrutar después de la comida.**

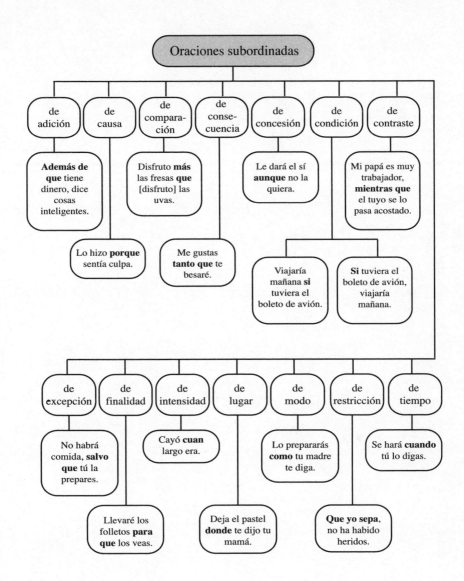

Oraciones subordinadas

de adición

Además de que tiene dinero, dice cosas inteligentes.

de causa

Lo hizo **porque** sentía culpa.

de comparación

Disfruto **más** las fresas **que** [disfruto] las uvas.

de consecuencia

Me gustas **tanto que** te besaré.

de concesión

Le dará el sí **aunque** no la quiera.

de condición

Viajaría mañana **si** tuviera el boleto de avión.

Si tuviera el boleto de avión, viajaría mañana.

de contraste

Mi papá es muy trabajador, **mientras que** el tuyo se lo pasa acostado.

de excepción

No habrá comida, **salvo que** tú la prepares.

de finalidad

Llevaré los folletos **para que** los veas.

de intensidad

Cayó **cuan** largo era.

de lugar

Deja el pastel **donde** te dijo tu mamá.

de modo

Lo prepararás **como** tu madre te diga.

de restricción

Que yo sepa, no ha habido heridos.

de tiempo

Se hará **cuando** tú lo digas.

Segunda parte

Puntuación

En esta segunda parte de Redacción sin dolor, *el lector aprenderá a puntuar sus oraciones de manera que puedan ser leídas sin tropiezos. Verá cómo la puntuación adecuada no solo facilita la lectura, sino que también ayuda a precisar las ideas que el redactor desea trasmitir en cualquier clase de escrito.*

Para lograr esta fluidez y precisión, el autor se basa en las nociones de sintaxis que se presentaron en la primera parte del libro. El lector también conocerá las reglas de acentuación, las que se aplican al uso de mayúsculas y minúsculas y las que se aplican al uso de la letra cursiva (o palabras subrayadas); aprenderá —asimismo— cuándo y cómo encerrar estas mismas palabras entre comillas.

Capítulo 5
La coma (,) y el punto (.)

§5 La puntuación: los signos son señales

Después de la gramática, lo que más terror inspira en el redactor no experimentado son la ortografía y la puntuación. De hecho, la Real Academia Española (RAE) considera que la puntuación forma parte de la ortografía, disciplina que —a su vez— pertenece a la gramática en general. Para efectos prácticos, sin embargo, aquí se deslindará la puntuación de la ortografía. Entenderemos esta como la escritura correcta de las palabras, según normas aceptadas en todos los países de habla española; por aquella entenderemos la colocación adecuada de los signos que nos ayudan a comprender sin tropiezos el sentido de cualquier escrito, desde una oración sola hasta una novela, un ensayo, una tesis o una obra de divulgación.

En este libro se toca la ortografía (como aquí se entiende) solo de manera tangencial, aunque en el capítulo 8 se verán las reglas para acentuar correctamente. Si ya se han aprendido las nociones básicas de la sintaxis castellana, será el dominio de la puntuación el que brindará al escritor las herramientas necesarias para llevar sus conocimientos al terreno práctico de la redacción, pues una cosa es poder reconocer y nombrar todos los elementos de la oración, y otra diferente es manejarlos en el papel o en el monitor de la computadora (que para muchos es el paso obligado entre la escritura y la impresión de lo escrito).

Las figuritas que usamos para puntuar nuestros escritos se llaman *signos*, pero también son señales. Como las de tránsito, estas señales de puntuación ponen al lector sobre aviso respecto de lo que sucede y lo que habrá de suceder en el resto de la oración o proposición. En otras palabras, le facilitan la lectura porque van anunciando el carácter de las frases y las oraciones, el cual puede cambiar mucho si falta o sobra —por ejemplo— una coma, un punto, un punto y coma o dos puntos [,] [.] [;] [:], respectivamente.

En gran medida, las normas de la puntuación se han vuelto universales; no hay mayores titubeos en este sentido. Existen reglas sencillas que nos ayudan a determinar qué signos de puntuación convienen a cada una de las oraciones que deseamos escribir. Mucho tiene que ver el sentido que nos gustaría trasmitir al lector, el grado de énfasis y —también— el estilo de cada individuo.

Por esto hay cierto margen de libertad en el cual el gusto del redactor desempeña un papel importante. Hay, por ejemplo, escritores que prefieren usar la puntuación mínima, para entorpecer lo menos posible el flujo de sus ideas; corren el riesgo, sin embargo, de que sus lectores caigan en confusiones, lo cual resultaría contraproducente. Otros, más puntillosos, no desperdician la oportunidad de poner una coma si las reglas se lo permiten; aquí, el riesgo consiste en construir un estilo nervioso, entrecortado, saturado visualmente, de escasa fluidez.

Mucho depende, por supuesto, de la naturaleza del escrito en cuestión y del temperamento de cada quien. La mayoría de las personas encuentra un lugar intermedio entre los minimalistas y quienes atiborran sus escritos con signos de puntuación (sobre todo, comas) que tal vez salgan sobrando. Estos casos —en que puede optarse por usar algún signo o no— tal vez ocupen el 10 o el 15 por ciento de la totalidad de los signos que se usan comúnmente en la redacción. En el otro 85 o 90 por ciento de las veces no hay duda alguna sobre la conveniencia de incluirlos.

A lo largo de esta segunda parte se verán ejemplos de cuándo puede prescindirse de la puntuación, por qué y qué efectos surten estas decisiones en la lectura de los textos.

La puntuación no solo auxilia al lector; también ayuda al escritor a organizar sus pensamientos. Lo obliga a pensar de manera estructurada, a no escribir la primera palabra que se le ocurre, sino a plantear conceptualmente sus ideas antes de comprometerse. Esto, lejos de neutralizar la espontaneidad, evita los tropiezos naturales del lenguaje hablado cuando este se convierte en lenguaje escrito, pues se trata de dos fenómenos expresivos diferentes. Con talento, tino y mucha práctica, algunos escritores han llegado a redactar con un estilo que *parece* hablado, pero que está lejos de serlo. Para comprobarlo bastaría grabar una conversación cualquiera (sin que se enteren los participantes), para luego transcribir palabra por palabra lo que se dijo. Es casi seguro que los lectores de esa transcripción se perderán a cada paso; no comprenderán muchos matices o de plano no entenderán de qué se ha estado hablando. Los involucrados en la conversación, sin embargo, habrían comprendido el intercambio oral sin esfuerzo alguno.

Tal es el reto que se le presenta al redactor: que el lector comprenda de inmediato lo que se quiere dar a entender. La puntuación lo ayudará en este sentido, al mismo tiempo que servirá de auxilio en la organización de sus ideas y en la creación de un estilo personal.

§5.1 Los usos del punto [.] y de la coma [,]

Los signos básicos de la puntuación son la coma y el punto. Si no existieran otros, con estos dos podríamos sobrevivir, aunque nos costaría trabajo indicar si estamos haciendo una pregunta, una exclamación o si estamos citando las palabras de otra persona. También resultaría extraordinariamente difícil establecer toda clase de relaciones entre unas y otras ideas mediante oraciones yuxtapuestas, tal como vimos en el capítulo 4.

Pero estas son cuestiones menores en comparación con los problemas que habría si no contáramos con el punto y la coma.

Son ellos los que ponen orden y concierto en las oraciones que se salen del esquema lógico de *sujeto + núcleo del predicado + complementos*. Enseguida empezaremos a ver por qué.

§5.1.1 El punto, para estar juntos aunque no revueltos: ¡rehúya, a toda costa, el encabalgamiento!

El signo de puntuación más fácil de comprender y usar es el punto. Sin embargo, muchos redactores no lo comprenden. En realidad, no se trata de errores de *comisión* sino de *omisión*.

Por razones difíciles de precisar, hay quienes prefieren usar una coma tras otra, en una oración tras otra, sin ponerse a reflexionar sobre dónde termina una idea gramatical y en qué momento se inicia la que sigue. Posiblemente se deba a que estas personas no distinguen entre el lenguaje escrito y el hablado, en el cual una idea sigue a otra —y se diferencia de otra— con el eficaz auxilio de la entonación de la voz, pausas mínimas y el lenguaje corporal.

En la escritura, sin embargo, con nada de eso contamos para indicar que una proposición gramatical ha concluido para dar inicio a otra. Solo tenemos los signos de puntuación. El que se usa para indicar que hemos dado por terminada una proposición —también llamada *enunciado*—, es el punto [.], después del cual se empieza otra con una letra mayúscula. Como se vio en la "Tabla de términos", toda proposición empieza con mayúscula y termina con punto. Las proposiciones pueden constar de una sola oración o de varias, coordinadas o subordinadas.

En los apartados §1.1 y §1.2 se habló del concepto de oración como *la unidad más pequeña de sentido completo en sí misma en que se divide el habla real*. Allí se vieron ejemplos de oraciones de una sola palabra y también de muchas. Lo que es importante destacar aquí es que se trata de ideas completas, no fragmentarias. Fuera de los casos especiales, como las exclamaciones y las oraciones unimembres, las oraciones simples (casi siempre bimembres) constan de un conjunto de *sujeto + núcleo del predicado + posibles complementos*, en cualquier orden. Después de haber cumplido con estos elementos —por lo menos los de sujeto y núcleo del predicado (*Juan corre*)—, debe colocarse un punto, porque se trata de una proposición completa. De otra manera se crean confusiones innecesarias o se hace creer erróneamente al lector que entre las oraciones existe una relación especial, como ocurre, por ejemplo, con las subordinadas y con las oraciones en serie que se coordinan mediante comas. Veamos, por ejemplo, esta proposición mal puntuada:

⊗ Hoy bajó la bolsa de valores, la situación del país está cada día más tensa.

Está claro que se trata de dos ideas gramaticalmente independientes (y en definitiva no se trata de oraciones seriadas, como las que veremos cuando analicemos la primera regla de la coma). Si el redactor quisiera establecer una relación especial gramatical entre ellas, tendría varias maneras de hacerlo mediante la coordinación o subordinación, tal como vimos en los apartados §4.2.1 y §4.2.2. Para ello usaría punto y coma [;], dos puntos [:] o algún nexo:

• Hoy bajó la bolsa de valores; la situación del país está cada día más tensa.
• Hoy bajó la bolsa de valores: la situación del país está cada día más tensa.
• Hoy bajó la bolsa de valores y la situación del país está cada día más tensa.
• Hoy bajó la bolsa de valores, **cuando** la situación del país está cada día más tensa.

Si no fuera así, debió usarse un punto simple:

• Hoy bajó la bolsa de valores. La situación del país está cada día más tensa.

En este capítulo veremos cuándo y por qué debemos usar la coma. En el que sigue se discutirá a fondo el uso correcto del punto y coma [;] y los dos puntos [:]. Respecto del punto [.], hay que decirlo claramente: la única manera de unir dos oraciones en una sola proposición es mediante la coordinación o subordinación; como hemos visto, esto se logra mediante la puntuación: una conjunción, algún otro nexo o puente. Cuando no existe una relación de esta naturaleza y se emplea una simple coma (salvo en el caso de oraciones seriadas), ocurre lo que se llama *encabalgamiento.*[1] El encabalgamiento confunde al lector, lo enreda. En el lenguaje escrito es el equivalente de aquel que habla rápidamente, sin parar y sin variar su entonación: quienes lo escuchan pronto dejarán de comprender el sentido detrás de sus palabras. Debemos evitarlo a toda costa.

Ejercicio

En el párrafo siguiente los únicos signos de puntuación son comas, salvo el punto final. Léalo y trate de comprender su sentido. Cuando crea que ha quedado claro, coloque puntos entre las proposiciones, y comience la siguiente con mayúscula. Deje las comas que estime convenientes:

Manuel rompió mi revista ayer, cuando se la pedí, me contestó que no podía dármela, porque me había enojado, me retiró la palabra, de repente, no supe qué hacer, desde que nos conocimos, hace más de 10 años, nunca nos habíamos peleado, por una revista no iba a terminar nuestra amistad.

Solución:
Manuel rompió mi revista ayer. Cuando se la pedí, me contestó que no podía dármela. Porque me había enojado, me retiró la palabra. De repen-

---

[1] Hay otras clases de encabalgamiento, como el que tiene que ver con la métrica. Este, lejos de considerarse vicio, es un recurso poético más que válido, pero no tiene que ver ni con la gramática ni con la sintaxis, sino con la relación que existe entre los versos y las ideas que contienen. Por ejemplo, si un verso termina antes de completar la idea que desea expresar, y necesita unas cuantas sílabas del verso siguiente para tener sentido cabal, se dice que el poeta ha *encabalgado* esos versos (por suprametría). Y al contrario, si la idea termina antes que el verso, y si dentro de ese mismo verso se inicia una nueva idea que, a su vez, debe completarse en el verso siguiente, también es un caso de encabalgamiento (por inframetría). Casi siempre ocurre esto en el verso medido. Veamos este ejemplo de Gustavo Adolfo Bécquer:

> De aquella muda y pálida
> mujer, me acuerdo y digo:
> ¡Oh, qué amor tan callado el de la muerte!
> ¡Qué sueño el del sepulcro tan tranquilo!

Los versos encabalgados son el primero y el segundo, pues la idea del primero se completa en el segundo (suprametría). O veamos este ejemplo de inframetría, de un poema de Carlos Pellicer:

> Más agua que tierra. Aguaje
> para prolongar la sed.
> La tierra vive a merced
> del agua que suba o baje.

te, no supe qué hacer. Desde que nos conocimos, hace más de 10 años, nunca nos habíamos peleado. Por una revista no iba a terminar nuestra amistad.

Desde luego, existen otras posibilidades de puntuación, las cuales cambiarían notablemente el sentido del párrafo:

Manuel rompió mi revista ayer cuando se la pedí. Me contestó que no podía dármela porque me había enojado. Me retiró la palabra de repente. No supe qué hacer. Desde que nos conocimos, hace más de 10 años, nunca nos habíamos peleado por una revista. No iba a terminar nuestra amistad.

Ni una palabra se ha cambiado, solo la puntuación. Aun así, el sentido de la segunda solución se aleja considerablemente del de la primera. Sirvan estas dos soluciones —hay otras— para ilustrar que es muy importante colocar un punto entre proposiciones. De otra manera, el lector solo podría adivinar lo que realmente queremos decir, y muchas veces adivinará mal.

En el capítulo 6 veremos en qué ocasiones se puede o debe emplear punto y coma [;] o dos puntos [:] en lugar de punto sencillo.

> **Ahora basta comprender que no debemos dejar una coma entre dos oraciones que no guardan entre sí una relación gramatical: que no se coordinan, que no son seriadas o entre las cuales no existe una relación de subordinación.**

Usamos el punto porque cada proposición (o *enunciado*) posee una estructura cuyos elementos se relacionan entre sí de manera clara. Si no usáramos el punto entre dos proposiciones, se perdería claridad y definición, tal como ocurre cuando se escuchan dos canciones diferentes al mismo tiempo: no puede apreciarse ni una ni otra. Hace falta un muro que las separe y les haga justicia. Este muro es el punto.

§5.1.2 Acerca de los usos de la coma

La coma, después del punto, es el signo de puntuación que más se utiliza. María Moliner afirma, incluso, que es el "de uso más arbitrario". Aquí mismo se mencionó que hay cierto margen de flexibilidad en el uso de estos signos, pero es imprescindible aprender las reglas básicas de su uso para saber en qué momentos podrá uno prescindir de ellos.

Hay muchas maneras de trazar un mapa de los usos de la coma. Algunos autores solo distinguen cuatro o cinco fundamentales; otros, más detallistas, encuentran arriba de 20. En verdad, no es cierto que para algunos autores solo existan unos cuantos usos de la coma, mientras que para otros haya muchísimos más. Deviene una simple cuestión de cómo dividir y detallar sus usos. Agrupar muchos usos en unas cuantas categorías puede llevarnos a una excesiva simplificación de un tema que en realidad no es tan simple. Por otro lado, subdividir las categorías hasta las últimas consecuencias gramaticales vuelve el asunto difícil de manejar y de recordar.

El término medio que se ofrece en este libro es producto de más de tres décadas de ensayo y error en seminarios y clases de redacción. *Ni tanto que queme al santo, ni tan poco que no lo alumbre.*

> ➤ **Vamos a dividir los usos de la coma en obligatorios y discrecionales. Son seis obligatorios y dos discrecionales, pero dentro del segundo uso discrecional hay, en realidad, cuatro usos más, y estos son obligatorios.**

Así, en realidad, detallaremos el uso de diez comas *obligatorias* y dos *discrecionales*. Las últimas cuatro obligatorias, sin embargo, están *dentro* del segundo uso de la coma discrecional.

Esta es la segunda vez que en *Redacción sin dolor* recompongo la manera de exponer el uso de la coma. No lo hago a la ligera: por un lado representa una confesión abierta de que en 1994, año en que apareció la 1ª edición, aún no tenía yo perfectamente bien *planchado* el tema. En la 4ª edición, de 2004, volví a plantear los usos de la coma con un cambio radical, el cual —creo— aclaró varios problemas. Pero 10 años después, en esta 6ª edición correspondiente a 2014, dos décadas después de aquella 1ª edición, aprovechando el avance anterior he procurado darle una forma, si no definitiva, por lo menos contundente.

§5.1.2.1 La coma *no* es una pausa, a pesar del mito

Antes de ver la lista de los usos de la coma, quisiera aprovechar este espacio para aclarar un malentendido cuya divulgación ha alcanzado proporciones epidémicas: la coma *no* es el equivalente de una pausa. Así de sencillo. La coma nada tiene que ver con las pausas que usamos al hablar. Me apena, al afirmarlo, contradecir a legiones de maestros de primaria y secundaria que así lo aprendieron: *La coma es el equivalente de una pequeña pausa; el punto y coma es una pausa más larga.* No hay nada más falso, contraproducente y aun insidioso que equiparar la coma con una pausa al hablar. En todo caso, esa pausa es meramente psicológica, pues no se refleja necesariamente en los ritmos naturales del habla, en los que el flujo de las palabras es en extremo flexible. Si bien es cierto que algunas comas de un escrito podrían coincidir con pausas en la lectura de ese texto en voz alta, no hay nada que lo garantice ni que lo vuelva obligatorio. Y donde hay comas obligatorias en un texto, no hay nada que garantice que un lector haga pausa donde aparecen; tampoco hay nada que lo obligue a hacerlo.

En primer lugar, no hay dos personas que hablen igual. Además, no hay reglas que señalen dónde hacer pausa en el lenguaje hablado. Uno puede meter pausas en prácticamente cualquier momento de su discurso para lograr diferentes efectos en quienes escuchan. Es muy común, por ejemplo, que la gente haga una pausa después de mencionar el sujeto de una oración, y antes de proseguir con el predicado. A fin de ilustrar esto, usaré tres líneas diagonales para indicar dónde va la pausa en este caso:

Casi todos los médicos en los países desarrollados /// están convencidos una vez más de que la leche materna es el mejor alimento para el bebé.

Pero, como veremos justo después de la lista de los 12 usos de la coma, el 99 por ciento de las veces *no* debemos separar el sujeto del núcleo del predicado con una coma. Esa pausa entre *desarrollados* y *están convencidos* es relativa. Puede haberla o no. Si pusiéramos una coma por escrito en ese lugar, el lector creería que viene una frase u oración parentética, no el núcleo del predicado. Estaríamos sembrando confusión en el lector: precisamente lo que no deseamos. Por eso existe la regla.

Al hablar hacemos pausas en los lugares más insospechados y por las razones más diversas. Y suele ocurrir que no hagamos ninguna pausa donde, en el lenguaje escrito, sería forzoso usar coma. Con el vocativo esto puede ejemplificarse muy bien: *Toca, Juan.* La coma entre *Toca* y *Juan* es absolutamente necesaria, pero casi nadie haría una pausa real entre esas dos palabras. Si el hablante continuara, sería posible que hiciera una pequeña pausa, pero no lo haría necesariamente: *Toca, Juan, la partita de Bach.* Dependería, más que nada, del ánimo del hablante, y este podría soltar su pensamiento sin hacer ninguna pausa. Si equiparásemos las pausas con las comas, la proposición aparecería de la siguiente manera: *Toca Juan la partita de Bach.* Escrita así, sin embargo, significaría otra cosa por completo.

Procurar imitar el lenguaje oral empleando comas donde podrían ir pausas sería una política descabellada, ya que se destazaría el flujo natural del lenguaje escrito. Afirmo lo anterior a pesar de que, en efecto, cuando en la Edad Media empezamos a emplear la *vírgula* —el antecedente de la coma—, lo hacíamos precisamente para que los lectores en voz alta de documentos de interés público, amén de las Sagradas Escrituras, supieran dónde respirar. En aquel entonces aún no existía una tradición generalizada —*democrática*— de lectura y escritura, y mucho menos de sistematizar los signos de puntuación. Hoy en día, sin embargo, casi hemos convertido la puntuación en una ciencia que rebasa, con mucho, el cometido original de establecer pausas para inexpertos lectores en voz alta. Como ya se ha apuntado, para nosotros los signos de puntuación nos comunican información acerca de la función de las palabras y las frases dentro de nuestros enunciados; nos dicen, por ejemplo, si son parentéticas, si forman parte de una serie, si el redactor se dirige a una segunda persona, si hemos elidido un verbo, etcétera. También establecen jerarquías gramaticales dentro de proposiciones complejas, y gracias a ellas no nos confundimos. La primera regla debería ser *No uses una coma si no sabes por qué la estás usando*, pues siempre debería haber una razón, sea gramatical o sintáctica.

§5.1.2.2 Lista de los 12 usos de la coma

§5.1.2.2.1 Usos obligatorios

1. La coma serial (para separar elementos, frases u oraciones en serie) [§5.2.1]

2. La coma antes de una conjunción (*y*, *ni*, *o*) para indicar que se rompe la serie, o que *no* se establece una serie y que se introduce una idea nueva [§5.2.2]

3. La coma parentética (para separar información *adicional*, *explicativa* o *incidental* del resto de la oración o proposición) [§5.2.3]

4. La coma del vocativo (para separar el elemento vocativo del resto de la oración) [§5.2.4]

5. La coma de la elipsis (para indicar dónde se ha suprimido, *elidido*, un verbo) [§5.2.5]

6. La coma antes de la conjunción adversativa *pero* y de la locución conjuntiva *sino que* cuando coordinan dos oraciones [§5.2.6.]

§5.1.2.2.2 El primer uso discrecional

7. La coma que usamos entre el sujeto y el núcleo del predicado *únicamente cuando el sujeto es o incluye una oración subordinada*, y entonces se hace *solo cuando hace falta para eliminar confusión o ambigüedad.* [§5.2.7]

§5.1.2.2.3 El segundo uso discrecional

8. La coma discrecional de la inversión sintáctica cuando no se presentan los casos descritos en los usos 9, 10, 11 y 12 [§5.2.8]

§5.1.2.2.3.1 Usos obligatorios de la coma después de una inversión sintáctica

9. La coma que evita confusión o ambigüedad entre la última palabra de la inversión sintáctica y la primera del resto de la proposición [§5.2.9]
10. La coma después de una inversión sintáctica que incluya un gerundio, un participio pasivo o ambos [§5.2.10]
11. La coma después de una inversión sintáctica consistente en una oración subordinada circunstancial condicional [§5.2.11]
12. La coma después de una inversión sintáctica consistente en un adverbio o una locución adverbial empleados de manera absoluta [§5.2.12]

§5.1.2.2.4 La prohibición

Veremos ejemplos de cada uso de la coma, y en su caso se discutirán los motivos gramaticales que merecen tal uso. Pero antes es preciso señalar una prohibición que resolverá muchos problemas: *nunca se colocará una coma entre el sujeto y el núcleo del predicado.* Por ejemplo, no escribiremos las siguientes proposiciones con la puntuación que aquí aparece (los sujetos están subrayados, y los verbos, en negritas).

* Luis, **es** mi mejor amigo.
* Los vendedores de enciclopedias, casi siempre **son** molestos.
* Los hombres y las mujeres, **desean** rebasar los moldes que les pone la sociedad.

Este es un error común en quienes consideran que poner una coma después de un sujeto lo destaca o le brinda mayor gravedad, lo cual nunca ha sido cierto. La única razón por la cual habrá una separación entre el sujeto y el núcleo del predicado será por la presencia de un inciso (una palabra, frase u oración subordinada parentética). En este caso se emplearán *dos* comas, no una:

- <u>Luis</u>, mi mejor amigo, **tiene** 25 años.
- <u>Los vendedores de enciclopedias</u>, casi siempre molestos, no **quieren** saber de Wikipedia.
- <u>Los hombres y las mujeres</u>, cada quien por su parte, **desean** rebasar los moldes que les impone la sociedad.

§5.1.2.2.4.1 La excepción a la prohibición (Esto se convertirá en la regla §5.2.7)

En este momento me apartaré de los cánones de la Real Academia Española, y lo digo abiertamente para que no haya malentendidos: quien desee seguir a la RAE a pie juntillas en lo que se refiere a su prohibición absoluta de emplear una coma entre sujeto y núcleo de predicado, puede brincarse esta sección, la §5.1.2.2.4.1. Los temerarios y los heterodoxos, sin embargo, podrán continuar leyendo.

Reconozco que la prohibición de colocar una coma entre el sujeto y el núcleo del predicado es sabia, y hay que hacerle caso *casi siempre*. Para apartarse de la regla debe haber una razón de peso. En el 99 por ciento de los casos, no la habrá. Pero en el otro uno por ciento, habría que ver… Las dudas surgen cuando se presentan dos condiciones:

A. Cuando el sujeto *es* una oración subordinada
B. Cuando el sujeto *incluye* una oración subordinada

Veamos unos ejemplos del caso A. Las oraciones subordinadas sustantivas de sujeto están subrayadas; los verbos (simples o perifrásticos) están en letra cursiva:

- <u>Quien quiera azul celeste</u> *puede entrar* por la puerta número cinco.
- <u>El hecho de que soy tu marido</u> no te *da* el derecho de levantarme la mano.
- <u>Cuanto diga usted sin la presencia de un abogado</u> *será usado* en su contra durante el juicio.

155

- Quien salga al último *debe apagar* las luces.
- Me *encanta* el que no quieras impresionarme.

En los cinco ejemplos, los sujetos —subrayados— son oraciones su-bordinadas y realizan la acción de sus verbos: *puede entrar, da, será usa-do, debe apagar* y *encanta*, respectivamente. Ahora veamos unos ejemplos del caso B. Las oraciones subordinadas incluidas dentro del sujeto están subrayadas; los verbos (simples o perifrásticos) están en letra cursiva:

- El reloj que me regalaste *está* en el buró.
- El tomo cuya portada muestra un león enjaulado *ha de estar* aún en mi oficina.
- La nueva gramática que publicó la Academia *viene* muy completa.
- Esa canción de cuando éramos novios todavía me *hace suspirar.*
- La película de la cual siempre hablas nos *ha conmovido* profunda-mente.

Estas condiciones por sí solas no nos autorizan para emplear una coma entre el sujeto y el núcleo del predicado. De hecho, no hay nin-guna razón para hacerlo, pues no se presenta confusión o ambigüedad alguna. Se dan casos, no obstante, donde la presencia de un verbo dentro del sujeto mete *ruido* en relación con un sustantivo dentro del predicado. También ocurre que puede pensarse erróneamente que un complemento circunstancial dependiente del verbo subordinado dentro del sujeto está modificando al verbo de la oración principal, o al revés. En estas situa-ciones sí es pertinente considerar la necesidad de emplear una coma para eliminar la confusión o ambigüedad. Aún así, muchas veces es posible alterar la sintaxis del enunciado, o replantearlo por completo, para reme-diar la situación. Pero si la sintaxis original es la mejor, la más expresi-va, entonces el empleo de la coma resulta preferible a las otras solucio-nes. Veamos unos ejemplos donde sí vale la pena considerar el uso de la coma, en contravención de la prohibición expresa de la RAE:

1. El hombre que asesina por odio olvida su propia humanidad al desconocer la ajena.
2. Los teléfonos inalámbricos que acaban de llegar de China en secreto saldrán de la misma manera.
3. Quienes se casen con un millonario por pura conveniencia económica se divorciarán tarde o temprano.

Hay que tener cuidado porque tras una primera lectura, es posible que nosotros mismos creamos que entendimos de modo correcto el sentido de las proposiciones. Pero en cada caso, hay dos lecturas posibles, completamente diferentes. Veámoslas:

1. A. El hombre que asesina por odio, olvida su propia humanidad al desconocer la ajena.
   B. El hombre que asesina, por odio olvida su propia humanidad al desconocer la ajena.
2. A. Los teléfonos inalámbricos que acaban de llegar de China, en secreto saldrán de la misma manera.
   B. Los teléfonos inalámbricos que acaban de llegar de China en secreto, saldrán de la misma manera.
3. A. Quienes se casen con un millonario, por pura conveniencia económica se divorciarán tarde o temprano.
   B. Quienes se casen con un millonario por pura conveniencia económica, se divorciarán tarde o temprano.

Estos tres ejemplos ilustran el problema inherente a prohibir de manera terminante el uso de la coma entre el sujeto y el núcleo del predicado. Aunque la mayoría de las veces no será necesario emplear esta coma, aun cuando el sujeto es o incluye una oración subordinada, sí se dan casos —como los tres que sirven aquí de ejemplo— en que es conveniente reflexionar en la necesidad de utilizarla, siempre y cuando se trate de la sintaxis idónea. Si esta puede mejorar y así eliminar simultáneamente la necesidad de usar una coma entre el sujeto y el predicado, ¡adelante! Cuando esto no es posible, nos queda esta salida. Por favor, no hay que abusar de ella.

§5.2 Las reglas

§5.2.1 Regla 1: La coma serial (para separar palabras, frases u oraciones en serie)

Cuando se enumeran dos o más palabras en serie, estas deben ir separadas por comas. Por ejemplo:

- Compré tequila, mezcal, vino, cerveza.

No importa que esas palabras sean sustantivos, verbos conjugados, verboides, adjetivos, preposiciones o adverbios. Eso sí: dentro de la serie, todas las palabras deben ser del mismo tipo: sustantivos con sustantivos, adjetivos con adjetivos, verbos con verbos, etcétera. En el caso de los adverbios de modo, solo se emplea la terminación *-mente* con el último elemento. Ejemplos:

- Lo esencial es crecer, aprender. (Se serian infinitivos, los cuales poseen carácter sustantivo).
- Nos gusta el canto, la danza, la música, el teatro. (Se serian sustantivos).
- Leemos, escribimos, criticamos, investigamos todo. (Se serian verbos).
- Las leyes son de, para, por el pueblo. (Se serian preposiciones).
- El ferrocarril avanza lenta, trabajosa, lastimeramente. (Se serian adverbios).
- Consuelo es independiente, guapa, invencible. (Se serian adjetivos).

El lector habrá notado que en algunos casos la enumeración suena un poco solemne. Es así porque se ha empleado una coma entre los últimos dos elementos cuando la práctica común es la de emplear una conjunción en ese lugar, pero esta práctica común no es obligatoria. Cuando empleamos una conjunción —podrían ser *y* o *e*— se suprime la coma y se coloca la conjunción en su lugar:

- Lo esencial es crecer y aprender.
- Nos gusta el canto, la danza, la música y el teatro.
- Leemos, escribimos, criticamos e investigamos todo.
- Las leyes son de, para y por el pueblo.
- El ferrocarril avanza lenta, trabajosa y lastimeramente.
- Consuelo es independiente, guapa e invencible.

Para dar la sensación de una acción machacona, insistente, la estrategia indicada sería eliminar las comas por completo y usar la *y* para encadenar todos los elementos. Llamo esto *el efecto cantilena*. Pero, cuidado: uno no debiera abusar de esta estructura:

- Llegó *y* se sentó *y* se puso a hablar de mil cosas.
- La televisión comercial es insultante *y* aburrida *y* cursi.
- Prometió lealtad *y* complicidad *y* silencio hasta la ignominia.
- Lo insultó *y* lo retó *y* lo estuvo molestando durante horas.

Algunos casos negativos:

- Quevedo no escribió este poema *ni* el anterior *ni* aquel que leíste ayer.
- No le interesa la música *ni* el teatro *ni* el deporte.
- No es de chile *ni* de dulce *ni* de manteca.
- No soy de aquí *ni* soy de allá...
- *Ni* tonto *ni* excesivamente confiado se vio.
- El pobre no entendió *ni* la teoría *ni* los ejemplos.

También puede haber series de elementos donde existen opciones:

- Puedes usar lápiz, tinta *o* acuarelas.
- Llega mañana, pasado mañana *u* hoy mismo.
- *O* te quedas *o* te vas.
- El curso es para casadas *o* solteras.

En cada uno de estos casos se aplica la misma regla. Es importante recordar que, si va a optarse por alguna conjunción entre cualesquier dos elementos seriados, ya no se usa la coma, pues de hacerlo mandaría una señal equivocada al lector, como se verá en el apartado §5.2.2, donde veremos que solo se emplea la combinación *coma más conjunción* [, + conjunción] para introducir una *nueva idea*, no para seriar las dos.

Esta regla de la coma también se aplica para separar *frases* en serie, las cuales suelen poseer una construcción semejante entre sí:

- Comió fresas con crema, peras con azúcar, manzanas bañadas en miel, duraznos en almíbar y uvas peladas.
- Visitamos varias ciudades fronterizas, museos de tecnología, zoológicos de hábitats naturales, teatros construidos en el siglo XIX.
- El año pasado nos encontramos con palabras nuevas, una ortografía supuestamente simplificada, varias gramáticas heterodoxas y unas cuantas tildes extraviadas.

Por otra parte, es posible mezclar palabras en serie con alguna frase sustantiva, pero esta debe comportarse —para los efectos de la puntuación— como si fuese un solo elemento. Por ejemplo:

- Se inspiró en Atenas, la Roma imperial y Jerusalén.

Aquí la frase *la Roma imperial* convive en la misma serie con *Atenas* y *Jerusalén*, pero no hay problema porque *la Roma Imperial*, como frase sustantiva, es una sola cosa.

La naturaleza de la construcción gramatical de estas frases puede ser variadísima. Aquí no viene al caso enumerarlas todas, pero estas muestras dan una buena idea de cómo funcionan. Lo que no puede seriarse son palabras y frases con oraciones. Por ejemplo, nunca deberíamos escribir lo siguiente:

- ⊗Los músicos tocaron Stravinsky, Weill, Bernstein, se lucieron con Bruckner y Fauré.

En este caso se empezó con una serie de compositores hasta *Bernstein* (nombres propios que son sustantivos), pero enseguida se quiso seguir seriando con *se lucieron* (un verbo conjugado), agregando a la preposición *con* los apellidos de dos compositores más. Pero al meter el verbo, se interrumpió la serie original y, de pasada, se cayó en un encabalgamiento. Para evitar esto, el redactor pudo haber usado el punto y coma después de *Bernstein*, o pudo haber usado la *y* después de la coma. Recuerde que la coma seguida de la *y* es casi siempre el equivalente del punto y coma [, y = ;]. La excepción a esta observación importante se da cuando la *y* es la primera palabra de un inciso: *Me cae bien tu papá, **y esto es importante,** pero no creo que deba postularse para senador.* Sí podría escribirse: *Me cae bien tu papá; esto es importante, pero no creo que deba postularse para senador*, pero el sentido sería otro. En este último caso, la oración coordinada *pero no creo que deba postularse para senador* se opone a *esto es importante*. En el primer caso, *pero no creo que deba postularse para senador* se opone a *Me cae bien tu papá*, ya que *y esto es importante* es un mero inciso y podría ser suprimido.

Aquí se ofrecen dos maneras de puntuar correctamente la proposición anterior tocante a los músicos. La primera opción emplea punto y coma [;], y la segunda, coma seguida de *y* [, y]:

- Los músicos tocaron Stravinsky, Weill, Bernstein; se lucieron con Bruckner y Fauré.

O:

- Los músicos tocaron Stravinsky, Weill, Bernstein, y se lucieron con Bruckner y Fauré.

Ejercicio

Coloque las comas donde hacen falta:

1. Pidió pan sopa bistec y papas.
2. No pudo con la tristeza el desánimo el fracaso.
3. Alicia se mostró juvenil decidida y deseable.
4. Esos cuentos desgarran chocan inspiran y transforman a quienes los leen.
5. El campeón lo noqueó fácil elegante limpia y rápidamente.

Respuestas:
1. Pidió pan, sopa, bistec y papas.
2. No pudo con la tristeza, el desánimo, el fracaso.
3. Alicia se mostró juvenil, decidida y deseable.
4. Esos cuentos desgarran, chocan, inspiran y transforman a quienes los leen.
5. El campeón lo noqueó fácil, elegante, limpia y rápidamente.

Nota: puede usarse una coma en lugar de la *y* en estos casos si el redactor lo desea.

Ejercicio

Coloque comas donde hacen falta. Puede usar o, u, y, ni *o* e, *si así lo desea:*

1. El dictador murió ardiendo en fiebre pronunciando palabras ininteligibles pataleando incontrolablemente.
2. Confiscaron todos los bienes el dinero los valores hasta los derechos cinematográficos que pudieran ofrecerle.
3. La Constitución protege los derechos individuales el derecho de declararse en huelga la posibilidad de profesar cualquier religión.
4. Los fanáticos esperaron en ascuas aplaudieron rabiosamente perdieron la cordura irrumpieron en grandes alaridos difícilmente pudieron contenerse cuando por fin apareció el hombre que tanto esperaban.
5. No hay quien sepa cocinar tan rico escribir tan bien conversar de manera tan amena amar tan profundamente.
6. Suplicó llorando pidió perdón ofreció prestarle su Xbox.

Respuestas:

1. El dictador murió ardiendo en fiebre, pronunciando palabras ininteligibles, pataleando incontrolablemente. (O: El dictador murió ardiendo en fiebre, pronunciando palabras ininteligibles y pataleando incontrolablemente).

2. Confiscaron todos los bienes, el dinero, los valores, hasta los derechos cinematográficos que pudieran ofrecerle. (O: Confiscaron todos los bienes, el dinero, los valores y hasta los derechos cinematográficos que pudieran ofrecerle).

3. La Constitución protege los derechos individuales, el derecho de declararse en huelga, la posibilidad de profesar cualquier religión. (O: La Constitución protege los derechos individuales, el derecho de declararse en huelga y la posibilidad de profesar cualquier religión).

4. Los fanáticos esperaron en ascuas, aplaudieron rabiosamente, perdieron la cordura, irrumpieron en grandes alaridos, difícilmente pudieron contenerse cuando por fin apareció el hombre que tanto esperaban. (O: Los fanáticos esperaron en ascuas, aplaudieron rabiosamente, perdieron la cordura, irrumpieron en grandes alaridos y difícilmente pudieron contenerse cuando por fin apareció el hombre que tanto esperaban).

5. No hay quien sepa cocinar tan rico, escribir tan bien, conversar de manera tan amena, amar tan profundamente. (O: No hay quien sepa cocinar tan rico, escribir tan bien, conversar de manera tan amena y amar tan profundamente. O: No hay quien sepa cocinar tan rico, escribir tan bien, conversar de manera tan amena o amar tan profundamente).

6. Suplicó llorando, pidió perdón, ofreció prestarle su Xbox. (O: Suplicó llorando, pidió perdón y ofreció prestarle su Xbox).

§5.2.1.1 Acerca de cómo se forman oraciones en serie

Hay dos maneras principales de formar oraciones en serie. En ambos casos, las oraciones guardan estructuras semejantes:

A. **El mismo sujeto realiza una serie de acciones concatenadas en el tiempo, una tras otra.** Variante: también es posible, aunque menos frecuente, que las acciones no obedezcan a un orden en el tiempo; en estos casos se entiende que son simultáneas.

B. **Sujetos diversos realizan acciones análogas simultáneamente.** Son más comunes las oraciones seriadas de tipo *A* que las de tipo *B*, pero estas no son raras de ninguna manera. Variante: también es posible, aunque menos frecuente, que sujetos diferentes sí realicen acciones concatenadas en el tiempo.

Veamos primero algunos ejemplos del tipo *A*. Los verbos de cada oración seriada están subrayados:

Oraciones seriadas del tipo *A*

- Los fanáticos <u>llegaron</u> al estadio, <u>hicieron</u> fiesta en el estacionamiento, <u>cantaron</u> porras para la televisión y <u>entraron</u> a ocupar sus lugares en el graderío.
- El ladrón <u>neutralizó</u> el sistema de seguridad, <u>violó</u> la chapa, <u>entró</u> en la recepción, <u>apagó</u> la energía eléctrica, <u>localizó</u> la caja fuerte y <u>sustrajo</u> dos boletos para la Sinfónica Nacional.
- Las mejoras en infraestructura <u>servirán</u> para que la ciudad sea más habitable, <u>propiciarán</u> la convivencia de todos los ciudadanos, <u>reducirán</u> las horas invertidas en llegar de un lugar a otro.

En estos tres ejemplos, el mismo sujeto realiza acciones diversas, una tras otra en el tiempo. Además, guardan entre sí estructuras gramaticales semejantes aunque no exactamente iguales. Los primeros dos emplean *y* entre la penúltima y última oraciones seriadas; el tercero, no. Ahora, un par de ejemplos de oraciones seriadas con el mismo sujeto, pero cuyas acciones no se dan necesariamente una tras otra sino simultáneamente:

- No <u>tomo</u> en cuenta las críticas destructivas, siempre <u>hago</u> caso de comentarios hechos por creadores que respeto, nunca <u>permito</u> que me falten al respeto y jamás les <u>falto</u> al respeto a mis compañeros.
- El cine de arte <u>evita</u> las modas, <u>explora</u> los temas más difíciles, no <u>respeta</u> los tabúes impuestos por los censores protectores del *buen gusto*.

Oraciones seriadas del tipo *B*

- Los policías corruptos <u>buscan</u> a sus víctimas, los delincuentes <u>hacen</u> causa común con los policías corruptos, los funcionarios deshonestos <u>encuentran</u> la manera de compartir el botín de los primeros dos grupos.
- Los perros son cariñosos, los gatos <u>demuestran</u> su astucia, los monos <u>parecen</u> casi humanos y nosotros <u>hemos perdido</u> la brújula.

- La comida española <u>emplea</u> abundante carne de puerco, la mexicana <u>recurre</u> con frecuencia a las diversas clases de chile en sus salsas y la italiana <u>sobresale</u> por sus pastas y mariscos.

En los ejemplos anteriores, cada oración seriada posee un sujeto diferente, pero sus acciones son análogas: *del mismo tipo* o *parecidas*. Cuando sujetos diferentes emplean el mismo verbo, este se *elide* después de la primera mención, como veremos en la regla 5 (§5.2.5). Ahora veamos un par de ejemplos con la variante mencionada: sujetos diversos que realizan acciones en el tiempo, una tras otra:

- Primero los paracaidistas <u>tomaron</u> las cabezas de playa, después la infantería <u>penetró</u> en el bosque borrando todo rastro de migajas esparcidas, entonces los oficiales de inteligencia <u>se mezclaron</u> entre la población civil y, al último, <u>llegaron</u> los soldados rasos vendiendo aspiradoras y enciclopedias viejas.
- El maestro <u>midió</u> la superficie, el carpintero <u>colocó</u> la duela y, por último, el barnizador la <u>lijó</u> y <u>pulió</u>.

En el segundo ejemplo hay tres sujetos. El último, *el barnizador*, realiza dos acciones que se han seriado entre sí: *lijó* y *pulió*. Cada acción, sin embargo, se da de modo concatenado, una tras otra. La locución adverbial *por último* es parentética, lo que explica la presencia de una coma antes y otra después, como veremos en la sección §5.2.3, correspondiente a la coma parentética.

Es muy importante saber distinguir entre oraciones seriadas y cualesquiera dos oraciones que no lo sean. Muchos redactores inexpertos creen que dos oraciones breves, o una breve seguida de otra más larga, son seriadas. Pero no es así necesariamente. Por ejemplo, *Jorge Luis Borges nació en Buenos Aires* no formaría una serie con *Mereció respeto universal en la república de las letras*. Aún así, muchos colocarían la segunda oración tras la primera, con una coma entre ellas: ⊗*Jorge Luis Borges nació en Buenos Aires, mereció respeto universal en la república de las letras*. Armada así, esta proposición está *encabalgada*, como vimos en la sección §5.1.1.

Para saber si dos oraciones están seriadas, tenemos que preguntarnos si se trata del mismo sujeto que realiza acciones diferentes concatenadas en el tiempo o de acciones que se realizan simultáneamente. Si no es así, debemos preguntarnos si se trata de sujetos diferentes que realizan acciones análogas, sean simultáneas o concatenadas en el tiempo. En el ejemplo anterior, el nacimiento de Jorge Luis Borges no forma una cadena de acciones con el respeto que mereció como figura literaria. Son dos acciones independientes: *nació* en tal lugar, y —cosa aparte— *mereció* respeto universal en la república de las letras. Una cadena podría ser: *nació, creció, se dio a conocer*, como en este segundo ejemplo: *Jorge Luis Borges nació en Buenos Aires, creció entre libros ingleses y se dio a conocer como escritor desde muy joven*. Estas acciones —*nació, creció y se dio a conocer*—, aunque cubren un lapso amplio (más de 20 años) forman parte de una cadena evidente que va desde su nacimiento hasta el momento en que se dio a conocer, pasando por su crecimiento entre libros ingleses. En otras palabras, *son tres etapas de un solo desarrollo*. Si las preguntas adquieren respuestas negativas, entonces no son oraciones seriadas.

Ejercicio A

Determina si las oraciones siguientes son seriadas o no. Si lo son, indica si pertenecen a la clase A o la clase B:

1. Elpidio estudió Derecho. Ejerció durante 10 años. Decidió cambiar de carrera. Terminó estudiando Letras.
2. Elpidio estudió Derecho. No le gustó. Descubrió la literatura a los 32 años. Ahora es un crítico literario muy conocido.
3. Los griegos sembraron su ideal de belleza y filosofía. Los hebreos destacaron por su amor al libro. Los romanos conquistaron el mundo conocido. Los *bárbaros* por poco acaban con todo lo anterior.
4. Ladraron los perros toda la noche. El aire no se movía. Podíamos percibir asomos de una humedad que después se convertiría en llovizna. El reloj parecía moverse con una lentitud abominable.
5. Los incunables tuvieron pocos lectores. Los libros impresos en papel llegaron a millones en prácticamente todos los idiomas. Los *ebooks* actuales se distribuyen casi instantáneamente a cualquier parte del mundo donde haya internet.
6. El cómico, al entrar, recibió los aplausos del público. Preguntó si hacía falta usar micrófono. Lo apagó para crear un espacio más íntimo. Procedió a denostar, entre las carcajadas de los asistentes, a cada uno de los miembros del gabinete. Reservó, para el final, sus hilarantes comentarios sobre el presidente.
7. Esta materia no sirve. Me aburre mucho. No me preparará para el mundo real. Me está quitando el tiempo.

8. Suena mi teléfono celular a cada rato. Me choca cuando me piden que lo apague. Los viejitos mayores de 30 años no entienden la importancia de *chatear* con los amigos. Qué lata dan.
9. Colombia pasó sorpresivamente a octavos de final. México cayó ante Holanda. Costa Rica sorprendió en su triunfo contra Uruguay. Argentina se enfiló hacia los semifinales.
10. No se nace político. Para llegar a ocupar puestos de elección popular es preciso prepararse. También ayuda saber escuchar.

Respuestas:
1. Sí. Clase *A*.
2. No.
3. Sí. Clase *B*.
4. No.
5. Sí. Clase *B*.
6. Sí. Clase *A*. (Esta proposición requeriría el uso de punto y coma [;], según se explica en la sección §6.1.2, de escribirse como oraciones seriadas, separadas con coma).
7. Sí. Clase *A*.
8. No.
9. Sí. Clase *B*.
10. No.

Ejercicio B

Escriba como oraciones en serie las que aparecen como oraciones independientes en los números 1, 3, 5, 6, 7 y 9. Puede emplear conjunciones en lugar de comas donde lo estime conveniente.

§5.2.2 Regla 2: La coma antes de una conjunción para anunciar que se rompe la serie, o que no se establece una serie y que se introduce una idea nueva no seriada con lo anterior

Hace años perdí la cuenta de los alumnos que me han asegurado que *jamás* debería ir una coma antes de la conjunción *y*. Al principio me causaba perplejidad, pero ya me acostumbré y he llegado a la conclusión de que no es su culpa, sino que se trata de una aberración sistémica en la educación pública y privada. Además, he caído en la cuenta de que sucede también otro fenómeno: los que aseguran que una coma *jamás* debe preceder a una conjunción han aprendido *la mitad* de la regla. Esto será por una de dos razones: o solo *recuerdan* la primera mitad, o solo les *enseñaron* la primera mitad. La regla completa incluye la que ya vimos en la sección §5.2.1, pero falta la *otra* mitad, la correspondiente a esta sección, la §5.2.2. Va la regla completa. La segunda mitad está en letra cursiva:

➤ No se pone coma antes de una conjunción cuando esta se emplea entre cualesquiera dos elementos de una serie, más comúnmente entre los últimos dos. *Pero si la conjunción no sirve para seriar dos elementos, sino para introducir una nueva idea no seriada, resulta forzoso emplear una coma antes de ella. Así se rompe la serie si esta ya se había establecido, o se indica que no se establecerá, sino que se introducirá una nueva idea mediante una oración coordinada.*

Así, no solo es posible sino que *debemos* emplear una coma antes de la conjunción *cuando queremos romper una serie*, o *cuando no queremos establecerla*, sino agregar una nueva idea tras el último elemento mencionado. Esta conjunción es, con frecuencia, *y*, pero también puede ser *o* o *ni*. Veamos estos ejemplos, algunos de los cuales fueron tomados de la *Guía esencial para aprender a redactar*:

• Necesitamos comprar verduras, carne roja y pollo, *y estas salidas constantes al supermercado están mermando nuestra cuenta bancaria.*
• La agencia federal a cargo del asunto no estableció lineamientos claros, *ni tendremos nosotros manera de formularlos desde fuera.*
• Estas elecciones no convencieron a nadie, *y la Suprema Corte no da señales de emitir una opinión al respecto.*
• Podremos diseñar nuevas leyes de transporte público y de movilidad, *o el parque de automóviles nos rebasará de modo irremediable.*

Ninguna de estas oraciones coordinadas mediante conjunción, las que aparecen en letra cursiva, deben entenderse como oraciones seriadas con las anteriores. La coma antes de la conjunción hace una de dos cosas: o rompe la serie o impide que esta se establezca. Si no se empleara esta coma antes de la conjunción, el lector recibiría otro mensaje por completo, y sería un mensaje equivocado.

§5.2.3 Regla 3: El uso de una o dos comas para aislar información *parentética, adicional* o *incidental*

Toda información parentética, adicional o incidental debe aislarse del resto de la proposición con una o dos comas, según su ubicación. Si se encuentra al final, debemos colocar una coma antes; si se encuentra en medio, debemos usar una coma antes y otra después; si esta información es anticipatoria y viene al principio, debemos colocar una coma después.

Estas palabras parentéticas (incidentales o adicionales) no son esenciales para comprender la idea del enunciado. De hecho, si se suprimieran, no cambiaría el sentido del escrito; solo nos faltaría información complementaria. Hay ocasiones en que ciertas palabras, frases o incluso oraciones subordinadas pueden considerarse parentéticas dentro del enunciado, y en otras ocasiones pueden antojarse esenciales. En última instancia, es el redactor quien decide si la información es esencial, y si lo es, *no* debe aislarse del resto de la oración. ¡Ojo! Si la información parentética va en medio de la proposición, requiere obligatoriamente dos comas. Si se empleara una sola, dejaría de estar claro el mensaje. Si no se está seguro de que tal o cual palabra, frase u oración subordinada es incidental, debe hacerse una prueba sencilla: quitarla. Si se desvirtúa el sentido de la proposición, la información no era parentética sino esencial. Si únicamente están ausentes uno o más datos adicionales, podemos estar seguros de que se trataba de un simple inciso.

Si escribo, por ejemplo *Juan llegó a las seis de la tarde*, es porque deseo que se sepa en qué momento llegó. Si suprimiera el complemento circunstancial para dejar únicamente *Juan llegó*, desnaturalizaría la proposición. *A las seis de la tarde*, entonces, no era parentético, información adicional o incidental.

Esta, en última instancia, es la diferencia más importante entre una frase u oración parentética y otra esencial: cuando se suprime algo meramente incidental, el mensaje básico de la proposición sigue siendo el mismo; si suprimo información importante, en cambio, habré cambiado de manera sensible el contenido ideológico, o incluso moral, de lo escrito.

Las frases u oraciones parentéticas pueden construirse de mil maneras; a veces constituyen una sola palabra o una frase; en ocasiones son oraciones subordinadas. En otras ocasiones pueden ser adverbios o locuciones adverbiales; todavía en otras, aposiciones (Cervantes, *autor del Quijote*…; Juanito López, *el lechero*…); a veces se trata de información adicional de cualquier índole. Pero en cada caso estos datos podrían suprimirse sin que se desvirtúe el sentido de la proposición original. Algunos ejemplos. La información incidental está subrayada:

- Cuando llegue tu padre, <u>espero que con bien</u>, avísale que salí de compras.
- No es esa la manera, <u>que yo sepa</u>, de hacer las cosas.
- Tu poema, <u>que posee sus propios méritos</u>, no tiene que ver con la ecología.
- La mecanografía, <u>oficio nada despreciable</u>, ha simplificado la escritura de novelas.
- Tu madre, <u>Dios la bendiga</u>, ha enloquecido.
- Jorge Luis Borges, <u>una de las figuras mayores de la literatura</u>, solo leía lo que le daba placer.
- Cuernavaca, <u>ciudad de la eterna primavera</u>, está cerca.
- Canta, <u>¡no tienes idea!</u>, como un pájaro hechizado.

En todos estos casos, la frase u oración parentética (o incidental) ocurre en medio de la oración, y tiene una coma antes y otra después. No obstante, podría iniciar o concluir el enunciado, según lo permita el sentido. Obsérvese que, aun cuando se emplee para terminar un enunciado, debe antecederle una coma, o podría dejar de entenderse como parentética o podría dejar de tener sentido, según sea el caso. Tres ejemplos de información parentética al final, y dos ejemplos de información parentética al principio de la oración:

- No tenemos examen hoy, <u>por fortuna</u>.
- No me gustó esa novela, <u>aunque algún atractivo oculto habrá de tener</u>.
- Eloy aceptó una beca en la Universidad de Stanford, <u>que aglutina a estudiantes de los cinco continentes</u>.
- <u>Por mi madre</u>, juro que soy inocente.
- <u>Nacido en 1914</u>, Octavio Paz es el único mexicano que ha obtenido el Premio Nobel de Literatura.

Si fuéramos a colocar una coma antes del complemento circunstancial de tiempo que se encuentra al final de la siguiente oración, este tendría que entenderse como parentético y, por ende, debería ser suprimible:

- El coronel escribió más de 20 novelas, <u>después de haber sufrido múltiples cirugías</u>.

Con la coma después de *novelas*, se entiende que la idea principal es que el coronel escribió más de 20 novelas. El hecho de que lo haya hecho después de haber sufrido múltiples cirugías (lo que viene después de la coma), se vuelve meramente incidental, suprimible. Esta puntuación resulta sospechosa porque *después de sufrir múltiples cirugías* parece todo menos incidental.

Este es el problema que surge cuando se pone una coma donde no debe ir. En este caso, *después de sufrir múltiples cirugías* es a todas luces un complemento circunstancial que contiene información esencial, y *no* se trata de un inciso. No debería antecederle una coma.

§5.2.4 Regla 4: La coma del vocativo (para separar el elemento vocativo del resto de la oración)

El vocativo se emplea cuando alguien se dirige a otra persona, a un grupo de personas, a una figura real o imaginaria —esté presente o no—, mediante su nombre, título, apodo o equivalente. La palabra *equivalente* significa cualquier palabra o frase que utilicemos en lugar del nombre propio de la persona a la cual nos dirigimos. Por ejemplo, Paquita la del Barrio canta "¿Me estás oyendo, inútil?", donde el adjetivo *inútil* hace las veces de nombre propio del hombre al cual desprecia; se trata de un *equivalente*. Otros equivalentes podrían ser *mi amor*, *amiga*, *güey* (solo en México), *pedazo de imbécil*, *maravilla*, etcétera. Algunos ejemplos:

* Oye, mi amor, ¿en qué año fuimos a Las Vegas?
* Llegó un güey, güey, y me dijo que no fuera güey.
* Escúchame bien, pedazo de imbécil…
* Amiga a la que amo, no envejezcas.[2]

Se da, por ende, siempre en segunda persona, sea formal o familiar. Si el nombre, título o apodo ocurre en primera instancia, se coloca una

---

[2] Paráfrasis del arranque de uno de los poemas más conocidos de Rubén Bonifaz Nuño, del libro *El manto y la corona* (1958). El poeta utiliza, en lugar de la coma, los dos puntos que se emplearían en una epístola, pues escribe el poema como si fuera una carta. Al emplear una coma aquí, convierto el saludo formal en un vocativo. En cartas formales, pues, usamos los dos puntos después del saludo [:]; en cualquier otra clase de correspondencia o escritura, usamos la coma del vocativo. Lo apunto porque muchos alumnos me preguntan si es correcto usar la coma después del nombre de la persona a la cual dirigimos un correo electrónico o un mensaje en las redes sociales como Facebook o Twitter, o si deben emplear los dos puntos. Mi respuesta es que sí deben emplear la coma porque se trata de un vocativo. Si desean escribir el saludo de una *carta* formal, deben usar los dos puntos, independientemente de si esta carta será enviada electrónicamente o en un sobre que será entregado al cartero o al recipiente.

coma después; si viniera en medio de la oración, habría comas antes y después. Si se incluye al final, solo llevaría una coma antes.[3] Las comas del vocativo, aunque importantes y —por ende— obligatorias, se cuentan entre las más olvidadas por los redactores descuidados. Los ejemplos aclararán cualquier duda al respecto:

- <u>Víctor</u>, entrégame ese examen.
- Entrégame, <u>Víctor</u>, ese examen.
- Entrégame ese examen, <u>Víctor</u>.

Aunque el imperativo es común cuando se usa el vocativo (como en los tres casos anteriores), no es necesario que así sea:

- ¿Adónde vas, <u>efímera mariposa</u>, cuando te cansas de revolotear?
- <u>Ciudadano</u>, tú eres nuestra última esperanza democrática.
- ¡Imploro, <u>oh Natura</u>, tu bendición para llegar a salvo!
- ¿Cuándo piensa pagarme, <u>licenciado</u>?

Ejercicio

Coloque las comas donde sean necesarias para indicar la presencia del vocativo:

1. ¿A qué le tiras cuando sueñas mexicano?
2. ¡Compañeros no hay nada que perder sino vuestras cadenas!
3. Margarita dime por qué no quieres acompañarme a la ciudad.
4. Cuando me hablas así Severino pierdo toda noción de quién soy.
5. Con esas no me engañas Satanás.

Respuestas:
1. ¿A qué le tiras cuando sueñas, mexicano?
2. ¡Compañeros, no hay nada que perder sino vuestras cadenas!
3. Margarita, dime por qué no quieres acompañarme a la ciudad.
4. Cuando me hablas así, Severino, pierdo toda noción de quién soy.
5. Con esas no me engañas, Satanás.

---

[3] En otras palabras, para efectos de la puntuación, el vocativo se comporta como si fuera una frase parentética.

§5.2.5 Regla 5: La coma de la elipsis (para indicar dónde se ha suprimido, *elidido*, un verbo), también llamada verbo callado

En ocasiones escribimos oraciones seriadas que comparten el mismo verbo. Normalmente usamos una coma para separar oraciones seriadas (el primer uso obligatorio de la coma. Véase la sección §5.2.1.). Como estas comparten el mismo verbo, solo lo usamos la primera vez. Ya que vamos a colocar una coma en lugar de los verbos *elididos*, suprimidos o callados, debemos poner punto y coma [;] donde originalmente había comas. Esta operación de suprimir, o *callar*, un verbo sobreentendido se llama *elipsis*. Veamos unos cuantos ejemplos:

* Noé estudia abogacía. David estudia lenguas clásicas.

Esto da lugar a:

* Noé estudia abogacía; David, lenguas clásicas.

_____

* A las mujeres suelen gustarles las novelas románticas.
* A los hombres suelen gustarles las aventuras policiacas.

Esto da lugar a:

* A las mujeres suelen gustarles las novelas románticas; a los hombres, las aventuras policiacas.

_____

* La Cámara de Diputados comisionó un estudio sobre la violación de los derechos humanos. El Senado comisionó un estudio sobre la corrupción en la Cámara de Diputados.

Esto da lugar a:

* La Cámara de Diputados comisionó un estudio sobre la violación de los derechos humanos; el Senado, un estudio sobre la corrupción en la Cámara de Diputados.

Es necesario señalar, sin embargo, que muchísimas veces el redactor querrá usar la conjunción *y* entre una y otra proposición, especialmente cuando solo son dos. Recordemos que la combinación de coma más *y* [, y] es equivalente al punto y coma [;], como vimos en la sección §5.2.1. Así, emplearemos una coma simple en lugar del punto y coma, y enseguida pondremos la *y*. Se mantendrá la coma en el lugar del verbo suprimido:

- La Cámara de Diputados <u>comisionó</u> un estudio sobre la violación de los derechos humanos, y el Senado, un estudio sobre la corrupción en la Cámara de Diputados.

Ejercicio

Una las siguientes proposiciones en una sola y suprima el verbo repetido. Decida usted si se valdrá de punto y coma entre las proposiciones originales o si usará coma seguida de y.

- Carlos cargó la batería. Mario cargó la transmisión.
- A Karina le gusta el pastel. A mí me gusta el helado.
- Llegó Guadalupe con fiebre. Isolina llegó con tos.
- Nodzomu es de Japón. Alan es de Estados Unidos.
- Al presidente le pareció raro. Al secretario de Comercio le pareció normal.
- Luis Mario se entregó al surrealismo. José se entregó al rescate de los imaginistas de principios de siglo.

§5.2.6 Regla 6: La coma antes de la conjunción adversativa *pero, mas* (y *aunque* cuando es conjunción) y de la locución conjuntiva *sino que* cuando coordinan dos oraciones

Cuando *pero* (o *mas*) coordina dos oraciones adversativamente, se emplea una coma antes de la conjunción adversativa. Lo mismo se aplica a *aunque*, pero solo cuando es conjunción adversativa (con el sentido de *pero*). Cuando posee valor concesivo (sinónimo de *a pesar de que, por más que* o *por mucho que*) puede que lleve coma, o no, según tenga la oración que subordina sentido especificativo o explicativo. Ejemplos:

- Pudo hablar con su hermano, <u>pero</u> se cortó la llamada.
- El secretario nos aseguró que sí limpiarían el parque, <u>mas</u> no dijo cuándo.
- Ahora investigan el origen el virus, <u>aunque</u> piensan que no será fácil.
- No se negó a seguir escribiendo su novela, <u>sino que</u> alegó falta de tiempo.

Incluso cuando el verbo de la segunda oración coordinada está implícito, debe emplearse esta coma:

- Es un hombre entero, <u>pero</u> envejecido.
- Llegó sano y salvo, <u>aunque</u> tarde.

¡Ojo! Por otro lado, a *pero* y sus equivalentes *no* suele antecederles una coma cuando se escribe entre dos adjetivos o adverbios:

- Soy picante <u>pero</u> sabroso.
- Lo criticó dura <u>pero</u> cariñosamente.
- Publicó un libro <u>breve</u> mas intenso.
- Nos sirvió tragos en su casa de campo modesta <u>pero</u> acogedora.

§5.2.7 Regla 7: La coma *discrecional* que usamos entre el sujeto y el núcleo del predicado *cuando el sujeto es o incluye una oración subordinada*, y entonces se hace *solo cuando resulta* absolutamente necesario *para eliminar confusión o ambigüedad.*

El uso de la coma de esta regla 7 ya se ha visto con detalle en la sección §5.1.2.2.4.1: "La excepción a la prohibición". Como se trata de un legítimo uso discrecional de la coma, a pesar de lo que afirma la Asociación de Academias en su *Ortografía…*, aquí se le otorga su número dentro de los 12 usos de la coma.

§5.2.8 Regla 8: La coma tras inversión sintáctica es discrecional cuando no se presentan los casos descritos en los usos 9, 10, 11 y 12

Vale la pena aclarar que con la palabra *discrecionalidad* se quiere dar a entender que es necesario emplear nuestras dotes de análisis antes de determinar si es necesario usar coma tras una inversión sintáctica, o no. ¿Pero qué es, exactamente, una *inversión sintáctica*?

> **La definición es sencilla: si colocamos cualquier complemento antes del verbo, realizamos una inversión sintáctica. Usar una coma, o *no* usarla, después de la inversión deviene una cuestión de gusto. En general, se recomienda utilizarla si ayuda en la lectura. Si no ayuda, si da igual o si estorba, se recomienda no ponerla.**

Una de las maneras más comunes de variar la estructura de nuestras oraciones dentro de un escrito consiste en emplear, precisamente, una *inversión sintáctica.* El orden *lógico* a que nos referimos en el apartado §1.2 contempla que el núcleo del predicado preceda a los complementos, como en *El borracho tragó el fuego con mucho gusto.* Aquí, el núcleo del predicado es *tragó*, y los complementos son el *fuego* (directo) y *con mucho gusto* (circunstancial de modo). Cuando las oraciones se organizan así, no requieren puntuación.

Pero si el escritor desea variar su sintaxis o hacer énfasis en el modo en que el borracho tragó el fuego, puede iniciar la oración con el complemento circunstancial y colocar una coma después de él, como sigue:

* Con mucho gusto, el borracho *tragó* el fuego.

O puede escribir la misma oración sin coma después de la inversión sintáctica, puesto que no presenta ninguna de las situaciones que veremos en las secciones §5.2.9, §5.2.10, §5.2.11 y §5.2.12.

* Con mucho gusto el borracho *tragó* el fuego.

Es de notarse que no es necesario que el verbo venga inmediatamente después de la inversión. Aquí vemos que el sujeto está entre el complemento circunstancial invertido (*Con mucho gusto*) y el verbo (*tragó*). Lo importante está en que el complemento, o complementos, vengan *antes* del verbo. Si hay uno o más complementos después del verbo, se dice que estos *no* están invertidos. Por ejemplo, si hubiéramos escrito *Con mucho gusto el borracho tragó el fuego alegremente*, el complemento circunstancial de modo (*alegremente*) no estaría invertido sino en su posición natural, después del verbo.

En una inversión sintáctica, por otra parte, no es forzoso que el complemento circunstancial inicie la oración. También puede insertarse después del sujeto[4] y antes del verbo, como en el ejemplo que se ofrece enseguida:

* Las muchachas, a las tres de la tarde, *desafiaron* al director.

Para comparar las tres posibilidades, usemos esta oración como ejemplo:

* Las muchachas *desafiaron* al director a las tres de la tarde.
* A las tres de la tarde, las muchachas *desafiaron* al director.
* Las muchachas, a las tres de la tarde, *desafiaron* al director.

---

[4] Si no es tácito, por supuesto.

En el primer caso, el de la sintaxis *lógica* o *natural*, tenemos una sentencia común y corriente. La oración nos dice lo que sucedió, sin hacer ningún énfasis especial. En el segundo ejemplo, con el complemento por delante, se destaca a qué hora ocurre la acción emprendida por el sujeto (*las muchachas*). En la tercera oración, se comienza como en la primera, pero el complemento circunstancial irrumpe entre el sujeto y el núcleo del predicado, lo que crea en el lector cierto sentido de tensión, de dramatismo. Debe notarse con absoluta claridad, sin embargo, que al colocar el complemento circunstancial en medio, con una coma antes y otra después, se crea un inciso o frase incidental, lo cual puede ser suprimido, según se vio en la sección §5.2.3. Este es el *bemol* de incluir un complemento circunstancial en posición intermedia: podría entenderse como parentético.

En el lenguaje oral solemos invertir los tres complementos: el directo, el indirecto y los circunstanciales. Un ejemplo de cada uno:

- La carta **la** *recibí.*
- A mi sobrino **le** *llegó* el regalo por correo.
- Con cierto desdén el director *aceptó* la llamada.

Hay que fijarse en los primeros dos ejemplos, donde se invierten los complementos directo (*la carta*) e indirecto (*mi sobrino*). Debido a la inversión, se vuelve necesario duplicar el complemento con un pronombre, *la* y *le* en estos casos. Aunque esto es natural e incluso expresivo en la conversación, en general se considera un recurso pobre en la escritura, donde —por economía y la contundencia que esta ofrece— se prefiere la sintaxis natural, tratándose de complementos directos e indirectos:

- *Recibí* la carta.
- *Llegó* el regalo a mi sobrino por correo.

Por eso se recomienda que en la escritura esmerada *no* se realice una inversión sintáctica con los complementos directo e indirecto, a menos que se quiera hacer énfasis especial en ellos. Pero no hay restricción alguna cuando se trata de complementos u oraciones circunstanciales, como en el tercer ejemplo. Es más, puede haber más de un complemento invertido. En estos casos, *resulta imprescindible separarlas con una coma*, aunque no empleemos la coma discrecional después del último complemento invertido:

- Con la mano extendida, a dos pasos del agresor, el ofendido quiso hacer las paces.
- Con música de flauta, entre nubes de CO^2 entró el maestro de ceremonias.
- Con hambre, fatigados, prácticamente sin esperanzas, *llegaron los reemplazos al frente.*

En el primer ejemplo se empleó la coma de la inversión, tras *agresor*. En el segundo se optó por no incluirla tras CO^2. En el tercero, se usó la coma tras el segundo complemento invertido, antes del verbo *llegaron*. En los tres casos, sin embargo, se empleó la coma que separa los complementos invertidos, hayan sido dos o tres. (Estas comas están resaltadas y en negritas; las comas opcionales de la inversión, del primero y el tercer enunciados, no están resaltadas). Veamos más ejemplos con un solo complemento invertido. La inversión está subrayada, y el verbo, en letra cursiva:

- Desafortunadamente, no *podré* asistir a la reunión del jueves.
- Aunque nadie lo quiere decir, el libro de ese señor *es* pésimo.
- En contra de lo que esperaban, la niña *llegó* en primer lugar.

En estos tres ejemplos, difícilmente suprimiríamos la coma, pues ayuda a leer y comprender la proposición. Es más, el primero muestra un ejemplo del uso de la coma descrito en la sección §5.2.12, donde se habla de adverbios empleados *de manera absoluta*. Veamos tres ejemplos más donde sí se puede suprimir la coma discrecionalmente, sin que esto entorpezca la comprensión de lo escrito.

- La semana pasada los chinos *derribaron* un Mig 21.
- Con gritos y patadas mi hermano se *defendió* del agresor.
- Antes del atardecer todos *empezamos* a escuchar la música.

De querer hacerlo, podríamos emplear comas en cada uno de estos tres casos, pues la regla ocho nos lo permite, pero si estimamos que no es absolutamente necesario separar el complemento del resto de la oración, podemos suprimir discrecionalmente la coma. Nótese, sin embargo, que si colocamos el complemento entre el sujeto y el núcleo del predicado, uno tendería a favorecer el uso de las comas:

- Los chinos, <u>la semana pasada</u>, *derribaron* un Mig 21.
- Mi hermano, <u>con gritos y patadas</u>, se *defendió* del agresor.
- Todos, <u>antes del atardecer</u>, *empezamos* a escuchar la música.

Sin embargo, si procedemos de esta manera —poniendo el complemento circunstancial entre el sujeto y el núcleo del predicado—, convertimos ese complemento en inciso, en una frase parentética, lo cual significa que podría ser suprimido sin que se alterase el contenido fundamental de la oración. (Esto se vio con detalle en el inciso §5.2.3). En los tres casos anteriores, habría que entender simplemente que, A: Los chinos derribaron un Mig 21; que, B: Mi hermano se defendió del agresor; y que, C: Todos empezamos a escuchar la música. En las tres oraciones, lo que va entre comas sería meramente parentético. Si no queremos que así sea, no habría que usar *ninguna coma*:

- Los chinos <u>la semana pasada</u> *derribaron* un Mig 21.
- Mi hermano <u>con gritos y patadas</u> *se* defendió del agresor.
- Todos <u>antes del atardecer</u> *empezamos* a escuchar la música.

Pero habría que preguntarse si esta es la mejor sintaxis. Seguramente podría mejorar si pusiéramos los complementos en primer término, tal como lo hicimos hace algunos párrafos.

Así, sobre aviso no hay engaño: si el redactor considera que el complemento es central a la idea de la oración, no debe ponerlo entre dos comas, sino al principio o al final, como se verá enseguida. En estos casos no hace falta coma alguna, pues siguen la sintaxis natural del idioma:

- *Derribaron* un Mig 21 <u>la semana pasada</u>.
- Mi hermano *se defendió* del agresor <u>con gritos y patadas</u>.
- Todos *empezamos* a escuchar la música <u>antes del atardecer</u>.

Aunque los complementos empleados al final de la oración sean dos o más, no es necesario separarlos con comas ni debemos hacerlo:

- El mensajero *dejó* el sobre <u>en un bote</u> <u>a la salida del edificio</u> <u>a las ocho de la noche</u>.

Aquí tenemos tres complementos circunstanciales: *en un bote*, *a la salida del edificio* y *a las ocho de la noche*. No obstante, si fuéramos a colocarlos al principio de la oración, para crear tensión en el lector o para hacer énfasis en el lugar y la hora del suceso, tendríamos que separarlos con comas, como ya hemos visto:

- En un bote, a la salida del edificio, a las ocho de la noche, *el mensajero dejó el sobre.*

Resulta importante observar que no siempre es posible o recomendable alterar de manera mecánica la sintaxis de las proposiciones, pues pueden producirse confusiones, equívocos. Veamos lo que sucedería, por ejemplo, si empezáramos esta oración con el sujeto para luego insertar los complementos circunstanciales:

- El mensajero, en un bote, a la salida del edificio, a las ocho de la noche, *dejó* el sobre.

Con este ordenamiento de los elementos gramaticales se produce una imagen cómica: la de un individuo metido en un bote a la salida del edificio en cuestión a las ocho de la noche. Veamos una de las oraciones anteriores, la de las muchachas desafiantes. La original decía así:

Las muchachas desafiaron al director a las tres de la tarde.

Supongamos que hubiéramos escrito: *Las muchachas desafiaron al director con la frente en alto.* A pesar de que se trata de una sintaxis convencional, puede prestarse a una confusión: ¿quién tenía la frente en alto, el director o las muchachas?

Si aquel fuera orgulloso, podría efectivamente poner la frente en alto, mas no fue así. Para evitar este malentendido, deberíamos forzosamente alterar la sintaxis de la oración:

Con la frente en alto, las muchachas desafiaron al director.

Si era el director quien tenía la frente en alto, nos veríamos obligados a replantear la oración de otro modo. De hecho, el replanteamiento constituye muchas veces la única solución:

Las muchachas desafiaron al director, quien puso la frente en alto.

En verdad, las inversiones sintácticas —el hecho de colocar los complementos circunstanciales al principio de la oración o entre el sujeto y el núcleo del predicado—ofrecen al escritor muchas oportunidades estilísticas, amén de la posibilidad de evitar confusiones.

Las inversiones sintácticas son un recurso válido que puede emplear cualquier escritor, sea novelista, investigador o fanático de las epístolas amorosas. ¿Quién puede olvidar el principio de *Cien años de soledad*?

> Muchos años después, frente al pelotón de fusilamiento, el coronel Aureliano Buendía *había de recordar* aquella tarde remota en que su padre lo llevó a conocer el hielo.[5]

El principiante podría imitar esta estructura para enviar una carta a quien más ama:

> Desde que te vi en la librería, frente a la sección de poesía latinoamericana, tu sonrisa *encontró* un lugar en este corazón que no soporta la idea de vivir lejos de ti.

Como apunte final a esta sección de inversiones sintácticas, conviene recordar que uno debe mantenerse alerta: aunque las inversiones sintácticas son muy comunes en la buena escritura, no hay que invertir el orden sintáctico solo porque no se tiene otra cosa mejor que hacer; siempre debe haber motivos estilísticos. Muchas veces resulta forzoso hacerlo para que no haya confusiones acerca de quién realiza la acción del verbo principal. Sin embargo, tampoco habría que conformarse con una sintaxis plana, porque eso puede prestarse a equívocos, amén de aburrir a los lectores.

Ejercicio

Invierta la sintaxis de las siguientes oraciones y coloque comas donde lo estime conveniente:

1. Compré una computadora en el supermercado de la informática.
2. Sacó la mancha con una escobeta y lejía.
3. El coche empezó a fallar en la esquina a la vista de todos.
4. Te mando un beso con toda mi alma a pesar de que no me quieres.
5. Lucía da clases en la universidad desde hace 10 años.

---

[5] Gabriel García Márquez, *Cien años de soledad,* 30ª ed., Sudamericana, Buenos Aires, 1972 (©1967), p. 9.

6. Pidió la pluma fuente a pesar de su precaria situación económica.

7. Iremos patinando a toda velocidad hasta que nos caigamos.

8. Puedes alcanzar cualquier meta si te lo propones sin miedo.

9. La imagen apareció por desgracia.

10. Atropellaste los derechos de todos para llegar a donde estás ahora.

Respuestas:

1. En el supermercado de la informática, compré una computadora. O: En el supermercado de la informática compré una computadora.

2. Con una escobeta y lejía sacó la mancha. O: Con una escobeta y lejía, sacó la mancha.

3. En la esquina, a la vista de todos, el coche empezó a fallar. O: En la esquina, a la vista de todos el coche empezó a fallar.

4. Con toda mi alma, a pesar de que no me quieres, te mando un beso. O: Con toda mi alma, a pesar de que no me quieres te mando un beso.

5. Desde hace diez años Lucía da clases en la universidad. O: Desde hace diez años, Lucía da clases en la universidad.

6. A pesar de su precaria situación económica, pidió la pluma fuente. O: A pesar de su precaria situación económica pidió la pluma fuente.

7. A toda velocidad, hasta que nos caigamos, iremos patinando. O: A toda velocidad, hasta que nos caigamos iremos patinando.

8. Si te lo propones sin miedo, puedes alcanzar cualquier meta.[6]

9. Por desgracia, la imagen apareció.[7]

10. Para llegar a donde estás ahora, atropellaste los derechos de todos.

§5.2.9 Regla 9: La coma que evita confusión o ambigüedad entre la última palabra de la inversión sintáctica y la primera del resto de la proposición

Aunque el uso de la coma es discrecional cuando la inversión sintáctica no presenta mayores complicaciones, sí hay cuatro circunstancias —dentro de las proposiciones con alguna inversión sintáctica— donde la coma sí se vuelve obligatoria. Ahora, dentro del primer caso excepcional (cuando hay ambigüedad o confusión), veremos varias series de ejemplos donde desaparece la discrecionalidad. La regla es esta: *si se crea una confusión o ambigüedad al realizar la inversión sintáctica, debe*

---

[6] Esta oración es ejemplo de la coma obligatoria que se analiza en la sección §5.2.11, cuando se invierte una oración subordinada circunstancial condicional.

[7] Esta oración es ejemplo de la coma obligatoria que se analiza en la sección §5.2.12, cuando se invierte un adverbio o locución adverbial empleados de manera absoluta.

colocarse una coma en el lugar indicado para eliminar esta confusión o ambigüedad.[8]

Veamos, por ejemplo, esta proposición que se ofrece en tres versiones distintas, por el posicionamiento de la coma en las versiones dos y tres:

a) Por la calle silenciosa vendrá la vengadora de mis hermanos.
b) Por la calle, silenciosa vendrá la vengadora de mis hermanos.
c) Por la calle silenciosa, vendrá la vengadora de mis hermanos.

En esta primera serie, se trata de una simple inversión sintáctica de complemento circunstancial. (En las demás, veremos oraciones subordinadas circunstanciales). Aun así, se suscita ambigüedad y confusión, lo que vuelve indispensable el uso de la coma. ¿Cuál es *silenciosa*? ¿La vengadora de mis hermanos (caso *b*), o la calle (caso *c*)? Si deseamos conservar esta sintaxis, no podemos prescindir de la coma (caso *a*). Tenemos que indicar exactamente qué o quién es *silenciosa*: la calle o la vengadora de mis hermanos. Logramos esto con la correcta colocación de la coma. Ahora, ejemplos con oraciones subordinadas circunstanciales en inversión sintáctica:

a) Cuando caen lluvias torrenciales brutalmente los automovilistas se enojan unos con otros.
b) Cuando caen lluvias torrenciales brutalmente, los automovilistas se enojan unos con otros.
c) Cuando caen lluvias torrenciales, brutalmente los automovilistas se enojan unos con otros.

Con este ejemplo, donde la confusión es entre el verbo y su adverbio, vemos que la coma es necesaria para aclarar si las lluvias torrenciales caen brutalmente (caso *b*), o si los automovilistas se enojan brutalmente unos con otros (caso *c*). No debemos dejar la proposición sin coma (caso *a*).

Ahora viene un ejemplo parecido, pero la confusión gira alrededor de la estructura sustantivo-adjetivo:

a) Cuando caen lluvias torrenciales brutales automovilistas se enojan unos con otros.

---

[8] Como trabajé profusamente este tema en la *Guía esencial para aprender a redactar,* he optado por emplear la explicación y los ejemplos que allí aparecen.

b) Cuando caen lluvias torrenciales brutales, automovilistas se enojan unos con otros.
c) Cuando caen lluvias torrenciales, brutales automovilistas se enojan unos con otros.

En esta serie tenemos otros problemas. ¿Son lluvias torrenciales brutales (caso *b*), o se trata de automovilistas brutales (caso *c*)? Otra vez, no podemos dejar de usar una coma (caso *a*). Pasemos, ahora, a otros ejemplos donde pudiera haber ambigüedad o confusión.

a) Cuando un agente viene armado con insultos no puedo contenerlo.
b) Cuando un agente viene, armado con insultos no puedo contenerlo.
c) Cuando un agente viene armado, con insultos no puedo contenerlo.
d) Cuando un agente viene armado con insultos, no puedo contenerlo.

La confusión brota aquí por el participio pasivo *armado*. ¿Funciona como simple adverbio, o incluso como adjetivo (caso *c*)? ¿O funciona modalmente (casos *b* y *d*)? ¿El agente viene armado, y no puedo contenerlo, armado con insultos (caso *b*)? ¿O será que el agente viene armado, y con insultos no puedo contenerlo (caso *c*)? O, finalmente, ¿será que viene el agente armado con insultos, y no puedo contenerlo (caso *d*)? Evidentemente, no podemos dejar de usar la coma, como en el caso *a*.

a) Porque la maestra ganó la lotería será el tema de conversación.
b) Porque la maestra ganó, la lotería será el tema de conversación.
c) Porque la maestra ganó la lotería, será el tema de conversación.

Aquí el problema se suscita por la confusión que existe alrededor de la palabra *lotería*. ¿Es complemento directo, como en el caso *c*, o es el sujeto de la oración principal, como en el caso *b*? De nuevo, no podemos dejar la proposición sin coma (caso *a*). En el caso *c*, el sujeto de la oración principal es tácito: podría ser *la maestra* o *la lotería*. El contexto debería aclararlo. Si no lo aclarase, habría que replantear la redacción de la letra *c*.

a) Ya que Corea del Norte desarrolló artefactos nucleares formidables negociaciones nos esperan.
b) Ya que Corea del Norte desarrolló artefactos nucleares, formidables negociaciones nos esperan.

c) Ya que Corea del Norte desarrolló artefactos nucleares formidables, negociaciones nos esperan.

Los conflictos internacionales están a la orden del día. ¿Pero exactamente qué es *formidable*? ¿Serán las negociaciones que nos esperan (caso *b*)? ¿O serán los artefactos nucleares de Corea del Norte (caso *c*)? Esta confusión sucede por la cercanía inmediata del sustantivo *negociaciones* y el adjetivo *formidables*. Además, *formidables* puede modificar *artefactos nucleares*. Sin coma (caso *a*), la proposición sería un desastre en cuanto a la redacción. Con la coma correctamente colocada (*b* o *c*), el lector va a entender un mensaje claro. ¡Ojalá sea el que el redactor quería trasmitir! En todos estos casos, la discrecionalidad del redactor no es absoluta. Tendrá que decidir dónde va la coma para evitar confusiones y ambigüedades.

§5.2.10 Regla 10: Usamos coma después de una inversión sintáctica que contiene gerundios o participios pasivos

Cuando la proposición se inicia con una inversión sintáctica que incluye un gerundio o participio pasivo, debe colocarse una coma después de dicha inversión. Recuérdese que los participios son verboides que terminan regularmente en *ado* e *ido*, e irregularmente en *ito*, *isto*, *oto*, *dito*, *icho*, *echo*, *uelto*, *uesto*, *uerto*, *ierto* y *eso*. Los gerundios son verboides que terminan en *ando* y *iendo* o *yendo*. Ejemplos:

* <u>Entregada</u> la mercancía, no se aceptan reclamaciones.
* <u>Muerto</u> el niño, se tapa el pozo.
* Una vez <u>empezada</u> la función, no se permitirá la entrada.
* Ya <u>hablando</u> en serio, esto no me gusta.
* <u>Viniendo</u> de donde viene, todo se entiende.
* <u>Muerto</u> el perro, se acabó la rabia.
* <u>Habiendo</u> <u>absuelto</u> al prisionero, lo bendijo enfrente de todos.
* <u>Rotas</u> sus relaciones, ellos nunca volvieron a verse.

Ejercicio

Coloque comas donde hagan falta en estas oraciones:

1. Llegado el momento tendrás que declarar tu nacionalidad.
2. Tomada la determinación nada podrá detenerlo.

3. Gritando a pulmón abierto Leonora entró en el salón de clases.
4. Habiendo ganado el partido todos se fueron a tomar una cerveza.
5. Fritos los huevos el cocinero se dedicó a sazonar los frijoles.
6. En llegando a Buenos Aires háblale a mi hermano por teléfono.
7. Habiendo colocado la apuesta ya no pudo cambiar las cosas.
8. Con la columna rota difícilmente podrá volver a caminar.
9. Ya consumado el divorcio ambos decidieron volver a intentar unir sus vidas.
10. Aprovechando el viaje déjame decirte que solo tú le haces justicia a esa canción.

Respuestas:
1. Llegado el momento, tendrás que declarar tu nacionalidad.
2. Tomada la determinación, nada podrá detenerlo.
3. Gritando a pulmón abierto, Leonora entró en el salón de clases.
4. Habiendo ganado el partido, todos se fueron a tomar una cerveza.
5. Fritos los huevos, el cocinero se dedicó a sazonar los frijoles.
6. En llegando a Buenos Aires, háblale a mi hermano por teléfono.
7. Habiendo colocado la apuesta, ya no pudo cambiar las cosas.
8. Con la columna rota, difícilmente podrá volver a caminar.
9. Ya consumado el divorcio, ambos decidieron volver a intentar unir sus vidas.
10. Aprovechando el viaje, déjame decirte que solo tú le haces justicia a esa canción.

§5.2.11 Regla 11: La coma después de una inversión sintáctica consistente en una oración subordinada circunstancial condicional

Cuando se trata de la inversión de una oración subordinada condicional circunstancial, es obligatorio colocar una coma detrás de ella y antes del verbo principal, venga este enseguida o no. En los siguientes ejemplos, las oraciones subordinadas condicionales circunstanciales están en su lugar natural y fueron escritas en letra cursiva, y los sujetos de las oraciones principales aparecen subrayados; los verbos principales, en letra negrita:

- Yo te **prestaré** la casa *si prometes cuidarla bien y no hacer fiestas multitudinarias.*
- Esos países **considerarán** ofrecer el blindaje económico *si el gobierno promete cooperar con el FMI.*

- Su dinero no **valdrá** nada en unos años *si continúa devaluándose la moneda.*

Pero si las invertimos, si las colocamos *antes* del verbo principal, la coma se vuelve indispensable. Curiosamente, en estos casos es más frecuente usar la inversión sintáctica que la sintaxis natural.

- *Si prometes cuidarla bien y no hacer fiestas multitudinarias,* yo te **prestaré** la casa.
- *Si el gobierno promete cooperar con el FMI,* esos países **considerarán** ofrecer el blindaje económico.
- *Si continúa devaluándose la moneda,* su dinero no **valdrá** nada en unos años.

§5.2.12 Regla 12: La coma que usamos después de un adverbio o locución adverbial empleados de manera absoluta en una inversión sintáctica

El papel de los adverbios es el de modificar un verbo, adjetivo u otro adverbio. Cuando esto sucede, no interviene ninguna coma, de la misma manera en que no usamos una coma entre un sustantivo y su adjetivo, ni entre el sujeto y el predicado. Es así por la naturaleza con que se relacionan las palabras: cuando una palabra modifica a otra naturalmente —como los adjetivos y artículos al sustantivo, o el adverbio al verbo, al adjetivo o a otro adverbio—, no debe ir ninguna coma entre ellas a menos que en realidad el adjetivo no quiera modificar al sustantivo o que el adverbio no desee modificar a lo que tiene inmediatamente al lado sino a la proposición completa. Como ejemplo del uso convencional del adverbio o locución adverbial dentro de una inversión sintáctica, pondré unos cuantos casos:

- Velozmente llegó la ambulancia para brindar auxilio.
- Con desdén devolvió el hombre los 100 pesos a la mujer.
- Con abierto cinismo exigió el custodio una *cooperación voluntaria*.
- Desde la barrera vemos los toros muy bien.
- Muy despacio los cirujanos levantaron el vendaje.
- Cerca de las 15 horas empezarán a sonar las campanas.

Técnicamente, la regla de la discrecionalidad absoluta nos permitiría emplear comas después de estas inversiones que incluyen adverbios o locuciones adverbiales (aquí en letra cursiva), mas en ningún caso es preciso hacerlo. En cada una de las oraciones anteriores el adverbio o locución adverbial modifica al verbo. Pero en ocasiones estos adverbios o locuciones no modifican expresamente el verbo sino *toda* la oración o proposición. Esto se llama *uso absoluto del adverbio o locución adverbial*. La regla es como sigue: *si dentro de una inversión sintáctica se emplea un adverbio de manera absoluta, debe ir una coma al final de la inversión*. Ejemplos:

1. Tristemente, murió la niña.
2. Al decir de la periodista, el papa se retiró con un gesto de fatiga.
3. Por fortuna, el Gobierno tendrá que disculparse ante la oposición.
4. Desgraciadamente, el Gobierno no desea ofrecer disculpa alguna a la oposición.
5. Concretamente, no sabemos nada.
6. En general, pocos desean estudiar gramática, sintaxis y redacción.
7. Extrañamente, no se presentó la esposa del diputado.
8. Por ejemplo, se usa una coma después de una inversión que incluye un adverbio o locución adverbial empleado de manera absoluta.
9. En otras palabras, hay casos cuando tras la inversión sintáctica es preciso usar una coma, como en estos ejemplos del uso absoluto del adverbio o locución adverbial.
10. Hablando claro, no tengo la menor idea.[9]

¿Por qué decimos que estos adverbios y locuciones adverbiales son empleados *absolutamente*? En el número 1, por ejemplo, la niña no murió *tristemente*, sino que *era triste* que la niña se hubiera muerto. El adverbio *tristemente* no se aplica al verbo *murió*, sino a toda la oración. Esta misma lógica se aplica a cada uno de los ejemplos. En ninguno de los casos sirve el adverbio o locución adverbial para modificar el verbo principal. Vaya: en el número 6 no es que "pocos desean estudiar gramática, sintaxis y redacción *en general*"; *en general* no es el modo como *no* desean estudiar. La locución *en general* se refiere a toda la proposición.

Y en el número 8 no "se usa *por ejemplo* una coma después de una inversión"; para decirlo de otro modo, la coma no es usada como *un ejemplo*, sino que se da un ejemplo del uso de la coma, y la locución *por ejemplo* se aplica a toda la proposición. Si uno contrasta estas pro-

---

[9] Aquí se enciman dos usos de la coma: el que ahora estamos viendo y el de la coma de las inversiones sintácticas que incluyen gerundios o participios pasivos.

posiciones que ilustran el uso absoluto del adverbio o locución adverbial —donde estos se aplican a toda la oración y no solo al verbo— con el uso del adverbio (o locución) que modifica al verbo principal en el sentido convencional, se volverá evidente la necesidad de poner una coma después de las inversiones que incluyen este uso absoluto de adverbios y locuciones adverbiales.

Capítulo 6
El punto y coma [;]
y los dos puntos [:]

§6.1 El punto y coma, consideraciones generales

Si hay cierta discrepancia respecto de los usos de la coma, también la hay cuando se trata del punto y coma [;], signo que con frecuencia se entiende erróneamente como *un signo intermedio entre la coma y el punto*. Esta noción equivocada siembra confusión tanto en el que escribe como en el que lee. La verdad es que el punto y coma tiene mucho más en común con el punto que con la coma porque el punto y coma marca el final de una construcción gramatical, sobre todo cuando se trata de oraciones coordinadas por yuxtaposición, su uso más común. La acción del verbo principal a la izquierda de un punto y coma no puede trascender este signo de puntuación:

- Está cayendo nieve en la sierra; los caminos se han vuelto peligrosos.
- El actor traía un portafolios repleto de valores; argumentó a los oficiales de aduana que iba a comprarse un coche.

En el primer ejemplo, la acción del verbo, *está cayendo*, concluye con el punto y coma. Hay un nuevo verbo en la segunda oración: *se han vuelto*. Lo mismo sucede con el segundo ejemplo. La acción del verbo de la primera oración, *traía*, no rebasa el punto y coma. En la segunda oración hay dos verbos: uno principal, *argumentó*, y otro dentro de la oración subordinada: *iba a comprarse*. En ambas proposiciones podría haberse usado punto y seguido en lugar de punto y coma:

- Está cayendo nieve en la sierra. Los caminos se han vuelto peligrosos.
- El actor traía un portafolios repleto de valores. Argumentó a los oficiales de aduana que iba a comprarse un coche.

Si en estos casos se hubiera empleado la coma, habría habido encabalgamiento. La tentación de usar coma, sin embargo, proviene de la relación íntima que existe entre el sentido de las dos proposiciones gramaticales. Precisamente para eso sirve el punto y coma: liga —*yuxtapone* en términos gramaticales— dos proposiciones estructuralmente independientes que guardan estrecha relación ideológica entre sí.

Por la misma razón, nunca debe usarse punto y coma entre una oración subordinada y su subordinante, pues la acción del verbo subordinado depende de la acción del verbo principal, y si este se halla al otro lado del punto y coma, se corta la relación gramatical entre las dos oraciones, como se ve con esta puntuación incorrecta:

- ⊗<u>Voy a tomar</u> clases de piano; aunque nadie <u>crea</u> en mi talento.

En este ejemplo, el verbo de la oración subordinada, *crea*, depende gramaticalmente de la acción del verbo de la oración principal, *voy a tomar*. El uso incorrecto del punto y coma cercena esta relación entre oración subordinante y oración subordinada. La que está a la derecha del punto y coma queda *flotando*, sin asidero y sin sentido. Pudo haberse escrito con coma o sin signo alguno:

- Voy a tomar clases de piano, aunque nadie crea en mi talento.
- Voy a tomar clases de piano aunque nadie crea en mi talento.

En otras palabras, el punto y coma es un signo muy potente, tan potente como el punto, pero posee sus propias cualidades, que veremos en este capítulo. También veremos cuándo y por qué usaremos los dos puntos [:].

Hay tres motivos principales para recurrir al punto y coma, uno de los cuales ya se mencionó en el apartado §5.2.5 al hablar de las construcciones elípticas. Se repetirá aquí brevemente, en el apartado §6.1.3, para no dejar la sección incompleta.

Como se dijo en su oportunidad acerca de la coma, aquí también hay cierto margen para que opere el criterio de cada quien en el momento de usar el punto y coma, sobre todo antes de algunos giros, frases o locuciones adverbiales, conjunciones, etcétera.

En toda redacción, la meta principal es la claridad de expresión. Esto quiere decir que deben dejarse lo menos posible al capricho las cuestiones técnicas: que el talento y la imaginación se inviertan *en lo que se escribe y en cómo se escribe,* antes que en racionalizaciones bizantinas acerca de la puntuación. En otras palabras, no le demos más importancia de la que merece, pero —por otro lado— que quede muy claro por qué y cuándo deben usarse y dejar de usarse los signos de puntuación. El peligro consiste en querer poner estos signos donde sea, con la falsa creencia de que cuanto más se empleen, mejor se estará redactando.

§6.1.1 Para separar oraciones yuxtapuestas de construcción no semejante, que no se han unido por una conjunción

En el capítulo anterior vimos que si el redactor deseaba emparentar o relacionar dos oraciones coordinadas, podía unirlas mediante una conjunción si se trataba de oraciones en serie. Pero si <u>no</u> se trataba de simples frases u oraciones en serie o que poseían una construcción semejante, había que poner una coma antes de la conjunción. Veamos un ejemplo de oraciones coordinadas con una coma más conjunción entre ellas [, y]:

• Carlos había sufrido una terrible depresión durante los últimos meses, y el sábado pasado decidió quitarse la vida.

El ejemplo citado obedece a lo visto en el apartado §5.2.2. La conjunción *y*, sin embargo, tal vez no sea todo lo expresiva que quisiéramos. En este caso, si el redactor desea prestarle más gravedad a lo escrito, puede eliminar la coma junto con el nexo y colocar entre las oraciones un punto y coma para yuxtaponerlas:

• Carlos había sufrido una terrible depresión durante los últimos meses; el sábado pasado decidió quitarse la vida.

De esto puede colegirse que dos oraciones —de construcción *no* semejante— pueden unirse en una sola proposición mediante el uso del punto y coma, siempre y cuando guarden entre sí una estrecha relación en cuanto a su sentido, como vimos al principio de este capítulo. En términos generales esto podría ocurrir de dos maneras: si las oraciones comparten el mismo sujeto o si los asuntos registrados en ellas se hallan ligados íntimamente (relación ideológica), a pesar de no compartir un sujeto gramatical.

De esto podemos sacar también otra conclusión: la combinación de coma e *y* [, y] puede ser sustituida por punto y coma.[1]

Ejercicio

Yuxtaponga estas oraciones con punto y coma donde se da la combinación de coma más y.

1. Tengo sueño, y aún no he terminado la tarea.
2. Las cadenas multinacionales de comida rápida empiezan a fallar, y los accionistas están muy preocupados.

---

[1] La excepción obvia a esta regla ocurre cuando la *y* inicia una frase u oración parentética: *Sacó un sobre del cajón, y eso nadie lo vio, para colocarlo detrás de una pintura colgada en la pared*. En este caso el punto y coma después de *cajón* volvería la proposición ininteligible.

3. Sonó el teléfono, y los papás del niño temieron que fuera el secuestrador.
4. En la pantalla podíamos ver el reflejo de la calle, y la imagen fue desoladora.
5. Tienes que estar en el aeropuerto en una hora, y todavía no empiezas a empacar.

Respuestas:
1. Tengo sueño; aún no he terminado la tarea.
2. Las cadenas multinacionales de comida rápida empiezan a fallar; los accionistas están muy preocupados.
3. Sonó el teléfono; los papás del niño temieron que fuera el secuestrador.
4. En la pantalla podíamos ver el reflejo de la calle; la imagen fue desoladora.
5. Tienes que estar en el aeropuerto en una hora; todavía no empiezas a empacar.

§6.1.1.1 Para yuxtaponer dos oraciones que tienen el mismo sujeto

Si las dos proposiciones que deseamos yuxtaponer comparten el mismo sujeto, podremos colocar entre ellas un punto y coma. No obstante, debe quedar claro que no se trata de frases de construcción semejante, sino de oraciones completas que pueden poseer desenlaces muy diferentes en sus respectivos predicados. Veamos:

- La picaresca pretendía desenmascarar ciertas actitudes hipócritas de la sociedad de los Siglos de Oro.
- Exploraba estas actitudes mediante el trato que se le daba al pícaro, casi siempre un joven que intentaba mejorar su posición social.

Estas dos proposiciones comparten el mismo sujeto; en la primera es explícito en las palabras *la picaresca*, y en la segunda se encuentra tácitamente, envuelto en el núcleo del predicado *exploraba*. Si el redactor quisiera hermanar las proposiciones, podría hacerlo mediante un punto y coma:

- La picaresca pretendía desenmascarar ciertas actitudes hipócritas de la sociedad de los Siglos de Oro; exploraba estas actitudes mediante el trato que se le daba al pícaro, casi siempre un joven que intentaba mejorar su posición social.

El lector podría preguntarse por qué no se usó algún nexo o puente entre las dos proposiciones para colocar después de la primera una simple coma, como en el inciso anterior, el §6.1.1. La respuesta es sencilla: *se puede*. El que se haga o no, depende de lo que busca el escritor. En este ejemplo está tratándose un concepto complejo. El punto y coma divide claramente las dos partes del pensamiento, *pero las hermana al mismo tiempo*. Si optáramos por la solución de la coma y el nexo, se hermanarían todavía más; el riesgo que se correría, sin embargo, sería el de meter demasiada información en una sola unidad gramatical; esto *podría* resultar confuso si no se manejara con cuidado. Decida el lector cuál de las dos opciones es la mejor en este caso. He aquí la segunda. Nótese que con el uso del puente *ya que* estamos en presencia de una oración ya no coordinada sino subordinada; en este caso se trata de una oración subordinada causal:

- La picaresca pretendía desenmascarar ciertas actitudes hipócritas de la sociedad de los Siglos de Oro, ya que exploraba estas actitudes mediante el trato que se le daba al pícaro, casi siempre un joven que intentaba mejorar su posición social.

Ahora veamos otro ejemplo de dos proposiciones que comparten un mismo sujeto:

- La carrera de fondo es un deporte hecho a la medida para las personas que desean superarse individualmente, sin tener que competir de manera frontal con nadie. Desarrolla confianza en uno mismo, aumenta considerablemente la resistencia física y proporciona un gran sentido de satisfacción.

Unidas en una sola proposición mediante yuxtaposición con punto y coma:

- La carrera de fondo es un deporte hecho a la medida para las personas que desean superarse individualmente, sin tener que competir de manera frontal con nadie; desarrolla confianza en uno mismo, aumenta considerablemente la resistencia física y proporciona un gran sentido de satisfacción.

Ejercicio

Redacte cinco grupos de dos proposiciones (cada uno) que compartan el mismo sujeto; la segunda seguramente tendrá el sujeto tácito, aunque será el mismo de la primera. Luego compruebe si pueden acoplarse mediante un punto y coma. También procure descubrir si sus proposiciones serían más felices unidas por un nexo precedido por una coma.

§6.1.1.2 Cuando se guarda una estrecha relación en cuanto al sentido

Aun cuando no se emplea el mismo sujeto, si las dos proposiciones que el escritor desea unir comparten estrechamente un mismo asunto, pueden formar parte de una sola gran proposición mediante el uso de un punto y coma entre sus dos partes. Por ejemplo:

- Las religiones pretenden encontrar el sentido profundo de la existencia.
- El hombre, cuando se aflige, casi siempre vuelve a la fe para encontrar aquello que le devuelva su razón de ser.

Estas dos oraciones no comparten el mismo sujeto. En la primera el sujeto es *las religiones*, mientras que en la segunda se trata de *el hombre*. Pero ambas hablan esencialmente de lo mismo: el papel de la religión en la búsqueda del sentido profundo de la existencia humana. Por esto podemos yuxtaponerlas mediante punto y coma:

- Las religiones pretenden encontrar el sentido profundo de la existencia; el hombre, cuando se aflige, casi siempre vuelve a la fe para encontrar aquello que le devuelva su razón de ser.

Desde luego, habrá quienes querrán poner una coma después de la primera oración y luego usar una conjunción, nexo o puente para *casarla* con la segunda. El mismo cuestionamiento vale aquí: ¿resulta así más claro el sentido? ¿Así es más preciso? ¿Así es más expresivo? Todo depende del redactor, de lo que desea expresar y del estilo con que decide expresarlo.

Ejercicio

Como en el ejercicio anterior, escriba cinco grupos de dos proposiciones cada uno, con sujetos diferentes. Aun así, procure que hablen del mismo asunto; que exista una relación íntima entre las dos para que puedan ser unidas mediante un punto y coma. Otra vez: puede comprobar si fluyen mejor las proposiciones cuando están unidas por algún nexo o puente, precedido de una coma. Dependerá de la impresión que se quiera producir en el lector.

§6.1.2 Para separar oraciones en serie donde se meten, además, frases u oraciones incidentales

Si quisiéramos incluir frases u oraciones parentéticas (que suelen separarse del resto de la oración por comas) dentro de una proposición constituida por oraciones independientes seriadas (razón por la cual cada oración estaría separada también por comas), tendríamos que cambiar las comas de la serie por punto y coma para establecer claramente cuál es la jerarquía gramatical de la proposición. En otras palabras, hay que poner un punto y coma entre las oraciones principales para que pueda verse claramente cuáles son las frases u oraciones incidentales, que requieren comas simples para indicar que son, en efecto, adicionales (o parentéticas).

Pongamos por ejemplo una proposición que ya tiene diferentes oraciones separadas por comas, según la regla de la coma serial:

- Algunos escritores participan de una secreta competencia, analizan cuidadosamente todo lo que escriben los demás, lanzan ataques relámpago en contra de sus contrincantes.

Aquí tenemos un caso de tres oraciones seriadas que poseen una construcción gramatical semejante (y comparten, además, sujeto); por eso están separadas por una coma. Si fuésemos a incluir alguna frase u oración parentética, tendríamos que convertir las comas en punto y comas. La coma —o las comas— de lo incidental obedecería a la regla que le corresponde. Las frases u oraciones adicionales están subrayadas:

- Algunos escritores, <u>incluso sin darse cuenta</u>, participan de una secreta competencia; analizan cuidadosamente todo lo que escriben los demás, <u>aunque se trate de simples notas</u> <u>periodísticas</u>; lanzan ataques relámpago en contra de sus contrincantes, <u>pero no siempre son certeros.</u>

Pongamos un caso aún más complejo:

- La literatura nos lleva a lugares insospechados, el cine nos enseña mundos desconocidos, la pintura revela aquello que solo intuíamos, la música nos transporta a otras épocas, la danza levanta el espíritu y lo hace caminar como Adán en el paraíso.

La misma proposición con frases u oraciones parentéticas:

- La literatura, <u>sobre todo las novelas de aventura o espionaje</u>, nos lleva a lugares insospechados; el cine, <u>con su gran capacidad de recreación</u>, nos enseña mundos desconocidos; la pintura, <u>aunque no goza de los grandes públicos del cine</u>, revela aquello que solo intuíamos; la música, <u>sobre sus delgadas hebras de sonido</u>, nos transporta a otras épocas; la danza, <u>a pesar de que algunos no lo crean</u>, levanta el espíritu y lo hace caminar como Adán en el paraíso.

También es muy común usar el punto y coma entre dos proposiciones cuando la segunda, compleja, es introducida por alguna locución adverbial o frase que sirva como conjunción adversativa (subrayada aquí). Algunos ejemplos:

- Los diccionarios siempre están a la zaga del idioma; <u>no obstante</u>, permiten que grandes grupos de hablantes sigan usando y comprendiendo el mismo idioma, aunque vivan en países distintos con océanos de por medio.

- No quisiera enfadarlo con tantas preguntas; <u>sin embargo</u>, debo dominar esta materia si pretendo que me acepten en la Universidad de Princeton.

Unos párrafos atrás aparece una proposición que cae dentro de esta categoría. Dice así:

- Aquí tenemos un caso de tres oraciones seriadas que poseen una construcción gramatical semejante; <u>por eso</u> la primera está separada por una coma, mientras que las dos últimas van unidas por la conjunción y (sin coma antes de esta conjunción).

(Podría ir coma después de *por eso*, pero no la requiere, como sí era necesaria en los dos casos anteriores en que se emplean las locuciones conjuntivas adversativas *no obstante* y *sin embargo*; estas sí deben llevar coma después, por obedecer a la regla §5.2.12).[2]

En el penúltimo ejemplo, con *pero* en lugar de *sin embargo,* podríamos optar por una simple coma, aunque la primera opción resulta más sentenciosa o formal que la segunda, la cual —a su vez— es más ágil:

- No quisiera enfadarlo con tantas preguntas, pero debo dominar esta materia si pretendo que me acepten en la Universidad de Princeton.

Hasta ahora solo hemos hablado de dos proposiciones (excepto en el caso de oraciones seriadas de construcción gramatical semejante); podría haber más, pero las proposiciones de tres, cuatro o cinco oraciones, unidas por comas y nexos —o por punto y coma [;]—, suelen volverse sumamente confusas en virtud de la naturaleza laberíntica que forzosamente adquieren. Por esto es recomendable, como regla general —aunque no absoluta—, **que uno se limite a unir solo dos o tres proposiciones mediante una coma, puente o nexo, o con punto y coma.** Cuando uno ya tenga más experiencia y pericia en esta clase de construcciones, podrá ser más atrevido, pero nunca debe perder de vista que lo más importante siempre será la claridad y la precisión.

Una observación más: las conjunciones adversativas tienen la tendencia de *brotar* de la nada, pues son muy útiles para unir ideas con el fin de contrastarlas. Pero **si se usan dos adversativas al hilo se corre el riesgo de que se neutralicen**, o de que el lector deje de percibir cuál es el sentido recto de lo que se quiere expresar. Veamos:

- Quisiera casarme con Eugenia, **pero** sus papás se oponen a que se case antes de los 21 años, **pero** esto no es problema porque pensamos fugarnos, **pero** así tendríamos que perder toda esperanza de que sus papás nos ayuden a establecer un negocio.

Aunque no lo parezca, este mareo tiene un remedio relativamente sencillo:

---

[2] Técnicamente, *sin embargo* y *no obstante* son —como aquí se afirma— locuciones conjuntivas adversativas, y no locuciones adverbiales, las formas que se toman en cuenta en la regla §5.2.12. Mas para efectos prácticos, pueden entenderse y funcionar como locuciones adverbiales; por eso la misma regla se les aplica.

- Quisiera casarme con Eugenia, pero sus papás se oponen a que contraiga matrimonio antes de los 21 años; esto, en el fondo, no es problema porque pensamos fugarnos; sin embargo, si lo hiciéramos, tendríamos que perder toda esperanza de que sus papás nos ayuden a establecer un negocio.

Ejercicio

1. *Construya varias proposiciones que contengan oraciones en serie cuyas construcciones gramaticales sean parecidas. Después, agrégueles palabras, frases u oraciones parentéticas. Para distinguir las proposiciones originales, coloque entre ellas punto y coma [;]. Use las comas de rigor para lo explicativo.*
2. *Escriba una serie de proposiciones que se relacionen mediante una locución adverbial o frase que funja como conjunción adversativa. Vea si es posible simplificar estas construcciones al usar una coma seguida de un simple adversativo o conjunción.*

§6.1.3 Para separar oraciones que comparten el mismo verbo, cuando este se ha suprimido después de la primera mención (elipsis)

Aquí se repetirá brevemente lo que se vio en el capítulo 5.

Hay construcciones yuxtapuestas en que dos o más oraciones comparten el mismo verbo. En estos casos, por razones estilísticas, normalmente solo se escribe el verbo la primera vez; en las subsiguientes se coloca en su lugar una coma. Entre una y otra oración, además, se coloca un punto y coma [;]. Esto se llama *elipsis*. Veamos unos cuantos ejemplos:

- Noé estudia abogacía. David estudia lenguas clásicas.
- Noé estudia abogacía; David, lenguas clásicas.
- A las mujeres suelen gustarles las novelas románticas. A los hombres suelen gustarles las aventuras policiacas.
- A las mujeres suelen gustarles las novelas románticas; a los hombres, las aventuras policiacas.
- La Cámara de Diputados comisionó un estudio sobre la violación de los derechos humanos. El Senado comisionó un estudio sobre la corrupción en la Cámara de Diputados.
- La Cámara de Diputados comisionó un estudio sobre la violación de los derechos humanos; el Senado, un estudio sobre la corrupción en la Cámara de Diputados.

Es necesario señalar, sin embargo, que muchísimas veces el redactor querrá usar el nexo *y* entre una y otra oración, especialmente cuando solo son dos. En estos casos emplearemos una coma simple antes de la *y* en lugar del punto y coma, y se mantendrá la coma en el lugar del verbo suprimido:

- La Cámara de Diputados comisionó un estudio sobre la violación de los derechos humanos, y el Senado, un estudio sobre la corrupción en la Cámara de Diputados.

Un ejemplo con tres proposiciones (aunque podría haber más):

- Eugenio está en la cárcel por robo calificado. Jorge está en la cárcel por violación. Alejandro está en la cárcel por falsificación de cheques.

- Eugenio está en la cárcel por robo calificado; Jorge, por violación; Alejandro, por falsificación de cheques.

Es muy común que los redactores olviden emplear correctamente la puntuación en caso de elipsis, en virtud de que muchas veces se trata de oraciones *sencillas*. Este es un buen ejemplo:

- Beatriz quería a Andrés y César a Julieta.

A pesar de su sencillez, esta proposición podría causar alguna confusión amorosa. Mejor sería escribir:

- Beatriz quería a Andrés, y César, a Julieta.

Observación: Algunas gramáticas, sobre todo las que ya pintan canas, insisten en que se puede usar el punto y coma antes de conjunciones como *pero, mas, y,* etcétera, cuando se trata de periodos *de alguna extensión*. El *Esbozo...,* por ejemplo —que data de 1973—, ofrece esta proposición:[3]

---

[3] La *Ortografía de la lengua española* (2010) corrige esta antigualla y recomienda, al igual que en el presente libro, que solo se ponga punto y coma antes de *pero* e *y* cuando se incluye enseguida un inciso, como en este ejemplo: "Escucho cómo teclean centenares de capturistas; pero, *aún así*, me parece que nadie está trabajando".

- Salieron los soldados a media noche y anduvieron nueve horas sin descansar; pero el fatal estado de los caminos malogró la empresa.

También se habla en ese libro —por demás puntilloso— de usar el punto y coma entre dos oraciones unidas por una conjunción, cuando esas oraciones no tienen *perfecto enlace.* Su ejemplo:

- Pero nada bastó para desalojar al enemigo, hasta que se abrevió el asalto por el camino que abrió la artillería; y se observó que uno solo, de tantos como fueron deshechos en este adoratorio, se rindió a la merced de los españoles.[4]

Efectivamente, se trata de dos fenómenos diferentes: por un lado, la dificultad de desalojar a los heroicos defensores de su patria, hasta que los españoles los acometieron con la artillería pesada, y por el otro se relata cómo se observó a uno solo rendirse, entre tanta mortandad en dicho adoratorio.

Tomemos en cuenta, sin embargo, que se trata de una cita de hace más de tres siglos. Tanto el idioma como la manera de escribirlo han evolucionado desde entonces. Resulta que el oído y el ojo modernos suelen preferir que no se emplee, por innecesario, el punto y coma antes de conjunciones.

Normalmente, en estos casos basta una coma. Pero si se juntaran dos proposiciones como las de Solís, lo mejor sería separarlas con un punto y seguido. Si el autor fuera de este siglo, tal vez habría optado por una redacción parecida a esta:

- Pero nada bastó para desalojar al enemigo, hasta que se abrevió el asalto por el camino que abrió la artillería. Se observó entonces que uno solo, de tantos como fueron deshechos en este adoratorio, se rindió a la merced de los españoles.

Sin llegar al extremo de condenar estos dos usos del punto y coma, baste señalar que la tendencia actual es no usarlo antes de conjunciones o adversativos simples. Si hubiera posibilidad de confusión, mejor sería poner un punto y seguido. (Véase §5.1.l) Recordemos que si se ligan dos proposiciones cuya relación no es precisamente estrecha —como en el caso del ejemplo anterior, escrito con un criterio de fines del siglo XVI—,

---

[4] Solís, *Historia de Nueva España,* III, 7.

corremos el riesgo de confundir al lector. Cuando esto ocurre, siempre es sano volver al punto [.]. Cuando ya se vea claramente qué relación exacta guardan las proposiciones en cuestión, puede procederse a usar comas, nexos o punto y coma donde hicieran falta.

Veamos una posible excepción a esta sugerencia. Si la conjunción con que se abre la nueva oración coordinada es seguida por alguna frase parentética u oración subordinada —la cual merece comas delante y detrás—, la proposición ganaría en claridad si se coloca el punto y coma [;] entre las dos oraciones principales:

* A nadie le gusta tener que retractarse; pero, **dadas las circunstancias**, debo confesar que me equivoqué.

* La oficina electrónica todavía no convence a la mayoría de las personas; y, **a menos que los ejecutivos mismos cambien sus costumbres anticuadas**, el papel seguirá circulando de oficina en oficina, para terminar en algún archivero o en la basura.

Esto evitaría el molesto /, y , / y el igualmente molesto /, pero, /. Muchos redactores experimentados, sin embargo, preferirán otra solución:

* La oficina electrónica todavía no convence a la mayoría de las personas, y a menos que los ejecutivos mismos cambien sus costumbres anticuadas, el papel seguirá circulando de oficina en oficina, para terminar en algún archivero o en la basura.

Respecto del primer ejemplo, usamos el punto y coma después de la palabra *retractarse* porque después del adversativo *pero* vendría la frase parentética *dadas las circunstancias*. Así ganamos en claridad. Pero siempre habrá redactores experimentados que, por ser conservadores en el uso de la coma, prefieran entender la frase parentética como si fuese un complemento circunstancial de causa (*dadas las circunstancias*) y obviar la necesidad de encerrarlo entre comas, pues debemos recordar que es discrecional el uso de la coma cuando se trata de una inversión sintáctica (véase §5.1.2.6). En este caso se escribiría:

* A nadie le gusta tener que retractarse, pero dadas las circunstancias debo confesar que me equivoqué.

Sea como fuere, es importante señalar que las dos últimas opciones son válidas. La diferencia entre ellas estriba en cómo el redactor concibe la frase *dadas las circunstancias*: como parentética (entre comas) o como circunstancial (sin comas). Lo que *no* debe escribirse, por excesivo, es punto y coma antes de *pero* cuando no hay ninguna frase parentética: *A nadie le gusta tener que retractarse; pero dadas las circunstancias debo confesar que me equivoqué.* Como hemos visto, una coma habría bastado, sobre todo si se elimina el complemento circunstancial (o frase parentética) por completo: *A nadie le gusta tener que retractarse, pero debo confesar que me equivoqué.* Debemos evitar el uso del punto y coma cuando no es necesario.

Aquí tendrá que imponerse el criterio de cada quien, pero el afán siempre habrá de ser el mismo: que la idea que deseamos expresar, por compleja que sea, pueda trasmitirse con la mayor limpieza posible.

§6.2 Los dos puntos

Los dos puntos [:] siempre han causado cierto descontrol en quienes desean aprender a redactar bien. Pero su uso es algo limitado —en comparación con la coma, el punto y coma y el punto— y realmente no debiera prestarse a ninguna confusión.

§6.2.1 Para empezar a escribir una carta

Usamos los dos puntos cuando comenzamos una carta en forma, sea personal, laboral, oficial o de negocios. Este uso no presenta mayores problemas.

- Querida mamá:
- Estimado señor:
- A quien corresponda:

§6.2.2 Antes de una lista en un cartel o anuncio

El segundo uso es también sencillo, aunque algunas personas lo interpretan de tal manera que este signo termina por entorpecer la redacción. Se usan los dos puntos antes de *una enumeración vertical* introducida por un verbo, pero debe quedar claro que ya no se trata de *prosa,* como la de este párrafo, la de las novelas o la de una carta de amor; desde luego, nada tiene que ver con el verso. Se trata más bien de una simple *lista,* lo que rompe la imagen del párrafo. En otras ocasiones se escriben dentro

del párrafo, pero con un número o letra antes de cada elemento de la lista. Veamos las dos formas:
(Como una lista fuera del párrafo, a manera de anuncio o letrero).

* Las herramientas que toda familia debe tener en su domicilio son:
pinzas
llave de pico
martillo
desarmador
desarmador de curz
lámpara que funcione con pilas
radio de transistores
varias novelas y libros de poesía

(Como una lista dentro del párrafo, pero con números o letras).

* Las situaciones que debemos tomar en cuenta son: 1. No todos saben más de un idioma, 2. Algunas personas tardan mucho en aprender, 3. La universidad no es para todos, y 4. Las escuelas técnicas son una alternativa viable.

Entendamos, de una vez por todas, que estos dos casos no constituyen lo que solemos considerar *prosa*. Se trata de simples listas. La primera está en forma vertical, y la segunda, horizontal. Pero casi todas las redacciones con las cuales nos topamos en la vida real —sean trabajos escolares, cartas de amor o de negocios, novelas o cuentos, reportes, las entradas de un diario— se escriben en prosa: oraciones y proposiciones gramaticales organizadas en párrafos. Y en la prosa también hay listas o series, como veremos enseguida.

§6.2.3 En la buena prosa, *no* deben usarse los dos puntos después de un verbo cuando este introduce una enumeración

Se hace hincapié en esto porque muchas personas creen que deben emplearse los dos puntos antes de cualquier serie o enumeración, como las que emplean comas seriales, que se vieron en el apartado §5.1.2.1. No es así. En la prosa o en el verso **pueden usarse los dos puntos para introducir una enumeración siempre y cuando la oración que viene**

antes de los dos puntos sea completa. En otras palabras, debe haber un complemento directo después del verbo y antes de los dos puntos (aquí viene subrayado). Por ejemplo:

- Necesito <u>estas cosas</u>: tinta, papel, una perforadora y tres frascos de cola.

Tenemos una oración completa antes de los dos puntos que introducen la enumeración. El sujeto es tácito (yo), el núcleo del predicado es *necesito*, y el complemento directo es *estas cosas*. Después de los dos puntos viene la lista.

Si el redactor quisiera eliminar la frase *estas cosas*, en vista de que se ve duplicada en los elementos de la lista, no solo saldrían sobrando los dos puntos, sino que estorbarían:

- Necesito que me traigas tinta, papel, una perforadora y tres frascos de cola.

Vea la diferencia entre la limpieza de este ejemplo y la relativa torpeza de usar los dos puntos, que de ninguna manera hacen falta y que aquí constituirían un error:

- ⊗Necesito que me traigas: tinta, papel, una perforadora y tres frascos de cola.

En este último ejemplo los dos puntos se presentan como una intolerable interrupción de un discurso sencillo. Por otra parte, abundan las oraciones de predicado nominal donde hay enumeraciones introducidas por el verbo copulativo *ser*. En estos casos, lo que viene después de la conjugación del verbo *ser* es el *atributo* o el *predicativo*, y con ello se completa la oración gramaticalmente, como en este simple ejemplo (el atributo está subrayado):

- José es <u>mi hermano</u>.

No hay ninguna necesidad de escribir: ⊗*José es: mi hermano*. Sería un disparate. Igualmente disparatado sería escribir: ⊗*José es: valiente, ahorrativo, cariñoso y buen redactor*. Basta escribir *José es valiente, ahorrativo, cariñoso y buen redactor*. En los casos de oración de predicado nominal, solo se usarían dos puntos antes de una enumeración si el atributo o predicativo viene antes de ella:

- José es una espléndida persona: es valiente, ahorra, muestra cariño y redacta bien.

Vale la pena repetirlo: si los elementos de la enumeración son los complementos directos o el atributo del verbo, no hace falta anteponerles dos puntos. Pero si lo que viene antes de los dos puntos *incluye* un complemento directo o atributo, sí es válido usar los dos puntos. Se puede plantear de manera aún más sencilla: si la enumeración es introducida por un verbo, *no* deben emplearse los dos puntos:

- Los amigos de mi hermano son Juan, Ricardo, Jorge y Belisario.

Si la enumeración, o serie, está precedida de una oración completa con su complemento directo (predicativo o atributo, si se trata de oraciones de predicado nominal), entonces sí debemos emplear los dos puntos, como en este caso (los complementos directos o atributos están subrayados):

- Mi hermano tiene muchos amigos: Juan, Ricardo, Jorge y Belisario.
- Esos soldados son temibles: muestran obediencia, carecen de temor y son patriotas.

De ninguna manera pondríamos dos puntos después de la palabra *son* en el ejemplo *Los amigos de mi hermano son Juan, Ricardo, Jorge y Belisario*. Este criterio se aplica a cualquier verbo conjugado, aun cuando entre el verbo y la enumeración intervenga una frase u oración parentética, como en el segundo ejemplo a continuación (los verbos están subrayados, y la frase incidental, en letra negrita; recalquemos que *no* usamos los dos puntos en estas circunstancias):

- Las dos mujeres llegaron a la oficina y vendieron prendedores, collares y aretes.
- Las dos mujeres llegaron a la oficina y vendieron, **como es su costumbre**, prendedores, collares y aretes.

No importa que el verbo sea perifrástico, como cuando se usa un verbo conjugado seguido de preposición más un infinitivo. La misma regla se aplica:

- Las dos mujeres llegaron a la oficina y trataron de vender prendedores, collares y aretes.
- Vamos a plantar rosas, geranios, alcatraces y gladiolos.

En estos últimos cuatro ejemplos, sin dos puntos, las enumeraciones *son* los complementos directos de las oraciones. Veamos, en cambio, cómo cambia la situación cuando los complementos directos vienen *antes* de la enumeración. Estos se hallan subrayados:

- Las dos mujeres llegaron a la oficina y pretendieron vender <u>varios objetos</u>: prendedores, collares y aretes.
- Vamos a plantar <u>diferentes variedades de flora</u>: rosas, geranios, alcatraces y gladiolos.

§6.2.4 Evítese la frase *como son*

La frase burocrática *como son* también introduce una lista. La precedería una coma, y a pesar de todo lo que se ha dicho aquí, requiere que se le ponga después el signo de los dos puntos. No obstante, **se recomienda que no se use**, pues es apenas digno de un memorando, y aun en las oficinas de las peores burocracias debiera evitarse porque constituye una muletilla innecesaria y desagradable. Fíjese en lo feo que resulta:

- Para mañana deberán traer varios documentos, como son: acta de nacimiento, cartilla de vacunación y pasaporte.

Para demostrar lo perfectamente inútil que resultan las palabras *como son*, eliminémoslas por completo:

- Para mañana deberán traer varios documentos: acta de nacimiento, cartilla de vacunación y pasaporte.

§6.2.5 Antes de una cita textual

Los dos puntos también se usan antes de una cita directa, formal o textual. Aquí no plantean problema alguno. Después de los dos puntos dejamos un espacio y luego ponemos comillas dobles. La cita empieza con mayúscula. Después de la cita, cerramos con comillas dobles. Después de estas, viene el punto. Según la nueva norma ortográfica, cuando la proposición termina con comillas, siempre debe ir punto después, nunca antes de las comillas.

- Como dijo Shakespeare: "Está bien lo que bien termina".
- Gilberto Owen lo escribió en uno de sus poemas más célebres: "Me he querido mentir que no te amo".

- El ensayista lo planteó con toda claridad: "Estamos llegando al límite de lo que puede aguantar una urbe moderna".

Hay, desde luego, otras maneras de citar. Hay citas informales, por ejemplo, que no requieren los dos puntos.

- Me gritó "vámonos ya" antes de subir al auto.
- Cuando dijo *Necesito más tiempo*, la hora ya estaba encima.

En el primer caso no hace falta usar los dos puntos; tampoco es necesario usar mayúscula donde empieza la cita informal. En el segundo ejemplo, aun más informal que el primero, ni siquiera se usan comillas sino letra cursiva. La mayúscula ayuda al lector a comprender que *Necesito más tiempo* es una cita indirecta, pero no es absolutamente necesaria.

§6.2.6 Para sugerir una consecuencia, para dar una explicación o anunciar una conclusión

En la buena prosa, los dos puntos pueden desempeñar un papel parecido al del punto y coma cuando este signo separa —y hermana— dos proposiciones que se relacionan entre sí. Si se usan los dos puntos, se insinúa claramente una relación de causa y efecto (una consecuencia), se va a dar una explicación de algo o se va a anunciar una conclusión:

- La vida en esta ciudad es insoportable: más de 10 000 personas ya decidieron vivir en las provincias.

(La salida de las 10 000 personas es consecuencia de lo que se anuncia antes de los dos puntos.)

- Los verdaderos héroes no necesitan guerras para destacarse: al ver el mundo y el sufrimiento del hombre, se ponen a trabajar, muchas veces en silencio, para que el futuro sea mejor que el presente.

(En este caso, lo que viene después de los dos puntos explica lo que se afirma en la primera oración.)

- En menos de una hora nos hundiremos: abandonemos la nave.

(La orden de abandonar la nave se da como conclusión de lo primero).

§6.2.7 Después de ciertos giros y frases hechas

Los dos puntos también se emplean comúnmente después de ciertos giros o frases hechas para introducir un juicio o alguna sentencia, como en estos ejemplos:

- Es más: nadie va a salir vivo de aquí.
- Que quede perfectamente claro: mañana el sistema se viene abajo.
- Sin rodeos: necesito este trabajo.
- Es decir: dame el dinero ahora mismo.
- Al contrario: la democracia sirve para proteger los intereses de la minoría.

Como observación final acerca de los dos puntos, es necesario señalar que hay cierto titubeo acerca de la letra que les sigue cuando se introduce toda una proposición. La mayoría de los escritores modernos prefiere —y la norma tipográfica pide— que sea minúscula, siempre y cuando no se trate de introducir una cita directa, en donde *sí* se debe usar mayúscula.

Ejercicio

A:
1. Escriba tres ejemplos en que se ilustre el uso de los dos puntos después del saludo en una carta.
2. Escriba tres proposiciones en que se usen los dos puntos tras una frase hecha.

B:
1. Escriba tres proposiciones en que los dos puntos indiquen consecuencia, conclusión o que ofrezcan una explicación.
2. Use los dos puntos para introducir citas directas en tres proposiciones.

C:
1. Escriba cinco proposiciones en que sea lícito usar los dos puntos antes de una enumeración. (Antes de los dos puntos debe haber un complemento directo o atributo.) Ejemplo: Vino a dejarme <u>estas cosas</u>: una lámpara, una mesa, un candelabro y un pisapapeles.
2. Vuelva a escribir estas mismas proposiciones, y suprima tanto el complemento directo (o atributo) como los dos puntos.
Ejemplo: Vino a dejarme una lámpara, una mesa, un candelabro y un pisapapeles.

Capítulo 7
Los puntos suspensivos [...],
los signos de interrogación [¿?] y
de admiración [¡!], la raya [—],
los paréntesis ( ), los corchetes [ ],
el guion [-] y las comillas [" ", « », '',< >];
además, algunas reglas para usar las mayúsculas

§7.1 Los puntos suspensivos

En español hay cuatro usos para los puntos suspensivos. Este signo siempre consta de tres puntos, uno después del otro; deben escribirse sin espacios intermedios, pero algunos mecanógrafos prefieren usarlos. El problema de los espacios intermedios surge cuando se escribe en computadora, pues si los tres puntos suspensivos llegan al final del renglón, pueden[separarse en dos renglones, situación que debería evitarse. Por eso, la mayoría de los procesadores de palabras incluyen un signo que, en sí, son tres puntos suspensivos, imposibles de separar [...].[1]

Se trata de un signo del cual abusan muchos escritores, pues podría parecer que puede meterse en cualquier parte para aumentar el *dramatismo* de un escrito. Aunque el cuarto uso, el cual veremos en el apartado §7.1.4, permite el empleo de los puntos suspensivos para indicar que se introducirá cierto elemento de sorpresa, sarcasmo, ironía, o —vaya— que pretende aportar *dramatismo,* los puntos por sí mismos no determinan que *haya* sorpresa, sarcasmo, ironía o dramatismo; eso solo podrán lograrlo las *palabras* del escritor. Debe recalcarse de nuevo que los signos de puntuación son *señales,* indicadores; a veces sugieren diferentes relaciones entre las diversas partes de la oración, pero en sí no significan nada.

§7.1.1 Para indicar que una enumeración podría continuar

Cuando el escritor empieza una enumeración, pero considera que no es necesario seguirla hasta su conclusión lógica, o si es de suponerse que el lector ya puede imaginar los elementos que habrían de incluirse, pueden usarse los puntos suspensivos después del último elemento escrito:

- Fue un viaje larguísimo por cada una de las ciudades más importantes de Europa, incluyendo Londres, Ámsterdam, Viena, Madrid, París, Berlín, Roma...
- No hay nada que haga mal: canta, baila, actúa...

---

[1] En el programa Word, de Microsoft, se dan los tres puntos suspensivos al oprimir las teclas [Ctrl]+[Alt]+[.]. En Mac: [alt-option] + [.].

§7.1.2 Cuando se deja una frase célebre incompleta, cuando una oración es interrumpida o cuando se cita solo parte del título de alguna obra

Si por razones de estilo el redactor no desea citar en su totalidad alguna frase célebre —pues podría tener mayor efecto si es el lector mismo quien completa la cita mentalmente—, podrá poner los puntos suspensivos en lugar de las palabras que faltan:

- Como dice el refrán, no hay mal que por…
- Ni tanto que queme al santo…
- Parafraseando a Neruda, "puedo escribir los versos más tristes…".

Nota importante: Según las nuevas normas ortográficas, si una oración termina con puntos suspensivos seguidos de comillas, como en este último caso, es obligatorio poner otro punto fuera de las comillas. Igual sucede con los paréntesis y con los signos de interrogación y de admiración. Esto se verá con mayor detalle en la sección §7.6.

Si en un diálogo, quien tiene la palabra es interrumpido, esto se anuncia con puntos suspensivos:

> —Mira, escúchame. Esta no es la primera vez que…
> —¡Mentira! Eres tú quien debe escucharme a mí —interrumpió Miguel sin perturbarse.

Esta clase de interrupción también puede ocurrir en cualquier escrito, aunque no sea un diálogo. Incluso el redactor puede interrumpirse a sí mismo, como se ve a continuación:

- El fascismo es una ideología que francamente me… Digámoslo así: el individuo debe mantener íntegro su valor como tal para que la sociedad en su conjunto también sea valiosa.

Cuando en un artículo periodístico o académico ya hemos citado el título de una obra que deseamos volver a citar, no es necesario mencionar el título completo si este es largo. Basta con repetir la primera o las primeras palabras seguidas de puntos suspensivos:

- En el segundo capítulo de *El ingenioso hidalgo*…, Miguel de Cervantes revela una clave importante.
- Rubén Bonifaz Nuño, con *Albur*…, comprueba que es posible rescatar el habla popular en la poesía mal llamada *seria*.
- Steven Spielberg, en *La lista*…, usó el blanco y negro por varias razones difíciles de refutar.

§7.1.3 Cuando se cita solo la primera parte de una oración que se entiende que debiera ser bipartita

Hay proposiciones que por naturaleza constan de dos oraciones. Las condicionales, por ejemplo, son así:

- Si me ofreciera todo el dinero del mundo, no aceptaría su oferta.
- Si realmente pudiera convencerla, no cejaría en mis afanes.

Si por alguna razón de estilo se quisiera suprimir la segunda oración, podrían ponerse en su lugar los tres puntos suspensivos:

- Si me ofreciera todo el dinero del mundo…
- Si realmente pudiera convencerla…

También son así las oraciones que se construyen con un verbo seguido de la palabra *tan* o *tanto*. Se llaman *consecutivas*:

- Los Beatles fueron tan famosos en los 60 y 70 que opacaron a casi todos los demás grupos de música popular.
- Me hizo tanto daño que jamás podré volver con él.
- ¡Lo vi tan joven que casi me desmayo!

Si en una proposición de esta clase se quiere suprimir la segunda oración por razones estilísticas, para ello se puede recurrir a los puntos suspensivos, sobre todo si se plantea como una exclamación:

- ¡Lo vi tan joven…!
- ¡Tenía tanto dinero…!
- ¡Me lastimó tan profundamente…!
- ¡Has crecido tanto…!

§7.1.4 Para introducir un elemento de sarcasmo, ironía, sorpresa o dramatismo

Puede recurrirse a los puntos suspensivos dentro de una oración para indicar que habrá un giro sarcástico, irónico, de sorpresa o dramatismo. De hecho, aquí el signo indica la breve pausa que antecede a alguna de estas condiciones, bajo el entendido de que la pausa prepara y aumenta el efecto producido por las palabras. Por ejemplo:

* Me juró que me daría todo el dinero que me hiciera falta para el viaje, y no sabes lo que sentí cuando me escribió un cheque por... 15 dólares.
* Bajó del escenario furiosa, tiró una silla, pateó una cubeta que alguien había dejado allí, se nos acercó y... empezó a llorar como un bebé.
* Todo lo que escribe es perfecto: nunca falta una coma, las ideas están perfectamente desarrolladas, sus oraciones están construidas con un sentido de buen gusto y armonía tan abrumador... que me da una infinita pereza leerlo.

§7.2 Los signos de interrogación y de exclamación

En español, cuando se hace una pregunta o se dice algo en tono de exclamación, hacen falta los signos de interrogación y de exclamación, respectivamente. Siempre son dos, excepto cuando el segundo signo de interrogación indica una fecha o datos desconocidos o dudosos. Va, entonces, entre paréntesis:

* El autor nació en 1634(?), mucho después de lo acontecido.
* Martín Rodríguez (?-1432)

En todos los demás casos, se emplean ambos signos: uno en donde empieza la pregunta o exclamación y el otro donde termina. Hay dos modalidades para hacer esto: cuando la proposición entera es pregunta o exclamación, y cuando la pregunta o exclamación solo forma *parte* de la proposición. Veamos unos ejemplos de preguntas y exclamaciones que constituyen toda la proposición:

Preguntas
* ¿Qué hora es?
* ¿Cuándo piensas visitarnos en Bogotá?
* ¿No sabes quién será el solista el viernes?

Exclamaciones
- ¡Si lo hubieras visto…!
- ¡Imposible no reconocerlo con ese sombrero!
- ¡Ya llegó!

La otra posibilidad consiste en que la pregunta o exclamación ocupe solo una parte de la proposición. Puede encontrarse al principio o al final. Aquí hay unos cuantos ejemplos ilustrativos:

Preguntas
- Martín, ¿en qué estás pensando?
- Ay, Juan, ¿tú crees que esto terminará bien?
- "¿No tengo talento?", me preguntó cabizbajo.

Exclamaciones
- Daría cualquier cosa, ¡con tal de que me escuchara!
- Me dijo que vendría… ¡mañana!
- "¡Alto!", gritó desde la esquina.

Si hay más de una pregunta o expresión de admiración dentro de una proposición dada, no debe comenzarse cada oración con mayúscula:

- ¿Nada sabes, nada quieres, nada puedes?
- ¡Es imposible, es un insulto, no puede ser!

Pero si se divide la proposición en dos o más, sí habría que emplear mayúscula al inicio de cada una:

- ¿Nada sabes? ¿Nada quieres? ¿Nada puedes?
- ¡Es imposible! ¡Es un insulto! ¡No puede ser!

Uno de los casos de interrogaciones que con más frecuencia se redactan mal es el que empieza con la palabra *Qué* para, después de una pausa, seguir con una pregunta específica. Hay tres maneras de escribir esto para que se entienda bien:

- ¿Qué? ¿No quieres acompañarnos al cine?
- ¿Qué, no quieres acompañarnos al cine?
- ¿Que no quieres acompañamos al cine?

No debiera escribirse precisamente lo que muchas veces *sí* se escribe: ⊗¿*Qué no quieres acompañamos al cine?* No debe redactarse así porque el ¿*qué...* acentuado sin ninguna puntuación posterior pregunta algo específico sobre aquello que lo sigue de inmediato, por ejemplo:

- ¿Qué me dices?
- ¿Qué obra quieres ver?
- ¿Qué rojo te gusta más?

En estos ejemplos, pregunté *qué* me decían, *qué* obra querían ver y *qué* rojo le gustaba más a la persona en cuestión. Se trata, pues, de preguntas simples que empiezan con la palabra *qué*, un pronombre interrogativo. Sin embargo, ningún sentido tiene preguntar *qué no quieres acompañarnos...*, porque en realidad se trata de dos preguntas. Primero el interrogante solo, *qué* —el cual indica sorpresa o consternación— y luego una pregunta, ¿no quieres acompañamos? Por esta razón, hay que elegir entre alguna de las tres posibilidades mencionadas arriba.

Veamos otro ejemplo ilustrativo. La situación es de celos. Nuestra novia salió con otro, y preguntamos con quién salió. Ella calla. Preguntamos:

- ¿Qué, no quieres decirme?
- ¿Qué? ¿No quieres decirme?
- ¿Que no quieres decirme? (Esto es el equivalente de ¿*Es que no quieres decirme?* Por eso ¿*Que...* no tiene tilde sobre la e: se trata de una *conjunción*, no de un pronombre interrogativo).

Si lo escribimos mal, como solemos verlo, ⊗¿Qué no quieres decirme?, estaríamos lejos de preguntar el nombre de la persona con quien salió, porque estaríamos preguntando qué es aquello que no quiere decirnos. Y, aunque esta también puede entenderse como una pregunta clave, no es la que deseábamos formular.

Por otra parte, consta en las gramáticas la posibilidad de abrir con signo de interrogación y cerrar con signo de admiración, o viceversa. El *Esbozo...,* por ejemplo, pone estas oraciones:

- ¡Que esté negado al hombre saber cuándo será la hora de su muerte?
- ¿Qué persecución es esta, Dios mío!

Se trata de una construcción que en ocasiones puede confundir más de lo que ilumina. El sentido del primer ejemplo no está nada claro. Como exclamación se entiende que el redactor no quiere que el hombre sepa cuándo será la hora de su muerte. Como pregunta, parece una propuesta hipotética, como si el hombre sí supiera la hora de su muerte. Pero, en verdad, quién sabe qué quiere decir. En cuanto al segundo ejemplo, sería más claro redactarlo en dos partes:

- ¿Qué persecución es esta? ¡Dios mío!

Para decirlo pronto, aunque se permite, se antoja afectado o por lo menos forzado abrir con un signo y cerrar con otro. Hay ocasiones, sin embargo, en que esta combinación puede quedar perfectamente bien. Sucede cuando hacemos una pregunta y deseamos hacer hincapié en que se formula de manera enfática:

- ¿Con esto quieres chantajearme!
- ¡Con esto quieres chantajearme?

Si planteásemos lo anterior como una pregunta o una exclamación tradicional, podría perderse uno u otro aspecto:

- ¿Con esto quieres chantajearme?
- ¡Con esto quieres chantajearme!

No está de más señalar que un escritor experimentado encontrará la manera de que sus palabras no dependan excesivamente de trucos de puntuación como este para trasmitir al lector el sentido claro de sus planteamientos narrativos. Muy pocos escritores de calidad recurren a las fórmulas ¿…! Y ¡…? en sus obras de ficción, a pesar de que ya no las sanciona la Academia. En los ensayos poseen aun menos utilidad.

Una última observación acerca de los signos de interrogación y exclamación: quienes los emplean únicamente para cerrar, en un afán de imitar los usos de otros idiomas (y, la verdad sea dicha, solo el español exige ambos), se hace un flaco favor, ya que los pide la naturaleza misma del castellano y no un montón de gramáticos ociosos. Otros idiomas, como el francés y el inglés, no poseen la flexibilidad del castellano. En aquellas lenguas no se requiere abrir con un signo de interrogación porque la estructura misma de la oración da a entender dónde se inicia, pero en el español, cuya sintaxis es muchísimo más liberal, las preguntas no siempre son tan evidentes. Por ejemplo:

- Vas a ir a la tienda a traer todo aquello que nos pidieron en la dirección

¿Se trata de una pregunta o una simple sentencia? No se sabe, y si en efecto se trata de una pregunta sin signo de abrir, el lector se va a despistar y confundir. En inglés, por otra parte, el signo sale sobrando por la manera misma de formular la pregunta: *Are you going to go...?* O en francés: *Est-ce que tu vas y aller...?* En estos casos, es la sintaxis la que da a entender que se trata de una pregunta. Si fueran sentencias, en inglés se plantearía al revés: *You are going to go...* Y en francés se eliminaría la fórmula *est-ce que*: *Tu vas y aller.* Incluso, si no se empleara la fórmula, podría hacerse la pregunta en francés invirtiendo el orden del verbo y el pronombre, y colocando un guion entre los dos: *Vas-tu y aller...?* En cualquier caso, se ve de inmediato cuándo se trata de una sentencia, y cuándo, de una interrogación. No así en español. Es más: en muchísimas ocasiones ni siquiera usamos pronombre, como en el ejemplo citado arriba. Y todavía peor para los que solo quieren emplear el signo de cerrar: dada la flexibilidad del castellano, aun con pronombre da lo mismo ponerlo antes o después del verbo: *Tú vas a ir a la tienda a traer...* y *Vas tú a la tienda a traer...* En ambos casos podría tratarse de una sentencia o de una interrogación. La única pista sería el tono con que se dijera en voz alta... o el empleo del signo de abrir: *¿Tú vas a ir a la tienda a traer...?* y *¿Vas tú a ir a la tienda a traer...?*

Para decirlo pronto, los signos dobles del español —los de abrir y cerrar— no son indicio de atraso lingüístico o simple peculiaridad, sino que son propios del idioma y —por ende— absolutamente necesarios para escribir claramente.

§7.3 Los paréntesis, la raya, los corchetes, el guion y las letras cursivas o itálicas

Hay tres maneras de introducir una frase parentética, explicativa, adicional o incidental en una oración: puede aislarse entre comas, entre rayas, entre paréntesis (...) o entre corchetes ([...], {...}).

Ya vimos en el apartado §5.2.3 cómo usar una coma antes, una después o una antes y otra después de una frase parentética, según su lugar en la proposición. (Si viene al principio, solo va una coma después; si viene al final, solo va una coma antes; si viene en medio, se pone una coma antes y otra después). Las rayas —que consisten en líneas horizontales un poco más largas que el guion— también pueden aislar frases incidentales. En la proposición anterior se encuentra un ejemplo del uso de las rayas para aislar una oración parentética. Comparemos el largo de la raya [—] con el del guion [-]. Para quienes no redactan con computadora o a mano sino con máquina de escribir, la raya es el equivalente de dos guiones juntos [--]. A mano, basta que la raya sea visiblemente más larga que el guion. La raya siempre se pega directamente a la primera y la última palabras de la frase u oración parentética; nunca debe dejarse un espacio entre la raya y estas palabras. Se deja un espacio antes de la primera raya, y otro después de la segunda (siempre que no vaya coma: —inciso—,). Lo mismo puede afirmarse de los paréntesis.

- Las cucarachas de mi barrio —al mojo de ajo— son deliciosas.
- Las cucarachas de mi barrio (al mojo de ajo) son deliciosas.

Ahora bien, no es lo mismo aislar una incidental con comas, rayas o paréntesis. Cada signo sugiere un grado distinto de *alejamiento*. Las frases adicionales que menos alejadas se hallen del discurso de la oración, las que menos se aparten del flujo del pensamiento, deben aislarse entre comas, como las que hemos visto en la sección §5.2.3. Las que más se alejan del discurso de la oración, las que agregan información meramente técnica o bibliográfica, por ejemplo, o las que repiten alguna información que se dio con anterioridad, deben aislarse entre paréntesis. Los casos intermedios de frases parentéticas pueden encerrarse entre rayas.

Existe, sin embargo, otra justificación para usar las rayas: cuando hay una proposición con muchas comas debido a una inversión sintáctica o una oración condicional, por ejemplo, es recomendable —si el sentido de la oración lo permite— usar las rayas para aislar una frase u oración parentética, sobre todo cuando hay más de una. La proposición anterior es ilustrativa de ello. Tenemos *por ejemplo* y *si el sentido de la oración lo permite* como parentéticas, más la inversión sintáctica: *cuando hay una oración con muchas comas debido a una inversión sintáctica o una oración condicional*. Si se escribiera con puras comas, no estaría mal hecho, pero la oración resultaría ligeramente más confusa:

- Cuando hay una proposición con muchas comas debido a una inversión sintáctica o una oración condicional, por ejemplo, es recomendable, si el sentido de la oración lo permite, usar las rayas para aislar una frase u oración parentética, sobre todo cuando hay más de una.

Compárese esta opción con la manera en que aparece dentro del texto:

- Cuando hay una proposición con muchas comas debido a una inversión sintáctica o una oración condicional, por ejemplo, es recomendable —si el sentido de la oración lo permite— usar las rayas para aislar una frase u oración parentética, sobre todo cuando hay más de una.

La razón por que las palabras *por ejemplo* se encierran entre comas, y las palabras *si el sentido de la oración lo permite*, entre rayas, se debe a que *por ejemplo* interrumpe menos el flujo de la proposición. En casos como este, se escoge la parentética menos alejada del discurso para usar las comas.

Es necesario aclarar, sin embargo, que siempre será mejor usar las rayas solo con frases u oraciones que se encuentran *en medio* de una proposición, nunca al final (a pesar de que la Academia ya lo permita) ni al principio, pues se dejan estas para introducir diálogo o acotación —como se verá más adelante en este mismo apartado—, casos en los que el guion largo va al principio y puede quedar antes de un punto, punto y coma o dos puntos [—., —;, —:].

Los paréntesis pueden usarse en medio de la proposición o, bien, al final. Nunca se comenzará una proposición con una frase entre paréntesis. (No obstante, es posible escribir una o varias proposiciones enteras entre paréntesis, como estas. El punto va después del paréntesis con el cual se cierra, pero veremos esto con más detalle en el apartado §7.6).

Los paréntesis, por otra parte, encierran información aun menos ligada directamente al desarrollo ideológico de la proposición. Puede suceder, digamos, que en una proposición cuya complejidad rebasa la usual, deban incluirse ciertos datos (alguna fecha de nacimiento o muerte, el año de publicación de cierta obra) que de hecho podrían citarse en una nota a pie de página, sin que por esto la proposición pierda sentido.

La proposición anterior, desde luego, fue redactada precisamente con la idea de ilustrar aquello de que habla:

- Puede suceder, digamos, que en una oración cuya complejidad rebasa la usual, deban incluirse ciertos datos (alguna fecha de nacimiento o muerte, el año de publicación de alguna obra) que de hecho podrían citarse en una nota a pie de página, sin que por esto la oración pierda sentido.

Las rayas parentéticas, como los paréntesis, siempre se emplearán por parejas (puesto que solo recomendamos que se usen cuando lo explicativo vaya en medio): para abrir y cerrar. No se recomienda imitar la puntuación inglesa que permite el uso de una sola raya como si fuese una coma o punto y coma.

En inglés:

- He went down to the dock looking rather despondent —as if both his parents had just died.

Mala imitación de esta puntuación en español:

- Bajó al muelle con el aspecto de un hombre abatido —como si acabaran de morir sus padres.

Puntuación correcta en español:

- Bajó al muelle con el aspecto de un hombre abatido, como si acabaran de morir sus padres.

Los corchetes, por otro lado, tienen dos funciones. Pueden emplearse como un paréntesis dentro de otro (esto no es de lo más recomendable [si lo que se busca es claridad, por supuesto] dentro de escritos que requieren gran fluidez), o para indicar que, dentro de una cita, hemos omitido una o más palabras.[2] Es preciso señalar, sin embargo, que al omitir estas palabras no debe desvirtuarse el sentido de la proposición; se hace únicamente porque no vienen al caso o porque estorban gramaticalmente. Este recurso, que se llama *elipsis*, sirve tanto en la prosa como en la poesía. Podría citar a Jaime Sabines, por ejemplo:

Los amorosos callan.
El amor es el silencio más fino,
el más tembloroso, el más insoportable.
Los amorosos buscan […].[3]

---

[2] Los paréntesis también podrían ponerse al revés (primero los cuadrados y después los redondos): [esto no es de lo más recomendable (si lo que se busca es claridad, por supuesto) dentro de escritos que requieren gran fluidez].

[3] Jaime Sabines, *Recuento de poemas. 1950-1993*, Joaquín Mortiz, México, 1997, p. 40.

Cuando no se cita en un bloque de tipografía aparte (generalmente, se cita en un aparte cuando se trata de más de cuatro líneas de prosa o poesía), es necesario hacerlo entre comillas. Puedo escribir, por ejemplo: "Entre los líricos primitivos [...] sobresalió Terprando, autor de *nomos* o cantos litúrgicos".[4] Aquí he suprimido las palabras "los del periodo dórico" porque, en mi ensayo hipotético, no son esenciales para lo que deseo demostrar; el autor mismo las encerró entre rayas.

En teoría, podría encerrarse entre los corchetes franceses [...(... {...}...)...] un paréntesis dentro de otro dentro de otro, pero esto significaría llegar a extremos realmente delirantes. En general se usan estos corchetes, o llaves, para unir varias líneas de una lista bajo una sola categoría. Casi siempre se emplea el izquierdo o el derecho en estos casos:

$$\left.\begin{array}{l} \textit{escribió} \\ \textit{anduvieron} \end{array}\right\} \textit{ejemplos de verbos en pretérito perfecto}$$

La raya, por otra parte, tiene una función que no es puramente parentética. Se emplea para indicar que alguien empieza o termina de hablar, casi siempre dentro de una obra de ficción narrativa, aunque también podría emplearse en otra clase de escritos cuando se necesita citar diálogo. Con la primera raya, se abre el diálogo; lo que viene antes es la voz del narrador. Cada vez que alguien empieza a hablar, además de la raya de diálogo se usa sangría. En el siguiente ejemplo, el primer párrafo corresponde al narrador, y por eso no tiene ninguna raya. Esta aparece donde empieza a hablar uno de los personajes:

La mujer vio que el detective se metió en un pequeño y oscuro café no muy lejos de la entrada de la estación de ferrocarriles. Corrió tras él, y al abrir la puerta, el hombre la encaró con un gesto agresivo.
—Ya no me esté usted siguiendo.

Si dentro del parlamento de un personaje dado hay una acotación, irá entre rayas. La puntuación siempre va fuera de la segunda raya, excepto si se trata de un signo de interrogación, admiración o tres puntos suspensivos. En estos casos, también se pone un punto o una coma después de la segunda raya de la acotación, según lo exija el sentido:

[4] Federico Carlos Sainz de Robles, *Poetas líricos griegos* (2ª ed.), Espasa Calpe, Madrid, 1973, (© 1963) p. 9.

La mujer vio que el detective se metió en un pequeño y oscuro café no muy lejos de la entrada de la estación de ferrocarriles. Corrió tras él y, al abrir la puerta, se encontró con el hombre, quien la encaró con un gesto agresivo.

—Ya no me esté usted siguiendo —le espetó sin ganas de escuchar lo que Elena tuviera que decirle—. En este momento estoy muy ocupado y nada puedo hacer por una mujer que cree ilusamente que su marido todavía está vivo cuando hay tres hombres condecorados que juran que lo vieron reventar en mil pedazos en el frente alemán el 13 de julio de...

—¡Pero eso es una mentira! —respondió sin permitir que el detective terminara de recitarle la fecha—. Ellos lo dicen porque saben que él conoce la verdad acerca de cómo se acobardaron y huyeron. ¡Yo sé que lo tienen amenazado y que por eso no se atreve a regresar a casa! —volvió a animarse Elena—, y también sé cómo averiguar en dónde está, pero para eso usted me tiene que ayudar.

El guion, por fin, es el más sencillo de estos signos. Se usa para separar una palabra entre sílabas cuando no cabe completamente al final de la línea. Actualmente, los procesadores de palabras se encargan de hacer eso si así lo desea el redactor. Pero lo hacen correctamente solo si el usuario especifica que se trata del español. Si usa por descuido la separación inglesa, francesa o alemana, por ejemplo, en muchos casos el programa dividirá mal las palabras. Si se escribe a máquina, uno debe dividir las palabras ex profeso. Para esto hay que conocer la regla de la separación silábica, que es sencilla.[5]

También se usa en ciertas palabras compuestas. Puede haber dos motivos para ello, pero primero debe quedar claro que hay palabras compuestas que *por ningún motivo* deben llevar el guion. Si dos conceptos se fusionan en uno solo, no hay por qué separarlos con un guion en una

---

[5] Las sílabas se conforman, generalmente, de una consonante seguida de una vocal, como en *ca-sa*, *pe-so*. Si viene una vocal en primera instancia, se trata de una sílaba aparte: *a-ca-so*, *o-pí-pa-ro*. La sílaba puede estar formada por consonante seguida de vocal seguida de consonante: *vo-**cal***, *co-lap-sar*. Puede haber dos consonantes después de la vocal, y en estos casos la palabra siempre se divide entre las dos consonantes: *con-cur-so*, *bal-**cón***, *com-pen-sar*. Nunca deben separarse *ll* ni *ch* ni *rr*. Ya no son letras sino *dígrafos*, pero aún así, no se separan nunca. Con palabras compuestas, se puede dividir según esta regla o entre las dos palabras de que se componen: *su-bes-ti-mar* o *sub-estimar*. Esto es posible porque existe la palabra *estimar*. Pero *no* existe la palabra *ordinar*, y por esto no podemos dividir *subordinar* como *sub-ordinar* sino forzosamente como *su-bor-di-nar*. En cambio, la palabra *desorden* puede dividirse de dos maneras: *des-or-den* y *de-sor-den*. Esto, porque sí existe la palabra *orden*.

palabra compuesta. Puede hablarse de la literatura *latinoamericana,* por ejemplo, o del nivel *socioeconómico* de un grupo de alumnos. En estos casos se fusionan los conceptos de *lo latino* y *lo americano,* y *lo social* y *lo económico,* respectivamente.

Hay otras palabras compuestas, sin embargo, que sí necesitan separarse con guion. Esto ocurre, primero, cuando se desea indicar oposición o contraste, y —segundo— cuando la combinación es poco frecuente y podría causar dificultades de lectura. Por ejemplo:

- la guerra hispano-americana
- el malentendido serbo-croata
- se trata de un planteamiento bio-cinematográfico

En los primeros dos casos se da claramente la idea de oposición entre las fuerzas españolas y americanas, y entre las serbias y las croatas, respectivamente. En el tercer caso, sin embargo, se usa el guion solamente para que este neologismo sea comprensible. Si se llegara a convertir en una palabra común, podría escribirse *biocinematográfico.* Tal vez deberíamos recordar que, cuando empezó a usarse, *socioeconómico* se escribía *socio-económico.*

§7.4 Las comillas

Hay cuatro clases de comillas y cada una de ellas hace esencialmente lo mismo. Qué comillas se usan dónde depende sobre todo del país en que uno esté.

El primer uso de las comillas es para citar a alguien textualmente en un artículo, ensayo o cualquier otro escrito:

- Uno de los versos más famosos de César Vallejo es "El traje que vestí mañana".

En América suelen usarse las comillas como aparecen en la anterior cita ("..."), mientras que en España suelen usarse las que llamamos *francesas:*

- Uno de los versos más famosos de César Vallejo es «El traje que vestí mañana».

Las versiones sencillas de estas comillas se usan cuando se cita algo dentro de otra cita:

- "Ya déjame en paz —pidió la adolescente—, y no me salgas con eso de que 'los hombres necesitan saber que sus novias los quieren, así que dame una prueba de tu amor'. Esas son babosadas, y tú lo sabes muy bien".
- "Los marcianos de la literatura fantástica —asegura un crítico— se parecen más a 'los rusos de la época estalinista' que a seres de otro planeta".

§7.5 ¿Comillas o cursivas?

Es frecuente que se usen las comillas para indicar que una palabra debe entenderse en sentido figurado, irónico o sarcástico. Por ejemplo, si alguien ve que una recepcionista, que debería estar atendiendo al público, está conversando alegremente con sus compañeras en un rincón de la oficina —quienes tampoco están trabajando—, podría decir:

- ¡Ay, qué manera tan especial de "trabajar"!

No obstante, las normas periodísticas más modernas prefieren que las palabras con sentido figurado, irónico o sarcástico se escriban en letra cursiva (en letras *itálicas*):[6]

- ¡Ay, qué manera tan especial de *trabajar*!

Se prefiere así porque de este modo no es posible confundir una cita con una palabra que deba entenderse de manera sarcástica o figurada. Las letras cursivas también se emplean para recalcar la importancia de una palabra, o para dar a entender que se dijo con más fuerza que las otras:

- Para que la bomba no haga explosión, debes cargarla *cuidadosamente* hasta el lugar que yo te indique.
- No oscurece más tarde, sino que *amanece* más temprano.

Cuando el texto básico se encuentra en itálicas o está subrayado, aquellas palabras que deseamos resaltar deben consignarse con letras redondas. Es decir: la regla se aplica al revés: *No oscurece más tarde, sino que amanece* más temprano.

---

[6] Cuando se redacta con máquina de escribir, se da a entender que en tipografía esas palabras deben aparecer en cursivas o itálicas mediante el uso del subrayado. Si subrayo estas palabras, debieran aparecer impresas así: *subrayo estas palabras*.

Se usan las letras itálicas también cuando, dentro de un escrito, se nombra por primera vez un tecnicismo poco común, una palabra que no ha sido aceptada universalmente (sea caló o un uso puramente regional), o cuando se nombra una palabra como *palabra*, fuera del contexto discursivo. Algunos ejemplos:

- Las palabras que indican la máxima potencia de algo, mismas que suelen recibir el nombre de *superlativos*, son útiles en cuanto evitan el uso de la palabra *muy*, vocablo del cual se abusa con frecuencia.

La redacción no debería causar dolor, pero mucha gente, al ver la palabra redacción, empieza a retorcerse ahí mismo donde se encuentra.

La frase *como son* resulta molesta en la prosa que se precia de serlo.

- La definición del término *chavo banda* puede encontrarse en varios libros mexicanos. Los chavos banda, por otra parte, casi siempre viven en colonias proletarias.

Vale la pena comentar que cuando la frase *chavo banda* se menciona por segunda vez, no es necesario escribirla con itálicas.

Tal vez el uso más común de las cursivas sea para emplear palabras extranjeras —sin cambiar su ortografía; es decir, sin castellanizar—, citar los títulos de obras artísticas mayores: libros, películas, óperas, sinfonías y nombres de series de pinturas, como el de una exposición específica. Por ejemplo:

- El nuevo gerente tiene el *savoir faire* que al anterior le hacía falta.
- Todo el mundo debería leer *Sobre héroes y tumbas* de Ernesto Sábato.
- Después de escuchar *Un réquiem alemán* de Brahms, nada es lo mismo.
- *El oro del Rhin* es la primera de las óperas que pertenecen al ciclo *El anillo de los nibelungos*.
- Fuimos a ver la exposición *Encuentros,* la cual reunía la obra de muchísimos pintores mexicanos que se habían inspirado en el arte europeo.
- La *Resurrección* de Gustav Mahler es su segunda sinfonía.

Las divisiones de las obras —sean capítulos, cuentos o poemas dentro de un libro, canciones sueltas y movimientos musicales que tengan nombre propio, etcétera— deben citarse entre comillas:

- "El llano en llamas" es un relato que pertenece al libro *El llano en llamas* de Juan Rulfo.
- El poema que más me gusta de Octavio Paz es "Piedra de sol".

§7.6 Con comillas y paréntesis, ¿dónde va el punto, adentro o afuera?

Hasta la aparición de la *Ortografía de la lengua española* en 1999, uno de los aspectos más polémicos del uso de las comillas tenía que ver con la ubicación del punto cuando coincidían estos dos signos de puntuación. Resultaba polémico porque había poquísimas explicaciones coherentes al respecto, y cada quien tenía su teoría. Antes de la popularización de las computadoras personales, no había tanto problema porque la gente que se dedicaba a la edición dominaba su oficio y casi todos empleaban la misma norma. Con el advenimiento de la *edición de escritorio*, sin embargo, se perdió todo decoro y empezó a reinar el caos. Tal vez por eso las diversas Academias de la lengua, tanto en España como en América, decidieron adoptar una sola norma, cuya mayor virtud radica en que es muy fácil de comprender y aplicar, a diferencia de la antigua, que tenía varias complicaciones.

Anteriormente, para saber dónde iba el punto, había que determinar dónde empezaba la proposición. Si esta comenzaba con comillas, también terminaba con ellas; en otras palabras, el punto iba dentro de las comillas. En el caso de las citas textuales dentro de un escrito formal, se aplicaba este mismo criterio, aunque técnicamente la proposición mayor empezaba antes de la cita.

- "Quien a buen árbol se arrima, buena sombra lo cobija." [Norma antigua]
- En *Los reinos de Cintia* Rubén Bonifaz Nuño afirmó lo siguiente sobre el poeta Propercio: "Todo cuanto Propercio pida, le será negado; nada tendrá que pueda satisfacerlo." [Norma antigua]
- "Las madres solteras —afirmó el maestro— necesitan ayuda." [Norma antigua]

Si lo entrecomillado empezaba dentro de la proposición, el punto iba fuera de las comillas. Esto no cambia con la nueva norma:

- No me salgas con eso de "yo llegué primero". [Norma antigua y también actual]
- Para que pudiera dormir, le leí "Blancanieves". [Norma antigua y también actual]

La norma actual es sencillísima: el punto siempre va a ir fuera de las comillas. No importa si se trata de cita textual o de un simple entrecomillado:

- "Quien a buen árbol se arrima, buena sombra lo cobija". [Norma actual]
- En *Los reinos de Cintia* Rubén Bonifaz Nuño afirmó lo siguiente sobre el poeta Propercio: "Todo cuanto Propercio pida, le será negado; nada tendrá que pueda satisfacerlo". [Norma actual]

De esta manera se eliminaron los problemas que anteriormente se suscitaban: cuando se emplean comillas al final de una proposición, el punto siempre se colocará en última instancia. Esto se aplica también a los paréntesis y los corchetes, no importa si toda la proposición está entre paréntesis o solo parte:

- (La norma antigua no se aplica en la actualidad). [Norma actual]
- (La norma antigua no se aplica en la actualidad.) [Norma antigua]
- Con frecuencia se ve que los editores ponían el punto fuera del paréntesis (pero esto ocurría antes de la norma de 1999). [Norma antigua y actual]

Otra confusión se suscitaba con el uso de los signos de exclamación e interrogación en conjunción con las comillas. Anteriormente, si se citaba una pregunta o una exclamación, se ponía el signo del caso, luego las comillas y nada más. Se hacía así porque se entendía que el punto [.] estaba dentro del signo mismo de interrogación o exclamación:

- Exclamó sin más: "¡Qué lindo vestido!" [Norma antigua]
- Me preguntó, cabizbajo: "¿Todavía me amas?" [Norma antigua]
- (¡Pero eso era totalmente absurdo!) [Norma antigua]
- (¿Por qué debería saber yo la respuesta?) [Norma antigua]

Pero con la nueva norma, la regla se aplica estrictamente: después de comillas o paréntesis al final de la proposición, debe agregarse forzosamente el punto:

- Exclamó sin más: "¡Qué lindo vestido!". [Norma actual]
- Me preguntó, cabizbajo: "¿Todavía me amas?". [Norma actual]

- (¡Pero eso era totalmente absurdo!). [Norma actual]
- (¿Por qué debería saber yo la respuesta?). [Norma actual]

Al principio, muchos escritores y editores veían esta norma con cierta suspicacia, pues ese punto [.] parecía salir sobrando. Y en los casos anteriores, se les antojaba menos *estético* poner el punto fuera de las comillas cuando la proposición se iniciaba con ellas. Pero con el tiempo, se vio que era preferible la norma actual simplemente porque eliminó de tajo el caos que había empezado a reinar desde mediados de los años 80 del siglo pasado.

§7.7 Acerca del uso de mayúsculas y minúsculas

El uso de la mayúscula siempre ha sido una fuente de confusión para el redactor. Se da por sentado que toda proposición empieza con mayúscula, pero después de esa mayúscula inicial surgen muchísimas dudas. Enseguida se verá cuándo deben usarse mayúsculas y cuándo debemos emplear minúsculas. Muchas veces tiene que ver con el contexto de las palabras, con su función, y no con las palabras en sí. Cabe mencionar, también, que en diciembre de 2010 cambiaron algunas reglas a este respecto, las cuales se han incluido y aplicado en esta 6ª edición.

§7.7.1 Mayúsculas en títulos, nombres propios y entidades colectivas o institucionales

En castellano solo se escribe con mayúscula la primera letra de la primera palabra al principio de una oración y la primera letra de la primera palabra de un título. Cuando se trata de los nombres propios de personas, lugares, establecimientos comerciales, instituciones o publicaciones periódicas (revistas y periódicos), se escribirá con mayúscula la primera letra de cada palabra, excepto los artículos, conjunciones y preposiciones dentro de ellos.

Nombres propios de personas:
Ricardo, María Pérez, Juan de la Fuente

Nombres propios de lugares:
América Latina, Ciudad del Carmen, Islas Filipinas,
Argentina, Venezuela, Perú, Canal de Panamá

Nombres propios de establecimientos comerciales o instituciones:
El Palacio de Hierro, Museo Nacional de Arte, Secretaría
de Gobernación, Registro Civil, El Colegio de México,
Real Academia Española

Nombres de publicaciones periódicas:
La Jornada, Milenio, Reforma, El Tiempo, La Nación

Siguiendo esta lógica, se entiende el porqué de cada una de las mayúsculas en los ejemplos que se ven a continuación:

- El traductor Ricardo Silva-Santisteban, de Perú, reunió sus trabajos en *El ciervo en la fuente.*
- *México en la obra de Octavio Paz* ya ha visto varias ediciones.
- El cuento de Poe que más me gusta es "El corazón delator".
- La revista de la Universidad Autónoma Metropolitana se llama *Casa del Tiempo.*
- Compré un ejemplar de *Las Últimas Noticias de la Tarde*, donde publicó un artículo José de Silva.

No hay que confundir el *título* de una obra de creación con el *nombre* de una publicación. Aunque ambos se escriben con letra cursiva (o subrayada), no se sigue el mismo criterio en cuanto al uso de las mayúsculas. Con los títulos de obras de creación, solo se emplea mayúscula con la primera palabra y con los nombres propios que pudieran estar incluidos dentro del título. Con los nombres de las publicaciones periódicas (revistas y periódicos), se usa mayúscula en todas las palabras *excepto* artículos, preposiciones y conjunciones, como se vio en el primer párrafo:

- Mi hermano va a fundar el periódico *La Voz de la Tarde.*
- Mi vecino escribió una novela que se titula *La voz de la tarde.*
- ¿Tú compras esa revista que se llama *Casa del Tiempo*?
- Me dan ganas de filmar una película que se llame *Casa del tiempo.*

- Para mañana leerán el cuento "El milagro secreto" de Jorge Luis Borges.
- En homenaje a Borges, le pondrán a su revista *El Milagro Secreto*.

Por otra parte, hay un grupo de sustantivos que pueden ser comunes —como bolsa, administración, gobierno, ejército, policía, marina, iglesia, estado—, pero que también pueden designar entidades, organismos o instituciones. En este caso, deben escribirse con mayúscula.

Cuando nos referimos al edificio donde se reza, por ejemplo, escribimos *iglesia*. Pero cuando se trata de la institución religiosa, se escribe con mayúscula:

- Esa **iglesia** es gótica.
- Hasta el papa reconoce los pecados de la **Iglesia** en tiempos de la Inquisición.
- Higareda se dedica a la **administración** del patrimonio.
- En la **Administración** no quedan documentos comprometedores.
- El mago sacó una moneda resplandeciente de la **bolsa**.
- La **Bolsa** abrió al alza.
- El **Gobierno** de la casa forma parte clave de la estructura familiar.
- El **Gobierno** mandó tirar las antiguas viviendas de los esclavos.
- Se disculparon los **Gobiernos** de Cuba y Venezuela.

Con la palabra *estado* ocurre algo similar. Existe la situación en que uno o algo se encuentra: *El H_2O en estado* sólido se llama *hielo*. Aquí se emplea minúscula, al igual que cuando se habla de una entidad federativa o de la condición de las personas en relación con sus derechos y obligaciones civiles. Pero cuando usamos la palabra *estado* para referirnos a la nación, se emplea con mayúscula:

- Martín se exilió en el **estado** de Minnesota en Estados Unidos.
- He vivido en los **estados** de Morelos, Michoacán y Puebla.
- Desconozco su **estado** civil.
- Es a todas luces una cuestión de **Estado**.
- Los libros de texto gratuito son editados por el **Estado**.

Esto no se hace extensivo a otras palabras sinónimas de *nación*, como la palabra *nación* misma o *república* o *reino* o *país*. Todas estas deben escribirse con minúscula, a menos que alguna de ellas se encuentre dentro del nombre oficial, como en el caso de la República Francesa, la República Argentina o el Reino de España. El nombre oficial de México, por ejemplo, es Estados Unidos Mexicanos.[7] Por eso no deben emplearse mayúsculas para hablar de la *república mexicana*, que es una mera descripción del tipo de gobierno que tiene. Cada uno de estos países tiene su apelación oficial y también su nombre simple: Francia, Argentina, Alemania. Tanto los nombres oficiales como los simples deben escribirse con mayúscula. Pero nunca debemos usar mayúsculas indiscriminadamente para referirnos a los diversos países, como suele suceder en algunos periódicos. Hay que poner tache a las mayúsculas en los siguientes ejemplos: ⊗*El País pasa por una época difícil.* ⊗*Se impulsa la Nación a pasos agigantados… hacia atrás.* Debe escribirse: *El país pasa por una época difícil. Se impulsa la nación a pasos agigantados… hacia atrás.*

§7.7.1.1 Títulos de libros sagrados

Los libros entendidos como *sagrados* no se escriben con letra cursiva (ni se subrayan). Solamente emplean mayúscula inicial:

* Ellos leen la Biblia todos los días.
* El Corán y el Talmud no son libros cristianos.
* Se cuentan varios mitos fundamentales en el Popol Vuh.

§7.7.1.2 Cargos, títulos, instituciones, oficinas, dependencias

Los cargos o títulos no llevan mayúscula, pero las instituciones, dependencias u oficinas donde trabajan sus titulares sí deben llevarla porque se trata de nombres propios. El cargo o título *no* es nombre propio. Así, siempre escribiremos *El licenciado Fuentes* y nunca *El Licenciado Fuentes*, aunque no le guste al licenciado.

* Fueron a buscar al **doctor**.
* La maestra Montes de Oca se doctorará el próximo martes.
* La doctora Montes de Oca nos enseñó su título.
* El **secretario** de **Gobernación** no se encuentra.
* El **general** Pérez se tituló como psiquiatra.
* La **gobernadora** ejerció como ingeniera antes de asumir su cargo.

---

[7] También es nombre oficial México, aunque suene menos formal y se use más.

Si el secretario de Hacienda se llama Juan Felipe Valdez, escribiremos que *El **secretario** Valdez se encuentra en su despacho de **Hacienda***, pues así sucede con todos los nombres de instituciones u oficinas:

- Te voy a mandar a la **Dirección**.
- Esos archivos están en **Presidencia**.
- ¿Has buscado en **Derechos Humanos**?
- No hay nadie en **Servicios al Cliente**.

Con los cargos y nombres *de dignidad* ya se aplica —a partir de diciembre de 2010— la misma regla de los cargos y títulos en general. Se entiende como cargo o título *de dignidad* únicamente los nobiliarios y los de primer mandatario (o su embajador representante), pero ahora siempre irá con minúscula inicial *se use o no se use* el nombre propio:[8]

- ¿Tú sabes si ya abdicó el **rey**?
- El **rey Juan Carlos** ayudó a establecer la democracia en España.
- El **primer ministro** llegará mañana temprano.
- El **primer ministro Blair** tiene problemas dentro de su propio partido.
- Avisó el **duque** que no podrá asistir mañana.
- A mí me cae mal el **duque Alfredo**.
- Se acabaron los viajes internacionales del **papa**.
- La salud del **papa Juan Pablo** está delicada.
- ¿Dónde está el **presidente**?
- El **presidente Duharte** está en Francia.

Para referirnos a frailes y hermanas religiosas, tampoco utilizamos mayúscula, al igual que con otros *tratamientos* como *usted*, *don*, *doña*, *reverendo*, *vuestra merced*, *señoría*, etcétera:

- Me encanta la poesía de **sor** Juana.
- ¿Has leído a **fray** Luis de León?
- ¡Llegó una carta de **sor** Filotea!
- El evangelio de **san** Juan inspira temor en muchos.
- No he visto al **reverendo** en todo el día.
- Lo que diga **vuestra merced**…

---

[8] Las Academias aún dejan un resquicio para los tradicionalistas que se ponen nerviosos si las palabras presidente o papa o rey… aparecen con minúscula cuando no vienen acompañadas por el nombre propio. Así, uno no debe extrañarse si aún ve oraciones como "Estaba a punto de llegar el Presidente" en algún periódico. En la actualidad, sin embargo, se prefiere emplear minúscula: "Estaba a punto de llegar el presidente".

Mayúscula polémica es la que se emplea con la palabra *Dios*. No siempre se escribe *dios* con mayúscula. Para saber cuándo sí y cuando no, solo hay que pensar si se trata de un nombre propio o de un término genérico sinónimo de *divinidad*. Cuando es así, se escribe con minúscula:

- Hay muchos **dioses** en el panteón helénico.
- Él es todo un **dios** para mí.
- Quetzalcóatl es un **dios** mexicano.

Existe polémica alrededor de la mayúscula en la palabra *Dios* porque el dios judeocristiano se llama *Dios*. La palabra puede ser nombre propio o sinónimo de *divinidad*. No importa si uno es ateo o profundamente creyente: el criterio que debe aplicarse es el mismo que se aplica a Zeus, Quetzalcóatl, Shiva o Buda, creamos o no en sus poderes sobrenaturales. Si se emplea como nombre propio, debe ir con mayúscula inicial.

- Creo en **Dios** porque, después de todo, merece mi confianza.
- Yo digo que **Dios** ha muerto.
- El nombre de **Dios** en árabe es **Alá**.
- **Dios**, la verdad, es un **dios**, como también lo es **Shiva** y **Zeus**; otra cosa es creer en ellos como seres todopoderosos y omniscientes.

Por convención, se escriben con mayúscula los demás apelativos de la divinidad judeocristiana (incluyendo a la Virgen, la Virgen María y la Virgen de Guadalupe, etcétera, en el caso del catolicismo). Pero los pronombres relativos a estas advocaciones divinas siempre deberán escribirse con minúscula:

- Si realmente existiera **Dios**, él no habría sido tan cruel con **su** hijo.
- Se dice que el **Todopoderoso, Señor de los Ejércitos**, inspiró a la **Virgen**, madre del **Mesías**, también conocida como la **Inmaculada**, y yo sí creo en **sus** poderes, porque ¡solo él es **todopoderoso**![9]

Sin embargo, cuando se trata de topónimos que incluyen algún tratamiento, este debe escribirse con mayúscula inicial porque forma parte de un nombre propio de lugar. Así mismo deben llevar mayúscula los tratamientos que forman parte de un título de novela cuando son la primera palabra:

---

[9] Aquí, todopoderoso es simple adjetivo calificativo, no advocación divina.

- Vamos a visitar **San** Cristóbal de las Casas.
- Siempre voy a **San** Fermín para ver cómo corren los toros.
- ¿Ya leíste *Doña Bárbara*?

§7.7.2 Los días de la semana, los meses, las festividades; los gentilicios y adjetivos relativos a religiones y nacionalidades

No se emplea mayúscula para escribir los días de la semana. Tampoco para los meses. Pero las festividades, sean civiles o religiosas, sí se escriben con mayúscula (excepto los artículos, preposiciones o conjunciones que pudieran contener):

- Nací en **domingo**.
- Dicen que **abril** es el mes más cruel.
- Este **sábado** tenemos ensayo.
- El grupo avanzado se reúne los **jueves**.
- La **Navidad** se celebra en **diciembre**.
- Siempre me gustó el **Día del Niño**.
- Este **Día de las Madres** vamos a comer en casa.
- **Semana Santa** va a caer a fines de **marzo** este año.

No se olvide que en español todo adjetivo se escribe con minúscula, aunque tenga que ver con nacionalidades o religiones. Las religiones en sí también se escriben con minúscula:

- No siempre son muy **católicos** quienes dicen seguir el **catolicismo**.
- La mayoría de los **colombianos** es **cristiana**, aunque vive una minoría **musulmana** en ese país.
- A mí me caen bien los **japoneses**, pero aun más, las **japonesas**.

§7.7.3 Constelaciones, estrellas, planetas, puntos cardinales

Se emplean mayúsculas cuando nos referimos a las constelaciones, las estrellas, los signos zodiacales, los planetas y satélites:

- El planeta más grande es **Júpiter**.
- La Luna está en **Sagitario**.
- Mi constelación favorita es la **Osa Mayor**.
- El Sol es el centro de nuestro sistema planetario, dentro del cual la Tierra ocupa la tercera posición.

Pero si hablamos del sol, la tierra y la luna simplemente como objetos que forman parte de nuestra realidad —no como fenómenos astronómicos—, usamos minúsculas para referirnos a ellos. Incluso si nos referimos a la tierra como el lugar donde vivimos, debemos usar minúscula, pues la referencia no es astronómica:

- Está fuerte el **sol** esta tarde.
- Me encanta la luz de la **luna**.
- Trabajo la **tierra** desde que tenía seis años.
- Este año regreso a mi **tierra**.
- No hay en los cinco continentes de esta **tierra** un pueblo tan bonito como el mío.

Los puntos cardinales también se escriben con minúscula, no importa si se mencionan en términos absolutos o como orientación o dirección. Si el punto cardinal se incluye dentro de un nombre propio, debe escribirse con mayúscula. Los símbolos de los puntos cardinales se escriben, asimismo, con mayúscula:

- En el norte del país nieva con frecuencia.
- Vamos hacia el sur de la provincia.
- La brújula marcaba SE. [...marca sureste]
- No dejaron de hablar de la Cruz del Sur.
- Viven en Paso del Norte.

§7.7.4 Terminología latina, disciplinas científicas o humanísticas y las instituciones donde se estudian

Toda disciplina científica o humanística se escribe con mayúscula. Pero cuando estas palabras se emplean comúnmente, no como disciplinas científicas o humanísticas, debemos emplear minúscula:

- Me gustaría hacer el examen para estudiar **Filosofía**.
- Siempre he querido estudiar **Biología Orgánica**.
- Según mi **filosofía**, no hay que estudiar tanto.
- Con los niños hay que usar mucha **psicología**. (Aquí se entiende la palabra *psicología* como *astucia*).

De igual manera, usamos mayúscula para referirnos a las facultades o instituciones donde se estudian o investigan estas disciplinas:

- En la **Facultad** de **Medicina** se usan cadáveres frescos.
- Se están remodelando los edificios de **Filosofía y Letras**.
- Hay una vacante en **Física Nuclear**.

Dentro de lo técnico hay que mencionar los latinismos que se emplean para identificar plantas y animales. En estos casos siempre se emplean dos palabras, pero solo la primera se escribe con mayúscula: *Felis leo*, *Pimpinella anisum*, *Felis catus*, *Mus musculus*, *Canis familiaris*, *Cannabis sativa*, *Ceratitis capitata*. Se emplea letra cursiva en estos casos porque se trata de palabras escritas en lengua extranjera.

§7.7.5 Teorías, principios científicos y leyes

Solo se escriben con mayúscula los nombres propios que se hallaren dentro de la denominación de teorías, principios científicos y leyes:

- No vale la pena rebelarse en contra de la **ley de la gravedad**.
- La **teoría de la relatividad** todavía se aplica.
- En muchas regiones conservadores de Estados Unidos no se cree en la **teoría de la evolución**.
- El **principio de Heisenberg** habla de la incertidumbre.
- La **ley de Ohm** es un principio fundamental de la electricidad.

§7.7.6 Nombres de acontecimientos históricos

Los sustantivos y adjetivos que dan forma a las denominaciones de acontecimientos históricos de importancia relevante —los cuales con frecuencia dan nombre, por antonomasia, a periodos históricos— deben escribirse con mayúscula; los adjetivos referentes a las nacionalidades se escriben con minúscula:

- Hablaron largamente de la **Revolución cubana**.
- La **Conquista** aún repercute en el inconsciente colectivo de muchos países americanos.
- La **Revolución mexicana** fue literariamente fértil.
- No podemos pasar por alto la **Decena Trágica**.
- La **Revolución Industrial** cambió la relación entre monarca y súbdito.

Pero si se trata de designar directa y transparentemente un acontecimiento histórico, no hace falta usar mayúscula, salvo que intervenga un nombre propio. En cuanto a las guerras, solo se emplean mayúsculas en las partes estrictamente denominativas, y en las demás palabras se usan minúsculas iniciales, salvo cuando se trata de las dos mundiales del siglo xx:

- La **batalla de Puebla** marcó un hito en la historia mexicana del siglo xix.
- Dimitri Shostakovich compuso una sinfonía acerca del **sitio de Estalingrado**.
- Mi país no participó en la **guerra de los Cien Años**.
- Todavía recuerdan el estupor causado por la **guerra de los Seis Días**.
- Muchos soldados de habla española participaron en la **guerra del Golfo**.
- La **guerra civil española** marcó a muchas generaciones sucesivas.
- La **Primera Guerra Mundial** estalló en 1914.
- Estalló la **Segunda Guerra Mundial** en el corazón de Europa.

§7.7.7 Nombres de razas de animales y de plantas

Los nombres de las razas de animales y de las plantas se escriben con minúscula inicial, incluso si no han sido adaptados completamente al castellano. La única excepción ocurren cuando el nombre incluye un topónimo:

- Mi perro es un **cócker spaniel**.
- Nos encantan los **dóberman**.
- El **lobo mexicano** es un poco más pequeño que el de Estados Unidos.
- La **ballena azul** da un espectáculo impresionante.
- Mi vecino tiene un **rottweiler** y un **schnauser**.
- Resulta ilegal importar un **tigre de Bengala**.
- Son preciosos los **gatos de Angora**.
- Ese cerro está lleno de **pinos** y **encinas**.
- Se citan varias pócimas que piden **muérdago**.
- Los **pájaros carpinteros** viven en todo el mundo, salvo Australia, Madagascar y los polos.

§7.7.8 Mayúsculas y tildes de acentuación

Muchas personas eligen escribir con puras mayúsculas porque creen que así pueden ahorrarse el trabajo de aprender dónde van las tildes (acentos ortográficos) y dónde no hacen falta. En efecto, hace años la Academia había determinado que las mayúsculas podían escribirse sin las tildes que se emplearían si las palabras se escribieran con minúsculas. Pero se refería más bien a los títulos y las primeras letras de una proposición, y en tiempos en que resultaba realmente difícil poner una tilde a una mayúscula al escribir a máquina: había que soltar el rodillo, moverlo hacia abajo para subir milimétricamente la hoja de papel, poner la tilde y volver a fijar el rodillo. Se trataba de un proceso latoso. De ahí la decisión de la Academia.

Hoy en día, sin embargo, con las computadoras personales que casi todo el mundo usa para escribir, esta *dispensación* ha dejado de tener sentido y hemos vuelto al estado anterior de cosas, como cuando escribíamos a mano y con caligrafía sumamente elegante: toda palabra que normalmente requeriría tilde, también lo llevará cuando se escribe solo con mayúsculas. Y, otra vez, nos referimos básicamente a títulos, si decidimos usar mayúsculas para escribirlos (lo cual no es requisito):

LA CRUELDAD EN "LA TRISTE HISTORIA DE LA CÁNDIDA ERÉNDIRA Y SU ABUELA DESALMADA" DE GABRIEL GARCÍA MÁRQUEZ

Así mismo, siempre debemos usar vocal acentuada si con esta se inicia una proposición:

- Águilas hay en toda la república.
- Úrsula es personaje de novela.

Por ningún motivo escribiremos un trabajo totalmente en mayúsculas, y menos como pretexto para no usar tildes. Hay pocas cosas más desagradables en el mundo que leer algo escrito en puras altas, trátese de una carta, un trabajo escolar, un correo electrónico o un *post* en Facebook o Twitter. Evítese a toda costa.

Coda a los capítulos 5, 6 y 7

La determinación de estudiar los signos de puntuación en tres capítulos no ha sido enteramente caprichosa: es demasiada información para uno solo, y escribir muchos capítulos sobre signos tan *pequeños* se antoja igualmente excesivo. Así, en tres dosis indoloras hemos visto cuanto signo de puntuación se emplea cotidianamente en nuestro idioma. Lo que debe recordarse, sobre todo, es la función de estos signos: son *señales*.

Indican cómo hemos construido nuestras proposiciones y qué valores hemos asignado a nuestras frases y oraciones. Por esto, aun antes de empezar a redactar, nos ayudan a organizar nuestros pensamientos para poder expresarlos de la manera más clara posible. No debemos suponer que nuestra puntuación dirá algo que *nosotros* no hayamos dicho con nuestras palabras; por otro lado, pueden insinuar ciertas relaciones entre nuestras frases y oraciones sin tener que recurrir a palabras de más. Para decirlo pronto, quien domine la puntuación, amén del correcto empleo de las mayúsculas y minúsculas, ya ha recorrido un trecho importante del camino a la buena redacción.

Capítulo 8
Acentuación

§8 Acentuación, reglas, problemas y soluciones

En este breve capítulo se verán las reglas de la acentuación y aquellas palabras que suelen ser problemáticas respecto del acento ortográfico. Llamaremos *tilde* a este último para diferenciarlo del acento que todas las palabras tienen, pues este (el acento) es el énfasis que ponemos en alguna de las sílabas. Sin embargo, no porque pronunciemos más fuerte una de las sílabas, esta llevará tilde. A veces sí la llevará, y a veces no. Para saber cuándo la pondremos, primero debemos reconocer la sílaba que suena más fuerte en una palabra (de nombre *sílaba tónica*); luego, aplicar las reglas que se verán un poco más adelante.

Si se aprenden unos cuantos conceptos antes de memorizar las reglas en sí, no resultará difícil emplear las tildes correctamente; es decir, uno podrá saber en qué circunstancias se usa y sobre qué vocales, y cuándo no debe usarse. Estos conceptos preliminares son los de *diptongo* y los de *palabras graves, agudas, esdrújulas* y *sobreesdrújulas*.

§8.1 Los diptongos

En español hay cinco vocales: tres fuertes (o abiertas) y dos débiles (o cerradas).

Fuertes		*Débiles*
A		I
E	O	U

Se forma un diptongo cuando se junta cualquier vocal de las *fuertes* con cualquiera de las *débiles* o, bien, cuando hay dos débiles pegadas, y esto sucede porque naturalmente —combinadas así— estas vocales se pronuncian en una sola sílaba. Así podemos tener las siguientes mezclas para crear diptongos:

ai, p*ai*-sa-no	ie, s*ie*-te	ou, S*ou*-to
ia, p*ia*-no	eu, n*eu*-tro	uo, c*uo*-ta
au, pre-c*au*-ción	ue, p*ue*n-te	iu, c*iu*-dad
ua, c*ua*-der-no	oi, b*oi*-na	ui, c*ui*-da-do
ei, p*ei*-ne	io, b*io*m-bo	

Por otro lado, las vocales fuertes juntas no forman diptongo. En lugar de pronunciarse en una sola sílaba, como los diptongos, estas combinaciones se pronuncian en dos (aquí, donde se hallan dos vocales fuertes seguidas, están impresas en letra negrita):

a-**é**-re-**o** (consta de cuatro sílabas)
fre-**á**-ti-co (consta de cuatro sílabas)
pe-**ón** (consta de dos sílabas)
po-**e**-ma (consta de tres sílabas)
ca-**os** (consta de dos sílabas)
bo-**a** (consta de dos sílabas)

Si una palabra con dos vocales que normalmente formarían un diptongo, como lo hacen en *pai-sa-no,* debe pronunciarse de tal manera que ese diptongo se *rompa* en dos sílabas, como en *pa-ís,* habremos de colocar una tilde sobre la vocal débil. De hecho, cuando cualquiera de las combinaciones de diptongo debe pronunciarse como dos sílabas, hay que poner una tilde sobre la vocal débil.

§8.2 Palabras graves, agudas y esdrújulas

La vasta mayoría de las voces del castellano es grave. Estas son palabras cuyo acento *prosódico* —o el acento con que *pronunciamos* las palabras, independientemente de si tienen una tilde o no—, cae en la penúltima sílaba. Dicho de otro modo, la sílaba del acento prosódico es aquella que se pronuncia con mayor intensidad (la sílaba tónica de la que se habló antes). Veamos algunos ejemplos de palabras graves:

pan-TA-lla	BRIN-co	CAN-to
e-XA-men	LÁ-piz	en-CAN-to
ca-RÁC-ter	ÁR-bol	co-li-BRÍ-es
mo-MEN-to	ar-bo-LI-to	a-ni-ma-LO-te

Las palabras agudas, por otra parte, llevan su acento prosódico en la última sílaba, independientemente de si esta lleva tilde o no. Veamos esta lista:

pa-RED	vie-NÉS	car-CAJ
cha-ROL	sin-FÍN	lec-CIÓN
a-ni-MAL	con-de-co-RÓ	Pa-na-MÁ
co-li-BRÍ	fis-TOL	a-gua-RRÁS

Por último, las palabras esdrújulas llevan su acento prosódico en la antepenúltima sílaba. Estas voces *siempre* llevarán un acento escrito, o tilde, en virtud de la regla que veremos enseguida. Si la antepenúltima sílaba contiene un diptongo, el acento ortográfico caerá sobre la vocal *fuerte,* de modo que *no* se rompa el diptongo. Si ambas vocales fuesen débiles, el acento caería sobre la segunda (como en *cuídame,* el último ejemplo de la lista):

SÍ-la-ba	a-PIÁ-de-se	JÓ-ve-nes
ÚL-ti-mo	e-ner-GÚ-me-no	mi-cros-CÓ-pi-co
pe-TRÓ-le-o	TUÉ-ta-no	vo-LÚ-me-nes
BRÚ-ju-la	e-XÁ-me-nes	CUÍ-da-me

Las sobreesdrújulas, como *bús-ca-me-lo,* siempre llevan una tilde sobre la vocal indicada dentro de la sílaba anterior a la antepenúltima. Para los adverbios de modo terminados en *-mente,* véase el apartado §8.3, párrafo 5.

§8.3 Las reglas de la acentuación

1. Toda palabra grave terminada en consonante —que no sea *n* o *s*—, llevará una tilde sobre la vocal de la penúltima sílaba:

lápiz	árbol	cáliz
cóndor	dúctil	álbum

2. Toda palabra aguda que termine en vocal, *n* o *s*, llevará una tilde sobre la vocal de la última sílaba:

canción	despidió	barbaján
aguarrás	chachachá	vudú
afeitó	canapé	ajonjolí

3. Toda palabra esdrújula llevará una tilde sobre la vocal de la antepenúltima sílaba:

conózcanme	párvulo	condiscípulo
petróleo	insípido	cardúmenes
carnívoro	aéreo	anímese

4. Todas las demás palabras —graves que terminen en vocal, *n* o *s*; agudas que terminen en consonante que no sea *n* o *s*— no llevarán tilde a menos que esta sea necesaria para que no haya confusión en cuanto a su sentido. Los monosílabos tampoco suelen llevar tilde, pero sí se emplean para diferenciar entre palabras que suenan igual pero que tienen sentidos diferentes (todas estas se llaman *homófonos*), como *más* (adverbio comparativo) y *mas* (conjunción adversativa), o como *te* (pronombre personal) o *té* (sustantivo: *infusión caliente*).

5. Todos los adverbios terminados en *-mente* llevarán el mismo acento del adjetivo del cual se derivan. Si como adjetivo no llevan tilde, tampoco lo llevarán como adverbios: único ➤ únicamente; común ➤ comúnmente; bello ➤ bellamente.

6. Según la antigua norma ortográfica, con palabras como *envióla* o *jurólo* —en lugar de *la envió* y *lo juró*— se conservaba la tilde en la penúltima sílaba aunque según la regla general no hacía falta, pues se trataba de palabras graves terminadas en vocal. Esto se hacía en virtud de que la palabra principal, el verbo, requería tilde (algo similar a lo que sucede con los adverbios terminados en *-mente*). Pero la nueva norma ortográfica nos pide que nos apeguemos a la regla general: toda palabra grave terminada en vocal, *n* o *s*, *no* debe llevar acento ortográfico. Así, ya no es necesario poner la tilde a esta clase de palabras. Afortunadamente —por otro lado—, ya se emplean poco en la escritura seria, mientras que en el siglo pasado y en el xix, eran comunes en el lenguaje literario.

Cabe aclarar que en casos de esdrújula, sí hay que escribir el acento sobre la vocal de la antepenúltima sílaba, en virtud de que las palabras esdrújulas siempre llevan tilde. Ejemplos: *mandóselo, pidiótela, alquilónoslas*.

Palabras que pueden causar confusiones

En principio, todos los monosílabos —o palabras que tienen una sola sílaba, como *fue*— carecen de tilde. Hay algunos —como ya habíamos visto— que a veces la llevan, y otras, no. Esto depende de su función dentro de la frase.

También hay palabras de dos sílabas o más que a veces llevan tilde, y a veces, no. La tilde aquí también dependerá de la función de la palabra. Hay otras —muy pocas—, como *rio* y *guion*, que según la norma ortográfica antigua debían llevar tilde (*rió, guión*), pero según la nueva, ya no porque *rio* siempre será verbo,[1] y *guion* siempre será sustantivo[2]. Antes se consideraban bisílabos, pero ya no, y como monosílabos sin posibilidad de confusión, ya no deben llevar tilde, aunque la fuerza de la costumbre sea poderosa. Tiene que dejarse de usar tilde con estas palabras porque solo está justificada por la inercia. Amén de *guion* y *rio*, otras palabras que ya no requieren tilde son *hui*, *Sion*, *fie*, etcétera.

El acento diacrítico

El acento diacrítico (representado por la misma tilde del acento gráfico) sirve para distinguir entre homófonos, dos palabras que suenan igual pero que pertenecen a dos categorías gramaticales diferentes. En la siguiente lista se ven ejemplos del uso del acento diacrítico. (Al pronunciar la palabra *aun*, casi todo el mundo lo hace de la misma manera, tenga acento diacrítico o no. Suele pronunciarse como monosílabo, aunque con tilde sería —técnicamente— bisílabo).

No lleva acento	Sí lleva acento
mi, adjetivo posesivo	mí, pronombre personal
tu, adjetivo posesivo	tú, pronombre personal
el, artículo definido	él, pronombre personal
si, conjunción condicional	sí, adverbio de afirmación
	o pronombre personal reflexivo
se, pronombre reflexivo	sé, 1ª persona de *saber*
	imperativo informal de *ser*
te, pronombre reflexivo	té, sustantivo (infusión caliente)
mas, conjunción adversativa	más, adverbio de cantidad
aun, significa *hasta* o *incluso*	aún, siempre que pueda sustituirse por *todavía*, en cualquiera de sus acepciones

- ¿Me trae *mi* libro, por favor? A *mí* no me vas a decir que no, ¿verdad?
- *Tu* futuro me interesa, siempre y cuando *tú* te intereses en él también.

---

[1] Téngase cuidado de no confundir este verbo con el sustantivo río, al que —gracias a que su i suena fuerte— debe ponérsele tilde, por lo cual se trata de una palabra bisílaba, y no de un monosílabo como rio, cuya vocal tónica —o— ya es fuerte de por sí, razón por la que no necesita tilde.

[2] Aun cuando se trate de un libreto cinematográfico o del signo de puntuación, pues ambos pertenecen a la misma categoría gramatical.

- *El* secreto será descubierto si *él,* su guardián, no tiene cuidado.
- *Si* me amas, claro que *sí* me casaré contigo.
- No *se* quedó en España, pero *sé* que eso querías; así, *sé* bueno por hoy.
- No *te* desesperes; mira, toma este *té.*
- Quiero *más* dinero, *mas* tú no puedes dármelo.
- *Aún* no llega tu mamá, pero *aun* tú —a pesar de tu edad— sabes eso.

También hay palabras interrogativas que, sin su tilde, se convierten en simples pronombres relativos. Estas son:

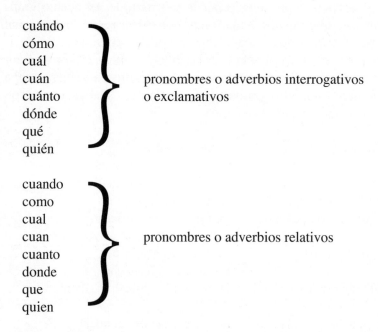

cuándo
cómo
cuál
cuán
cuánto   pronombres o adverbios interrogativos
dónde   o exclamativos
qué
quién

cuando
como
cual
cuan   pronombres o adverbios relativos
cuanto
donde
que
quien

Enseguida se encuentra un párrafo que incluye todas estas palabras con su tilde si la requiere:

No sé cuándo ni sé cómo, mas cuando tú llegues a mis brazos, nadie sabe cuál será mi reacción. Yo, cual animal que ha perdido su rumbo, me extiendo cuan largo soy sobre la tierra que tú aún no conoces, la cual tú misma pisas… a veces. ¡Cuán hermosa te me revelas en sueños! ¡Aun en mis recuerdos que tú no compartes, eres tú quien me acompaña! ¿Sabes quién soy? ¿En dónde me viste? Allá donde la verdad coincide con la fantasía, cuanto más sueñas, más vives. ¿Sabes, por casualidad, cuánto te quiero? Como una ráfaga te pregunto: ¿qué esperas para despertarme?

Respecto de la palabra *solo*, esta ya no debiera llevar tilde —se trate de adjetivo masculino singular que significa *sin compañía* o *único en su especie* (*Esta noche me siento solo*) o de adverbio que significa *solamente* (*Ella solo* [solamente] *me quiere a mí*)— según recomienda la Academia. Y se hace énfasis en *recomienda* porque aún permite que se la ponga; sin embargo, emplea mucho espacio en la *Ortografía...* de 2010 para explicar por qué la tilde es innecesaria. En realidad, es sencillo: si no puede deducirse por contexto si se trata del adjetivo o del adverbio (cosa que sería muy poco común), es muy fácil replantear la proposición o emplear sinónimos. Así las cosas, *recomendamos*, igualmente, que se elimine esta tilde que no es en realidad indispensable.

También nos queda la palabra *o*. Esta conjunción disyuntiva (*O me quieres o no me quieres*) **no** debe escribirse con tilde **jamás**, incluso cuando se encuentre entre dos guarismos, según las nuevas normas de 2010: *Trajo 50 o 60 kilos de carne molida.*

Hay ciertas palabras que *nunca* llevan tilde, aunque muchas veces reciben una tilde desautorizada. Habría que memorizar esta lista para que no haya lugar a equivocaciones:

fui	vi	fe	esto
fue	vio	son	eso
di	ti	fin	aquello
dio	bien	sin	

Por otro lado, tal vez el grupo de palabras que más dificultades causaba antes de los cambios en la *Ortografía...*, fuera el de los pronombres demostrativos. Estos son:

este	ese	aquel
estos	esos	aquellos
esta	esa	aquella
estas	esas	aquellas

En verdad, la regla que los regía era sencilla, pero a veces el redactor no distinguía entre las dos clases de palabras que la regla proponía. Esta decía que solo llevarían acento ortográfico los pronombres demostrativos, mientras que los adjetivos demostrativos no lo llevarían.

Si se dice: *Quiero este libro*, la palabra *este* es *adjetivo demostrativo*: modifica a la palabra *libro*, que es sustantivo: *este* libro. Pero si se dice: *Quiero **este***, no hay sustantivo alguno; esto indica que *este* es *pronombre demostrativo*, pues ocupa el lugar del sustantivo; no se limita a modificarlo. Y esta es, también, la razón que justifica que no haga falta la tilde sobre los pronombres demostrativos. Es decir, sencillamente, si la palabra demostrativa está acompañada de sustantivo, sabremos que es un adjetivo; si la palabra demostrativa no se acompaña por sustantivo, se tratará de un pronombre.

Así las cosas, recomendaremos también que se elimine por completo el uso de esta tilde que, al igual que sucede con la de *solo*, no hace falta. Esto, incluso cuando la Academia misma no se haya atrevido a sancionar del todo su uso, pero sí —como pasa con *solo*— emplea mucho espacio en las páginas de la *Ortografía*... para exponer por qué es innecesaria.

Veamos una lista de frases con adjetivos demostrativos (que van en negritas) para que esto se vuelva perfectamente claro (los sustantivos modificados están subrayados):

- *Tráeme **aquella** <u>taza</u>.*
- *Necesito el <u>cuadro</u> **ese**.*
- *No sé dónde anda **aquel** <u>doctor</u>.*
- ***Esta** <u>mañana</u> iremos de pesca.*
- ***Esos** <u>niños</u> me traen loco.*
- *¿Te acuerdas de **aquella** <u>tamalera</u>?*
- *¡Dios me libre de **esos** <u>quejidos</u>!*

En cada uno de estos casos el adjetivo demostrativo modifica a un sustantivo que se encuentra a su lado. Si se suprime el sustantivo, el adjetivo demostrativo se convierte en *pronombre* demostrativo. Otra vez: así es como podemos diferenciarlos sin que haya necesidad de usar la tilde. Veamos ahora los mismos ejemplos, pero con pronombres demostrativos en lugar de sea con adjetivos demostrativos. Hay que fijarse en el cuarto, donde la tilde sobre *esta* evita la repetición de la palabra *mañana*:

- Tráeme **aquella**.
- Necesito **ese**.
- No sé dónde anda **aquel**.
- ¡Qué mañana será **esta** para irnos de pesca! [¡Qué mañana será **esta** <u>mañana</u> para irnos de pesca!]
- **Esos** me traen loco.
- ¿Te acuerdas de **aquella**?
- ¡Dios me libre de **esos**!

Una palabra sobre algunas *simplificaciones* académicas

El problema de los acentos (que mucha gente tenga dificultad al usarlos, no usarlos o usarlos mal) ha inspirado a algunos pensadores a tomar medidas radicales. La más radical de todas sería eliminarlos por completo. Sin duda tardaríamos un buen rato para acostumbramos a leer y entender lo leído sin acentos, pero cabe la remota posibilidad de que, tras una revolución ortográfica de esa envergadura, estaríamos todos más contentos con la manera de escribir en castellano. Por otra parte, algunas de las medidas intermedias que ha tomado la Academia —como hemos visto— son lógicas y absolutamente benéficas, y deberíamos adoptarlas sin mayor demora.

Solo el tiempo determinará la suerte del resto de los acentos. Por lo pronto, tendremos que convivir con ellos lo mejor posible a fin de que todos los hispanoparlantes podamos seguir entendiendo lo que escribimos, no importa en qué país vivimos o dónde aprendimos el español. Sirvan las reglas que hemos visto para lograrlo.

Con estas reflexiones cerramos la segunda y penúltima parte de *Redacción sin dolor*. Es probable que si uno vuelve con cierta frecuencia sobre las reglas, consejos y ejemplos que se han dado a lo largo de estas páginas, *y si redacta con regularidad* —preferiblemente bajo la tutela de alguien versado en estas cuestiones, por lo menos al principio—, dentro de muy poco tiempo estará creando escritos que constituyan una lectura no solo inteligente sino, además, *agradable*. Esperamos que así sea.

Tercera parte
Los verbos y su lógica temporal relativa

Yliana Cohen

Dedico este trabajo a la memoria de Tristán Cruz Cohen, mi amado sobrino, quien me enseñó que el amor incondicional sí existe.

Introducción

Como se ha visto a lo largo de este libro, el verbo es el núcleo del predicado, la parte más importante de la oración. Sin embargo, hasta ahora no se había tratado como materia de estudio independiente dentro de *Redacción sin dolor*. La razón es que no considerábamos imprescindible para el estudiante que desea aprender a redactar claramente que se metiera en vericuetos verbales y gramaticales que pudieran resultarle demasiado ásperos. La realidad es, empero, que en cada curso que hemos dado, desde adolescentes preparatorianos hasta adultos con doctorado nos han expresado valiosas dudas sobre el uso, estructura y temporalidad relativa de las acciones que narran por escrito todos los días.

Por lo anterior, se decidió incluir este breve tratado con el que deseamos resolver las inquietudes más frecuentes a este respecto, pues sería prácticamente absurdo pretender agotar en unos cuantos capítulos todo lo que rodea a esta categoría gramatical. Se ha intentado abordar el tema de la manera más completa y —al mismo tiempo— sencilla y práctica posible, según el objetivo primordial de *Redacción sin dolor*: aprender a escribir con claridad y precisión. Sin embargo, hay partes de este estudio que puedan resultar muy áridas para quienes no estén acostumbrados al lenguaje académico.

Lo importante es que el estudiante que tenga dudas sobre algún aspecto específico del verbo podrá leer esa parte que le interese independientemente del resto. Buscará, por ejemplo, el tema que necesite en el índice general de materias. Si estuviera interesado, digamos, en cómo se forman los verbos, podría leer solo los apartados §11.1.1, §11.1.2 y §11.1.4. O si quisiera saber cómo se usan los pronombres *vos* y *vosotros*, bastaría con que leyeran el apartado §12.1.1. Si necesitaran aprender a conjugar los verbos en el tiempo adecuado según el plano narrativo que eligieron para escribir un cuento, podrían ir directamente a la sección 13: "Lógica temporal relativa".

Para hacer un poco más amables las referencias cruzadas en esta tercera parte del libro, se entenderá como *sección* cada una de las partes mayores que la conforman (1, 2, 3…), mientras que se llamará *apartado* a las que forman parte de cada sección (§10.1, §11.2.4, §12.3.2.3, etcétera).

Deseo que estas líneas sean de utilidad al estudiante, al maestro y al curioso que se adentre en ellas.

Yliana Cohen

Capítulo 9
Función y construcción del verbo

§9 Función y constitución del verbo

¿Qué es, para qué sirve y cómo está constituido el verbo? Puede expresar una acción que realiza el sujeto (*David canta*), un estado físico (*Boris estaba cansado*) o psíquico (*Carmen creerá cualquier tontería*), un sentimiento (*Gloria ama a su prójimo*), entre otros... Y también puede expresar, sencillamente, existencia (*Hay tres huevos en el refrigerador*).

Sin verbo, no puede haber oración; sin él no *sucede* cosa alguna. Sería como ir a ver una obra de teatro y encontrarnos con un escenario lleno de actores bien vestidos y maquillados, pero inmóviles, rodeados de una escenografía quizás maravillosa, de utilería tal vez llamativa y de luces que brinden ciertas atmósferas. En esta analogía, la obra sería el texto; los actores, los sustantivos; el vestuario y el maquillaje, los artículos y adjetivos (juntos —sustantivos, artículos y adjetivos— podrían formar sujetos, complementos directos o indirectos, pero hasta aquí, aún no sabríamos qué papel tendrían); la escenografía, utilería y luces fungirían como complementos circunstanciales... Y, a lo mejor, de entrada nos resultaría un cuadro plástico muy atractivo, pero luego de unos minutos querríamos ver *acción*, desearíamos que *pasara* algo, que hubiera vida, movimiento; que se usaran los elementos que se nos mostraron. Si esto no sucediera, sería muy probable que saliéramos de la sala frustrados, insatisfechos o —incluso— enojados. ¡Lo mismo sentimos cuando encontramos proposiciones o párrafos enteros sin verbo![1]

En la oración, pues, dependerá de la función sintáctica y del destino de la acción del verbo (si es transitivo, intransitivo, pronominal, copulativo, etcétera)[2] si el predicado tendrá, además, complementos o atributos. Por ejemplo, si el verbo es transitivo, requerirá complemento directo: *Matiana* **compró** *dulces*. Si es intransitivo, no llevará complemento directo: *Norma* **falleció** *en enero pasado*. Si es copulativo, hallaremos un atributo o un predicativo en lugar de complemento directo: *Sonia* **es** *mi mejor amiga* (y aquí podemos elegir cuál será el sujeto, y cuál, el predicativo; en esta ocasión, elegiré mi mejor amiga como predicativo), o *Sonia* **es** *inteligente* (en este caso, únicamente *Sonia* puede fungir como sujeto porque *inteligente* es adjetivo, es el *atributo* de Sonia, y este atributo está dentro de la oración de predicado nominal). Y todavía algunos verbos necesitan complemento preposicional en lugar de complemento directo (es decir, un complemento formado por alguna de las proposicio-

---

[1] Cabe recordar en este punto, que solo llamamos verbo a aquel que está conjugado.
[2] Véanse los apartados §11.3, §11.4 y §11.5 de este ensayo.

261

nes *vacías —a, de, en* o *con—* más un elemento sustantivo, sea palabra, frase u oración): **Confío** *en ti*, **Duda** *de que llegues*, *Se* **acuerda** *de cuanto digo*, **Irá** *con sus papás*, **Apuesta** *al tercer caballo*.

En castellano tenemos tres conjugaciones; la primera corresponde a aquellos verbos cuya terminación de infinitivo es *-ar* (como *amar*); la segunda, a aquellos cuya terminación de infinitivo es *-er* (como *temer*), y la tercera, a aquellos cuya terminación de infinitivo es *-ir* (como *partir*). El verbo está constituido por raíz y desinencia (terminación o flexión).[3]

Raíz

Obtenemos la raíz quitando la terminación del infinitivo; así, la raíz de *amar* es *am-*; la de *temer*, *tem-*, y la de *partir*, *part-*. La raíz proporciona el significado.

Desinencia, terminación o flexión

Se trata de los indicadores de persona y número, y de tiempo y modo.[4]

Separemos en raíz y terminación de infinitivo los verbos que acabamos de emplear como ejemplos en el párrafo anterior.

Infinitivo	*Raíz- / -terminación*	*Conjugación*
amar	am- / -ar	primera
temer	tem- / -er	segunda
partir	part- / -ir	tercera

Ahora conjuguémoslos en los tiempos simples[5] para distinguir la raíz de las terminaciones. Se presenta aquí tanto la nomenclatura académica actual (NAA) como la de Andrés Bello (NAB),[6] por ser esta última usual en varios países de habla hispana. Se han agregado, también, los pronombres de segunda persona *vos* y *vosotros* con su respectiva variación de la conjugación.[7]

---

[3] En distintas gramáticas e incluso en el Diccionario académico pueden encontrarse desinencia, terminación y flexión como sinónimos. Para efectos prácticos, en este trabajo utilizaremos así estas palabras. Por otro lado, a pesar de que existe también una agrupación más detallada de morfemas del verbo que incluye la característica para encontrar el tema, se ha preferido utilizar el método que se consideró más sencillo para analizar la estructura verbal.

[4] *Persona, número, tiempo* y *modo* son los llamados *accidentes gramaticales del verbo*, y puede estudiarlos en el capítulo 12.

[5] Véase el apartado §12.3 "Tiempo".

[6] Para conocer también la nomenclatura académica tradicional, véase el cuadro de "Nomenclatura comparativa" del *Diccionario de verbos* de Hilda Basulto, Trillas, México, 2001, p. 25.

[7] Sobre el uso de los pronombres *vos* y *vosotros*, véase el apartado §12.1.1 de este ensayo.

Am -ar

Tiempo (*NAT*)	Tiempo (*NAB*)	*Modo*	*1ª. per. s.*	*2ª. per. s. tú / vos*	*3ª. per. s.*	*1ª. per. p.*	*2ª. per. p. uds / vosotros*	*3ª. per. p.*
Presente	Presente	indicativo	-o	-as /-ás	-a	-mos	-an /-áis	-an
Pretérito perfecto simple	Pretérito	indicativo	-é	-aste	-aron	-amos	-aron /-asteis	-aron
Pretérito imperfecto (-aba)	Copretérito	indicativo	-aba	-abas	-aba	-ábamos	-aban /-abais	-aban
Futuro	Futuro	indicativo	-aré	-arás	-ará	-aremos	-arán /-aréis	-arán
Condicional	Pospretérito	indicativo	-aría	-arías	-aría	-aríamos	-arían /-arian	-arían
Presente	Presente	subjuntivo	-e	-es	-e	-emos	-en / éis	-en
Pretérito	Pretérito	subjuntivo	-ara o ase	-aras o ases	-ara o -ase	-áramos o -ásemos	-aran o -amasen / -arais o -asen	-aran o -amasen
Futuro	Futuro	subjuntivo	-ara	-ares	-are	-aremos	-aren / -areis	-aren
Presente	Presente	imperativo		á / -á			-en / -ad	

TEM -ER

Tiempo (NAT)	Tiempo (NAB)	Modo	1ª. per. s.	2ª. per. s. tú / vos	3ª. per. s.	1ª. per. p.	2ª. per. p. uds / vosotros	3ª. per. p.
Presente	Presente	indicativo	-o	-es /-és	-e	-emos	-en /-éis	-en
Pretérito perfecto simple	Pretérito	indicativo	-í	-iste	-ió	-imos	-ieron / -isteis	-ieron
Pretérito imperfecto (-ía)	Copretérito	indicativo	-ía	-ías	-ía	-íamos	-ían / -íais	-ían
Futuro	Futuro	indicativo	-eré	-erás	-á	-eremos	-erán / -eréis	-erán
Condicional	Pospretérito	indicativo	-ería	-erías	-ería	-eríamos	-erían / -eríais	-erían
Presente	Presente	subjuntivo	-a	-as	-a	-amos	-an / -ais	-an
Pretérito imperfecto	Pretérito	subjuntivo	-iera o iase	-ieras o ieses	-iera o -iese	-iéramos o -iésemos	-ieran o -iesen / -ierais o -iesen	-ieran o -iesen
Futuro	Futuro	subjuntivo	-iere	-ieres	-ier	-iéremos	-ieren / -iereis	-ieren
Presente	Presente	imperativo		-e / -é			-an / -ed	

P<small>ART</small> -IR

Tiempo (NAT)	Tiempo (NAB)	Modo	1ª. per. s.	2ª. per. s. tú / vos	3ª. per. s.	1ª. per. p.	2ª. per. p. uds / vosotros	3ª. per. p.
Presente	Presente	indicativo	-o	-es /-ís	-e	-imos	-en /-ís	-en
Pretérito perfecto simple	Pretérito	indicativo	-í	-iste	-ió	-imos	-ieron / -isteis	-ieron
Pretérito imperfecto (-ía)	Copretérito	indicativo	-ía	-ías	-ía	-íamos	-ían / -íais	-ían
Futuro	Futuro	indicativo	-iré	-irás	-irá	-iremos	-irán / -iréis	-irán
Condicional	Pospretérito	indicativo	-iría	-irías	-iría	-iríamos	-irían / -iríais	-irían
Presente	Presente	subjuntivo	-a	-as	-a	-amos	-an / -áis	-an
Pretérito imperfecto	Pretérito	subjuntivo	-iera o iase	-ieras o ieses	-iera o -iese	-iéramos o -iésemos	-ieran o -iesen / -ierais o -iesen	-ieran o -iesen
Futuro	Futuro	subjuntivo	-iere	-ieres	-iere	-iéremos	-ieren / -iereis	-ieren
Presente	Presente	imperativo	-e / -í				-an / -id	

Infinitivos terminados en *-iar* y *-uar*

La mayoría de los verbos terminados en *-iar* conservan el diptongo en las tres personas del singular y en la tercera del plural de todos los presentes. A continuación se ofrecen como ejemplo los que más usualmente se pronuncian y se escriben incorrectamente, según las reglas gramaticales actuales.

Agenciar. *Presente de indicativo*: agencio, agencias / agenciás, agencia… agencian. *Presente de subjuntivo*: agencie, agencies, agencie… agencien. *Imperativo*: agencia / agenciá, agencien / agenciad.

Anestesiar. *Presente de indicativo*: anestesio, anestesias / anestesiás, anestesia… anestesian. *Presente de subjuntivo*: anestesie, anestesies, anestesie… anestesien. *Imperativo*: anestesia / anestesiá, anestesien / anestesiad.

Circunstanciar. *Presente de indicativo*: circunstancio, circunstancias / circunstanciás, circunstancia… circunstancian. *Presente de subjuntivo*: circunstancie, circunstancies, circunstancie… circunstancien. *Imperativo*: circunstancia / circunstanciá, circunstancien / circunstanciad.

Conferenciar. *Presente de indicativo*: conferencio, conferencias / conferenciá, conferencia… conferencian. *Presente de subjuntivo*: conferencie, conferencies, conferencie… conferencien. *Imperativo*: conferencia / conferenciá, conferencien / conferenciad.

Diferenciar. *Presente de indicativo*: diferencio, diferencias / diferenciás, diferencia… diferencian. *Presente de subjuntivo*: diferencie, diferencies, diferencie… diferencien. *Imperativo*: diferencia / diferenciá, diferencien / diferenciad.

Distanciar. *Presente de indicativo*: distancio, distancias / distanciás, distancia… distancian. *Presente de subjuntivo*: distancie, distancies, distancie… distancien. *Imperativo*: distancia / distanciá, distancien / distanciad.

Escanciar. *Presente de indicativo*: escancio, escancias / escanciás, escancia… escancian. *Presente de subjuntivo*: escancie, escancies, escancie… escancien. *Imperativo*: escancia / escanciá, escancien / escanciad.

Espaciar. *Presente de indicativo*: espacio, espacias / espaciás, espacia… espacian. *Presente de subjuntivo*: espacie, espacies, espacie… espaciemos. *Imperativo*: espacia / espaciá, espacien / espaciad.

Evidenciar. *Presente de indicativo*: evidencio, evidencias / evidenciás, evidencia… evidencian. *Presente de subjuntivo*: evidencie, evidencies, evidencie… evidencien. *Imperativo*: evidencia / evidenciá, evidencien / evidenciad.

Financiar. *Presente de indicativo*: financio, financias / financiás, financia… financian. *Presente de subjuntivo*: financie, financies, financie… financien. *Imperativo*: financia / financiá, financien / financiad.

Licenciar. *Presente de indicativo*: licencio, licencias / licenciás, licencia… licencian. *Presente de subjuntivo*: licencie, licencies, licencie… licencien. *Imperativo*: licencia / licenciá, licencien / licenciad.

Negociar. *Presente de indicativo*: negocio, negocias / negociás, negocia… negocian. *Presente de subjuntivo*: negocie, negocies, negocie… negocien. *Imperativo*: negocia / negociá, negocien / negociad.

Potenciar. *Presente de indicativo*: potencio, potencias / potenciás, potencia… potencian. *Presente de subjuntivo*: potencie, potencies, potencie… potencien. *Imperativo*: potencia / potenciá, pontencien / potenciad.

Reverenciar. *Presente de indicativo*: reverencio, reverencias / reverenciás, reverencia… reverencian. *Presente de subjuntivo*: reverencie, reverencies, reverencie… reverencien. *Imperativo*: reverencia / reverenciá, reverencien / reverenciad.

Saciar. *Presente de indicativo*: sacio, sacias / saciás, sacia… sacian. *Presente de subjuntivo*: sacie, sacies, sacie… sacien. *Imperativo*: sacia / saciá, sacien / saciad.

Seriar. *Presente de indicativo*: serio, serias / seriás, seria… serian. *Presente de subjuntivo*: serie, series, serie… serien. *Imperativo*: seria / seriá, serien / seriad.

Silenciar. *Presente de indicativo*: silencio, silencias / silenciás, silencia… silencian. *Presente de subjuntivo*: silencie, silencies, silencie… silencien. *Imperativo*: silencia / silenciá, silencien / silenciad.

Sustanciar. *Presente de indicativo*: sustancio, sustancias / sustanciás, sustancia… sustancian. *Presente de subjuntivo*: sustancie, sustancies, sustancie… sustancien. *Imperativo*: sustancia / sustanciá, sustancien / sustanciad.

Hay otros que sí rompen su diptongo en estas mismas personas, excepto en la segunda singular informal (con *vos*) del presente de indicativo y de imperativo, y en la segunda plural informal (con *vosotros, -as*) de imperativo, las cuales se han subrayado. Aquí se ofrecen apenas un par que también suelen causar confusión.

Aliar. *Presente de indicativo*: alío, alías / aliás, alía… alían. *Presente de subjuntivo*: alíe, alíes, alíe… alíen. *Imperativo*: alía / aliá, alíen / aliad.

Liar. *Presente de indicativo*: lío, lías / liás, lía… lían. *Presente de subjuntivo*: líe, líes, líe… líen. *Imperativo*: lía / liá, líen / liad.

Incluso hay algunos que presentan ambas formas (diptongadas y sin diptongo), pero que prefieren la última. Los más comunes son *agriar, ampliar, ansiar, cariar, contrariar, expatriar(se), inventariar, gloriar, repatriar, variar* y *vidriar*. A continuación se presentan un par de ejemplos de su conjugación.

Agriar. *Presente de indicativo*: agrío, agrías / agriás, agría… agrían. *Presente de subjuntivo*: agríe, agríes, agríe… agríen. *Imperativo*: agría / agriá, agríen / agriad.

Inventariar. *Presente de indicativo*: inventarío, inventarías / inventariás, inventaría... inventarían. *Presente de subjuntivo*: inventaríe, inventaríes, inventaríe... inventaríen. *Imperativo*: inventaría / inventariá, inventaríen / inventariad.

Los terminados en -*uar* **no llevarán tilde** (acento gráfico) si están precedidos por *c* o *g* (-*cuar*, -*guar*), y **sí la llevarán** si la terminación está precedida por cualquier otra consonante. Debido a los recientes cambios en la Ortografía de la Lengua Española, a continuación se presentan los que más comúnmente causan confusión. Aquellos que ya están aceptados con ambas grafías y pronunciaciones (o en los que incluso se prefiere que lleven la tilde), están precedidos por un asterisco. Sin embargo, cabe comentar que el habla *culta* prefiere la diptongación aun en esos casos.

*Adecuar. *Presente de indicativo*: adecuo o adecúo, adecuas o adecúas / adecuás, adecua o adecúa... adecuan o adecúan. *Presente de subjuntivo*: adecue o adecúe, adecues o adecúes, adecue o adecúe... adecuen o adecúen. *Imperativo*: adecua o adecúa / adecuá, adecuen o adecúen / adecuad.

Aguar. *Presente de indicativo*: aguo, aguas / aguás, agua... aguan. *Presente de subjuntivo*: agüe, agües, agüe... agüen. *Imperativo*: agua / aguá, agüen / aguad.

*Anticuar. *Presente de indicativo*: anticuo o anticúo, anticuas o anticúas / anticuás, anticua o anticúa... anticuan o anticúan. *Presente de subjuntivo*: anticue o anticúe, anticues o anticúes, anticue o anticúe... anticuen o anticúen. *Imperativo*: anticua o anticúa / anticuá, anticuen o anticúen / anticuad. (En este caso, el DRAE no incluye la forma sin tilde, lo que significa que se prefiere, aun en la norma culta, la pronunciación y escritura acentuada).

*Colicuar. *Presente de indicativo:* colicuo o colicúo, colicuas o colicúas / colicuás, colicua o colicúa... colicuan o colicúan. *Presente de subjuntivo*: colicue o colicúe, colicues o colicúes, colicue o colicúe... colicuen o colicúen. *Imperativo*: colicua o colicúa / colicuá, colicuen o colicúen / colicuad.

Evacuar. *Presente de indicativo:* evacuo, evacuas / evacuás, evacua... evacuan. *Presente de subjuntivo*: evacue, evacues, evacue... evacuen. *Imperativo*: evacua / evacuá, evacuen / evacuad.

Desaguar. *Presente de indicativo*: desaguo, desaguas / desaguás, desagua... desaguan. *Presente de subjuntivo*: desagüe, desagües, desagüe... desagüen. *Imperativo*: desagua / desaguá, desagüen / desaguad.

*Licuar. *Presente de indicativo:* licuo o licúo, licuas o licúas / licuás, licua o licúa... licuan o licúan. *Presente de subjuntivo*: licue o licúe, licues o licúes, licue o licúe... licuen o licúen. *Imperativo*: licua o licúa / licuá, licuen o licúen / licuad.

Menguar. *Presente de indicativo*: menguo, menguas / menguás, mengua... menguan. *Presente de subjuntivo*: mengüe, mengües, mengüe... mengüen. *Imperativo*: mengua / menguá, mengüen / menguad.

Capítulo 10
Verboides
(formas no personales del verbo)

§10 Verboides (formas no personales del verbo)

Es importante tratar primero de las formas no personales del verbo para que sea muy claro que estas, a pesar de denotar acción, no pueden ser consideradas núcleo de predicado, como se ha visto a lo largo de *Redacción sin dolor*. A dichas *formas...* se les conoce también como *verboides* porque parecen verbos pero no lo son; para dejar más claro esto, emplearé como analogía los androides de *La guerra de las galaxias*: parecen hombres pero jamás lo serán. Lo mismo pasa con los verboides. Existen tres tipos: infinitivos, participios y gerundios.

§10.1 Infinitivo

Este verboide puede ser simple o compuesto. Primero lo estudiaremos en su faceta de *simple*. Tiene valor tanto verbal como sustantivo. Lo primero ocurrirá si forma parte de otro verbo, como en *voy a ver* (verbo perifrástico),[1] o si es parte del complemento directo y necesita —a su vez— un complemento directo, como en *Quiero* **tener** *mucho dinero*, donde *quiero* es el verbo transitivo, y *tener mucho dinero* es el complemento directo; sin embargo, si el lector observa el ejemplo con cuidado, notará que *mucho dinero* también puede interpretarse como complemento directo de *tener*. Esto, por supuesto, es debatible y en *Redacción sin dolor* consideraríamos *tener mucho dinero* como complemento directo debido a que —como ya se dijo— el infinitivo tiene valor sustantivo y, de hecho, así es la mayoría de las veces.

Como sustantivo, pues, es el nombre del verbo; por eso decimos *el verbo* **saltar**, *el verbo* **comer**, *el verbo* **reír**. Es como si dijéramos *La maestra* **Clara**, *el director* **Sánchez**, *el doctor* **Benito**. Comprobamos su valor sustantivo al anteponerle artículos: *El* **saltar** *me encanta*. También podemos adjetivarlos: *El buen* **comer** *es un arte*.

Al igual que cualquier otro sustantivo, el infinitivo puede ser sujeto (o núcleo del sujeto): ***Leer*** *alimenta la imaginación*, *El* **salir** *con amigos* *divierte a la mayoría de los jóvenes*. También puede ser complemento directo, como en *Solo desea* **alborotar**, o parte nuclear de él, como en *Aborrece* **llegar** *tarde*. Cuando funge como complemento directo, siempre entenderemos que quien realice su acción será el mismo sujeto del núcleo de predicado. En los ejemplos anteriores, pues, comprendemos

---

[1] Lo relacionado con el verbo perifrástico se encuentra en el apartado §11.1.6.

que la acción de *alborotar* es realizada por el sujeto de *desea*, y que quien *llega* tarde es el mismo que lo *aborrece*.

El infinitivo también puede aparecer después de una preposición para formar juntos un complemento preposicional del verbo: *Asegúrate de traer la cena*.

Y, claro, este verboide puede funcionar como complemento indirecto, también siempre y cuando el sujeto del verbo sea el mismo que el que realiza la acción que expresa el infinitivo, como sucede con el complemento directo. En la oración *Lo atribuyo a **correr** todos los días*, el sujeto tácito es *yo*, así que habremos de entender que quien corre todos los días también es la primera persona de singular. ¡Pero, ojo! Si el verbo está en pasado y se entiende la acción contenida en el infinitivo como perfecta, terminada, habrá que usar el infinitivo compuesto, como en los ejemplos de más abajo y en el siguiente: *Marcelino echó la culpa de su remoción a **haber fumado** mariguana*. En el caso anterior, Marcelino (el sujeto) echó la culpa... (verbo en pasado), pero también había fumado mariguana antes de echar la culpa (pasado del pasado).[2]

De la misma forma, podemos hallar el infinitivo como predicativo de un verbo copulativo: *Lo único que quiere es **lastimar**, Juan pareció **hallar la cura**, Callar es **otorgar***. Y lo encontramos dentro de complementos circunstanciales: *No quiso decir nada al **llegar** al funeral* (tiempo), *Se complace con **comer*** (modo), *De **haber**lo intuido, no lo habría hecho* (condicional).

Asimismo, puede estar dentro del complemento adnominal (ser el término o modificador indirecto de otro sustantivo): *Sus **planes** de ahorrar se frustraron con la crisis, Los estudiantes tienen **ganas** de seguir luchando*. E incluso puede formar parte del complemento preposicional de un adjetivo: *Ese roedor es **duro** de matar, Aquellos libros ya son **difíciles** de conseguir*.

El infinitivo, al igual que el gerundio, admite pronombres enclíticos: *Quería borrarlo de su mente, Necesitaba grabárselo en la memoria, No pudo eliminarla de su lista de invitados*.

Como ya se vio, de este verboide depende si el verbo es de primera, segunda o tercera conjugación, y las terminaciones que las designan son, respectivamente, *-ar*, *-er* e *-ir*. Si quitamos estas desinencias, lo que queda es la raíz del verbo, después de la cual agregaremos la terminación de

---

[2] En otras palabras: el infinitivo, por no tener tiempo, pero sí dar la idea de acción, dependerá del tiempo del verbo conjugado; si este es pasado (*echó*, en el caso del ejemplo) y la acción del infinitivo es anterior a ese pasado, hay que usar el infinitivo compuesto. Este último sería el equivalente del pretérito pluscuamperfecto (pasado del pasado) si el infinitivo estuviera conjugado.

persona, número, tiempo y modo. Si separamos la desinencia de infinitivo del verbo *robar*, por ejemplo, tendremos que *rob-* es la raíz; a partir de aquí, podemos agregar las distintas flexiones que nos dan la información de la conjugación: rob-*o*, rob-*aba*, rob-*é*, rob-*aríamos*, rob-*asteis*, rob-*ás*, rob-*aré*, rob-*ara*…

Asimismo, el infinitivo simple indica una acción imperfecta; es decir, una acción inacabada cuya temporalidad depende del verbo conjugado: *Me gusta **cantar**, No quiero **temer**, Pretende **huir**, Me gustó **cantar**, No quería **temer**, Pretenderá **huir**.* El infinitivo compuesto, por el contrario —del cual surgen los tiempos compuestos, que se forman siempre con el auxiliar *haber* más el participio pasivo del verbo que da la idea de acción—, implicará una acción perfecta, terminada en el pasado, como en el caso del ejemplo de líneas arriba ("Marcelino echó la culpa de su remoción a ***haber fumado*** mariguana") o como en los siguientes: *Augusto busca a su verdadera madre por **haber descubierto** que era adoptado, Omar siente culpa por **haber traicionado** a su país, Recibió un premio por **haber ganado** el concurso.* De esta manera (con *haber* más participio pasivo) se forman los tiempos verbales compuestos, los cuales veremos con más detalle en los apartados §12.3.1.4, §12.3.1.5, §12.3.1.6, §12.3.1.8, §12.3.1.10 (para el indicativo) y los apartados §12.3.2.3, §12.3.2.4 y §12.3.26 (para el subjuntivo).

§10.2 Participio

El participio se divide en *activo* y *pasivo*. El primero termina en *-ante* (para los de primera conjugación) y *-ente* (para los de segunda y tercera). Estas palabras fungen como adjetivo (*fiesta **sorprendente**, lectura **interesante**, sentimiento **latente***) o —más comúnmente— como sustantivo: *el **amante**, la **estudiante**, los **dolientes***.

El pasivo, por otro lado, tiene las siguientes terminaciones para los regulares: *-ado* para la primera conjugación, e *-ido* para la segunda y tercera. Las flexiones de los participios pasivos irregulares son *-to*, *-so -cho*, y tanto regulares como irregulares pueden funcionar como adjetivos, en cuyo caso han de concordar en género y número con el sustantivo al que modifican (*ojo **caído**, tareas **terminadas**, momento **dado**, silla **rota**, texto **impreso**, trato **hecho***), o ser parte del verbo cuando este se conjuga en sus tiempos compuestos: *Cuando despertó, había **caído** de la cama, Habría **terminado** si me hubieras **dejado** trabajar, Para mañana habré **dado** todo mi dinero a la beneficencia, La madre no sabía que su hijo le había **dicho** la verdad, Si fuera intransigente, habría **impuesto** su opinión.*

Por otro lado, también hay verbos que tienen tanto participio pasivo regular como irregular. Cuando esto sucede, el regular se usa en los tiempos compuestos (y no varía en género ni en número), y el irregular hace las veces de adjetivo o —en menor medida— de sustantivo (y en estos casos sí hay variación de género y número). Aunque el Diccionario de la Academia no acoge muchos de los siguientes participios pasivos irregulares, Hilda Basulto sí los incluye en el suyo; yo los agrego a continuación porque los ejemplos (los cuales son propios, no de Basulto) resuelven dudas recurrentes que han expresado alumnos a lo largo de diez años.[3]

Abstraído/abstracto: *Me he abstraído al escribir este cuento / Esta es una pintura abstracta* (adjetivo).

Absorbido/absorto: *Esos estudios te habían absorbido hasta el tuétano / Permaneces absorto en tus estudios* (adjetivo).

Afectado/afecto: *Su muerte lo ha afectado terriblemente / Eres muy afecta al chocolate* (adjetivo) / *Les tengo un especial afecto* (sustantivo).

Atendido/atento: *Han atendido a mi papá en el hospital / Ese médico es poco atento* (adjetivo).

Bendecido/bendito: *La vida me ha bendecido con un hijo / Mi hijo está bendito* (adjetivo).

Blasfemado/blasfemo: *La mujer había blasfemado antes de entrar a misa / Ese hombre es blasfemo* (adjetivo).

Confesado/confeso: *Los involucrados han confesado / Estoy confesa* (adjetivo) / *El confeso no ha salido de su aposento en toda la mañana* (sustantivo).

Confundido/confuso: *El estudiante se ha confundido varias veces / Este texto es muy confuso* (adjetivo) / *Yo estoy confundido* (adjetivo).

---

[3] Hay varios más. Para los propósitos que aquí se tienen, solo se han puesto los más comunes. Para ver el resto de los verbos que presentan tanto participios regulares como irregulares, véase el *Diccionario de verbos*, Hilda Basulto, Trillas, México, 2001, pp. 42-44.

Convertido/converso: _He convertido_ este desastre en belleza / _Es un musulmán converso_ (adjetivo) / _El converso llegó tarde al servicio matutino_ (sustantivo).

Cortado/corto: _Habían cortado_ mal el papel / _Ese papel, comparado con la obra teatral entera, es corto_ (adjetivo).

Corregido/correcto: _Hemos corregido_ el libro lo más que hemos podido / _Esa respuestas es… ¡correcta!_ (adjetivo).

Corrompido/corrupto: _El gobierno se ha corrompido_ / _Se trata de un gobierno corrupto_ (adjetivo).

Cultivado/culto: _Te has cultivado_ en esa área del arte / _Es un pintor sumamente culto_ (adjetivo) / _Algunos no solo rinden culto a Dios_ (sustantivo).

Despertado/despierto: _¡Por fin he despertado!_ / _Es mejor que esté bien despierto_ (adjetivo).

Distinguido/distinto: _Me había distinguido por mi carisma_ / _Ahora todo es distinto_ (adjetivo) / _Es una mujer distinguida_ (adjetivo).

Elegido/electo: _Hemos elegido_ el vestido que mejor le quedaba / _Él se cree el elegido_ (sustantivo) /_¿Ese es el presidente electo?_ (sustantivo).
Nota. _Electo_ se usa cuando una persona ha sido elegida o nombrada para tener un cargo de dignidad o empleo pero aún no ha tomado posesión de él.

Esquivado/esquivo: _¡Sí que habrán esquivado suficientes obstáculos!_ / _Lucía es un tanto esquiva_ (adjetivo).

Extendido/extenso: _A esas alturas, ya se habían extendido las fronteras_ / _Aquellas publicaciones eran sumamente extensas_ (adjetivo).

Faltado/falto: _Si seguimos así, mañana nos habrá faltado la mitad de la investigación_ / _Esa criatura está falta de amor_ (adjetivo) / _Cometí algunas faltas_ (sustantivo).

Freído/frito: _He freído_ las papas / _¿Quién quiere papas fritas?_ (adjetivo).

Hartado/harto: _Ya me han hartado varias veces con lo mismo_ / _¡Me tienen harta!_ (adjetivo).

Imprimido/impreso: _Se han imprimido todos los ejemplares a tiempo_ o _Se han impreso todos los ejemplares a tiempo_ (se aceptan ambos para formar el tiempo compuesto aunque en América se opta cada vez más por el irregular para este efecto) / _Los libros impresos ya se distribuyeron_ (como adjetivo, se prefiere en todo el mundo de habla hispana la forma irregular).

Inquietado/inquieto: _Esa película los habría inquietado muchísimo si no hubiéramos sabido de ante mano de qué trataba_ / _Esa señora es muy inquieta_ (adjetivo).

Invertido/inverso: _Hemos invertido varias veces el orden de los artículos_ / _Haz, mejor, una traducción inversa_ (adjetivo).

Maldecido/maldito: _En esa casa se ha maldecido mucho_ / _Esa maldita casa me trae tristes recuerdos_ (adjetivo) / _Ese maldito se cree mucho_ (sustantivo).

Manifestado/manifiesto: _El pueblo se ha manifestado claramente en contra del dictador_ / _Su inconformidad es manifiesta_ (adjetivo) / _Todos firmaron el manifiesto_ (sustantivo).

Matado/muerto: _A lo largo de su vida, mi gato ha matado distintos tipos de insectos_ / _El rey fue muerto a manos de su hermano_ (para formar la pasiva suele usarse _muerto_, aun cuando se trate —formalmente— del participio de _morir_. Esto se debe a que sigue vigente, en esta construcción, el uso de _morir_ como verbo factitivo, lo que significa que la acción no es realizada por el sujeto sino que este hace que otro la realice por él) / _Es hombre muerto_ (adjetivo) /_¡Ahí va el muerto!_ (sustantivo).

Mochado/mocho: _Hemos mochado las puntas secas de las plantas_ / _El toro tiene la cornamenta mocha_ (adjetivo) / _¡Vino el mocho!_ (sustantivo coloquial en México de _santurrón_).

Nacido/nato: *Los gemelos han nacido* / *Tienes talento nato* (adjetivo).

Pintado/pinto: *El próximo mes habrás pintado tu habitación* / *La habitación quedó pinta* (adjetivo desusado según el diccionario de la Academia, pero muy usual actualmente en México).

Poseído/poseso: *Habíamos poseído muchos bienes* / *Actúa como poseso* (adjetivo / sustantivo).

Proveído/provisto: *Los hemos proveído de todo lo necesario* o *Los hemos provisto de todo lo necesario* (se usan ambos en la formación del tiempo compuesto) / *Los regalos proveídos me encantaron* o *Los regalos provistos me encantaron* (los dos se aceptan como adjetivos, aunque se prefiere cada vez más la forma irregular como adjetivo).

Recluido/recluso: *Al fin los han recluido* / *Juan José es un hombre recluso* (adjetivo) / *Juan José es recluso en Almoloya* (adjetivo / sustantivo).

Refreído/refrito: *¿Has refreído ya los frijoles?* O *¿Has refrito ya los frijoles?* (ambos se usan en el tiempo compuesto) / *Me encantan los frijoles refritos* (aunque también se aceptan ambos como adjetivo, en la actualidad se prefiere el irregular como adjetivo).

Reimprimido/reimpreso: *Se han reimprimido todos los ejemplares a tiempo* o *Se han reimpreso todos los ejemplares a tiempo* (se aceptan ambos para formar el tiempo compuesto, aunque en América se opta cada vez más por usar el irregular) / *Los libros reimpresos ya se distribuyeron* (como adjetivo, se prefiere en todo el mundo de habla hispana la forma irregular). Se usaron los mismos ejemplos que en *imprimido/impreso* porque funcionan de la misma manera.

Sofreído/sofrito: *Habrá sofreído el ajo y la cebolla previamente* o *Habrá sofrito el ajo y la cebolla previamente* (se aceptan ambos para formar los tiempos compuestos) / *La cebolla sofrita se agregará a las verduras* (como adjetivo se admite solamente la forma irregular).

Soltado/suelto: *He soltado los perros* / *Llevaba el cabello suelto* (adjetivo).

Sujetado/sujeto: *Se han sujetado el cabello* / *Los verbos son sujeto de esta parte* (sustantivo).

Truncado/trunco: *Esos árboles se han truncado* / *Los árboles truncos no han muerto* (adjetivo).

§10.3 Gerundio

Como en *Redacción sin dolor* se ofrece un vasto apéndice sobre los usos y abusos del gerundio,[4] aquí solamente se le dará un vistazo general para que no quede un hueco en este trabajo.

El gerundio es el verboide menos comprendido. Muchos maestros se empeñan en decir a sus alumnos que es mejor que no lo usen, en lugar de enseñarles a usarlo adecuadamente, y —¡lo que es aún peor!— muchos editores les piden a sus colaboradores que no lo empleen aunque sepan usarlo bien. Lo consideran un asunto de *estilo*… ¡En fin! Las terminaciones del gerundio son *-ando* para la primera conjugación, y *-endo* para la segunda y tercera. Temporalmente, denota que la acción se realiza durante cierto tiempo no definido: *aullando, criticando, comiendo*. El tiempo en que se da su acción, en realidad, es señalado por el núcleo del predicado: *El lobo está aullando en la pradera, Andaban criticando a todos los políticos del país, Había estado comiendo sin parar*.

Al igual que el infinitivo, puede ser simple o compuesto. El primero indica que la acción es imperfecta, por lo que es simultánea a la del verbo principal: *Brincó sonriendo*. En este caso, tanto la acción de brincar como la de sonreír suceden al mismo tiempo. También puede ser ligeramente anterior: *Entornando los ojos, lo increpó*. Aquí se entiende que el sujeto primero entornó los ojos y luego increpó al complemento directo (*lo*); también en estos casos puede entenderse como modal, pero para que eso fuera completamente cierto, habría que cambiar la sintaxis: *Lo increpó entornando los ojos*. De esta manera, únicamente se entiende como modal, pero hay que notar que —con las palabras así ordenadas— quien increpó no dijo nada sino que la forma de increpar fue *entornando* los ojos…

El compuesto —al igual que el infinitivo compuesto— se forma con el gerundio de *haber* más el participio del verbo que dará el significado. Denota que la acción es perfecta; es decir, terminada: *Habiendo aclarado el malentendido, continuó con el discurso, Habiendo dicho lo anterior, seguiremos con la clase*.

---

[4] Véase el "Apéndice A" de este libro.

La mayoría de las veces funge como adverbio, o sea que puede ser complemento circunstancial: *Entró al salón **gritando** como loco* (modal y —por lo tanto— simultáneo, pues fue la manera como entró al salón). En ocasiones forma parte de un verbo perifrástico, como en *El papalote fue cayendo poco a poco* (aunque en estos casos, por cuestiones de estilo —debido a que el gerundio ya supone que la acción se realizó de manera continua— , se prefiere simplificar: *El papalote cayó poco a poco* o *El papalote fue cayendo*.

¡Para resolver sus dudas sobre el uso y abuso del gerundio, visite el "Apéndice A" de este libro de texto!

Capítulo 11
Clasificación de los verbos

§11.1 Por su estructura

Según este razonamiento, se reúnen los verbos de acuerdo con su origen —como los primitivos, derivados, simples y compuestos— o según necesiten más de una palabra para completar su sentido, como los prepositivos, los compuestos y los perifrásticos.

§11.1.1 Simples

Consisten en una sola palabra y suelen coincidir con los primitivos: *comulgar*, *perder*, *venir*…

§11.1.1.1 Primitivos

Son aquellos que no se derivan de otra palabra sino que *nacieron* siendo verbos: *romper*, *tomar*, *leer*, *parir*…

§11.1.1.2 Derivados

Provienen de otra palabra y necesitan de afijos derivativos: *abanderar* (del sustantivo *bandera*), *amontonar* (del sustantivo *montón*), *empobrecer* (del sustantivo *pobre*), *oscurecer* (del adjetivo *oscuro*), *adjuntar* (del adjetivo *adjunto*).

Nota: Los primitivos se contraponen a los derivados, pero ambos son simples *porque consisten en una sola palabra*.

§11.1.2 Compuestos

Son los verbos formados por dos palabras: *malversar*, *menospreciar*, *malbaratar*… No deben confundirse con los *tiempos compuestos de los verbos*, como *he comido* y *habíamos hablado*.

Nota: Los simples se contraponen a los compuestos, que se forman de dos palabras: *maldecir, menospreciar, sobrentender*.

§11.1.3 Prepositivos

Estos verbos necesitan regir a una proposición para poder expresar su acción cabalmente. Algunos admiten solo una, como *acordarse* o *concordar*, que únicamente aceptan la preposición *de* y *con*, respectivamente, y no hay manera de que puedan ir sin ella: *Me <u>acuerdo</u> **de** ti* (no podríamos decir ni escribir: ⊗*Me acuerdo ti*), <u>*Concuerdo*</u> **con** *tu maestro* (sería incorrecto ⊗<u>*Concuerdo*</u> **a** *tu maestro* o ⊗<u>*Concuerdo*</u> **de** *tu maestro*…). Otros admiten más de una preposición, como *influir*, que puede acompañarse de *en* o de *sobre*: *Román Calvo <u>influyó</u> positivamente **en** mí, También <u>influye</u> **sobre** la clase.* En otras palabras, necesitan un complemento preposicional, en lugar de complemento directo.

Alex Grijelmo en *La gramática descomplicada* ofrece los siguientes ejemplos de verbos que solo admiten una preposición: <u>*centrarse*</u> **en**, <u>*circunscribirse*</u> **a**, <u>*avisar*</u> **de**, <u>*convalecer*</u> **de**, <u>*inducir*</u> **a**, <u>*desesperarse*</u> **con**, <u>*desentenderse*</u> **de**, <u>*lindar*</u> **con**, <u>*atemorizar*</u> **con**… Y proporciona los siguientes como ejemplos de aquellos que admiten varias: <u>*honrarse*</u> **de** o **con**, <u>*creer*</u> **a** o **en**, <u>*brindar*</u> **a** o **por**, <u>*sincerarse*</u> **con** o **ante**, <u>*apasionarse*</u> **por** o **con**…[1]

§11.1.4 Perifrásticos (perífrasis verbal)

Se trata de aquellos que necesitan *dar un rodeo* para completar su sentido; este *rodeo* surge por la necesidad de manifestar la acción por medio de más de una palabra, lo que lo convierte en frase. Son verbos constituidos por dos formas verbales que —juntas— significan algo distinto de lo que expresarían de estar solas. Una de estas formas estará conjugada en tiempo simple o compuesto (y será, por lo tanto y para efectos prácticos, el núcleo del predicado aunque el verbo vaya más allá de él), y la otra será un verboide; pueden estar unidas por una preposición o una conjunción, o ir seguida una de otra: <u>*Voy* **a** *ir* al teatro esta noche</u> (unidas por preposición), <u>*Deben portarse* bien, niños</u> (unidas sin preposición ni conjunción), <u>*Andan paseando* por el parque</u> (unidas sin preposición ni conjunción), <u>*Tenemos* **que** *aprender* de nuestros errores</u> (unidas por conjunción), <u>*Estoy haciendo* el pedido</u>, *Le* <u>*tengo dicho*</u> *que llegue temprano*, <u>*Habrá* **de** *terminar*</u> *el pastel muy pronto*.

Como se dijo líneas arriba, esas dos partes estarán unidas, generalmente, por una preposición o por la conjunción *que*, pero también pueden aparecer sin estas. Es el caso de los ejemplos anteriores ***Andan paseando*** *por el parque*, ***Estoy haciendo*** *el pedido* y *Le* ***tengo dicho*** *que llegue temprano*. Sin embargo, hay veces en que tenemos un verbo simple seguido de infinitivo: ***Deseo*** <u>*comer*</u> *en ese restaurante*. Sucede, en este caso, que *deseo* es un verbo simple y *comer* es su complemento directo (*en ese restaurante* es el complemento circunstancial); es decir, el

[1] Alex Grijelmo, *La gramática descomplicada*, Taurus (Santillana Ediciones Generales), sexta reimpresión (2010) de la 1ª ed. (2006), México, pp. 189-190.

infinitivo funcionaría como sustantivo. **Pero** cuando el verbo conjugado es intransitivo, *no* requerirá complemento directo, así que el infinitivo que le siga será parte del verbo perifrástico: **Suele** *comer* **en ese restaurante**. Nótese que aquí de ninguna manera podemos pensar que *comer* es complemento directo, pues no *lo suele*; en todo caso, habría que decir *suele hacer*lo, pero ya estaríamos formando una nueva perífrasis verbal (*suele hacer*), y como en este ejemplo *hacer* es transitivo, admite el pronombre de complemento directo *lo*.

La manera más fácil de saber si la construcción es un verbo perifrástico o si el complemento directo se inicia con el infinitivo, es preguntándose si la acción de la parte conjugada está incompleta sin la acción que aporta el verboide. En la oración *Deseo comer en ese restaurante*, lo que deseo es *comer*. Y podemos hacer las tres pruebas del complemento directo para confirmar que lo es: ¿Qué deseo? *comer*; *lo deseo*; *comer es deseado por mí* (hay que recordar que el circunstancial puede ir en cualquier parte; aquí simplemente se eliminó al hacer las pruebas).

Observe que en el ejemplo *suele hacerlo*, la parte conjugada del verbo perifrástico funciona como auxiliar —y será, como ya se dijo varias veces, el núcleo del predicado de la oración—, pero es la parte impersonal (el verboide) la que da la idea y la dirección de la acción; es decir: la forma no personal del verbo *decide* si la perífrasis será transitiva o intransitiva. Así, aunque *suele* sea intransitivo, como está siendo completado por *hacer* (y este —en el contexto en que se presentó— está funcionando transitivamente), el verbo todo adquirirá valor transitivo.

Por otro lado, muchas acciones pueden expresarse tanto en una sola palabra como con verbo perifrástico. A veces, el uso de este es vicioso, pero en otras ocasiones resulta muy expresivo. Alex Grijelmo en *La gramática descomplicada* afirma: "Este recurso casi siempre se emplea de manera deplorable en los medios de comunicación (*da comienzo* en vez de *comienza*, *hace entrega* en vez de *entrega* o en vez de *da*... alargamientos innecesarios), pero también podemos encontrar casos en que la perífrasis hace más hermosa, certera y hábil o contundente la frase".[2]

§11.1.4.1 Unión con conjunción

Será la conjunción *que* la que una las formas verbales para formar perífrasis: *Habrá* **que** *ver* si vale la pena, *Tengo* **que** *confesar* mis pecados, *Hay* **que** *decir* la verdad. Obsérvese que se usan en esta estructura los verbos *tener* y *haber*, y que se implica una obligación.

[2] Ídem., pp. 237-238.

§11.1.4.2 Unión con preposiciones

Las que se usan más frecuentemente son *a* y *de*, pero también podemos hallar *en*: <u>Volveré *a* ir</u> *algún día*, <u>Acabo *de* reconocer</u> *mi error*, <u>Quedamos *en* participar</u> *todos*.

Vale la pena ahora diferenciar las *perífrasis verbales* (o verbos perifrásticos) de las *locuciones verbales*. Ciertamente, ambas refieren a acciones que se completan con más de una palabra; sin embargo, en el verbo perifrástico puede uno cambiar la palabra que da el significado por otra, con lo que cambiará el significado, pero en la locución no se puede. Grijelmo, en la obra ya citada, pone estos ejemplos de perífrasis:

Voy a trabajar / Voy a descansar
Tengo que levantarme / Tengo que acostarme
Acabo de llegar / Acabo de salir
Puede llover / Puede escampar

Y como ejemplos de locuciones verbales presenta la tabla que se reproduce a continuación:[3]

DECIMOS	NO DECIMOS
Te echo de menos	Te echo de más
Lo has echado a perder	Lo has echado a ganar
Lo daré a conocer	Lo daré a desconocer
Hace falta	Hace sobra
Vaya usted a saber	Vaya usted a desconocer
Echar en cara	Echar en pies
Saber a ciencia cierta	Saber a ciencia equivocada

§11.2 Por su conjugación

Tiene que ver con que la raíz, las desinencias o ambas se modifiquen o no a lo largo de la conjugación, y con que tengan o no todas las flexiones; los hay regulares, irregulares y defectivos.

---

[3] Ídem., p. 242.

§11.2.1 Regulares

Su raíz permanece inalterada en toda la conjugación y toman las terminaciones que les corresponden según pertenezcan a la primera, segunda o tercera conjugación. Como ejemplos se verán *llegar*, *comprometer* y *subir* en los tiempos simples.

Para el indicativo

Presente:
Lleg -o, -as / -ás, -a, -amos, -an / -áis, -an
Compromet -o, -as / -ás, -a, -amos, -an / -áis, -an
Sub -o, -as / -ás, -a, -amos, -an / -áis, -an

Pretérito perfecto simple (pretérito):
Lleg -ué, -aste, -ó, -amos, -aron / asteis, -aron (La *u* de la 1ª persona no afecta la terminación porque es necesaria únicamente para que la *g* mantenga su sonido *duro*, como en *pagano*, no suave, como en *página*).
Compromet -í, -iste, -ió, -imos, -ieron / -isteis, -ieron
Sub -í, -iste, -ió, -imos, -ieron / -isteis, -ieron

Pretérito imperfecto (copretérito):
Lleg -aba, -abas, -aba, -ábamos, -aban /-ábais, -aban
Compromet -ía, -ías, -ía, -íamos, -ían /-íais, -ían
Sub -ía, -ías, -ía, -íamos, -ían / -íais, -ían

Futuro simple (futuro):
Lleg -aré, -arás, -ará, -aremos, -arán / -aréis, -arán
Compromet -eré, -erás, -eremos, -erán / -eréis, -erán
Sub -iré, -irás, -iremos, -irán / -iréis, -irán

Para el subjuntivo

Presente:
Lleg -ue, -ues -ue, -uemos, -uen / -uéis, -uen (La *u* no afecta la terminación porque es necesaria únicamente para que la *g* mantenga su sonido *duro*, como en *pagano*, no suave, como en *página*).
Compromet -a, -as, -a, -amos, -an / -áis, -an
Sub -a, -as, -a, -amos, -an / -áis, -an

Pretérito imperfecto (pretérito):
Lleg -are, -ares, -are, -áremos, -aren / -areis, -aren
Compromet -iera o -iese, -ieras o -ieses, -iera o -iese, -iéramos o
-iésemos, -ieran o -iesen / -ierais o -ieseis, -ieran o -iesen
Sub -iera o -iese, -ieras o -ieses, -iera o -iese, -iéramos o -iésemos,
-ieran o -iesen / -ierais o -ieseis, -ieran o -iesen

Futuro simple (futuro):
Lleg -are, -ares, -are, -áremos, -aren / -areis, -aren
Compromet -iere, -ieres, -iere, -iéremos, -ieren / -iereis, -ieren
Sub -iere, -ieres, -iere, -iéremos, -ieren / -iereis, -ieren

Para el imperativo

Presente:
Lleg -a / -á, -uen /-ad
Compromet -e / -é, -etan / -ed
Sub -e / -í, -an / -id

§11.2.2 Irregulares

Pueden sufrir alteraciones en la raíz (*pens*ar / *piens*o; *pod*er / *pue*do;
*concib*ir / *concib*o), las desinencias (pon*er* / pon*go*, en lugar de ⊗*pono*;
sal*ir* / sal*go*, en lugar de ⊗*salo*, que sería de *salar*; nac*er* / naz*co*, en lugar de ⊗naz*o*) o ambas (*dec*-i̲r̲ / *di*-g̲o̲; *cab*-e̲r̲ / *quep*-o̲; *ven*-i̲r̲ / *vien*-e̲s̲
/ *ven*-g̲a̲).

Los anteriores se conjugarán en los tiempos simples, como ejemplos. En estos, se ha puesto la raíz al principio en letra negrita y cursiva, mientras que las flexiones se han dejado en redondas; sin embargo,
se agregará en letra cursiva la raíz en los casos en que haya variación
de esta, y en redonda se dejará la terminación. Por último, en los casos donde tanto la raíz como la desinencia varían, se mostrarán las
variaciones de raíz en letra negrita y cursiva (no solo al principio sino
también dentro de la conjugación), y las terminaciones aparecerán subrayadas.

Verbos cuya raíz se altera
*Pens*ar, *pod*er, *concib*ir

Para el indicativo

Presente:

Piens -o, *piens* -as / **pens** -ás, *piens* -a, *pens* -amos, *piens* -an / *pens* -áis, *piens* -an

Pued -o, *pued* -es / **pod** -és, *pued* -e, *pod* -emos, *pued* -an / *pod* -éis, *pued* -en

Concib -o, *concib*-es / **conceb** -ís, *concib* -e, *conceb* -imos, *concib* -en / *conceb* -ís, *concib* -en

Pretérito perfecto simple (pretérito):

Pens -é, *pens* -aste, *pens* -ó, *pens* -amos, *pens* -aron / *pens* -asteis, *pens* -aron

Pud -e, *pud* -iste, *pud* -o, *pud* -imos, *pud* -ieron / *pud* -isteis, *pud* -ieron

Conceb -í, *conceb* -iste, **concib** -ió, *conceb* -imos, *concib* -ieron / *conceb* -isteis, *concib* -ieron

Pretérito imperfecto (copretérito):

Pens -aba, *pens* -abas, *pens* -aba, *pens* -ábamos, *pens* -aban / *pens* -ábais, *pens* -aban

Pod -ía, *pod* -ías, *pod* -ía, *pod* -íamos, *pod* -ían / *pod* -íais, *pod* -ían

Conceb -ía, *conceb* -ías, *conceb* -ía, *conceb* -íamos, *conceb* -ían / *conceb* -íais, *conceb* -ían

Futuro simple (futuro):

Pens -aré, *pens* -arás, *pens* -ará, *pens* -aremos, *pens* -arán / *pens* -aréis, *pens* -arán

Podr -é, *podr* -ás, *podr* -emos, *podr* -án / *podr* -réis, *podr* -án

Conceb -iré, *conceb* -irás, *conceb* -iremos, *conceb* -irán / *conceb* -iréis, *conceb* -irán

Para el subjuntivo

Presente:

Piens -e, *piens* -es, *piens* -e, *pens* -emos, *piens*-en / *pens* -éis, *piens* -en

Pued -a, *pued* -as, *pued* -a, *pod* -amos, *pued* -an / *pod* -áis, *pued* -an

Concib -a, *concib* -as, *concib* -a, *concib* -amos, *concib* -an / *concib* -áis, *concib* -an

Pretérito imperfecto (pretérito):

Pens -ara o *pens* -ase, *pens* -ares o *pens* -ases, *pens* -are o *pens* -ase, *pens* -áremos o *pens* -ásemos, *pens* -aren o *pens* -asen / *pens* -arais o *pens* -aseis, *pens* -aren o *pens* -asen

Pud -iera o *pud* -iese, *pud* -ieras o *pud* -ieses, *pud* -iera o *pud* -iese, *pud* -iéramos o *pud* -iésemos, *pud* -ieran o *pud* -iesen / *pud* -ierais o *pud* -ieseis, *pud* -ieran o *pud* -iesen

Concib -iera o *concib* -iese, *concib* -ieras o *concib* -ieses, *concib* -iera o *concib* -iese, *concib* -iéramos o *concib* -iésemos, *concib* -ieran o *concib* -iesen / *concib* -ierais o *concib* -ieseis, *concib* -ieran o *concib* -iesen

Futuro simple (futuro):

Pens -are, *pens* -ares, *pens* -are, *pens* -áremos, *pens* -aren / *pens* -areis, *pens* -aren

Pud -iere, *pud* -ieres, *pud* -iere, *pud* -iéremos, *pud* -ieren / *pud* -iereis, *pud* -ieren

Concib -iere, *concib* -ieres, *concib* -iere, *concib* -iéremos, *concib* -ieren / *concib* -iereis, *concib* -ieren

Para el imperativo

Presente:

Piens -a / *pens* -á, *piens* -en / *pens* -ad
Pued -e / *pod* -é, *pued* -an / *pod* -ed
Concib -e / *conceb*-í, *concib* -an / *conceb* -id

Verbos cuya desinencia se altera

*pon*er, sal*ir*, nac*er* (en el caso de *poner*, se altera tanto la raíz como la terminación)

Para el indicativo

Presente:

Pon -go, -es / -és, -e, -emos, -en / -éis, -en
Sal -go, -es / -ís, -e, -imos, -en / -ís, -en
Nac -zco, -es / -ís, -e, -imos, -en / -éis, -en (la irregularidad está en la *c*, con sonido /k/, no en la *z*).

Pretérito perfecto simple (pretérito):
Pus -e, -iste, -o, -imos, -ieron / -isteis, -ieron
Sal -í, -iste, -ió, -imos, -ieron / -isteis, -ieron
Nac -í, -iste, -ió, -imos, -ieron / -isteis, -ieron

Pretérito imperfecto (copretérito):
Pon -ía, -ías, -ía, -íamos, -ían / -íais, -ían
Sal -ía, -ías, -ía, -íamos, -ían / -íais, -ían
Nac -ía, -ías, -ía, -íamos, -ían / -íais, -ían

Futuro simple (futuro):
Pondr -é, -ás, -á, -emos, -án / -éis, -án
Saldr -é, - ás, -á - emos, - án / -éis, -án
Nac -eré, -erás, -eremos, -erán / -eréis, -erán

Para el subjuntivo

Presente:
Pong -a, -as -a, -amos, -an / -áis, -an
Salg -a, -as -a, -amos, -an / -áis, -an
Nac -zca, -zcas, -zca, -zcamos, -zcan / -zcáis, -zcan (hay que recordar que, por motivos fonéticos, la z no se considera irregularidad, aun cuando en América no diferenciamos su sonido de la *s*).

Pretérito imperfecto (pretérito):
Pus -iera o -iese, -ieras o -ieses, -iera o -iese, -iéramos o -iésemos, -ieran o -iesen / -ierais o -ieseis, -ieran o -iesen
Sal -iera o -iese, -ieras o -ieses, -iera o -iese, -iéramos o -iésemos, -ieran o -iesen / -ierais o -ieseis, -ieran o -iesen
Nac -iera o -iese, -ieras o -ieses, -iera o -iese, -iéramos o -iésemos, -ieran o -iesen / -ierais o -ieseis, -ieran o -iesen

Futuro simple (futuro):
Pus -iere, -ieres, -iere, -iéremos, -ieren / -iereis, -ieren
Sal -iere, -ieres, -iere, -iéremos, -ieren / -iereis, -ieren
Nac -iere, -ieres, -iere, -iéremos, -ieren / -iereis, -ieren

Para el imperativo

Presente:
Pon / *pon* -é, ***pong*** -an / *pon* -ed (la conjugación de "tú" es *pon*)
Sal / *sal* -í, ***salg*** -an / *sal* -id (la conjugación de "tú" es *sal*)
Nac -e / -é, -zcan / -ed

Verbos cuya raíz y cuya desinencia se alteran

*dec*ir , *cab*er, *ven*ir

Para el indicativo

Presente:
Dig -o, *dic* -es / *dec* -ís, *dic* -e, *dec* -imos, *dic* -en / *dec* -ís, *dic* -en
Quep -o, ***cab*** -es / *cab* -és, *cab* -e, *cab* -emos, *cab* -en / *cab* -éis, *cab* -en
Veng -o, ***vien*** -es / ***ven*** -ís, *vien* -e, *ven* -imos, *vien* -en / *ven* -ís, *vien* -en

Pretérito perfecto simple (pretérito):
Dij -e, -iste / -iste, -o, -imos, -eron / -isteis, -eron
Cup -e, -iste, -o, -imos, -ieron / -isteis, -ieron
Vin -e, -iste, -o, -imos, -ieron / -isteis, -ieron

Pretérito imperfecto (copretérito):
Dec -ía, -ías, -ía, -íamos, -ían / -íais, -ían
Cab -ía, -ías, -ía, -íamos, -ían / -íais, -ían
Ven -ía, -ías, -ía, -íamos, -ían / -íais, -ían

Futuro simple (futuro):
Dir -é, -ás, -á, -emos, -án / -éis, -án
Cabr -é, -ás, -á -emos, -án / -éis, -án
Vendr -é, -ás, -emos, -án / -éis, -án

Para el subjuntivo

Presente:
Dig -a, -as -a, -amos, -an / -áis, -an
Quep -a, -as -a, -amos, -an / -áis, -an
Veng -a, -as, -a, -amos, -an / -áis, -an

Pretérito imperfecto (pretérito):
Dij -era o -ese, -eras o -eses, -era o -ese, -éramos o -ésemos,
-eran o -esen / -erais o -eseis, -eran o -esen
Cup -iera o -iese, -ieras o -ieses, -iera o -iese, -iéramos o
-iésemos, -ieran o -iesen / -ierais o -ieseis, -ieran o -iesen
Vin -iera o -iese, -ieras o -ieses, -iera o -iese, -iéramos o -iésemos,
-ieran o -iesen / -ierais o -ieseis, -ieran o -iesen

Futuro simple (futuro):
Dij -ere, -eres, -ere, -éremos, -eren / -ereis, -eren
Cup -iere, -ieres, -iere, -iéremos, -ieren / -iereis, -ieren
Vin -iere, -ieres, -iere, -iéremos, -ieren / -iereis, -ieren

Para el imperativo

Presente:
Di / *dec* -í, *dig* -an / *dec* -id (la conjugación de *tú* es *di*)
Cab -e, -é, *quep* -an / *cab* -ed
Ven / -í, -gan / -id (la conjugación de *tú* es *ven*)

Hay otros verbos irregulares que son únicos por sus irregularidades en la conjugación, y no son modelo sino de sí mismos. A continuación se presentan algunos ejemplos representativos. Se han puesto los tres verboides en letra negrita; en cursiva, todas las personas de presente de indicativo; también aparecen en itálicas las primeras de singular de pretérito imperfecto (o copretérito) y de pretérito perfecto simple (o pretérito), la primera singular de presente de subjuntivo, la primera singular de futuro de indicativo y la segunda singular y plural (y únicas) de imperativo, en ese orden.

Ser / **sido** / **siendo** / *soy* / *eres, sos* / *es* / *somos* / *son, sois* / *son* /*era* / *fui* / *fuera* / *seré* / *sé* / *sean, sed...*

Ir / **ido** / **yendo** / *voy* / *vas* (tú y vos) / *va* / *vamos* / *van, vais* / *van* / *iba* / *fui* / *fuera* / *iré* / *ve, andá* / *vayan, id...*

Hacer / **hecho** / **haciendo** / *hago* / *haces, hacé* / *hace* / *hacemos* / *hacen, hacéis* / *hacen* / *hacía* / *hice* / *haga* / *haré* / *haz, hacé* / *hagan, haced...*

Errar / errado / errando / *yerro* o *erro* / *yerras* o *erras, errás* / *yerra* o *erra* / *erramos* / *yerran* o *erran, erráis* / *yerran* o *erran* / *erraba* / *errabas* / *erré* / *yerre* o *erre* / *erremos* / *yerra* o *erra, errá* / *yerren* o *erren, errad...*

Tener / tenido / teniendo / *tengo* / *tienes, tenés* / *tiene* / *tenemos* / *tienen, tenéis* / *tienen* / *tenía* / *tuve* / *tenga* / *tendré* / *ten, tené* / *tengan, tened...*

§11.3.3 Defectivos

Son aquellos que solo se conjugan en algunos tiempos, modos o personas. Si se quiere usar *abolir, compungir, desabrir* o *aterir*, por ejemplo, **en el imperativo**, solo podrán conjugarse en la segunda persona singular familiar (con el pronombre *vos*: *abolí vos*) y plural familiar (con el pronombre *vosotros, (-as)*: *abolid vosotros*); será igual en el **presente de indicativo** (*vos abolís, vosotros abolís*) pero en este **también tiene primera de plural** (*nosotros abolimos*). Pero en los demás tiempos simples de indicativo, puede conjugarse en todos los números y persona. Estos verbos **tampoco** tienen flexiones de **presente de subjuntivo**.

Garantir, por otro lado, aunque según la norma culta es tan defectivo como los ejemplos anteriores, es usado en Argentina y Uruguay como *no* defectivo y se conjuga en todos los tiempos, modos y personas.

Como ejemplo de este tipo de verbos, se conjugará *aterir(se)* —cuyo participio es *aterido* y cuyo gerundio es *ateriendo*— en sus tiempos simples.

En el indicativo

Presente:
   Vos *aterís*, nosotros (-as) *aterimos*, vosotros (-as) *aterís*

Pretérito perfecto simple (pretérito):
   Yo *aterí*, tú *ateriste*, él (-lla) *aterió*, nosotros (-as) *aterimos*, ustedes *aterieron* / vosotros (-as) *ateristeis*, ellos (-as) *aterieron*

Pretérito imperfecto (copretérito):
   Yo *atería*, tú *aterías*, él (-lla) *atería*, nosotros (-as) *ateríamos*, ustedes *aterían* / vosotros (-as) *ateríais*, ustedes *aterían*

Futuro simple (futuro):
Yo *ateriré*, tú *aterirás*, él (-lla) *aterirá*, nosotros (-as) *ateriremos*, ustedes *aterirán* / vosotros (-as) *ateriréis*, ellos (-as) *aterirán*

Condicional (pospretérito):
Yo *ateriría*, tú *aterirías*, él (-lla) *ateriría*, nosotros (-as) *ateriríamos*, ustedes *aterirían* / vosotros (-as) *ateriríais*, ellos (-as) *aterirían*

En el subjuntivo

Pretérito imperfecto (pretérito):
Yo *ateriera* o *ateriese*, tú *aterieras* o *aterieses*, él (-lla) *ateriera* o *ateriese*, nosotros (-as) *ateriéramos* o *ateriésemos*, ustedes *aterieran* o *ateriesen* / vosotros (-as) *aterierais* o *aterieseis*, ellos (-as) *aterieran* o *ateriesen*

Futuro simple (futuro):
Yo *ateriere*, tú *aterieres*, él (-lla) *ateriere*, nosotros (-as) *ateriéremos*, ustedes *aterieren* / vosotros (-as) *ateriereis*, ellos (-as) *aterieren*

En el imperativo

Presente:
Aterí vos, *aterid* vosotros

Acontecer y *concernir* solo se presentan en infinitivo, participio, gerundio y tercera persona singular y plural de todos los tiempos del indicativo y de subjuntivo, pues **no tienen imperativo**. Se conjugará *acontecer* (cuyo participio pasivo es *acontecido*, y cuyo gerundio es *aconteciendo*) para ejemplificar.

En el indicativo

Presente:
Eso (-a) *acontece*; esos (-as) *acontecen*

Pretérito perfecto simple (pretérito):
Eso (-a) *aconteció*; esos (-as) *acontecieron*

Pretérito imperfecto (copretérito):
Eso (-a) *acontecía*; esos (-as) *acontecían*

Futuro simple (futuro):
Eso (-a) *acontecerá*; esos (-as) *acontecerán*

Condicional (pospretérito):
Eso, (-a) *acontecería*; esos (-as) *acontecerían*

En el subjuntivo

Presente:
Eso (-a) acontezca; esos (-as) acontezcan

Pretérito imperfecto (pretérito):
Eso (-a) *aconteciera* o *aconteciese*; esos (-as) *acontecieran* o *aconteciesen*

Futuro simple (fututo):
Eso (-a) *aconteciere*; esos (-as) *acontecieren*

Soler tiene infinitivo y gerundio (*soliendo*), pero carece de participio, y nada más se conjuga en presente y pretérito imperfecto tanto de indicativo como de subjuntivo (**no tiene imperativo**).

En el indicativo

Presente:
Yo *suelo*, tú *sueles* / vos *solés*, él (-lla) *suele*, nosotros (-as) *solemos*, ustedes *suelen* / vosotros (-as) *soléis*, ellos (-as) *suelen*

Pretérito imperfecto (copretérito):
Yo *solía*, tú *solías*, él (-lla) *solía*, nosotros (-as) *solíamos*, ustedes *solían* / vosotros (-as) *solíais*, ellos (-as) *solían*

En el subjuntivo

Presente:
Yo *suela*, tú *suelas*, él (-lla) *suela*, nosotros (-as) *solamos*, ustedes *suelan* / vosotros (-as) *soláis*, ellos (-as) *suelan*

Pretérito imperfecto (pretérito):
Yo *soliera* o *soliese*, tú *solieras* o *solieses*, él (-lla) *soliera* o *soliese*,

nosotros (-as) *soliéramos* o *soliésemos*, ustedes *solieran* o *soliesen* / vosotros (-as) *solierais* o *solieseis*, ellos (-as) *solieran* o *soliesen*

Abarse, que significa *hacerse a un lado* y es solo pronominal (su infinitivo *no* es *abar* sino *abarse*), únicamente tiene **infinitivo** e **imperativo**.

En el imperativo

Presente:
Ábate tú / *abate* vos, *abaos* vosotros (-as) / ábense ustedes

Antes, los verbos *agredir* y *transgredir* eran defectivos. Actualmente han dejado de serlo y se conjugan en todos los tiempos, modos y personas singulares y plurales.

§11.2.4 Impersonales o unipersonales

Se los llama *impersonales* porque no es una persona (ser humano) quien los realiza, y se les llama *unipersonales* porque gramaticalmente son llevados a cabo por la tercera persona, la única en que se conjuga. Pertenecen a este grupo los verbos que aluden al clima: *llover, nevar, tronar, relampaguear, diluviar, amanecer, anochecer...* En estos casos, nadie *llueve*, ni hay alguien que *nieve, truene, relampaguee, diluvie, amanezca* o *anochezca*. Y a pesar de que metafóricamente podamos utilizar *amanecer* y *anochecer* personalmente, como en ¿Qué tal amaneciste?, gramaticalmente hablando, nadie amanece ni anochece, sino el día y la noche, pero no podemos decir que ellos *realizan la acción*. Se trata, nada más, de algo que sucede.

Y hay otros verbos que son impersonales en ciertos contextos, como *haber* en su sentido de *existir*, razón por la cual podemos decir que también es defectivo (solo en este caso, no como auxiliar), pues no debe —según la norma culta— pluralizarse al tratar de hacerlo concordar con el complemento directo, pensando —erróneamente— que se trata del sujeto: *Hay un huevo en el refrigerador, Hay tres huevos en el refrigerador, Había un alumno en la clase, Había cinco alumnos en la clase, Hubo un rumor muy fuerte, Hubo varios rumores muy fuertes*.

En todos los casos anteriores, *un huevo, tres huevos, un alumno, cinco alumnos, un rumor muy fuerte* y *varios rumores muy fuertes* son los complementos directos, **no los sujetos** —insisto— de *haber*. Compruébelo usando los pronombres de complemento directo que les corresponden: *lo* hay o *los* hay; *lo* había o *los* había, *lo* hubo o *los* hubo. No puede hacerse la prueba de la voz pasiva debido a que no hay agente ni sujeto pasivo, pues solo se habla de la existencia de algo.

Para finalizar con el asunto de *haber* en el sentido de *existir*, que tanta lata da en la vida real todos los días y en todas partes, echemos un vistazo al muy frecuente mal uso de este verbo, incluso por personas cultas: usar la primera persona plural: ***Habemos*** *300 personas en este congreso sobre la lengua española*. Hay que recordar que *haber* en latín significa *tener*, pero que en el castellano perdió muy pronto esa acepción, y lo más seguro —de cualquier forma— es que quien dijo esto no estaba pensando que *tenemos 300 personas en este congreso* sino que *hay en este congreso, incluyéndome, 300 personas*, *Somos 300 personas en este congreso*, *Estamos presentes en este congreso 300 personas* o algo por el estilo.

Hacer también funciona así en *hacía frío*, pues nadie *hace* (fabrica) el frío; *ser*, está en igualdad de circunstancias en los siguientes casos: *Son las tres de la madrugada*, *Es que me enfadé*. Nótese cómo *las tres de la madrugada* no *son* nada, ni *nadie* es *que me enfadé* (aunque *yo* sea el sujeto tácito de la oración subordinada). Otros verbos que presentan esta peculiaridad en determinadas situaciones son *sobrar*, *faltar* y *tratarse*.

Por último, cuando usamos el pronombre *se* o el pronombre *uno*, como en *Se trata de una madre soltera adolescente* o *uno vende su coche cuando quiere comprar otro*, también estamos volviendo impersonal la acción. Esto es muy común cuando se escriben textos académicos o formales.

§11.3 Por su función sintáctica

§11.3.1 Copulativos

Se emplean para unir el sujeto con el predicado. Forman *oraciones de predicado nominal*. Como esto se ha visto ya con detalle en *Redacción sin dolor* y en este mismo apartado, baste conocerlo un poco más a fondo y recordar que los verbos copulativos por excelencia son *ser* y *estar*, y que hay algunos otros, como *parecer*, *resultar* y *suceder*.

Ser, además, es verbo *sustantivo*, y no hago referencia a su infinitivo sino a su cualidad de indicar la *sustancia* de las cosas, personas, animales y conceptos abstractos. Decimos, por ejemplo, que *Arturo* es *inteligente*, *atrevido*, *alto*… Al hacer esto, dotamos de esos *atributos* a Arturo, y comprendemos que es su *naturaleza*, su *sustancia*, y esta no podrá cambiar. Si usáramos el verbo *estar*, implicaríamos un estado, no una esencia: *Arturo está gordo*. Y Arturo —si hace dieta y ejercicio— puede adelgazar porque los estados son transitorios.

Como puede observarse, los adjetivos que definen al sujeto (en este caso, a Arturo) están unidos a él mediante los verbos *ser* y *estar*, y les llamamos *atributos*. Si no usáramos estos verbos copulativos, estaríamos especificando a qué Arturo nos referimos: *Hablo del Arturo **gordo**, no del **flaco***.

Por último, si el verbo —aunque no sea por naturaleza copulativo— admite atributo, adquiere sentido copulativo, como en *El bebé duerme **feliz**, Soledad camina **orgullosa** con su hijo, Jazmín y Vicente andan **tranquilos** por el parque*. Pero es preciso notar que en estos casos, los adjetivos tienen valor adverbial, por lo que podríamos plantear las mismas oraciones de la siguiente manera: *El bebé duerme **felizmente**, Soledad camina **orgullosamente** con su hijo, Jazmín y Vicente andan **tranquilamente** por el parque*. En estos ejemplos, entenderemos *felizmente*, *orgullosamente* y *tranquilamente* como complementos circunstanciales de modo.

§11.3.2 Auxiliares

Sirven para formar los tiempos compuestos, hacer perífrasis verbales y la voz pasiva. Suelen perder su significado parcial o totalmente pero, por ser la parte conjugada del verbo, serán siempre el núcleo del predicado. Los más comunes son *haber*, *ser* y *estar*. El primero, como ya se vio líneas arriba, sirve para dar forma a los tiempos compuestos: ***He** bebido hasta las cuatro de la madrugada, **Has** traído la falda que te pedí, **Hemos** hecho los quehaceres, **Habrán** concluido sus tareas muy tarde*.

Ser es auxiliar en la voz pasiva: *Los documentos **fueron** corregidos ayer, Las carreteras **serán** cerradas por remodelación, El programa **será** sacado del aire*. Y *estar* es auxiliar cuando acompaña al gerundio: ***Estoy** estudiando como loca, **Estaban** comiendo cuando llamaste, **Estaría** festejando si no me hallara enfermo*.

También hay otros verbos que pueden fungir como auxiliares. Por ejemplo, *ir*, para formar el futuro perifrástico: ***Voy a ir** al cine*, en lugar de *Iré al cine*; ***Voy a comer** pescado*, en lugar de *comeré pescado*; ***Voy a dormirme** temprano*, en vez de *Dormiré temprano*.

Obsérvese que el futuro perifrástico denota una realización más próxima de la acción o más seguridad en que se realizará. Es decir, si afirmamos *Voy a ir al cine*, probablemente la acción se realice dentro de unas horas y es poco probable que pase algo que lo impida, a diferencia de *Iré al cine*. Por último, los verbos perifrásticos también tienen infinitivo, y —en estos casos— serían *ir a ir, ir a comer* e *ir a dormirse*.

Finalmente, *andar, estar, llevar, ir* y *venir* fungen como auxiliares en otros verbos perifrásticos con gerundio: **Ando** *caminando* desde ayer, **Estabas** *comiendo cuando llamó*, **Llevaba** *cargando todos los libros*, **Íbamos** *durmiendo* mientras papá conducía el auto, **Venían** *diciendo muchas tonterías que nos causaban risa*.

§11.4 Por su necesidad de usar pronombres (pronominales)

Algunos verbos van antecedidos por pronombres que no tienen función de complemento directo o indirecto sino que solamente están ahí porque el verbo los necesita; a dichos verbos se les llama *pronominales*. A veces el verbo puede expresarse tanto pronominal como no pronominalmente (como *morir, morirse*) y tener —nada más— una variación de matiz, y a veces el verbo solo funciona pronominalmente (como *arrepentirse, comportarse*). En otras ocasiones, el verbo tiene un significado distinto cuando es pronominal del que tiene cuando no lo es, como *tratar* y *tratarse*.

Los verbos pronominales también pueden ser reflexivos (reflejos) o recíprocos, según donde recaiga su acción: sobre sí mismos (reflexivo), como *se peina*, o sobre una persona al mismo tiempo que esta devuelve la misma acción a la primera (recíproco), como *se besan*.

§11.4.1 Reflexivos

Son aquellos cuya acción recae en el sujeto que la realiza. Necesitan de pronombres: *bañarse, recostarme, comportarte*: *Debe* bañarse *antes de salir, señora*; *Quiero* recostarme *un rato antes de seguir trabajando*; *¡Te es tan difícil* mantenerte! En los casos anteriores, la señora se bañará a sí misma, yo me recostaré a mí misma, y a ti te es muy difícil mantenerte a ti mismo. Lo anterior no significa que únicamente se usen pronominalmente los infinitivos, pues también requieren pronombre los verbos conjugados: *La señora* se baña *antes de salir*; *Me recostaré un rato antes de seguir trabajando*; *No* te mantienes *con mucha facilidad*.

Como puede inferirse, muchos verbos pueden ser pronominales reflexivos; esto dependerá del sentido de la oración.

§11.4.2 Recíprocos

Estos necesitan un sujeto plural o uno complejo que realice su acción, para que esta recaiga sobre cada parte que lo conforma (al sujeto) y siempre llevarán, al igual que los reflexivos, pronombres: *besarse* (que podría ser reflexivo si el sujeto se besa a sí mismo), *amarse* (igual que *besarse*), *cartearse, amenazarse, jurarse, odiarse, conocerse.* En los siguientes ejemplos, los sujetos plurales o complejos irán subrayados, y los verbos pronominales, en letra negrita: *Los recién casados* **se besaron** *luego de darse el sí*; *Los novios* **se aman** *sin cordura*; *El nieto y su abuelo* **se carteaban** *constantemente*; *Nacho y yo* **nos amenazamos** *todo el tiempo, mientras que Josué y Martha* **se juran** *amor eterno desde hace tres años, y Berta y Raúl* **se han odiado** *desde que se conocieron.*

Nota: Estilísticamente hablando, en el lenguaje escrito, cuando se requieren pronombres en los verbos perifrásticos, en los reflexivos o los que tienen pronombres como complementos directos o indirectos, se prefiere que dichos pronombres vayan pegados al infinitivo o gerundio: *Creo que la señora está bañándose*, en lugar de [...] *se está bañando*; *Necesito recostarme un rato para aliviar este dolor de cabeza*, en lugar de *Me necesito recostar* [...].

Como se dijo en el párrafo anterior, si en la oración hay pronombres de complemento directo, estos también pueden ir pegados al infinitivo o gerundio (o al verbo conjugado, en algunos casos): *Está queriéndolo mucho*, *Dígaselo a él mismo*, *Desea verte de nuevo*. Cuando el perifrástico está en infinitivo, el pronombre se pegará al infinitivo transitivo: *Desea volver a verte*; *Quiero ir a conocerlos pronto*; *Necesitamos ir a visitarla mañana*; *Va a echarlo a andar la siguiente semana*.

En el caso de que ambos infinitivos sean transitivos, habrá que preguntarse cuál es la acción que realmente recae en el complemento directo. En la proposición *¡"Tener que aprenderla" suena a obligación!*, podemos imaginar el complemento directo; tal vez se trate de una lección, una canción, una cita textual, etcétera: *¡Tener que aprender esa definición suena a obligación!* Pero si cambiamos el complemento directo *esa definición* por el pronombre que le corresponde, *la*, no querríamos pegarlo a *tener* (*tenerla que aprender*) porque no debemos *tenerla* sino *aprenderla* (*tener que aprenderla*).

§11.5 Por el destino de la acción

Esta agrupación se realiza a partir de si la acción ejercida por el sujeto recaerá en *algo* (a lo que llamamos *complemento directo, objeto directo* o *complemento de objeto directo*) o si su acción no necesita recaer en nada. Como los complementos directo e indirecto se han visto ampliamente en el capítulo tres de este libro, solo se pondrán algunos ejemplos y se harán ciertas precisiones.

§11.5.1 Transitivos

La acción del sujeto recae *directamente* (sin preposición) en otra cosa. A eso sobre lo cual recae la acción, le llamamos *complemento directo*: *Compró muchas verduras*; *Comió todo lo que le sirvieron*; *Ordenó sus libros ayer*.

En ocasiones el complemento directo puede no estar presente, pero el verbo seguirá siendo transitivo (en estas ocasiones se llama *transitivo absoluto*); será el contexto el que nos diga cuál es el complemento directo: *Compró en exceso*; *Comió durante toda la tarde*; *Ordenó como si fuera el jefe*. En los casos anteriores, de ninguna manera podríamos pensar que *en exceso, durante toda la tarde* o *como si fuera el jefe* son los complementos directos, puesto que son complementos circunstanciales.

Por otro lado, algunos verbos son meramente transitivos, y otros pueden funcionar intransitivamente según el contexto. Cuando esto sucede, suele cambiar su significado: *Corrimos a las seis de la mañana* (intransitivo), *Corrimos a ese irresponsable* (transitivo). En el primer ejemplo, nosotros no corrimos ninguna cosa o persona, sino que solo *corrimos* a las seis de la mañana (complemento circunstancial). En el segundo, nosotros *corrimos* (echamos, depusimos) a ese irresponsable (complemento directo) de su empleo.

Solo como recordatorio, los pronombres de complemento directo son *me, mí, nos* (primera persona) *te, ti, os*, (segunda persona) *lo, la, los* y *las* (segunda persona formal y tercera persona). Generalmente se hace la prueba de la sustitución de complemento por pronombre en la tercera persona debido a que los pronombres de directo e indirecto son los mismos para las primeras dos personas.

Nota. Cuando se sustituye tanto el directo como el indirecto, es error común pluralizar el pronombre de directo cuando el elemento plural es en realidad el indirecto. En la oración *Les dejé muy claro algo*, *les* es el complemento indirecto (tercera persona, plural); <u>algo</u> (tercera persona, masculino, singular) es el complemento directo, y el pronombre que le corresponde a este último en la sustitución es *lo* (tercera persona, masculino, singular); sin embargo, escuchar o leer en estos casos *Se <u>los</u> dejé muy claro* es tremenda y tristemente común.

Cabe recordar, entonces, que el pronombre *se*, de indirecto, es tanto singular como plural. Lo que hay que decir y escribir en casos como este es *Se <u>lo</u> dejé muy claro*. Hay, pues, que verificar que estemos haciendo concordar el complemento directo con el pronombre que realmente le corresponde en género y número. Hay que evitar este error a toda costa porque puede causar serias confusiones, sobre todo por escrito.

§11.5.2 Intransitivos

Estos verbos no admiten complemento directo. Como sucede con los transitivos, algunos son siempre intransitivos, como *ir, venir, salir, nacer, morir*…, pues uno no puede *ir* ni *venir* nada, así como no puede *salir* algo, o *nacer* a otro, o *morirlo*. Cualquiera puede, sí, *llevar, traer* o *sacar* <u>cosas</u>, *parir* <u>bebés</u> (solo si se es mujer) o *matar* <u>a otro ser vivo</u>, pero estos últimos verbos son transitivos y se han subrayado sus complementos directos.

También algunos verbos intransitivos pueden llegar a tener función transitiva, como vimos en el apartado anterior en el ejemplo con *correr*: *Corrí por la mañana* (intransitivo) o *Corrí <u>el maratón de la Ciudad de México</u>* (transitivo). Pero, ¡ojo!, si anteponemos la preposición *en* al complemento directo, este deja de serlo y se convierte en complemento circunstancial, con lo que el verbo vuelve a ser intransitivo: *Corrí <u>en</u> el maratón de la Ciudad de México*.

Como se comentó arriba, los pronombres tanto de complemento directo como de indirecto son *me, mí, nos* (primera persona) *te, ti, os*, (segunda persona). Los que cambian son los de tercera persona, que para el indirecto son *le, les* y *se*. Decíamos, también arriba, que debido a lo anterior suele hacerse la prueba de la sustitución de complemento indirecto por pronombre en la tercera persona.

Nota. El error que más se comete cuando se trata del complemento indirecto es pluralizarlo cuando el sujeto se expresa mediante el trato de respeto, cortesía o alejamiento (usted): *No le pegue a sus hijos*. En la oración anterior, *sus hijos* es el complemento indirecto, pues es quien se beneficia o —en este caso— se perjudica con la acción del verbo *pegue*. Ya que se trata de un complemento plural, el pronombre debe ir en plural: *les*. La confusión surge porque la intención de quien habla o escribe es dirigirse de usted al progenitor golpeador, pero eso no justifica su error. Tendría que decir o escribir *No les pegue a sus hijos*, pues el trato cortés (de usted) ya está implícito en el verbo. Pero, en todo caso, bastaría con explicitar el sujeto: *No les pegue usted a sus hijos*.

Lo curioso es que el error también suele presentarse cuando el trato es informal, como en ⊗¿*Qué le estás enseñando a tus hijos?* (publicidad muy extendida en los medios de comunicación mexicanos en contra de la piratería). En la oración interrogativa anterior, otra vez no está concordando el pronombre con el complemento indirecto, pues debe ser ¿*Qué les estás enseñando a tus hijos?* En este caso, la causa del error es que el locutor está dirigiéndose a un sujeto singular (*estás* está conjugado en la segunda persona singular del familiar, *tú*), y —otra vez— está confundiendo el complemento indirecto con el sujeto. Lo que hay que hacer en estos casos en que se duplica (se pone dos veces) el complemento indirecto es fijarse si este es singular o plural y hacer concordar el pronombre con él en ese sentido.

Capítulo 12
Accidentes gramaticales del verbo

§12 Accidentes gramaticales del verbo

La razón por que consideramos *verbo* solo a aquel que está conjugado, es que por medio de la conjugación sabemos quién, cuántos, desde qué punto de vista y cuándo se realiza la acción del verbo. Conocemos esta información gracias a sus terminaciones (también llamadas *desinencias* o *flexiones*). Esta sección trata de los cuatro accidentes gramaticales a los que debemos las desinencias de los verbos: persona, número, tiempo y modo.

§12.1 Persona y número

A la pregunta ¿quién realiza la acción?, responde la *persona*: primera —*yo*—, segunda —*tú, vos* (informal o familiar), *usted* (tratamiento formal, de respeto, cortesía o alejamiento)—, tercera (*él, ella, ello, eso, esa, Aureliano...*). A la pregunta ¿cuántos realizan la acción?, contesta el *número*: singular (uno) o plural (más de uno). De esta manera, hay tres personas de singular (las que se muestran arriba), y tres de plural: primera —*nosotros, nosotras*—, segunda —*ustedes* (formal o de respeto, cortesía o alejamiento) *vosotros, vosotras* (informal o familiar), tercera (*ellos, ellas, esos, esas, Aureliano* y *Arcadio...*).

El cambio de flexión en la conjugación derivado del voseo verbal[1] que se emplea en varias regiones de Latinoamérica, solo se da en el presente del indicativo y del imperativo: *Vos **cantás** muy lindo, **Cantá** vos esa canción.* En todos los demás tiempos y modos, la conjugación para *vos* es la misma que para *tú*: *Vos **cantaste** muy lindo anoche*; *Tú **cantaste** muy lindo anoche*; *Vos **cantarás** muy lindo mañana*; *Tú **cantarás** muy lindo mañana*; *Vos **cantabas** muy lindo hace unos años*; *Tú **cantabas** muy lindo hace unos años*; *Vos **cantarías** muy lindo si te atrevieras*; *Tú **cantarías** muy lindo si te atrevieras*; *Tu representante quiere que vos **cantes** muy lindo esta noche*; *Tu representante quiere que tú **cantes** muy lindo esta noche...*

Otros ejemplos:

> **Andar.** *Presente de indicativo*: Tú and<u>as</u> / Vos and<u>ás</u>. *Presente de imperativo*: And<u>a</u> tú / And<u>á</u> vos.
>
> **Comer.** *Presente de indicativo*: Tú com<u>es</u> / Vos com<u>és</u>. *Presente de imperativo*: Com<u>e</u> tú / Com<u>é</u> vos.

---

[1] Véase el apartado §12.1.1., "Voseo", de este capítulo.

Decir. *Presente de indicativo*: Tú dic<u>es</u> / Vos dec<u>ís</u>. *Presente de imperativo*: Di tú / Dec<u>í</u> vos).[2]

Y el cambio en la desinencia aparece en todos los tiempos y modos de la segunda de plural familiar, que solo se usa en España: *Vosotros (-as) cant<u>áis</u>, cant<u>abais</u>, cant<u>asteis</u>, cant<u>areis</u>, cant<u>aríais</u>, cant<u>éis</u>, cant<u>arais</u>* o *cant<u>aseis</u>, cant<u>areis</u>*, por ejemplo, en los tiempos simples.

Empero, cuando se trata de la segunda persona singular de respeto —*usted*—, el verbo ha de conjugarse como si fuera tercera persona: <u>Us-ted</u> *prepara* (**no** ⊗<u>usted</u> *preparas*) *un arroz delicioso, suegra, Hace <u>usted</u>* (**no** ⊗*haces <u>usted</u>*) *su mejor esfuerzo, Ahorra <u>usted</u>* (**no** ⊗*ahorras <u>usted</u>*) *mucho cada vez que va de compras.*

También los pronombres posesivos y personales que le corresponden a *usted* cambian de segunda a tercera persona: *¿**Le** traigo **su** bolso?* Hay que observar que *le* se refiere a *usted* —**no** a *él* o *ella*— y que se emplea en lugar de *te*; igualmente, *su* hace referencia al bolso de *usted* —**no** al de él o *ella*— y está en lugar de *tuyo*, como sucedería si el trato fuera informal: *¿**Te** traigo el **tuyo**?* Incluso el adjetivo posesivo cambia: *¿**Te** traigo **tu** bolso?* Pero en este último caso, estilísticamente hablando, se prefiere el artículo definido *el*: *¿Te traigo el bolso?*

Para terminar de hablar sobre el trato de respeto, cortesía o alejamiento, cabe comentar que en Colombia sí se emplea como respetuoso y cortés, pero que no se considera de alejamiento sino de extremo cariño. En México a veces sucede lo mismo, pero solo cuando se habla de *usted* a los familiares mayores que uno: padres, abuelos o tíos. Sin embargo, se emplea cada vez menos y se prefiere, en general, el trato familiar o informal (el *tuteo*, o el *voseo* en algunas regiones del sureste) para dirigirse a los seres queridos.

Por otro lado, nótese que solo hay una primera persona de singular, *yo*, mientras que hay dos de plural: *nosotros* (siempre que el conjunto esté integrado solo por miembros masculinos, o femeninos y masculinos, pues el masculino plural incluye al femenino) y *nosotras* (solo si el grupo se conforma únicamente por miembros femeninos). Es un error muy común, sin embargo, que un grupo de puras mujeres se refiera a sí mismo como *nosotros*.

En cuanto a la tercera persona, hay que observar que *todo* lo que *no* somos ni *tú* ni *vos* ni *yo*, en el singular, es tercera persona: *eso, esa, ello, Aureliano, mesa, paz, jirafa…*, y que *todo* lo que *no* somos ni *ustedes* ni

---

[2] Véase el apartado §12.1.1., "Voseo", de esta tercera parte a continuación.

vosotros o *vosotras* ni *nosotros* o *nosotras* (en el plural) es —asimismo— tercera persona: *esos, esas, Aureliano y Arcadio, la flora y la fauna, la mesa y el florero, la guerra y la paz, la jirafa y los peces de colores…* Absolutamente todo lo que existe real o imaginariamente es primera, segunda o tercera personas, aunque no se trate de seres humanos.

§12.1.1 Voseo

Se conoce como *voseo* el uso del pronombre de segunda persona *vos*. En tono reverencial, aunque *vos* sea singular, el verbo se conjuga en el plural: *Haré lo que vos <u>ordenais</u>, majestad.* Se trata de un uso anticuado y ya reservado para ocasiones y personajes muy particulares, como actos solemnes y títulos nobiliarios o de dignidad principalmente en España. Fuera de la península Ibérica, podemos hallar este tratamiento en textos del siglo XVIII y anteriores, o contemporáneos en los que se emula el habla de esas épocas.

Actualmente, el uso común del voseo se da en la mayoría de los países de América (llamado *voseo dialectal americano*), y varía en cada uno si su uso es meramente pronominal (solo se usa el pronombre *vos* con la conjugación de *tú*: *Vos <u>dices</u> muchas mentiras*), meramente verbal (se usa el pronombre *tú* con la desinencia de vos: *Tú <u>querés</u> reír*) o si es tanto pronominal como verbal (si incluye tanto el pronombre *vos* como la variación de la conjugación correspondiente: *Vos <u>decís</u> muchas mentiras*).

El voseo verbal es muy complejo y varía en cada región, por lo que no todas sus formas están aceptadas en la norma culta. Esto, por supuesto, no implica que no sean válidas, pues son los hablantes quienes, a final de cuentas, le dan valor y uso. En Argentina, Uruguay y Paraguay está generalizado el voseo como forma familiar, y es aceptado socialmente como norma culta, a diferencia de México, por ejemplo, donde nada más se usa —casi siempre solo de manera pronominal— en algunas regiones de Chiapas y Tabasco.[3]

Cabe aclarar que el uso de los pronombres informales *vosotros* y *vosotras* —formados por *vos* y *otros*— no se considera una peculiaridad, aunque solo esté extendido en España (exceptuando Canarias y Andalucía occidental). Estos pronombres se emplean en el trato familiar, íntimo. Es curioso, sin embargo, que en América no haya prosperado y

---

[3] Para mayor información sobre el voseo, ver la entrada "voseo" del *Diccionario Panhispánico de Dudas* de la Real Academia de la Lengua Española: http://lema.rae.es/dpd/?key=voseo

que utilicemos la voz formal, *ustedes*, tanto para ese trato como para el familiar.

§12.2 Modo

El modo refleja el punto de vista desde el cual se percibe la acción; es decir: en el indicativo se afirma o se niega (*Juan Carlos hizo la tarea, Mauricio no trajo la bolsa*); en el subjuntivo se expresa duda o deseo, según indique el verbo al que suele estar subordinado (*Quiero que llegues temprano, No sé si venga mañana*); en el imperativo se expresa petición o mandato (*Trae la carta, Compren la carne*).

En la actualidad, los cinco modos verbales tradicionales se han reducido solo a estos tres: indicativo, subjuntivo e imperativo. Los otros dos eran el *potencial* y el *infinitivo*. Ahora el potencial (tiempo condicional tanto simple como compuesto) entra en el indicativo, y el infinitivo es uno de los tres *verboides* o *formas no personales del verbo*.

§12.2.1 Indicativo

El indicativo pretende mostrar un punto de vista objetivo: *Las manzanas están maduras, Los niños corren en el parque, y sus mamás los observan, Las tijeras no sirven para cortar metal porque no las hicieron para eso*. Relata cómo *son* o *no son* los hechos.

§12.1.2 Subjuntivo

El subjuntivo, contrario al indicativo, expresa subjetividad (relativo a la forma de pensar o sentir): *Mi abuela quiere que yo coma todas las verduras, Mi papá desea que tú le sirvas la cena, Las comadres no saben si Juan les convenga como miembro de su club*.

Lo más común es que encontremos verbos en indicativo como núcleos de predicado de oraciones independientes (como en el ejemplo de las manzanas, que está en el apartado §12.2.1) o principales (como en el ejemplo de los niños y sus mamás, que está en el mismo apartado, §12.2.1, el cual se conforma por dos oraciones coordinadas), y que hallemos verbos en subjuntivo como núcleos de predicado de oraciones subordinadas (como en los casos de *coma, sirva* y *convenga*, de los últimos ejemplos del párrafo anterior). Sin embargo, esto no es regla y podemos hallar verbos en modo indicativo dentro de oraciones subordinadas (como en el caso del ejemplo "Las tijeras no sirven para cortar metal porque no las *hicieron* para eso", donde *sirven* —núcleo de predicado de la oración principal— e *hicieron* —núcleo de predicado de la oración subordinada— están expresados en indicativo. También podemos encontrar verbos en subjuntivo dentro de oraciones principales: *Quizás hayan comido*, *Traigamos los platos*, *Tal vez sí me quiera*.

Es curioso: cuando a los alumnos se les habla sobre el modo subjuntivo, la mayoría se asusta: ¡creen que no lo conocen o que jamás lo usan! La buena noticia es que no solo lo conocen sino que —si su lengua materna es el castellano— saben usarlo a la perfección y hasta suelen corregir a sus hijos, sobrinos o hermanos menores cuando estos lo utilizan mal debido a que aún están aprendiendo a hablar. Es común, por ejemplo, que un niño de dos o tres años le diga a su mamá *Quiero que vienes temprano, mami*, y que esta le responda corrigiéndolo: *Quiero que vengas temprano…* Y, en este punto, cabe notar que el verbo *quiero* —en indicativo— afirma el deseo que es expresado a continuación por el verbo en subjuntivo *vengas*, y que la realización de dicho anhelo no depende del sujeto de la oración principal (*yo*, el hijo) sino del sujeto de la subordinada (*tú*, la madre).

§12.2.3 Imperativo

Este modo no suele causar mayor confusión, pues lo usamos cuando pedimos favores u ordenamos que algo se realice, y siempre lo hacemos en segunda persona, ya sea singular (*Haz tus deberes* o *Hacé tus deberes*, *Come toda la sopa* o *Comé toda la sopa*, *Saca la basura* o *Sacá la basura*) o plural (*Hagan sus deberes* o *Haced sus deberes*, *Coman toda la sopa* o *Comed toda la sopa*, *Saquen la basura* o *Sacad la basura*).

§12.3 Tiempo

El tiempo indica en qué momento se lleva a cabo la acción del verbo: pasado, presente, futuro, condicional. Los hay simples, que están conformados por una palabra, y compuestos, formados por dos palabras (el auxiliar *haber*, conjugado, y el participio pasivo que denota la acción). Hay tiempos perfectos, que denotan que la acción está acabada, e imperfectos, que indican continuidad en la acción; en estos no interesa el comienzo o el fin de la acción.

Pero el tiempo, como la mayoría de las cosas en la vida, tiene matices: es relativo. En otras palabras, puede que solo haya un presente en todos los modos, pero este no siempre hará referencia a un suceso que pase en el tiempo justo en que se enuncia. Y también hay de pasados a pasados, pues algunos son inmediatamente anteriores a un presente o más lejanos en el tiempo: son pasado del pasado... Lo mismo sucede con el futuro, pues uno puede hacer planes y declarar sus proyectos, como en *Haré carrera en la NASA*, pero la realización de la acción aún no está completa ni hay garantía de que se realizará, mientras que hay otro futuro que nos habla de que el hecho se realizará sin lugar a dudas: *En 10 años habré viajado a la Luna en una nave espacial de la NASA.*

Como se decía en el párrafo anterior, en los tres modos (indicativo, subjuntivo e imperativo) solo hay un presente; sin embargo, en el indicativo hay cinco grados de pasado, dos de futuro y dos de condicional; en el subjuntivo tenemos tres diferentes pasados y dos futuros (el condicional pertenece solo al indicativo). El imperativo —por otro lado— no tiene ni pasado ni futuro ni condicional sino solo presente.

Al principio de este apartado sobre los accidentes gramaticales, se vio que la flexión del verbo nos indica qué persona (primera, segunda, tercera) y cuántas (singular o plural) realizan la acción, así como en qué modo (indicativo, subjuntivo o imperativo) y en qué tiempo sucede.

Debido a que en diversos países se emplea ya sea la nomenclatura académica actual (NAA) o la de Andrés Bello (NAB), a que en el *Diccionario de la Real Academia Española* (DRAE) aparecen ambas, y a que en diferentes gramáticas el lector encontrará distintas nomenclaturas de los tiempos verbales, se ofrece a continuación un cuadro en que se muestran las equivalencias entre dichas nomenclaturas. Este tiene, además, como ejemplo, la conjugación de la primera persona singular —*yo*— de los verbos de primera, segunda y tercera conjugaciones *amar*, *comer* y *partir*. Hay una tercera nomenclatura, la académica tradicional, pero está ya muy rebasada, y esa es la razón por que no ha sido agregada en este ensayo.

NAA	NAB	Primera persona de singular de amar / comer / partir
Para el indicativo		*Ejemplos*
Presente	Presente	amo / como / parto
Pretérito imperfecto	Copretérito	amaba / comía / partía
Pretérito perfecto simple	Pretérito	amé / comí / partí
Pretérito perfecto compuesto	Antepresente	he amado / he comido / he partido
Pretérito anterior	Antepretérito	hube amado / hube comido / hube partido
Pretérito pluscuamperfecto	Antecopretérito	había amado / había comido / había partido
Futuro	Futuro	amaré / comeré / partiré
Futuro perfecto	Antefuturo	habré amado / habré comido / habré partido
Condicional	Pospretérito	amaría / comería / partiría
Condicional perfecto	Antepospretérito	habría amado / habría comido / habría partido
Para el subjuntivo		*Ejemplos*
Presente	Presente	ame / coma / parta
Pretérito imperfecto	Pretérito	amara o amase / comiera o comiese / partiera o partiese
Pretérito perfecto	Antepresente	haya amado / haya comido / haya partido
Pretérito pluscuamperfecto	Antepretérito	hubiera o hubiese amado / hubiera o hubiese comido / hubiera o hubiese partido
Futuro	Futuro	amara / comiere / partiere
Futuro perfecto	Antefuturo	hubiere amado / hubiere comido / hubiere partido
Para el imperativo		*Ejemplos*
Presente	Presente	ama tú / come tú, comé vos / parte tú, partí vos

§12.3.1 Tiempos de indicativo[4]

§12.3.1.1 Presente

(*Amo, como, parto*). Es un tiempo simple en que la acción ocurre gramaticalmente en el momento de la enunciación, pero no siempre es así en la realidad.

- **Presente actual.** (*Escribo un tratado sobre los verbos*; *Llueve en Nueva York*). La acción ocurre en el momento de la enunciación.

- **Presente habitual.** (*Corro cada tercer día*; *Madrugo cuando es necesario*). El presente alude a acciones que se realizan con regularidad, pero que no están realizándose justo cuando se expresa.

- **Presente histórico.** (*Benito Juárez nace en Guelatao, Oaxaca, el 21 de marzo de 1806*; *La Segunda Guerra Mundial termina en 1945*). En el presente se narran hechos pasados (normalmente, históricos) con la intención de acercar al lector.

- **Presente de futuro.** (*Benjamín se casa pronto*; *Laura estrena su ópera esta noche*). El presente puede indicar futuro y, en estos casos, entenderemos que la acción está muy cerca de suceder. Note la diferencia de matiz entre *Benjamín se casará pronto* y *Benjamín se casa pronto*; entre, *Laura estrenará su ópera esta noche* y *Laura estrena su ópera esta noche*.

- **Presente de mandato.** (*Vas y me traes lo que te pedí*; *Presentas ese examen y lo pasas o…*). El presente puede indicar orden, mandato o exhortación.

- **Presente en el condicional.** (*Si llegas a casa temprano, te doy* —o *te daré*— *una sorpresa*). El presente puede usarse en construcciones condicionales. Lo más común es que aparezca en lugar del verbo en condicional (*Si llegas a casa temprano…*), pero también puede estar en la oración independiente (*… te doy una sorpresa*) Si no es así, encontraremos en la independiente el verbo en futuro (*… te daré una sorpresa*).

---

[4] Para facilitar la búsqueda del consultante, se han puesto nombres a los tiempos dependiendo de su uso (escritos en letra cursiva y negrita, y precedidos por bala). Algunos fueron tomados de Hilda Basulto o son nombres reconocidos, como el *presente histórico*, por ejemplo, pero otros han sido *bautizados* en esta tercera parte —insisto— para facilitar la consulta.

- **Presente de verdad absoluta.** (*La Tierra gira alrededor del Sol*; *La Luna es el único satélite natural de la Tierra*; *La Tierra es casi redonda*). Es aquel que —sin que importe cuándo se enuncia la acción— se refiere, como su nombre señala, a *verdades absolutas*. Lo que hay que resaltar en los casos de nuestros ejemplos (y cuando se trate de este presente en general) es que a pesar de que en el momento cuando se enuncie el verbo la Tierra estará girando alrededor del Sol y de que, cuando se expresen las siguientes dos oraciones, la Luna seguirá siendo el único satélite natural de nuestro planeta y que este continuará siendo casi redondo, resulta que eso no es relevante en la práctica. Lo que importa es que se trata de *verdades universales*, aun cuando algunas de estas verdades puedan ser desmentidas después, como sucedió con *El Sol gira alrededor de la Tierra* o *La Tierra es plana*.

A continuación se presenta la conjugación de *acercar*, *vender* y *omitir* en **presente** de indicativo.

ACERCAR		
Número	*Persona*	*Conjugación*
Singular	yo	acerco
Singular	tú / vos	acercas / acercás
Singular	él, ella, ello, eso, esa…	acerca
Plural	nosotros, -as	acercamos
Plural	ustedes / vosotros, -as	acercan /acercáis
Plural	ellos, ellas, esos, esas…	acercan

VENDER		
Número	*Persona*	*Conjugación*
Singular	yo	vendo
Singular	tú / vos	vendes / vendés
Singular	él, ella, ello, eso, esa…	vende
Plural	nosotros, -as	vendemos
Plural	ustedes / vosotros, -as	venden / vendéis
Plural	ellos, ellas, esos, esas…	venden

OMITIR		
Número	*Persona*	*Conjugación*
Singular	yo	omito
Singular	tú / vos	omites / omitís
Singular	él, ella, ello, eso, esa…	omite
Plural	nosotros, -as	omitimos
Plural	ustedes / vosotros, -as	omiten / omitís
Plural	ellos, ellas, esos, esas…	omiten

§12.3.1.2 Pretérito imperfecto o copretérito.

(*Amaba, comía, partía*). Se trata de un tiempo simple y se usa para expresar una acción ya realizada, pero cuyo principio y fin no están claros porque eso en realidad no importa. Sus terminaciones son -*aba* para la primera conjugación, e -*ía* para la segunda y la tercera. Se emplea en diversas situaciones.

- **Pretérito de gran amplitud.** (**Lloraba** *cuando se* _despidió_; *Marcia* **gritaba** *y su esposo se* _desmayó_). Aparece cuando, mientras sucedía una cosa, pasaba otra. Este pasado *abraza* a otro.

- **Pasado de hechos sucesivos.** (_Detenía_ *la marcha y* _miraba_ *alrededor*; _Dejaba_ *de comer,* _bebía_ *un vaso de agua y* _volvía_ *a agarrar los cubiertos*). Se llama así cuando denota hechos que siguen a otros.

- **Pasado reiterativo.** (_Escribía_ *todos los días desde las 10 hasta las 14 horas*; _Cantaba_ *cada 10 de mayo en el festival del Día de las Madres*). Cuando expresa que la acción se hace reiteradamente o de manera cotidiana.

- **Pasado de conato.** (*Le* **escribía** *un mensaje cuando* _entró_ *su llamada*; *Los comensales* **empezaban** *a comer cuando* _sonó_ *la alarma de incendios*). Expresa una acción interrumpida por otra.

- **Pasado de cortesía o modestia.** (_Quería_ *pedirte un favor*; _Deseaba_ *hacerte una pregunta*; _Consideraba_ *contártelo*). Lo usamos para suavizar una petición o introducir un tema que se considera delicado. Como se ve en los ejemplos, no es que ya no se quiera pedir el favor, que ya no se quiera preguntar o que ya no se considere contarlo, sino que quien habla o escribe está siendo cortés o modesto.

- **Pasado condicional.** (*Si fuera más valiente, lo besaba*; *Si tuviera suficiente dinero, compraba la máquina ahora mismo*). Se emplea de manera coloquial en construcciones condicionales. Incluso puede usarse en lugar del condicional cuando es poco probable que se realice una acción: *Para que se recuperara, requería tratamiento psiquiátrico* (en lugar de *requeriría*).

A continuación se presenta la conjugación de *acercar*, *vender* y *omitir* en **pretérito imperfecto** o **copretérito** de indicativo.

ACERCAR		
Número	*Persona*	*Conjugación*
Singular	Yo	acercaba
Singular	tú / vos	acercabas
Singular	él, ella, ello, eso, esa…	acercaba
Plural	nosotros, -as	acercábamos
Plural	ustedes / vosotros, -as	acercaban / acercabais
Plural	ellos, ellas, esos, esas…	acercaban

VENDER		
Número	*Persona*	*Conjugación*
Singular	Yo	vendía
Singular	tú / vos	vendías
Singular	él, ella, ello, eso, esa…	vendía
Plural	nosotros, -as	vendíamos
Plural	ustedes / vosotros, -as	vendían / vendíais
Plural	ellos, ellas, esos, esas…	vendían

OMITIR		
Número	*Persona*	*Conjugación*
Singular	Yo	omitía
Singular	tú / vos	omitías
Singular	él, ella, ello, eso, esa…	omitía
Plural	nosotros, -as	omitíamos
Plural	ustedes / vosotros, -as	omitían / omitíais
Plural	ellos, ellas, esos, esas…	omitían

§12.3.1.3 Pretérito perfecto simple o pretérito

(*Amé, comí, partí*). Como su nombre lo implica, es un tiempo simple, e indica una acción acabada. Es el tiempo más común en la narrativa y suele acompañarse por el imperfecto o copretérito —en cuyo caso se considera que ambos están en el mismo plano narrativo— pero es importante notar que aun cuando se cuenten los hechos en este pasado, la acción avanza hasta que termina la historia (cuento, novela, relato, nota periodística, crónica, biografía, ensayo…); es decir, si el texto está basado en la realidad, como las crónicas o las biografías —por ejemplo—, no importa si las personas que protagonizaron los hechos siguen vivas o si continúan haciendo lo que se narra en el texto, pues si está escrito en pretérito (perfecto o imperfecto o —más comúnmente— en ambos), habrá que conjugar todo lo que sucede en ese plano narrativo en ese tiempo, y con los pasados y futuros relativos a ese plano narrativo.[5]

Observe el ejemplo siguiente, donde todo está narrado en pretérito (tanto perfecto como imperfecto).

La noche anterior al primer día de clases de Ana en el kínder, mientras la familia *cenaba* un delicioso platillo que Emma, excelente cocinera y abuela, había preparado esa tarde, la niña tuvo una plática seria con Claudia, su madre, pues le *preocupaba* que no tendría amigos en la escuela. La mujer le *dijo* que lo único que *debía* hacer *era* acercarse a algún compañero que le *hubiera caído* bien, y preguntarle si *quería* ser su amigo.

A la mañana siguiente, a la puerta de la escuela los chiquillos *lloraban* cuando *veían* a sus mamás alejarse. Ana *permanecía* callada pero emocionada. No le *preocupaba* tanto que su abuela se *fuera* y la *dejara* ahí como probar la técnica de hacer amigos de su mamá. Recién llegados a su salón de clases, Ana se *acercó* a Adriana, una niña rubia que no *dejaba* de llorar. Al parecer *extrañaba* a su mamá; Ana *creyó* que *debía* consolar a su compañera un poco, así que se *sentó* a su lado y le *preguntó* "*¿Quieres ser mi amiga?*". Solo eso *dijo* y Adriana se *convirtió* en la primera amistad que *tuvo* fuera del edificio donde *vivía*. Ya *comenté* que la abuela *cocinaba* delicioso, pero ese día por la tarde, cuando la niña *volvió* a casa, la comida *tuvo* un sabor especial: sabor a triunfo.

---

[5] Véase el capítulo 13, "Lógica temporal relativa" para comprender más cabalmente esto.

En el ejemplo anterior, hay que notar que no importa si la abuela sigue viva o no, si continúa cocinando o si ya no lo hace, pues como todo el texto está narrado en pretérito, así debe continuar el texto. Más adelante, se verá cómo puede hacerse para pasar de un tiempo a otro *legalmente* en el mismo relato.

Se puede con este tiempo, por supuesto, expresar acciones que ya sucedieron en la realidad y que no se repetirán: *Vivió apasionadamente y **murió** tranquila porque siempre **hizo** lo que **quiso**.* Es posible, también, expresar con este pasado una acción que aún no se realiza pero cuya realización es evidente: *¡Lleva mucha delantera: ya **ganó** la elección! (por los conteos preliminares)*; *¡Después de este beso, ya me **quedé** contigo por lo menos unos tres años!* También se usa cuando contrastamos o comparamos hechos presentes con pasados: *Ya no tiene la fuerza que **tuvo** en la juventud*; *Eres el mismo patán que se **marchó** hace 20 años.*

A continuación se presenta la conjugación de *acercar*, *vender* y *omitir* en **pretérito perfecto simple** o **pretérito** de indicativo.

ACERCAR		
Número	*Persona*	*Conjugación*
Singular	yo	acerqué
Singular	tú / vos	acercaste
Singular	él, ella, ello, eso, esa…	acercó
Plural	nosotros, -as	acercamos
Plural	ustedes / vosotros, -as	acercaron / acercasteis
Plural	ellos, ellas, esos, esas…	acercaron

VENDER		
Número	*Persona*	*Conjugación*
Singular	yo	vendí
Singular	tú / vos	vendiste
Singular	él, ella, ello, eso, esa…	vendió
Plural	nosotros, -as	vendimos
Plural	ustedes / vosotros, -as	vendieron / vendisteis
Plural	ellos, ellas, esos, esas…	vendieron

OMITIR		
Número	*Persona*	*Conjugación*
Singular	yo	omití
Singular	tú / vos	omitiste
Singular	él, ella, ello, eso, esa...	omitió
Plural	nosotros, -as	omitimos
Plural	ustedes / vosotros, -as	omitieron / omitisteis
Plural	ellos, ellas, esos, esas...	omitieron

§12.3.1.4 Pretérito perfecto compuesto o antepresente

(*He amado, he comido, he partido*). Se trata de un verbo compuesto y se forma con el presente de *haber* y el participio del verbo que se conjuga.

- *Pasado inmediato.* (*El paciente se ha dormido*; *Los invitados se han ido por fin*; *He dicho muchas tonterías en la presentación del libro*). Se usa para expresar una acción pasada muy reciente que casi toca el presente pero que ya terminó.

- *Pasado de consecuencias presentes.* (*En los últimos 15 años ha habido más adelantos tecnológicos que en el siglo pasado*; *En esta semana hemos tenido muchos decesos en el hospital*; *En este mes he trabajado como nunca antes*). Se emplea cuando la acción que se inició en el pasado aún perdura y puede tener consecuencias presentes.

A continuación se presenta la conjugación de *acercar*, *vender* y *omitir* en **pretérito perfecto compuesto** o **antepresente** de indicativo.

ACERCAR		
Número	*Persona*	*Conjugación*
Singular	yo	he acercado
Singular	tú / vos	has acercado
Singular	él, ella, ello, eso, esa...	ha acercado
Plural	nosotros, -as	hemos acercado
Plural	ustedes / vosotros, -as	han acercado / habéis acercado
Plural	ellos, ellas, esos, esas...	han acercado

VENDER		
Número	*Persona*	*Conjugación*
Singular	yo	he vendido
Singular	tú / vos	has vendido
Singular	él, ella, ello, eso, esa…	ha vendido
Plural	nosotros, -as	hemos vendido
Plural	ustedes / vosotros, -as	han vendido / habeis vendido
Plural	ellos, ellas, esos, esas…	han vendido

OMITIR		
Número	*Persona*	*Conjugación*
Singular	yo	he omitido
Singular	tú / vos	has omitido
Singular	él, ella, ello, eso, esa…	ha omitido
Plural	nosotros, -as	hemos omitido
Plural	ustedes / vosotros, -as	han omitido / habeis omitido
Plural	ellos, ellas, esos, esas…	han omitido

§12.3.1.5 Pretérito anterior o antepretérito

(*Hube amado, hube comido, hube partido*). También es un tiempo compuesto y expresa una acción acabada inmediatamente antes que otra también pasada. Solo se emplea junto con expresiones de complemento circunstancial de tiempo, y en realidad se usa muy poco. Se forma con el pretérito perfecto simple (o pretérito) de *haber* y el participio del verbo que se conjuga: *Cuando lo **hubo confirmado**, <u>salió</u> de la sala*; *Tan pronto lo **hube sorprendido**, le <u>pedí</u> el divorcio*; *Después que los **hubimos visto** a salvo, <u>lloramos</u> de felicidad*.

En general, actualmente se prefiere usar el **pretérito pluscuamperfecto** (o **antecopretérito**), el **pretérito perfecto simple** (o **pretérito**) o una forma verbal con valor de adverbio absoluto en estos casos, pues usar el pretérito anterior resulta poco natural en el habla cotidiana, aunque pueda ser expresivo literariamente: *Cuando lo **confirmó**, <u>salió</u> de la sala*, *Cuando lo **había confirmado**, <u>salió</u> de la sala* o ***Habiéndolo confirmado**, <u>salió</u> de la sala*; *Tan pronto lo **sorprendí**, le <u>pedí</u> el divorcio*; *Tan pronto lo **había sorprendido**, le <u>pedí</u> el divorcio* o ***Habiéndolo sorprendido**, le <u>pedí</u> el divorcio*; *Cuando los **vimos** a salvo, <u>lloramos</u> de felicidad*; *Ya que los **habíamos visto** a salvo, <u>lloramos</u> de felicidad* o ***Habiéndolos visto** a salvo, <u>lloramos</u> de felicidad*.

A continuación se presenta la conjugación de *acercar*, *vender* y *omitir* en **pretérito anterior** o **antepretérito** de indicativo.

ACERCAR		
Número	*Persona*	*Conjugación*
Singular	yo	hube acercado
Singular	tú / vos	hubiste acercado
Singular	él, ella, ello, eso, esa…	hubo acercado
Plural	nosotros, -as	hubimos acercado
Plural	ustedes / vosotros, -as	hubieron acercado / hubisteis acercado
Plural	ellos, ellas, esos, esas…	hubieron acercado

VENDER		
Número	*Persona*	*Conjugación*
Singular	yo	hube vendido
Singular	tú / vos	hubiste vendido
Singular	él, ella, ello, eso, esa…	hubo vendido
Plural	nosotros, -as	hubimos vendido
Plural	ustedes / vosotros, -as	hubieron vendido / hubisteis vendido
Plural	ellos, ellas, esos, esas…	hubieron vendido

OMITIR		
Número	*Persona*	*Conjugación*
Singular	yo	hube omitido
Singular	tú / vos	hubiste omitido
Singular	él, ella, ello, eso, esa…	hubo omitido
Plural	nosotros, -as	hubimos omitido
Plural	ustedes / vosotros, -as	hubieron omitido / hubisteis omitido
Plural	ellos, ellas, esos, esas…	hubieron omitido

§12.3.1.6 Pretérito pluscuamperfecto o antecopretérito

(*Había amado, había comido, había partido*). Se trata también de un tiempo compuesto y expresa una acción acabada y —por tanto— perfecta. Se forma con el pretérito imperfecto de indicativo (o copretérito) de *haber* y el participio pasivo del verbo que se conjuga. Es el pasado del pasado; es decir: es relativo en cuanto a otros pasados, sean perfectos o imperfectos. La diferencia entre este y el pretérito anterior (o antepretérito) es que el pluscuamperfecto puede ser mediato o inmediato, mientras que el pretérito anterior siempre es inmediato.

- *Pasado mediato del pasado.* (*No le creyeron durante el juicio, pero él **había demostrado** su inocencia con pruebas*). La acción expresada en el pluscuamperfecto o antecopretérito se realiza mucho tiempo antes de la expresada con el pretérito perfecto simple (pretérito) o el imperfecto (copretérito).

- *Pasado inmediato del pasado.* (***Había dicho** todo cuando salió dando un portazo*). La acción expresada en el pluscuamperfecto o antecopretérito se realiza inmediatamente antes de la expresada con el pretérito perfecto simple (pretérito) o el imperfecto (copretérito).

A continuación se presenta la conjugación de *acercar*, *vender* y *omitir* en **pretérito pluscuamperfecto** o **antecopretérito** de indicativo.

ACERCAR		
Número	*Persona*	*Conjugación*
Singular	yo	había acercado
Singular	tú / vos	habías acercado
Singular	él, ella, ello, eso, esa…	había acercado
Plural	nosotros, -as	habíamos acercado
Plural	ustedes / vosotros, -as	habían acercado / habíais acercado
Plural	ellos, ellas, esos, esas…	habían acercado

VENDER		
Número	*Persona*	*Conjugación*
Singular	yo	había vendido
Singular	tú / vos	habías vendido
Singular	él, ella, ello, eso, esa…	había vendido
Plural	nosotros, -as	habíamos vendido
Plural	ustedes / vosotros, -as	habían vendido / habíais vendido
Plural	ellos, ellas, esos, esas…	habían vendido

OMITIR		
Número	*Persona*	*Conjugación*
Singular	yo	había omitido
Singular	tú / vos	habías omitido
Singular	él, ella, ello, eso, esa…	había omitido
Plural	nosotros, -as	habíamos omitido
Plural	ustedes / vosotros, -as	habían omitido / habíais omitido
Plural	ellos, ellas, esos, esas…	habían omitido

§12.3.1.7 Futuro

(*amaré, comeré, partiré; voy a amar, he de amar, habré de amar; voy a comer, he de comer, habré de comer; voy a partir, he de partir, habré de partir*). Es un tiempo simple que denota una acción que aún no se realiza y que, por lo tanto, es inacabada. Puede expresarse en una sola palabra, como en *Te veré en tu estreno* o —más comúnmente— en su forma perifrástica (con *ir* como auxiliar o con *haber* —en presente o futuro— y la preposición *de*): *Voy a verte en tu estreno*; *He de verte en tu estreno*, *Habré de verte en tu estreno* o *He de ir a verte en tu estreno*. En el habla y la escritura cultas se prefiere la forma perifrástica **haber** más *de* más **infinitivo** (*he de ir, habrás de comprar, habremos de creer*).

* **Futuro de posibilidad o hipotético.** (*A esta hora, ya estaré mañana en Madrid. ¿Cuál será la hora? ¿Querrá peras o manzanas?*). Expresa posibilidad, conjetura o duda.

- **Futuro de obligación.** (*Deberán presentar ese examen para apro-bar la materia*; *Hará únicamente lo que le diga*; *Traerás todos los datos a tiempo*). Implica obligación, aunque en este caso influye mucho el tono de voz que se emplee; al escribirlo, el contexto ten-dría que aclarar que es una obligación. Y hay que notar que no es un imperativo.

- **Futuro exhortativo.** (*¿Me dirás la verdad?*, *¿Aceptarás mi pro-puesta?*, *¿Me creerás algún día?*). Aparece dentro de una pregun-ta, para exhortar.

- **Futuro de sorpresa, asombro, inquietud o molestia.** (*¿De verdad será capaz de mentir habiendo jurado?*, *¿Se atreverá a negarlo durante la audiencia?*, *¡Si será infame!*). Puede reflejar asombro, inquietud o molestia dentro de oraciones interrogativas o excla-mativas.

- **Futuro de concesión.** (*No **será** un príncipe, pero la quiere y la res peta*; *Aunque **creerá** que es una idea original, todos sabemos que es una copia vil*; *A pesar de que nos **conformaremos** con el veredicto, es probable que este sea injusto*). Indica concesión y dentro de la oración aparecen los nexos que dan la idea de que se supera un obstáculo: *pero, aunque, a pesar de que*.

- **Futuro potencial.** (*Si fuera suficientemente bueno el trabajo, se lo **aceptará** el jurado*; ***Veremos** qué hacemos con él si no lo quisiera*). Aunque poco, se usa en expresiones condicionales dentro de la oración independiente.

- **Futuro empírico.** (*Vale la pena que estudies con anticipación: **aprenderás** y **comprenderás** mucho mejor*; *Haz bien lo que ten-gas que hacer sin que te importe cuánto tardes: **triunfarás** al fin y al cabo*; *Entrena, descansa y aliméntate sanamente: **alcanzarás** la meta*). Se usa como consecuencia lógica de una acción que se expresa en presente. Se trata de un futuro que predice los hechos con seguridad.

A continuación se presenta la conjugación de *acercar*, *vender* y *omitir* en **futuro** de indicativo.

ACERCAR		
Número	*Persona*	*Conjugación*
Singular	yo	acercaré
Singular	tú / vos	acercarás
Singular	él, ella, ello, eso, esa…	acercará
Plural	nosotros, -as	acercaremos
Plural	ustedes / vosotros, -as	acercarán / acercareis
Plural	ellos, ellas, esos, esas…	acercarán

VENDER		
Número	*Persona*	*Conjugación*
Singular	yo	venderé
Singular	tú / vos	venderás
Singular	él, ella, ello, eso, esa…	venderá
Plural	nosotros, -as	venderemos
Plural	ustedes / vosotros, -as	venderán / venderéis
Plural	ellos, ellas, esos, esas…	venderán

OMITIR		
Número	*Persona*	*Conjugación*
Singular	yo	omitiré
Singular	tú / vos	omitirás
Singular	él, ella, ello, eso, esa…	omitirá
Plural	nosotros, -as	omitiremos
Plural	ustedes / vosotros, -as	omitirán / omitiréis
Plural	ellos, ellas, esos, esas…	omitirán

§12.3.1.8 Futuro perfecto o antefuturo

(*Habré amado, habré comido, habré partido*). Es un tiempo compuesto que se forma con el futuro de *haber* y el participio pasivo del verbo que se conjuga.

- **Pasado inmediato del futuro.** (*Habremos terminado* de cenar cuando llegues; *Habrás traído* lo que te pedí cuando ya no lo ne-

cesite; *Habré asistido a 20 conciertos cuando acabe el mes*). Hace referencia a una acción venidera pero acabada en relación con otra futura que se expresa en el presente de subjuntivo. Es el pasado inmediato del futuro.

- **Pasado del presente.** (***Habrá sido*** *un rufián, ¡pero qué guapo es! Me* ***habré equivocado*** *muchas veces, pero intento resarcir mis errores*; ***Habremos caminado*** *mucho, pero lo que importa es el trayecto, no el destino*). Puede ser el pasado de un presente. Obsérvese que *habrá sido, me habré equivocado* y *habremos caminado* son, en realidad, acciones realizadas en el pasado pero expresadas con el futuro perfecto (o antefuturo).

- **Futuro perfecto (antefuturo) de concesión.** (*Será difícil delatarlo, pero habrás hecho lo correcto*; *Nos habrán dicho "ineptos", pero hicimos lo que pudimos*). Indica concesión y dentro de la oración aparecen los nexos que dan la idea de que se supera un obstáculo, al igual que en **futuro de concesión**. Pero en este caso, nótese que la acción concesiva es anterior a la expresada con el otro verbo (como en "Será difícil delatarlo…") o que el futuro perfecto es hipotético (como en "Nos habrán dicho ineptos…").

- **Futuro admirativo.** (*¡Se habrá visto* —o *habrase visto*— *semejante cosa! ¡Se habrá escuchado* —o *habrase escuchado*— *semejante barbaridad! ¡Que si habremos hecho lo suficiente!*). Indica admiración en oraciones exclamativas.

A continuación se presenta la conjugación de *acercar, vender* y *omitir* en **futuro perfecto** o **antefuturo** de indicativo.

ACERCAR		
Número	*Persona*	*Conjugación*
Singular	yo	habré acercado
Singular	tú / vos	habrás acercado
Singular	él, ella, ello, eso, esa…	habrá acercado
Plural	nosotros, -as	habremos acercado
Plural	ustedes / vosotros, -as	habrán acercado / habréis acercado
Plural	ellos, ellas, esos, esas…	habrán acercado

VENDER		
Número	*Persona*	*Conjugación*
Singular	yo	habré vendido
Singular	tú / vos	habrás vendido
Singular	él, ella, ello, eso, esa…	habrá vendido
Plural	nosotros, -as	habremos vendido
Plural	ustedes / vosotros, -as	habrán vendido / habréis vendido
Plural	ellos, ellas, esos, esas…	habrán vendido

OMITIR		
Número	*Persona*	*Conjugación*
Singular	yo	habré omitido
Singular	tú / vos	habrás omitido
Singular	él, ella, ello, eso, esa…	habrá omitido
Plural	nosotros, -as	habremos omitido
Plural	ustedes / vosotros, -as	habrán omitido / habréis omitido
Plural	ellos, ellas, esos, esas…	habrán omitido

§12.3.1.9 Condicional o pospretérito

(*Amaría, comería, partiría*). Originalmente, se consideraba al condicional como un modo (el potencial), pero en la actualidad se considera un tiempo del indicativo. Hay quienes aún refutan que pertenezca a este último, puesto que no indica exactamente un tiempo sino que es meramente relativo; es decir, si se lo ve desde el presente, puede representar un pasado, estar realizándose en el presente o indicar una acción futura.

- **Condicional de posibilidad de la acción.** (*Si tuviera fuerza, se levantaría de la cama*; *Si quisiera lastimarnos, lo haría sin dudarlo*; *Complicaría todo si tuviera el poder de hacerlo*). Cuando expresa posibilidad, dentro de una estructura bipartita condicional, se emplea en la oración independiente (o *apódosis*), como se ve en los ejemplos anteriores.

- **Condicional concesivo.** (*Sería* amable, pero le <u>caía</u> mal al grupo; **Tendría** lo suyo, pero a mí no me <u>gustaba</u>; Le **compraría** lo necesario, pero para ella no <u>era</u> suficiente). Aparece cuando se refiere al pasado. Tiene valor concesivo en estructuras adversativas. Es decir, habla de la superación (concesión) de un obstáculo (adversidad). En el primer ejemplo, la adversidad es que "caía mal al grupo"; en el segundo, que "a mí no me gustaba", y en el tercero, que "para ella no era suficiente". Sin embargo, se concede que él o ella podría ser amable ("*sería* amable"), que él tiene cualidades ("*tendría* lo suyo"), y que él o ella compraría lo necesario ("le *compraría* lo necesario").

- **Condicional de propósito u obligación.** (<u>Prometió</u> que **traería** las bebidas; <u>Acordaron</u> que **llegarían** a tiempo; Coincidieron en que lo **harían** pasara lo que pasara). También aparece este uso con referencia al pasado e indica propósito o deber.

- **Condicional de acción futura.** (Lo <u>hizo</u> una vez, y lo **haría** de nuevo una semana después; <u>Aceptó</u> hacerlo, pero luego **cambiaría** de opinión; <u>Afirmó</u> que no se había equivocado, pero la verdad **saldría** a la luz unos años más tarde). En cuanto al pasado, el condicional puede expresar el futuro. En otras palabras, el condicional es el futuro de acciones pasadas. En estos casos, habrá de entenderse que todo lo narrado ya sucedió y que el narrador conoce los hechos futuros, hechos que cuenta en el condicional.

- **Condicional de probabilidad en el futuro.** (No <u>sería</u> raro que se casaran; <u>Parecería</u> extraño que no fuéramos juntos a la cena; <u>Considerarían</u> lógico lo que dijeras). Indica que es probable que se realice la acción en el futuro.

- **Condicional de cortesía.** (¿<u>Gustaría</u> más té? Si me lo permite, <u>querría</u> pedirle un favor. ¿Nos <u>acompañaría</u> en el cortejo?). Se usa en expresiones de cortesía.

A continuación se presenta la conjugación de *acercar*, *vender* y *omitir* en **condicional** o **pospretérito**.

ACERCAR		
Número	*Persona*	*Conjugación*
Singular	yo	acercaría
Singular	tú / vos	acercarías
Singular	él, ella, ello, eso, esa…	acercaría
Plural	nosotros, -as	acercaríamos
Plural	ustedes / vosotros, -as	acercarían / acercaríais
Plural	ellos, ellas, esos, esas…	acercarían

VENDER		
Número	*Persona*	*Conjugación*
Singular	yo	vendería
Singular	tú / vos	venderías
Singular	él, ella, ello, eso, esa…	vendería
Plural	nosotros, -as	venderíamos
Plural	ustedes / vosotros, -as	venderían / venderíais
Plural	ellos, ellas, esos, esas…	venderían

OMITIR		
Número	*Persona*	*Conjugación*
Singular	yo	omitiría
Singular	tú / vos	omitirías
Singular	él, ella, ello, eso, esa…	omitiría
Plural	nosotros, -as	omitiríamos
Plural	ustedes / vosotros, -as	omitirían / omitiríais
Plural	ellos, ellas, esos, esas…	omitirían

§12.3.1.10 Condicional perfecto o antepospretérito

(*Habría amado*, *habría comido*, *habría partido*). Se trata de un tiempo compuesto y, teniendo como referencia el pasado, enuncia un futuro. Se forma con el condicional de *haber* y el participio pasivo del verbo que se conjuga. Su uso es similar al del condicional pero se diferencia en que las expresadas en este tiempo son acciones acabadas, perfectas.

- **Condicional perfecto de posibilidad de la acción.** (*Si me hubiese hecho caso, no se <u>habría desilusionado</u>*; *<u>Habría sido</u> feliz si no lo* *hubiesen castrado emocionalmente de niño*; *Si los hubiesen visto, no me habrían cuestionado de esa manera*). Al igual que en el condicional, dentro de oraciones compuestas condicionales, el condicional perfecto aparece en la oración principal, como se observa en los ejemplos que están entre paréntesis.

- **Condicional perfecto concesivo.** (*En el pasado habría habido ignorancia, pero se apreciaba al anciano*; *Incluso en aquel tiempo habría sido mal visto, pero nadie la mataba por eso*; *Habría visto mucho mundo, pero no tenía derecho de llamarlo* primitivo *delante de sus colegas*). Nuevamente, este tiempo tiene valor concesivo dentro de construcciones adversativas. Es decir, concede —en los casos anteriores, por ejemplo— que "en el pasado" hubo ignorancia, que "incluso en aquel tiempo" se veía mal aquello de que se habla, y que él o ella seguramente era cosmopolita.

- **Condicional perfecto de cortesía.** (*Habría preferido hablar con usted antes*; *Me habría encantado que asistieras a la función de ayer*; *Les habría gustado saludarte*). Igual que el condicional, puede dar matiz de cortesía o modestia. En estos casos, es sustituible por el pluscuamperfecto de subjuntivo (antepretérito) terminado en *-ra*: *Hubiera preferido hablar con usted antes*; *Me hubiera encantado que asistieras a la función de ayer*; *Les hubiera gustado saludarte.*

- **Condicional perfecto de probabilidad.** (*Intuyó que sus conclusiones no se habrían leído nunca*; *Tal vez no lo habría dicho antes*; *Pensó que no lo habrían tildado de tonto*). A veces, como en los ejemplos anteriores, indica probabilidad. En estos casos, el condicional perfecto de probabilidad es sustituible por el pretérito pluscuamperfecto de indicativo, como se muestra a continuación: *Intuyó que sus conclusiones no se **habían leído** nunca*; *Tal vez no lo había dicho antes*; *Pensó que no lo habían tildado de tonto.*

A continuación se presenta la conjugación de *acercar*, *vender* y *omitir* en **condicional perfecto** o **antepospretérito**.

ACERCAR		
Número	*Persona*	*Conjugación*
Singular	yo	habría acercado
Singular	tú / vos	habrías acercado
Singular	él, ella, ello, eso, esa…	habría acercado
Plural	nosotros, -as	habríamos acercado
Plural	ustedes / vosotros, -as	habrían acercado / habríais acercado
Plural	ellos, ellas, esos, esas…	habrían acercado

VENDER		
Número	*Persona*	*Conjugación*
Singular	yo	habría vendido
Singular	tú / vos	habrías vendido
Singular	él, ella, ello, eso, esa…	habría vendido
Plural	nosotros, -as	habríamos vendido
Plural	ustedes / vosotros, -as	habrían vendido / habríais vendido
Plural	ellos, ellas, esos, esas…	habrían vendido

OMITIR		
Número	*Persona*	*Conjugación*
Singular	yo	habría omitido
Singular	tú / vos	habrías omitido
Singular	él, ella, ello, eso, esa…	habría omitido
Plural	nosotros, -as	habríamos omitido
Plural	ustedes / vosotros, -as	habrían omitido / habríais omitido
Plural	ellos, ellas, esos, esas…	habrían omitido

§12.3.2 Tiempos de subjuntivo

§12.3.2.1 Presente

(*Ame, coma, parta*). Se trata de un tiempo simple, imperfecto y relativo en cuanto a que en realidad el hecho de que sea presente depende del tiempo del verbo que lo rige, ya que suele estar dentro de una oración subordinada: *Quieren que lo **traiga**; Quisieron que lo **traiga** (en este caso, se prefiere *trajera* o *trajese*, que es el pretérito imperfecto o pretérito); *Querrán que lo **traiga**.* Este presente suele confundirse con el futuro de indicativo debido al sentido irreal e imperfecto de ambos: *No sé si lo traiga; No sé si lo traeré.* Las dos conjugaciones se permiten.

- **Presente de subjuntivo con matiz de eventualidad o incertidumbre.** (*No sé si me quiera; Lo que averigüemos ayudará a resolver el caso*). Como se ve en el ejemplo inmediato anterior, este tiempo puede dar un matiz de incertidumbre si se usa en lugar del presente o futuro de indicativo. Es decir que elegimos este tiempo en este modo (presente de subjuntivo) para dar a entender que hay una incertidumbre, cosa que también puede advertirse, aunque no siempre, con el presente y el futuro de indicativo: *No sé si me quiere; No sé si me querrá* (en ambos casos, el matiz de incertidumbre está dado por la oración principal "no sé") / *Lo que averiguamos ayudará a resolver el caso; Lo que averiguaremos ayudará a resolver el caso.* En estos últimos casos no hay matiz de incertidumbre; o sea que están correctamente escritas las proposiciones pero no dan a entender duda. La diferencia entre *averigüemos, averiguamos* y *averiguaremos* —además de los tiempos y modos— es que con el subjuntivo *averigüemos* la incertidumbre está en que no sabemos qué vamos a encontrar con la averiguación, aun cuando sepamos que sea lo que sea que hallemos, eso ayudará en el caso.

- **Presente como futuro.** (*Cuando tenga el crédito, construiré la casa; En cuanto lo demuestres, nos casaremos; Apenas lo hagas, solicitaré el divorcio*). Aparece en oraciones circunstanciales de tiempo que aluden al futuro, y en estos casos sustituye obligatoriamente a este. En los ejemplos anteriores, *jamás* diríamos o escribiríamos lo siguiente: ⊗*Cuando tendré el crédito, construiré la casa*; ⊗*En cuanto lo demostrarás, nos casaremos*; ⊗*Apenas lo harás, solicitaré el divorcio.*

A continuación se presenta la conjugación de *acercar*, *vender* y *omitir* en **presente** de subjuntivo.

ACERCAR		
Número	*Persona*	*Conjugación*
Singular	yo	acerque
Singular	tú / vos	acerques
Singular	él, ella, ello, eso, esa...	acerque
Plural	nosotros, -as	acerquemos
Plural	ustedes / vosotros, -as	acerquen / acerquéis
Plural	ellos, ellas, esos, esas...	acerquen

VENDER		
Número	*Persona*	*Conjugación*
Singular	yo	venda
Singular	tú / vos	vendas
Singular	él, ella, ello, eso, esa...	venda
Plural	nosotros, -as	vendamos
Plural	ustedes / vosotros, -as	vendan / vendáis
Plural	ellos, ellas, esos, esas...	vendan

OMITIR		
Número	*Persona*	*Conjugación*
Singular	yo	omita
Singular	tú / vos	omitas
Singular	él, ella, ello, eso, esa...	omita
Plural	nosotros, -as	omitamos
Plural	ustedes / vosotros, -as	omitan / omitáis
Plural	ellos, ellas, esos, esas...	omitan

§12.3.2.2 Pretérito imperfecto o pretérito

(*Amara* o *amase*, *comiera* o *comiese*, *partiera* o *partiese*). Igual que el imperfecto de indicativo (o copretérito), no es posible saber cuándo empieza o termina su acción. Tiene dos terminaciones, *-ra* y *-se*, que actualmente se usan casi de manera indistinta aunque no siempre pueden usarse ambos en los mismos casos. Son indistintos en la parte subordinada (prótasis) de la oración condicional: *Si tuviera* (o *tuviese*) *dinero...*; sin embargo, en la parte independiente (apódosis) solo se usa la forma terminada en

-ra como equivalente del condicional (terminado en *-ría*): *Comprara* (en lugar de *compraría*) *un auto nuevo si tuviera* (o *tuviese*) *dinero*.

En acciones potenciales solo la terminación *-ra* puede sustituir al condicional: *Para que la fusión marche adecuadamente, debiéramos solucionar primero los problemas legales de ambas empresas*. Cuando se usa en lugar del pluscuamperfecto de indicativo, solo puede sustituirse este por las formas con terminación *-ra*: *Parecía la misma mujer que él dejara* (había dejado) *25 años antes*. Literariamente, suele emplearse la forma terminada en *-ra* para sustituir cualquier pretérito de indicativo: *Como dijera* (en lugar de *dijo*) *Calderón de la Barca, "la vida es sueño, y los sueños, sueños son"*; *Tal como lo creyera* (en lugar de *creía*) *mi madre, eres un bueno para nada*; *Resultó ser como lo sospechara* (en lugar de *había sospechado*).

- **Pasado en coexistencia con el presente.** (*Les dije que trajeran disfraz a la fiesta, y vinieron vestidos como van a la oficina*; *Nos pidieron que trajésemos hielo, pero no hay en la tienda más cercana*; *Queríamos que vinieran todos porque vamos a darles una buena noticia*). Expresa acciones que comenzaron antes del presente pero que coexisten en este. Comúnmente, el contexto es el que aporta el matiz de coexistencia. En el caso de los ejemplos anteriores, la indicación de llevar disfraz es anterior a la de ir vestidos como van a la oficina; la de llevar hielo, también es anterior a que no haya hielos en la tienda más cercana, y el deseo de que asistieran todos es anterior a que van a darles una buena noticia.

- **Pasado netamente de anterioridad.** (*Me pidió que terminase el ensayo ayer mismo, así que cuidó a mis hijos mientras yo escribía*; *Quiso que fuéramos a la biblioteca antes que la cerrasen anoche, por lo que tuvimos que dejar la cena a medio comer*). Al igual que sucede con el matiz de coexistencia con el presente, en estos casos es indispensable el contexto, como puede observarse en los ejemplos anteriores.

- **Pasado con relación de posterioridad.** (*Me suplicó que fuese a verlo, e iré pasado mañana*; *Me había pedido que lo llamara, así que lo haré en una hora*). Indica un deseo expresado en el pasado, pero que se llevará a cabo en el futuro. También, para expresar este matiz, es indispensable el contexto.

A continuación se presenta la conjugación de *acercar*, *vender* y *omitir* en **pretérito imperfecto** o **pretérito** de subjuntivo.

ACERCAR		
Número	*Persona*	*Conjugación*
Singular	yo	acercara o acercase
Singular	tú / vos	acercaras o acercases
Singular	él, ella, ello, eso, esa...	acercara o acercase
Plural	nosotros, -as	acercáramos o acercásemos
Plural	ustedes / vosotros, -as	acercaran o acercasen / acercaras o acercaseis
Plural	ellos, ellas, esos, esas...	acercaran

VENDER		
Número	*Persona*	*Conjugación*
Singular	yo	vendiera o vendiese
Singular	tú / vos	vendieras o vendieses
Singular	él, ella, ello, eso, esa...	vendiera o vendiese
Plural	nosotros, -as	vendiéramos o vendiésemos
Plural	ustedes / vosotros, -as	vendieran o vendiesen / vendierais o vendieseis
Plural	ellos, ellas, esos, esas...	vendieran o vendiesen

OMITIR		
Número	*Persona*	*Conjugación*
Singular	yo	omitieran u omitiesen
Singular	tú / vos	omitiras u omitieses
Singular	él, ella, ello, eso, esa...	omitiera u omitiese
Plural	nosotros, -as	omitiéramos u omitiésemos
Plural	ustedes / vosotros, -as	omitieran u omitiesen / omitierais u omitieseis
Plural	ellos, ellas, esos, esas...	omitieran u omitiesen

§12.3.2.3. Pretérito perfecto o antepresente

(Haya amado, haya comido, haya partido). Es un tiempo compuesto. Señala una acción acabada en el futuro o el pasado y se forma con el presente de subjuntivo de *haber* y el participio pasivo del verbo que se conjuga. Suele depender de un verbo en presente o futuro de indicativo: *Les alegra que **hayas llegado** bien*; *No les gustará que **hayas traído** a tu perro.*

- **Pasado perfecto que funciona como imperfecto.** *(Nada justifica que **hayas ido** al concierto sin permiso; ¿Te parece agradable que me **hayas desobedecido**? ¡De verdad crees justo que le **hayas robado** el almuerzo a esa niña menor que tú!).* A veces, por contexto, puede volverse imperfecto y sustituir al imperfecto de subjuntivo, como se ve en los ejemplos de arriba. Así quedarían las mismas proposiciones con imperfecto de subjuntivo: *Nada justifica que fueras al concierto sin permiso; ¿Te parece agradable que me desobedecieras? ¡De verdad crees justo que le robaras el almuerzo a esa niña menor que tú!*

- **Pasado que indica futuro.** *(En cuanto lo hayas encontrado, le avisarás al director; Apenas haya concluido el festival escolar de cine de arte, devolverá las películas; Cuando hayamos terminado los quehaceres de la casa, nos divertiremos en grande).* Indica acción en el futuro dentro de una oración subordinada circunstancial de tiempo, y puede sustituir al presente de subjuntivo. Los ejemplos anteriores pueden escribirse así: *En cuanto lo encuentres, le avisarás al director; Apenas concluya el festival escolar de cine de arte, devolverá las películas; Cuando terminemos los quehaceres de la casa, nos divertiremos en grande.* Obsérvese cómo *hayas encontrado, haya concluido* y *hayamos terminado* son acciones pasadas en relación con otra acción futura, pero son futuras en relación con el presente, pues aún no se ha encontrado lo que se busca ni ha concluido el festival ni hemos terminado los quehaceres de la casa.

A continuación se presenta la conjugación de *acercar, vender* y *omitir* en **pretérito perfecto** o **antepresente** de subjuntivo.

ACERCAR		
Número	*Persona*	*Conjugación*
Singular	yo	haya acercado
Singular	tú / vos	hayas acercado
Singular	él, ella, ello, eso, esa...	haya acercado
Plural	nosotros, -as	hayamos acercado
Plural	ustedes / vosotros, -as	hayan acercado / hayáis acercado
Plural	ellos, ellas, esos, esas...	hayan acercado

VENDER		
Número	*Persona*	*Conjugación*
Singular	yo	haya vendido
Singular	tú / vos	hayas vendido
Singular	él, ella, ello, eso, esa...	haya vendido
Plural	nosotros, -as	hayamos vendido
Plural	ustedes / vosotros, -as	hayan vendido / hayáis vendido
Plural	ellos, ellas, esos, esas...	hayan vendido

Omitir

OMITIR		
Número	*Persona*	*Conjugación*
Singular	yo	haya omitido
Singular	tú / vos	hayas omitido
Singular	él, ella, ello, eso, esa...	haya omitido
Plural	nosotros, -as	hayamos omitido
Plural	ustedes / vosotros, -as	hayan omitido / hayáis omitido
Plural	ellos, ellas, esos, esas...	hayan omitido

§12.3.2.4 Pretérito pluscuamperfecto o antepretérito

(*Hubiera* o *hubiese amado*, *hubiera* o *hubiese comido*, *hubiera* o *hubiese partido*). Al igual que el pretérito pluscuamperfecto o antepretérito de indicativo, se trata del pasado del pasado. Se forma con el pretérito imperfecto de subjuntivo de *haber* y el participio pasivo del verbo que se conjuga.

- **Pasado del pasado.** *(No creyó que lo hubiera (o hubiese) hecho a propósito).* Expresa la misma relación temporal que denotan el pretérito pluscuamperfecto y el condicional perfecto de indicativo. El mismo ejemplo que está entre paréntesis puede expresarse en esos tiempos: *No creyó que lo había hecho a propósito* o *No creyó que lo habría hecho a propósito.*

- **Pasado con sentido de posibilidad.** *(Todos lo hubieran (o hubiesen) creído; Nadie te hubiera (o hubiese) ayudado; Tú lo hubieras (o hubieses) hecho mejor que él).* Expresa que la acción pudo haber sucedido (aun en negativo, como en el segundo ejemplo que se expuso).

En oraciones condicionales, no admite sustituto en la subordinada (prótasis): *Si yo lo hubiera (o hubiese) dicho, nadie me habría creído; Si me hubieras (o hubieses) escuchado, no habrías venido en vano; No habrías discutido si hubieras (o hubieses) puesto atención en clase.* Pero sí puede remplazarse por el condicional perfecto en la parte independiente (apódosis) de la oración condicional: *Si yo lo hubiera (o hubiese) dicho, nadie me **hubiera** (o **hubiese**) **creído**; Si me hubieras (o hubieses) escuchado, **no hubieras** (o **hubieses**) **venido** en vano; No **hubieras** (o **hubieses**) **discutido** si hubieras (o hubieses) puesto atención en clase.*

A continuación se presenta la conjugación de *acercar, vender* y *omitir* en **pretérito pluscuamperfecto** o **antepretérito** de subjuntivo.

ACERCAR		
Número	*Persona*	*Conjugación*
Singular	yo	hubiera o hubiese acercado
Singular	tú / vos	hubieras o hubieses acercado
Singular	él, ella, ello, eso, esa…	hubiera o hubiese acercado
Plural	nosotros, -as	hubiéramos o hubiésemos acercado
Plural	ustedes / vosotros, -as	hubieran o hubiesen acercado / hubierais o hubieseis acercado
Plural	ellos, ellas, esos, esas…	hubieran o hubiesen acercado

VENDER		
Número	*Persona*	*Conjugación*
Singular	yo	hubiera o hubiese vendido
Singular	tú / vos	hubieras o hubieses vendido
Singular	él, ella, ello, eso, esa...	hubiera o hubiese vendido
Plural	nosotros, -as	hubiéramos o hubiésemos vendido
Plural	ustedes / vosotros, -as	hubieran o hubiesen vendido / hubierais o hubieseis vendido
Plural	ellos, ellas, esos, esas...	hubieran o hubiesen vendido

OMITIR		
Número	*Persona*	*Conjugación*
Singular	yo	hubiera o hubiese omitido
Singular	tú / vos	hubieras o hubieses omitido
Singular	él, ella, ello, eso, esa...	hubiera o hubiese omitido
Plural	nosotros, -as	hubiéramos o hubiésemos omitido
Plural	ustedes / vosotros, -as	hubieran o hubiese omitido / hubierais o hubieseis omitido
Plural	ellos, ellas, esos, esas...	hubieran o hubiesen omitido

§12.3.2.5 Futuro

(*Amare, comiere, partiere*). Es un tiempo simple que indica una acción inacabada que puede suceder o no. Está en desuso y suele ser sustituido por el presente de indicativo o de subjuntivo: *Continuaremos investigando sobre el fraude, caiga quien caiga*, en lugar de *Continuaremos investigando sobre el fraude, cayere quien cayere*; *Actuaré según considere adecuado*, en lugar de *Actuaré según considerare adecuado*.

- **Futuro hipotético.** (*En la tierra a la que fueres, haz lo que vieres*; *Si vos, amada mía, pusiereis en duda mi amor...*; *Aquel que quebrantare esta disposición...*; *Quien cometiere esta falta...*). Este futuro solo tiene vigencia en refranes o frases hechas —como en el primer ejemplo—, en el lenguaje literario (en general, con la idea de arcaizar) —como en el segundo caso— y en el lenguaje jurídico anticuado, como se aprecia en los últimos dos ejemplos del primer paréntesis.

A continuación se presenta la conjugación de *acercar*, *vender* y *omitir* en **futuro** de subjuntivo.

ACERCAR		
Número	*Persona*	*Conjugación*
Singular	yo	acercare
Singular	tú / vos	acercares
Singular	él, ella, ello, eso, esa…	acercare
Plural	nosotros, -as	acercáremos
Plural	ustedes / vosotros, -as	acercaren / acercareis
Plural	ellos, ellas, esos, esas…	acercaren

VENDER		
Número	*Persona*	*Conjugación*
Singular	yo	vendiere
Singular	tú / vos	vendieres
Singular	él, ella, ello, eso, esa…	vendiere
Plural	nosotros, -as	vendiéremos
Plural	ustedes / vosotros, -as	vendieren / vendiereis
Plural	ellos, ellas, esos, esas…	vendieren

OMITIR		
Número	*Persona*	*Conjugación*
Singular	yo	omitiere
Singular	tú / vos	omitieres
Singular	él, ella, ello, eso, esa…	omitiere
Plural	nosotros, -as	omitiéremos
Plural	ustedes / vosotros, -as	omitieren / omitiereis
Plural	ellos, ellas, esos, esas…	omitieren

§12.3.2.6 Futuro perfecto o antefuturo

Se trata de un tiempo compuesto y se forma con el futuro de subjuntivo de *haber* y el participio pasivo del verbo que se conjuga. Expresa una posible acción venidera que se realizará antes de otra futura.

- **Futuro hipotético que es pasado de un futuro.** (*Si me lo hubiere pedido mi padre, tal haría; En caso de que alguno hubiere infringido esta cláusula, se hará acreedor a una sanción...*). Al igual que el simple —hipotéticos ambos—, no se usa en la actualidad salvo literariamente para arcaizar el lenguaje, como en el primer ejemplo, o en lenguaje jurídico anticuado, como se muestra en la segunda proposición. Puede hallarse este tiempo en obras del Siglo de Oro español y en las que aparecieron hasta el siglo XVIII.

En nuestros días es sustituido por el pretérito perfecto compuesto de indicativo (antepresente) o por el pretérito perfecto de subjuntivo (antepresente): *Tendrán descanso solo quienes han terminado* (en lugar de *hubieren terminado*) *el ejercicio* o *Tendrán descanso solo quienes hayan terminado el ejercicio; Saldrán de campamento únicamente aquellos cuyos padres han firmado* (en lugar de *hubieren firmado*) *la circular* o *Saldrán de campamento únicamente aquellos cuyos padres hayan firmado la circular.*

A continuación se presenta la conjugación de *acercar*, *vender* y *omitir* en **futuro perfecto** o **antefuturo** de subjuntivo.

ACERCAR		
Número	*Persona*	*Conjugación*
Singular	yo	hubiere acercado
Singular	tú / vos	hubieres acercado
Singular	él, ella, ello, eso, esa...	hubiere acercado
Plural	nosotros, -as	hubiéremos acercado
Plural	ustedes / vosotros, -as	hubieren acercado / hubiereis acercado
Plural	ellos, ellas, esos, esas...	hubieren acercado

VENDER		
Número	*Persona*	*Conjugación*
Singular	yo	hubiere vendido
Singular	tú / vos	hubieres vendido
Singular	él, ella, ello, eso, esa...	hubiere vendido
Plural	nosotros, -as	hubiéremos vendido
Plural	ustedes / vosotros, -as	hubieren vendido / hubiereis vendido
Plural	ellos, ellas, esos, esas...	hubieren vendido

OMITIR		
Número	*Persona*	*Conjugación*
Singular	yo	hubiere omitido
Singular	tú / vos	hubieres omitido
Singular	él, ella, ello, eso, esa...	hubiere omitido
Plural	nosotros, -as	hubiéremos omitido
Plural	ustedes / vosotros, -as	hubieren omitido / hubiereis omitido
Plural	ellos, ellas, esos, esas...	hubieren omitido

§12.3.3 Tiempo de imperativo

§12.3.3.1 Presente

(*Ama* tú, *amá* vos / *amen* ustedes, *amad* vosotros; *come* tú, *comé* vos / *coman* ustedes, *comed* vosotros; *parte* tú, *partí* vos / *partan* ustedes, *partid* vosotros). Es el único tiempo de que consta el imperativo, y solo se conjuga en la segunda persona, tanto singular (tú / vos) como plural (ustedes / vosotros, -as): *Conoce tú a los demás miembros del equipo* o *Conocé vos a los demás miembros del equipo*; *Conozcan ustedes a los demás miembros del equipo* o *Conoced vosotros* (o *vosotras*) *a los demás miembros del equipo*. Si uno se manda a sí mismo a realizar algo, lo hace en segunda persona: ¡Yliana, conoce a los demás miembros del equipo!

Por otro lado, cuando exhortamos, mandamos, pedimos o rogamos a las otras personas gramaticales —segunda de singular de respeto (*usted*), tercera de singular (*él, ella*...), primera de plural (*nosotros, -as*) y tercera de plural (*ellos, ellas*...)— que hagan algo, utilizamos el **presente de subjuntivo**: *Conozca* (usted) *a los demás miembros del equipo*; *Dejemos* (nosotros) *que conozca* (él, ella...) *a los demás miembros del equipo*; *Conozcamos* (nosotros, -as) *a los demás miembros del equipo, Dejen que conozcan* (ellos, ellas...) *a los demás miembros del equipo*. Y esta misma forma (presente de subjuntivo) se utiliza también para las segundas personas (tú, vos, usted, ustedes, vosotros / -as) cuando se trata de construcciones negativas: *No conozcas* (tú / vos) *a los demás miembros del equipo*; *No conozca* (usted) *a los demás miembros del equipo*; *No conozcan* (ustedes) *a los demás miembros del equipo*; *No conozcáis* (vosotros, -as) *a los demás miembros del equipo*.

A continuación se presenta la conjugación de *acercar*, *vender* y *omitir* en **presente** de imperativo.

ACERCAR		
Número	*Persona*	*Conjugación*
Singular	tú / vos	acerca / acercá
Plural	ustedes / vosotros, -as	acerquen /acercad

VENDER		
Número	*Persona*	*Conjugación*
Singular	tú / vos	vende / vendé
Plural	ustedes / vosotros, -as	vendan / vended

OMITIR		
Número	*Persona*	*Conjugación*
Singular	tú / vos	omite / omití
Plural	ustedes / vosotros, -as	omitan / omitid

Capítulo 13
Lógica temporal relativa

§13 Lógica temporal relativa

Aquí dedicamos una sección completa a este tema —aun cuando ya se ha visto bastante de esto en el apartado §12.3. ("Tiempo") de este ensayo— debido a su importancia práctica en la escritura de toda clase de escritos. Por eso, en este capítulo se verán ejemplos prácticos de cómo se usan los tiempos verbales en textos narrativos.

> Cuando escribimos una historia, un ensayo personal, una crónica literaria, etcétera, lo primero que habría que hacer es elegir entre el presente, el pasado o el futuro para narrar.[1] Si escogiéramos el presente, ese sería el *plano narrativo* de nuestro texto (y así sucedería si escogiéramos el pasado o el futuro). Después tendríamos que ser consecuentes con el tiempo elegido y no estar brincando entre él y otro sin ton ni son; eso sería *ilegal*, digamos. Para cambiar de un tiempo a otro en la narración, hay que reconocer cómo se relacionan los tiempos verbales entre sí. Es decir, si el plano narrativo es el presente, hay que saber cuál es su pasado, y cuál, su futuro. Esos serían sus *tiempos relativos*; si elegimos el pasado como tiempo narrativo, o el futuro, tendríamos —igualmente— que reconocer sus pasados y futuros relativos.

A continuación se presenta el cuadro general con el que se pretende explicar gráficamente la relación temporal de los verbos según los planos narrativos utilizados en la escritura. Después, cuando se trate cada uno de los planos, se reproducirá únicamente la parte del cuadro que corresponda. Cabe mencionar, también, que debido a que los verbos en subjuntivo suelen estar en las oraciones subordinadas y a que dependen de los verbos principales, el plano narrativo siempre estará definido por verbos conjugados en indicativo, por lo que en el cuadro que se ofrece a continuación, hay que tomar en cuenta que los tiempos que se tratan en la celda "Plano narrativo" son el presente, el pasado y el futuro de indicativo.[2]

(En los ejemplos, los verbos que *imponen* el plano narrativo están en letra negrita; los que están en su pasado relativo aparecen subrayados, y los que representan su futuro relativo fueron escritos en cursiva).

---

[1] Además habría que elegir la voz narrativa: primera, segunda o tercera persona. Pero ese ya no es tema de este trabajo.

[2] Para analizar cada tiempo y su relatividad temporal independiente del plano narrativo, vaya al punto §12.3, donde se ha explicado aquella con lujo de detalle.

Plano narrativo	Pasado relativo	Futuro relativo	Ejemplos
Presente	pretérito perfecto simple (pretérito), imperfecto (copretérito) o pretérito pluscuamperfecto (antecopretérito)	futuro	*Está* obsesionado con "Love Me Do", pero ayer no dejaba de cantar (o cantó, sin la negación, o "[…] pero no había dejado de cantar[…]") "Let It Be"; mañana superará ambas canciones y las *cambiará* por "I Me Mine".
Pasado (Pretérito perfecto simple —pretérito— y pretérito imperfecto —copretérito— conviven)	pretérito pluscuamperfecto de indicativo (antecopretérito) y de subjuntivo (antepretérito)	condicional	Él solamente **cantaba** los sábados en el bar, pero antes de lastimarse las cuerdas vocales, había cantado de jueves a domingo ahí mismo. Dos años después, *cantaría* alternadamente con otro intérprete.
Futuro	pretérito pluscuamperfecto (antecopretérito)	futuro compuesto (antefuturo)	Tú **querrás** cantar cuando nos veas llegar aunque habías pensado que no queríamos ir desde el principio. Lo malo **será** que ya *habrás cantado* cuando lleguemos porque *habrá pasado* tu turno debido a nuestro retraso.

La relatividad temporal entre los verbos (a la que hemos denominado *lógica[3] temporal relativa*) suele parecer más complicada de lo que en realidad es. Se trata, en otras palabras, de la correlación de los tiempos de los verbos que conviven con el del plano narrativo de un escrito. En otras palabras, hay que aprender a relacionar temporalmente los verbos según corresponda.

A continuación se presentan ejemplos de planos narrativos y de sus correspondencias en otros tiempos.

[3] Se eligió esta palabra porque hace referencia a las *leyes, modos* y *formas* como conviven los tiempos verbales en los textos narrativos.

§13.1 El pasado como plano narrativo

Plano narrativo	Pasado relativo	Futuro relativo	Ejemplo
pasado (Pretérito perfecto simple —pretérito— y pretérito imperfecto —copretérito— conviven)	pretérito pluscuamperfecto de indicativo (antecopretérito) y de subjuntivo (antepretérito)	condicional (pospretérito)	Él solamente **cantaba** los sábados en el bar, pero antes de lastimarse las cuerdas vocales, <u>había cantado</u> de jueves a domingo ahí mismo. Dos años después, *cantaría* alternadamente con otro intérprete.

Como se vio anteriormente, el pasado es el tiempo que con mayor frecuencia se emplea como plano narrativo; por eso empezaremos con él. En este plano, tanto el pretérito perfecto simple (pretérito) como el imperfecto (copretérito) conviven y tienen el mismo valor. En el apartado §12.3.1.3 aparecen los siguientes párrafos para ejemplificar lo anterior:

La noche anterior al primer día de clases de Ana en el kínder, mientras la familia *cenaba* un delicioso platillo que Emma, excelente cocinera y abuela, había preparado esa tarde, la niña tuvo una plática seria con Claudia, su madre, pues le *preocupaba* que no tendría amigos en la escuela. La mujer le *dijo* que lo único que *debía* hacer *era* acercarse a algún compañero que le *hubiera caído* bien, y preguntarle si *quería* ser su amigo.

A la mañana siguiente, a la puerta de la escuela los chiquillos *lloraban* cuando *veían* a sus mamás alejarse. Ana *permanecía* callada pero emocionada. No le *preocupaba* tanto que su abuela se *fuera* y la *dejara* ahí como probar la técnica de hacer amigos de su mamá. Recién llegados a su salón de clases, Ana se *acercó* a Adriana, una niña rubia que no *dejaba* de llorar. Al parecer *extrañaba* a su mamá; Ana *creyó* que *debía* consolar a su compañera un poco, así que se *sentó* a su lado y le *preguntó* "¿Quieres ser mi amiga?". Solo eso *dijo* y Adriana se *convirtió* en la primera amistad que *tuvo* fuera del edificio donde *vivía*. Ya *comenté* que <u>la abuela *cocinaba* delicioso</u>, pero ese día por la tarde, cuando la niña *volvió* a casa, la comida *tuvo* un sabor especial: sabor a triunfo.

Lo que había que notar era que no es importante si la abuela del fragmento sigue viva o no, si continúa cocinando o si ya no lo hace cuando leemos la historia, pues como el plano narrativo es el pasado, en ese tiempo debe continuar escribiéndose. Pero sí se considera erróneo saltar de pronto al presente porque la abuela siga viva, o sin justificación alguna (cosa que sucede con frecuencia, como se ejemplificará con el primer párrafo del mismo texto a continuación:

⊗La noche anterior al primer día de clases de Ana en el kínder, mientras la familia *cenaba* un delicioso platillo que Emma, excelente cocinera y abuela, había preparado esa tarde, la niña *tuvo* una plática seria con Claudia, su madre, pues le **preocupa** que no tendrá amigos en la escuela. La mujer le **dice** que lo único que **debe** hacer **es** acercarse a algún compañero que le caiga bien, y preguntarle si _quería_ ser su amigo.

En el ejemplo se puso en negritas los verbos que se pasaron al presente de manera *ilegal*. También se subrayó el último verbo porque se brincó de nuevo al plano narrativo original. Cuando esto sucede, casi siempre el redactor es inconsciente de que él mismo se impuso un plano narrativo que después olvidó, o simplemente salta entre uno y otro tiempos porque cree que así el texto no resultará aburrido... La realidad es que este *brincoteo* en el *trampolín temporal* solo vuelve confuso el relato. ¿Cómo podríamos, entonces, ir del pasado al presente de manera *legal*?

§13.1.1 Del pasado al presente

Lo que se narra en el pasado debe avanzar en el pasado, pero —por otro lado— si lo que se desea hacer es cambiar de plano narrativo al presente porque va a contarse algo que está fuera del plano original (el pasado), puede hacerse de dos maneras. La primera, mediante adverbios o frases adverbiales que nos sitúen en el presente:

La noche anterior al primer día de clases de Ana en el kínder, mientras la familia *cenaba* un delicioso platillo que Emma, excelente cocinera y abuela, había preparado esa tarde, la niña *tuvo* una plática seria con Claudia, su madre, pues le *preocupaba* que no tendría amigos en la escuela. La mujer le *dijo* que lo único que *debía* hacer *era* acercarse a algún compañero que le *hubiera caído* bien, y preguntarle si *quería* ser su amigo.

Ahora, treinta años después, Ana *recuerda* ese día al ver a una de sus alumnas de primer año de preescolar consolando a la compañera de su derecha, quien *echa* de menos a su madre y no **puede** contener el llanto. Ana *cree* saber cómo terminará esa escena.

En el nuevo párrafo cambiamos de plano narrativo de manera *legal* porque nos valimos del adverbio *ahora* para hacerlo. La segunda manera habría sido dejar una línea en blanco entre el último párrafo en pasado y el primero en presente (el cual no llevará sangría), en cuyo caso no hace falta el adverbio o frase adverbial debido a que ese espacio entre párrafos y la ausencia de sangría son una convención que señala al lector que habrá un cambio de tiempo, de lugar de la acción o de narrador. Normalmente, se recurre a esto en textos largos, como las novelas. No es común ver esto en historias breves, pero así es como podría verse si utilizáramos este recurso en el ejemplo citado:

> La noche anterior al primer día de clases de Ana en el kínder, mientras la familia *cenaba* un delicioso platillo que Emma, excelente cocinera y abuela, había preparado esa tarde, la niña *tuvo* una plática seria con Claudia, su madre, pues le *preocupaba* que no tendría amigos en la escuela. La mujer le *dijo* que lo único que *debía* hacer *era* acercarse a algún compañero que le *hubiera caído* bien, y preguntarle si *quería* ser su amigo.
>
> Ana *recuerda* uno de los días más importantes de su vida al ver a una de sus alumnas de primer año de preescolar consolando a la compañera de su derecha, quien *echa* de menos a su madre y no *puede* contener el llanto. La adulta *cree* saber cómo terminará esa escena.

En resumen: por el espacio doble entre los dos párrafos, sabemos que hubo un cambio de plano narrativo, en este caso. También puede señalar cambio de lugar. Si no recurrimos al doble espacio, debemos emplear los adverbios o frases adverbiales indicados para enviar las *señales* correctas al lector a fin de que no se despiste.

§13.1.2 El pasado del pasado

El pasado del pasado es el pretérito pluscuamperfecto (o antecopretérito), así que si uno está narrando en el pasado, pero va a introducir una acción pasada en relación con lo que ya hemos dicho, habremos de emplear el *pretérito pluscuamperfecto*. Obsérvese el siguiente ejemplo:

Ayer almorcé en casa de mi tía Mariela. Tenía mucho tiempo que no comía ahí, pero cuando estudiaba en la prepa, iba todos los días a su casa porque me quedaba muy cerca de la escuela, pues ella me *había dicho* que sería bienvenida siempre que quisiera.

En el párrafo anterior, los tres primeros verbos están en pasado; el cuarto (*estudiaba*) está dentro de un complemento circunstancial de tiempo (*cuando estudiaba en la prepa*) que nos lleva automáticamente a un pasado anterior al de los primeros tres; este tiene una estela que abarca al quinto y sexto verbos (*iba* y *quedaba*). El séptimo (*había dicho*) va en pretérito pluscuamperfecto (pasado del pasado) porque el hecho de haber dicho la tía que la narradora (primera persona singular, *yo*) sería bienvenida siempre que quisiera es anterior a que, a la narradora, le quedara muy cerca de la escuela la casa de la tía.

Así, como ya vimos que un adverbio o complemento circunstancial puede llevarnos al pasado del pasado, podría decirse que *el pasado del pasado del pasado* sigue siendo el pluscuamperfecto, pues no hay otro anterior a él o que vaya más lejos hacia atrás que este tiempo. En otras palabras, el pasado del pasado es el pluscuamperfecto (antecopretérito) aunque también podemos llegar ahí con circunstanciales y mantenernos en los pretéritos perfecto simple (pretérito) e imperfecto (copretérito). Y un pasado más remoto del pasado del pasado del tiempo narrativo también es el pluscuamperfecto.

§13.1.3 El futuro del pasado

Si, instalados en el pasado como plano narrativo, queremos escribir algo que suceda en el futuro respecto del momento que estamos contando, debemos usar el *condicional* (o *pospretérito*):

Ayer almorcé en casa de mi tía Mariela. Tenía mucho tiempo que no comía ahí, pero cuando estudiaba en la prepa, iba todos los días a su casa porque me quedaba muy cerca de la escuela, y ella me *había dicho* que **sería** bienvenida siempre que quisiera. Lo que yo no sabía entonces era que años después Tania, su hija mayor, se **enojaría** tanto conmigo que me **prohibiría** la entrada a su casa.

En nuestro ejemplo, los verbos que imponen el plano narrativo están subrayados; el pasado del pasado (pretérito pluscuamperfecto o antecopretérito), en cursiva, y el futuro del pasado (condicional o pospretérito), en negritas. Observe que para volver al plano narrativo original basta con introducir un *conector*, que puede ser una palabra, frase u oración que nos lleve de vuelta al momento en que nos quedamos antes de viajar al pasado del pasado. En este caso, ese conector es "Lo que yo no sabía **entonces**".

Para cerrar con broche de oro este apartado, veamos cómo —usando un adverbio de tiempo, tal como vimos en el apartado §13.1.1— podemos ir legalmente del futuro del pasado (condicional o pospretérito) al pasado, y del pasado al presente:

> Ayer <u>comí</u> en casa de mi tía Mariela. <u>Tenía</u> mucho tiempo que no <u>comía</u> ahí, pero cuando <u>estudiaba</u> en la prepa, <u>iba</u> todos los días a su casa porque me <u>quedaba</u> muy cerca de la escuela, y ella me *había dicho* que sería bienvenida siempre que quisiera. Lo que yo no sabía entonces era que años después mi prima Tania, su hija mayor, se **enojaría** tanto porque su novio la *había engañado* conmigo que me **prohibiría** la entrada a su casa. ¡Qué bueno que *<u>la semana pasada</u>* mi prima se <u>fue</u> a vivir con su marido a Cancún, y *<u>ahora</u>* yo *soy* tan bienvenida en casa de mi tía como antes!

Como puede notarse, la frase "la semana pasada" (en cursiva y subrayada dentro del ejemplo) nos lleva de vuelta al pasado, por lo que usamos el siguiente verbo en pretérito (*fue*), y de ahí vamos al presente mediante el adverbio "ahora", por lo que el siguiente verbo (*soy*) va en presente.

§13.2 El presente como plano narrativo

Plano narrativo	Pasado relativo	Futuro relativo	Ejemplo
Presente	Pretérito perfecto simple (pretérito), imperfecto (copretérito) o pretérito pluscuamperfecto (antecopretérito)	Futuro	*Está* obsesionado con "Love me do", pero ayer no <u>dejaba</u> de cantar (o <u>cantó</u>, sin la negación, o "[…] pero no había dejado de cantar[…]") "Let it be"; mañana <u>superará</u> ambas canciones y las *cambiará* por "I me mine".

El siguiente plano narrativo que veremos es el presente. Tal como se vio en el apartado §12.3 ("Tiempo"), sí podemos emplear el presente como plano temporal para narrar algo que sucedió en el pasado. Ejemplo:

> Brígida García y Marcelino Juárez se *casan* y *tienen* cuatro hijos: tres mujeres y un varón. A este lo *nombran* Benito, quien *ve* la luz por vez primera en San Pablo Guelatao, Oaxaca, el 21 de marzo de 1806.

En este caso, el presente es el plano narrativo, y se lo llama *presente histórico*, tal como se vio en el punto §12.3.1.1 de este ensayo.

§13.2.1 El pasado del presente

Ahora, si a lo escrito en presente fuéramos a añadirle información que hubiera acaecido antes o después de ese plano, habría que relacionar temporalmente los verbos sucesivos con los existentes:

> Brígida García y Marcelino Juárez se casan y tienen cuatro hijos: tres mujeres y un varón. A este lo *nombran* Benito, quien *ve* la luz por vez primera en San Pablo Guelatao, Oaxaca, el 21 de marzo de 1806. Sus padres lo concibieron [o habían concebido] —muy probablemente— en la misma región.

En el párrafo anterior, los verbos del plano narrativo (presente) están en letra cursiva; los que hablan de hechos anteriores a "*ve* la luz por vez primera", van subrayados. Cabe mencionar que si hubiéramos agregado, por ejemplo, la palabra *anteriormente*, podríamos haber permanecido en el presente: "[…] de 1806. **Anteriormente**, sus padres lo conciben […]", pues recordemos que los adverbios (o frases u oraciones adverbiales o circunstanciales, que son lo mismo) pueden instalarnos en el tiempo que expresan, y —en el caso del presente— bastaría con uno que denotara pasado para que comprendiéramos el presente *conciben* como pasado también.

Nótese —además— que el pretérito perfecto simple de indicativo (pretérito) —*concibieron*— puede ser el pasado del presente, pero que también puede utilizarse el pretérito pluscuamperfecto o antecopretérito de indicativo (que suele ser el pasado del pasado) si se intuye que se trata de una acción que ocurrió en el pasado lejano. En este caso caben ambos: "Sus padres lo *habían concebido*…". Incluso, como se ve en el ejemplo del cuadro, a veces podríamos usar el pretérito imperfecto también.

§13.2.1 Del pasado al presente de nuevo

Empecemos con nuestro ejemplo original y agreguemos más información:

> Brígida García y Marcelino Juárez se *casan* y *tienen* cuatro hijos: tres mujeres y un varón. A este lo *nombran* Benito, quien *ve* la luz por vez primera en San Pablo Guelatao, Oaxaca, el 21 de marzo de 1806. Sus padres lo <u>concibieron</u> [o <u>habían concebido</u>] —muy probablemente— en la misma región, pero casi *es* posible asegurar que nadie en su comunidad *imaginó* que algún día ese bebé *llegaría a ser* presidente de México años después.

La información agregada es "pero casi *es* posible asegurar que nadie en su comunidad *imaginó* que algún día ese bebé *llegaría a ser* presidente de México años después", donde la oración coordinada con la conjunción *pero* está de nuevo en presente. Y puede volverse al presente, con el verbo *es*, debido a que se trata de un presente absoluto, pues la posibilidad de *asegurar* —"casi *es* posible asegurar"— es permanente (se da en el presente de la enunciación sea cuando sea que se enuncie, independientemente del presente histórico porque —como puede observarse— ese *es* no se refiere a ninguno de los personajes del relato sino al punto de vista independiente del narrador. Véase "presente de verdad absoluta" en el apartado §12.3.1.1). Luego volvemos al pasado con el pretérito perfecto simple (pretérito) *imaginó*, y podemos hacer esto porque ya que nos situamos en ese plano, podemos seguir cómodamente en él.

Es igualmente posible volver en este punto al presente si nos valemos de un adverbio de tiempo (que, en este caso será *cuando*): "[…] pero casi *es* posible asegurar que, <u>cuando *nace*,</u> nadie en su comunidad *imagina* que algún día ese bebé […]".

§13.2.2 El futuro del presente

Debemos retomar las últimas oraciones del ejemplo original para ver cuál es el futuro relativo del presente si decidiéramos volver a ese tiempo y quedarnos en él:

> […] pero casi *es* posible asegurar que, <u>cuando *nace*,</u> nadie en su comunidad *imagina* que algún día ese bebé ***llegará a ser*** presidente de México años después.

Puede observarse, pues, que si decidimos mantener *imagina* (es decir, el presente), habremos de usar el futuro de indicativo a continuación: "[…] nadie en su comunidad *imagina* que algún día ese bebé **llegará a ser** presidente de México años después". Esto se debe a que el futuro del presente es el futuro simple (sea que esté expresado en una sola palabra, como *será*, o en varias, como el perifrástico que se empleó aquí: *llegará a ser*). Sin embargo, si elegimos el pretérito perfecto simple, *imaginó* (como está en el ejemplo original), habrá que usar el condicional (pospretérito), pues —como se vio en los apartados §12.3.1.9 y §13.1.3— este expresa el futuro del pasado.

§13.3 El futuro como plano narrativo

Plano narrativo	Pasado relativo	Futuro relativo	Ejemplos
Futuro	Pretérito pluscuamperfecto (antecopretérito)	Futuro compuesto (antefuturo)	Tú querrás cantar cuando nos veas llegar aunque habías pensado que no queríamos ir desde el principio. Lo malo será que ya habrás cantado cuando lleguemos porque habrá pasado tu turno debido a nuestro retraso.

¡Incluso podemos emplear el futuro simple como plano narrativo! Esto no es —por supuesto— común ni recomendable por lo cansado y difícil que es leer (y mantener) este plano sin que se vuelva completamente aburrido o cansado. Lo anterior puede suceder rápidamente si no se narra con mucho tino, como suele pasar con los textos escritos en segunda persona cuando no son epístolas. Sin embargo, como se dijo líneas arriba, sí es posible —gramaticalmente— hacerlo:

El joven *llevará* a su novia a cenar para pedirle matrimonio; ella, por su parte, le *dirá* que acepta aun cuando no esté segura de querer casarse con él. Pronto se *descubrirá* más enamorada de lo que creía, y *decidirá* con total seguridad unir su vida a la de él.

En nuestro ejemplo original, los verbos que denotan el plano narrativo están en letra cursiva.

§13.3.1 El pasado del futuro

El pasado del futuro es, nuevamente, el pretérito pluscuamperfecto, como puede verse en el ejemplo del cuadro, y como se observará en nuestro ejemplo original cuando le agreguemos la información necesaria a continuación:

> El joven *llevará* a su novia a cenar para pedirle matrimonio; ella, por su parte, le *dirá* que acepta aun cuando no esté segura de querer casarse con él. Pronto se *descubrirá* más enamorada de lo que creía, y *decidirá* con total seguridad unir su vida a la de él. Sin embargo, unos meses después, el marido *llevará* a su nueva esposa con el médico, que les *dará* la trágica noticia. Luego de eso, nada *será* como **había sido** tan solo unos días antes.

Nuevamente, los verbos del plano narrativo (futuro) se hallan en letra cursiva, y el que denota el pasado de dicho plano, en negrita. Puede verse cómo el pasado del futuro es —nuevamente— el pretérito pluscuamperfecto o antecopretérito (*había sido*).

§13.3.2 El futuro del futuro

Para ejemplificar que el futuro del futuro es el futuro perfecto o antefuturo, agregaremos una líneas después de haber eliminado otras:

> El joven *llevará* a su novia a cenar para pedirle matrimonio; ella, por su parte, le *dirá* que acepta aun cuando no esté segura de querer casarse con él. Pronto se *descubrirá* más enamorada que lo que había pensado que estaba, y *decidirá* con total seguridad unir su vida a la de él. Sin embargo, unos meses después, el marido *llevará* a su ahora esposa con el médico, que les *dará* la trágica noticia. Solo años después de haber salido del consultorio, **habrán superado**, más no olvidado, que jamás *podrán* tener descendencia.

Nuevamente, los verbos que imponen el plano narrativo están en letra cursiva. Se subrayó la frase circunstancial que nos sitúa temporalmente en el futuro del plano narrativo (que también es el futuro), "años después", y se usaron negritas para resaltar el verbo en futuro perfecto (o antefuturo), el cual es el futuro del futuro.

Como puede verse, el verbo que sigue después (*podrán*), aunque está de nuevo en futuro simple, en realidad se sostiene por el futuro perfecto; es decir, con "jamás *podrán* tener descendencia" no volvemos al plano narrativo original, sino que el no poder tener descendencia sucede, digamos, después de haber superado pero no olvidado. En otras palabras, cuando estamos instalados ya en el pretérito pluscuamperfecto o en el futuro perfecto, podemos volver al pasado (si estamos en el pretérito pluscuamperfecto) y seguiremos en el pluscuamperfecto hasta que con un circunstancial volvamos al plano narrativo original, e —igualmente— podemos volver al futuro (si estamos insertos en el futuro perfecto) y continuaremos en el futuro perfecto hasta que volvamos al plano narrativo original con ayuda de un elemento adverbial (circunstancial).

La *estela* del pluscuamperfecto...

Veamos otro ejemplo de este fenómeno... Aquí vamos a narrar en el pasado como plano narrativo principal. Abriremos una *estela* hacia el pasado del pasado (mediante el pluscuamperfecto o antecopretérito). Una vez instalados allí, en el pasado del pasado, podremos usar verbos conjugados en el pasado simple para no repetir tanto *había... había... había...* Y, luego, para volver al pasado como plano narrativo principal, habrá de anunciarlo con algún conector, como ya hemos explicado. Los verbos en pasado simple aparecerán en letra negrita. Señalaré la irrupción del pasado del pasado mediante un subrayado. Después se verá un verbo en letra cursiva (*estudiaba*). Este es el que sigue en la estela de "<u>había sucedido</u>":

> La mujer **se subió** a la bicicleta y **empezó a rodar** de inmediato. Al principio **hizo girar** las ruedas a una velocidad apenas moderada a fin de poder meterse en el flujo de autos que **iban** relativamente lentos. De repente, no **supo** por qué, **se acordó** de un incidente que <u>había sucedido</u> años atrás cuando *estudiaba* Veterinaria en la Universidad Nacional y apenas *empezaba a andar* en bicicleta. Ese día *se dirigía* a la Facultad cuando un taxista le *gritó* una obscenidad y *amenazó* con atropellarla. Pero <u>en esta ocasión</u> ya **sabía colocarse** bien en su carril y ningún taxista la *echaría* a un lado.[4] Así, **aceleró** el pasó y en menos de 20 minutos **llegó** a su casa, sana y salva, con muchas ganas de continuar escribiendo su libro sobre el ciclismo urbano en la Ciudad de México.

---

[4] También podría escribirse, en lugar de la *echaría*, "iba a echarla" para expresar el futuro del pasado.

Los verbos siguientes al pluscuamperfecto había sucedido (*empezaba a andar, se dirigía, gritó* y *amenazó*), a pesar de estar conjugados en el pasado simple, siguen en la *estela* del antecopretérito (o *pluscuamperfecto*) había sucedido. Para regresar al plano narrativo principal, el narrador emplea el conector en esta ocasión, seguido del verbo **sabía colocarse** conjugado en el pasado simple tras el adverbio *ya*, para después proseguir en el pasado simple, con los verbos **aceleró** y **llegó**. El verbo echaría, conjugado en el copretérito, señala un futuro hipotético relativo al pasado…

Desde luego, esto parece complicado en la explicación, pero los lectores ni siquiera se darán cuenta de que se han empleado tres planos narrativos diferentes con aún más tiempos verbales. Pero para que los lectores no se pierdan en lo que escribimos, nosotros —como narradores— necesitamos controlar nuestros verbos y emplear correctamente su *lógica temporal*.

Ejercicio

Primero lea completos los siguientes textos e identifique los planos narrativos en que están escritos. Luego subraye los verbos e identifique el tiempo de cada uno; después desentrañe la lógica verbal relativa entre estos.

Descubrí el teatro

Estaba en preescolar cuando descubrí que quería hacer teatro. Y aunque cualquiera pensaría que mi papá, por ser artista, me inculcó el gusto, no fue así. Era mi mamá quien, cuando me quedaba en su casa, me llevaba casi cada sábado al teatro. Íbamos con sus amigas, y los hijos de ellas, a las matinés.

Recuerdo mucho dos de las primeras obras que vi: una adaptación de *Blanca Nieves y los siete enanos* y otra cuyo nombre no recuerdo. A la primera le debo mi primera pesadilla: Blanca Nieves y yo estábamos en el bosque cuando llegó la bruja disfrazada de inofensiva viejita. Pero yo conocía sus secretas intenciones y alertaba a la muchacha. "Corre, Blanca Nieves, corre", le gritaba yo, desesperada. La bruja me miraba muy enojada y me ordenaba que me callara, pero yo no le hacía caso. Me inquietaba tremendamente ver que la malvada mujer estaba a punto de atrapar a la joven y decidí ayudarla aventando a la vieja al precipicio que se encontraba a un metro de nosotras.

Esa noche, mientras soñaba, me quejaba y casi lloraba. Mi mamá, que dormía en la misma recámara, me despertó y me consoló. Le pedí que me dejara dormir con ella. Desde entonces —tendría unos tres años— hasta los nueve o diez años dormí más noches con mi madre que en mi propia cama.

Sin embargo, lo más curioso fue que, a pesar de haber tenido —y padecido— este sueño, durante la función no me había sentido identificada con la protagonista de la obra, sino que a partir de entonces empezaron a llamarme más la atención los personajes antagónicos que los protagónicos.

De la otra obra que recuerdo, solo guardo la imagen de la escenografía y de una de las actrices, la *mala* de la obra. Estaba vestida de algo así como un árbol y maquillada de verde. Se acercaba a los niños; estos gritaban despavoridos mientras yo quería tocarla, ver si era real. Cuando se me acercó le sonreí. Al ver las reacciones de los demás, decidí que yo quería ser lo que era ella —actriz— y hacer lo que ella hacía: estar en un escenario y actuar, provocar en los demás lo que ella provocaba.

Y pronto tuve la oportunidad de participar en mi primera obra teatral: una adaptación de *La Cenicienta* [...].

Ciruela de la discordia

Aquella tarde platicaba con Juan sobre aquello que me había indignado tanto.

—Susana llevó solo tres manzanas hoy, pero dos días antes había llevado cinco.

—Seguramente mañana traerá seis para compensar al maestro, y que le ponga 10 en el examen —contestó mi amigo, apoyándome.

Como durante varios días nuestra compañera no le dio su mordida al profe, Juan y yo pensamos que a ella ya le había caído el veinte. Pero no era así: tres semanas después llevaría ciruelas al maestro, pues (al parecer) este ya no quería comer el fruto prohibido.

Apéndice A
El gerundio bien y mal empleado

El gerundio es el verboide que a todos nos encanta odiar. Nos han dicho desde la secundaria que debemos evitarlo, como si estas palabras que terminan en *-ando* y *-iendo* (o *-yendo*) fuesen portadoras de algún virus infeccioso. Algunos maestros y editores afirman secamente que no deben usarse, *No vaya a ser que se empleen de manera incorrecta.*

En verdad, los gerundios solo plantean dos grandes problemas. El primero: la práctica común de recurrir a ellos excesivamente. El segundo: hay varias instancias en que el gerundio suele emplearse de manera indebida o muy poco aconsejable. El uso excesivo del gerundio se corrige al tener conciencia del problema y, luego, voluntad para limitar incluso el uso de aquellos gerundios que, estando bien empleados, restan expresividad al discurso.

Veamos, pues, cómo puede emplearse bien el gerundio. Aquí se presentan 16 casos en que el gerundio se emplea de modo correcto. Algunos suelen aparecer, más que nada, en contextos orales; otros aparecen mayormente en contextos literarios; alguno que otro empleo del gerundio empieza a antojarse como antigualla, pero no por esto resultan *incorrectos.*

Tomaremos en cuenta, asimismo, aquellas circunstancias en que el gerundio suele usarse mal. No hay por qué tenerle miedo ni evitarlo. Se repite —hasta la náusea— en los libros de redacción, que cuando uno duda sobre tal o cual uso (sobre todo del gerundio), debería abstenerse, *darle la vuelta.* Uno, como escritor y ser analítico, habría de afirmar lo contrario: si hay duda, sería mejor resolverla, aunque esto signifique dedicar un poco de pensamiento al problema.

Nota importante: la acción del gerundio, a diferencia de la de los verbos conjugados, consiste en que los gerundios suelen expresar una acción *progresiva*, que *va desarrollándose* en el tiempo, sea este breve o extendido. Por eso el mensaje encerrado en *Estoy dándole cuerda a mi reloj* no es el mismo que nos trasmite *Doy cuerda a mi reloj.* El primero nos avisa que el hablante está *en el proceso* de darle cuerda a su reloj, que la acción trata de una *progresión*, la cual que tiene un principio, un desarrollo y un final. El segundo mensaje, por otro lado, es una declaración de hecho y en ella no se percibe el proceso, o no importa: *Todos los días le doy cuerda a mi reloj.*

La formación del gerundio

Los gerundios se forman de tres maneras:

- Los que pertenecen a la primera conjugación (*-ar*) se forman con su letra temática *a* + las letras *ndo*. Esto nos da la terminación *-ando*. Ejemplos: *caminando*, *amando*, *redactando*.
- Cuando la vocal temática es *e* o *i*, pertenecientes a la segunda y tercera conjugaciones (*-er* e *-ir*), respectivamente, se emplean las letras *ie* + *ndo*, como en *comiendo* y *pidiendo*.
- Cuando una vocal precede a la vocal temática, en lugar de *ie* se escribe *ye*, como en *concluyendo, abstrayendo, leyendo* y *oyendo*. El gerundio de *ir*, por supuesto, es *yendo*.

Lista de los usos generales del gerundio:

El gerundio modal, de (A) *simultaneidad* y (B) *anterioridad*
1. El gerundio modal
2. El gerundio perifrástico
3. El gerundio predicativo
4. El gerundio para modificar un complemento directo de un verbo de percepción sensible, mental o intelectiva, de representación, descubrimiento o hallazgo
5. El gerundio exhortativo o directivo, o como reconvención
6. El gerundio interrogativo o exclamativo
7. El gerundio condicional
8. El gerundio concesivo
9. El gerundio de nombres de información o comunicación
10. El gerundio de pie de foto, grabado o cédula
11. El gerundio de ubicación u orientación locativa
12. Los gerundios *ardiendo* y *hirviendo* como adjetivos
13. El gerundio tras la preposición *en* y en diminutivo
14. El gerundio que da respuesta a ciertas preguntas
15. El gerundio *tirando* a…
16. El gerundio *andando* (el tiempo, los años…)

1. Uso general del gerundio: *modal*

El uso principal del gerundio es *modal*. Esto quiere decir que el gerundio suele dar a entender el *modo* en que se realiza la acción de un verbo, *su* verbo: el que lo rige. Así nos damos cuenta de que los gerundios en muchas ocasiones funcionan como adverbios. Este no es el único uso ni la única manera en que los gerundios se emplean, pero veamos primero el uso modal.

Uso modal *A*: simultaneidad

Cuando el gerundio se emplea de manera modal, su acción generalmente es *simultánea* con la acción del verbo. A veces es *anterior* a la acción del verbo. Cuando su acción es simultánea, responde a la pregunta *¿Cómo se realiza la acción del verbo?* Pongamos como ejemplo esta oración:

* Ulises entró.

Lo único que sabemos acerca de Ulises es que *entró*. Pero no sabemos *cómo* lo hizo. Un gerundio puede resolver este problema:

* Ulises entró *vociferando*.

En este caso, son uno solo el que entró y el que vociferaba. El trabajo del gerundio consiste en establecer *cómo* entró Ulises. La acción del gerundio *vociferando* es simultánea con la acción de *entró*. Pero más que eso, modifica al verbo *entró* tal como lo haría un adverbio. Algunos otros ejemplos del gerundio modal de simultaneidad:

* Escribió su renuncia llorando.
* Lo vimos chiflando.
* Los platos quedaron rechinando de limpios.
* Guillermo, riéndose, amonestaba a sus alumnos.
* El capataz se levantó, chorreando sangre por todas partes.

Uso modal *B*: anterioridad

Cuando el gerundio alude a una acción anterior a la del verbo principal, establece qué hizo el sujeto del verbo *antes* de actuar:

* Haciendo de tripas corazón, Hernán le propuso matrimonio a su novia.
* Amarrándose fuertemente con correas especiales, Édgar empezó su rapel por el acantilado.
* Habiendo tomado la decisión, el presidente llamó a su homólogo alemán.

En los tres ejemplos el gerundio responde al mismo sujeto que el verbo: Hernán hizo de tripas corazón antes de proponer matrimonio, y

Édgar se amarró fuertemente antes de empezar su rapel. Pero el gerundio de anterioridad puede carecer de sujeto o tener sujeto propio, no el del verbo:

- <u>Conociendo</u> al director, no tendremos vacaciones.
- Hay que asesorar a los alumnos, <u>estudiando</u> cada caso.
- <u>Llegando los víveres</u>, los isleños olvidaron por unos momentos el huracán.

En el primer ejemplo de arriba, no hay ninguna persona específica que conozca al director; se trata de un conocimiento general. En otras palabras, carece de sujeto específico. La oración principal, sin embargo, sí lo tiene, aunque es tácito: *nosotros*. Esto pudo haberse planteado como una oración impersonal: *Conociendo* al director, <u>no habrá</u> vacaciones. El segundo ejemplo también es impersonal, y el sujeto de *estudiando* es igualmente vago. En el tercer ejemplo, hay un sujeto para el gerundio, *los víveres*, pero el de la oración principal es otro: *los isleños*. Esta clase de gerundio se llama *absoluto*, pues no coincide ni con el sujeto de la oración principal ni con el complemento directo (*huracán* en este caso; más adelante, en la sección 4, veremos cuándo sí puede aludir al complemento directo).

2. Uso general del gerundio: *perifrástico*

Las perífrasis verbales —o los *verbos perifrásticos*— requieren más de una sola palabra, como ocurre cuando decimos o escribimos *tengo que leer*, *debo pagar*, *acaban de llegar*, *hay que poder correr*... Los gerundios también se prestan para formar perífrasis, pero suelen hacerlo solo con algunos verbos: *estar*, *venir*, *tener*, *ir*, *seguir*, *andar*, *llevar*... Se trata de construcciones comunes, sobre todo en el lenguaje oral, pero también aparecen en el escrito, lo que en ocasiones le brinda a este gerundio cierta cualidad coloquial y la sensación de una acción progresiva, la cual se encuentra en un proceso de desarrollo, como ya hemos visto. (Véase la "Nota importante" después del cuarto párrafo de este apéndice). No es lo mismo, por ejemplo, *Hablo* que *Estoy hablando*; tampoco es lo mismo *Venimos preparando la fiesta desde la semana pasada* que *Preparamos la fiesta desde la semana pasada*, o *¿Me oyes, inútil?* que *¿Me estás oyendo, inútil?* Otros ejemplos del gerundio perifrástico:

- Estuvieron *bailando* toda la noche.
- Vengo *marcando* su número desde Toluca: no contesta.
- Quince años tengo *enseñando* esta materia.
- Fuiste *armando* tu estrategia desde la preparatoria, ¿verdad?
- ¿Sigo *hablando* o mejor me callo?
- Por eso ando *recabando* firmas.
- Veinte horas llevo *resolviendo* este problema.

A los gerundios perifrásticos es posible anteponerles pronombres átonos, o incluirlos como enclíticos. Aunque la segunda opción se considera mejor estilísticamente en el lenguaje escrito, ambas trasmiten la misma información y por eso son *correctas*:

- *Lo seguiré mejorando* hasta el último momento.
- *Seguiré mejorándolo* hasta el último momento.
- *Te estoy mirando*.
- *Estoy mirándote*.

Esto no es posible con otros verbos en combinación con gerundios, sino solo con los perifrásticos. Por ejemplo, no es lo mismo *Lo amó cantando* que *Amó cantándolo*, o *Lo bañó salpicando agua por todas partes* que ⊗*Bañó salpicándolo agua por todas partes*.

3. Uso general del gerundio: *predicativo*

Es legítimo emplear el gerundio como *predicativo* o *atributo*. Si podemos afirmar que *Efrén llegó triste* (donde *triste* es el predicativo, o atributo, de Efrén), también podemos decir que *Efrén llegó tristeando*. Algunos gerundios predicativos también pueden entenderse como modales, como en los dos primeros ejemplos que se ofrecen aquí (el primero, de hecho, ya había aparecido en la sección correspondiente a los gerundios de simultaneidad). Es importante darse cuenta de que los verbos que se emplean con el gerundio predicativo son *copulativos*. Los verbos copulativos son aquellos que *ligan* o *vinculan* el predicado con el sujeto:

- Los platos quedaron *rechinando* de limpios.
- Hermenegilda apareció *echando* chispas.
- Se presentó una señora *reclamando* su herencia.
- Había varios estudiantes *echando* relajo.
- La vio *pidiendo* limosna fuera del metro.

En los últimos tres enunciados anteriores, el verbo copulativo *estar* se ha elidido, mientras que en el primero el verbo copulativo *quedaron* va en lugar de *estuvieron* (con sentido de *terminaron por estar*):

- Los platos quedaron [o: terminaron por estar] *rechinando* de limpios.
- Hermenegilda apareció [y estaba] *echando* chispas.
- Se presentó una señora [que estaba] *reclamando* su herencia.
- Había varios estudiantes [que estaban] *echando* relajo.
- La vio [cuando estaba] *pidiendo* limosna fuera del metro.
  (vse. el uso 4)

El gerundio predicativo también funciona con algunas construcciones preposicionales:

- **Con** tantos niños *berreando*, apenas si puedo escucharme a mí misma.
- **Sin** tu voz *susurrándome* palabras de amor, me apagaré inconsolablemente.

4. Uso general del gerundio: para modificar un complemento directo de un verbo de percepción sensible, mental o intelectiva, de representación, descubrimiento o hallazgo

Cuando el verbo principal es de *percepción sensible* (*mental* o *intelectiva*) o cuando es un verbo de *representación*, va a necesitar un complemento directo:

- Vi un hombre. (percepción sensible)
- Octavio pintó a Elena. (representación)
- El fotógrafo retrató a toda la clase. (representación)
- ¿Escuchaste a tu hermana? (percepción sensible)
- Me imaginé una catarata. (percepción mental o intelectiva)
- Recordé el mar. (percepción mental o intelectiva)

Ya que se trata de verbos de percepción sensible (mental o intelectiva, de representación, descubrimiento o hallazgo) podemos modificar estos complementos con gerundios. Así, estos poseerán valor adjetivo, una de las pocas ocasiones en que esto puede suceder. (Con los verbos *arder* y *hervir*, en la sección 11, veremos otra). Algunos ejemplos del gerundio que modifica al complemento directo de un verbo de percepción sensible (mental o intelectiva, de representación, descubrimiento o hallazgo):

- Vi a <u>un hombre</u> *corriendo* hacia el río. (percepción sensible)
- Octavio pintó a <u>Elena</u> *ascendiendo* la colina. (representación)
- El fotógrafo retrató a <u>toda la clase</u> *estudiando* para su examen final. (representación)
- ¿Escuchaste a <u>tu hermana</u> *quejándose* del esposo? (percepción sensible)
- Me imaginé una catarata *reventándose* a cien metros de altura sobre un lago cristalino. (mental o intelectiva)
- Recordé <u>el mar</u> *brillando* al atardecer. (mental o intelectiva)

Estos son algunos de los verbos de percepción sensible más comunes: *ver, escuchar, sentir, contemplar, distinguir, oír, observar, notar* y *mirar*. Mentales o intelectivas: *figurarse, imaginar, imaginarse, recordar*, y en ocasiones *hacer*:

Yo te <u>hacía</u> *vacacionando* en Aruba.

Este concepto también es aplicable a verbos que podrían llamarse de *descubrimiento* o *hallazgo*:

- Sorprendió a<u>l sacerdote</u> *haciendo* propuestas indecorosas a un alumno.
- Descubrimos a <u>una monja</u> *ayudando* a unos niños pobres que ni siquiera eran católicos.
- Hallaron a <u>la tía de mi esposa</u> *recogiendo* ramas en el bosque.
- Encontré a <u>las hermanas</u>, desnudas, *tomándose* un baño de sol.

5. Uso general del gerundio: *exhortativo* o *directivo*, o como reconvención

Es frecuente escuchar el gerundio empleado como exhortación o dirección, una especie de imperativo, como en estos casos:

- *Andando*, que no tengo tu tiempo.
- ¡*Circulando* por la derecha! No se detengan.

Se usa la conjunción *conque* para reconvenir a alguien en forma interrogativa:

- ¿Conque *pintando* grafitis, eh…?
- ¿Conque *faltando* a clase para ver el Mundial?
- ¿Conque *hablando* por teléfono durante la clase?

6. Uso general del gerundio: *interrogativo* o *exclamativo*

Con estructuras bipartitas es común encontrar gerundios interrogativos o exclamativos como los siguientes. Resulta fácil ver, detrás de ellos, el gerundio predicativo:

- ¿El maestro *cantando*? Seguro que su novia le hizo caso.
- ¿Mi hermano *trabajando*? ¡Ni que fuera socialista!
- ¡Antonieta *escribiendo* poesía! Estará mal de la cabeza.
- ¡Elías *volando* en ala delta! Seguro no se ha enterado su mujer.

Es de notarse el parecido entre este uso y el de número 4, donde usamos el gerundio para modificar el complemento de verbos de percepción sensible, intelectivos, de representación, descubrimiento o hallazgo. En cada caso podríamos imaginar un pie de foto (vse. el uso 10):

- El maestro *cantando*
- Mi hermano *trabajando*
- Antonieta *escribiendo* poesía
- Elías *volando* en ala delta

7. Uso general del gerundio: *condicional*

Con frecuencia se confunde el gerundio *condicional* con el de *anterioridad*. De hecho, son muy parecidos. La diferencia importante radica en que los condicionales pueden ser sustituidos por oraciones subordinadas condicionales, las que empiezan con *si*.

- *Teniendo* paciencia, llegarás a tu meta. (*Si tienes paciencia…*).
- *Ahorrando*, *podrás* comprar esa bicicleta de ruta. (*Si ahorras…*).
- *Pidiendo permiso* con la mano, es más fácil meterse al carril de alta velocidad. (*Si pides permiso…*).

En estos tres ejemplos, amén del sentido condicional del gerundio, puede entenderse el de anterioridad. Pero hay gerundios de anterioridad que no permiten el sentido condicional:

- *Levantando* la mano, la dejó caer sobre la mesa.
- *Colocándose* en la línea de salida, se concentró en la meta a 100 metros de distancia.

- *Prendiendo* su teléfono móvil, buscó los mensajes de esa mujer tan misteriosa.

8. Uso general del gerundio: *concesivo*

Hay varias maneras en que un gerundio puede adquirir valor *concesivo*, lo cual suele definirse como una palabra, frase u oración que *indica la razón que se opone a la principal, pero que no excluye su cumplimiento* (DRAE). Otro modo de plantearlo sería *para indicar el vencimiento de un obstáculo*, como en **A pesar de** *todas las trabas, Lorenzo pudo meter su solicitud a tiempo*.

En estructuras de anterioridad con *haber*, suele indicarse una relación concesiva, como en los ejemplos siguientes:

- Habiendo perdido su cartera, pudo completar su viaje. (*A pesar de que había perdido…*).
- Habiendo querido desertar de la universidad en tercer año, se tituló con honores. (*Aunque quería desertar…*).
- Habiéndose caído al principio de la carrera, llegó en primer lugar. (*A pesar de que se había caído…*).

Otra manera de crear oraciones concesivas con gerundio es mediante *pudiendo*:

- Pudiendo llegar a la cima, se volvió al campamento base. (*Aunque podría haber llegado…*).
- Pudiendo engañar a su esposo, decidió no tener relaciones sexuales con el admirador. (*A pesar de que podría haber engañado…*).
- Pudiendo ser el mejor, abandonó la carrera. (*Aunque pudo haber sido…*).

La tercera manera de crear oraciones concesivas con gerundio es mediante el adverbio *aun* o *incluso*:

- Aun bateando como zurdo, logró pegar de *hit*. (*A pesar de que bateaba como zurdo…*).
- Incluso cerrando los ojos, pudo identificar al hombre de sus sueños. (*Aunque tenía cerrados los ojos…*).
- Aun resintiendo los estragos de los calambres, pudo terminar los tiempos extras. (*Aunque resentía los estragos de los calambres…*).

9. Uso general del gerundio: de *nombres de información* o *comunicación*

La Asociación de Academias reconoce este gerundio como una construcción poco elegante. Basta esta observación, que me parece atinada, para poner su empleo en tela de juicio. Abunda en contextos burocráticos y periodísticos. Las Academias alistan estos *nombres de información* como *carta, comunicado, correo (electrónico), decreto, mensaje, nota, noticia, telegrama...* [*Nueva Gramática de la Lengua Española. Manual* 27.2.2c]. Estos son sus ejemplos:

- La carta del náufrago <u>pidiendo</u> auxilio nunca llegó a su destino.
- El mensaje del subsecretario <u>informándome</u> de ello era bastante escueto.
- Aquel párrafo de la comandancia <u>ordenando</u> al capitán que pidiera disculpas no gustó demasiado.

Algunos estudiosos de la gramática llaman este el gerundio *de finalidad*. Tanto ellos como yo aconsejamos emplear en estos casos un complemento de finalidad como *para* o *a fin de*, o el pronombre *que*:

- La carta del náufrago <u>que pedía</u> auxilio nunca llegó a su destino.
- El mensaje del subsecretario <u>para informarme</u> de ello era bastante escueto.
- Aquel párrafo de la comandancia <u>que ordenaba</u> al capitán que pidiera disculpas no gustó demasiado.

El sentido del gerundio de *nombre de información* o *comunicación* nunca debe ser *restrictivo*, es decir *adjetivo*. En estos casos siempre debe emplearse el pronombre *que*:

- Se publicó el nuevo Código Penal ⊗<u>reformando</u> el anterior.
- El decreto ⊗<u>prohibiendo</u> fumar en cines y restaurantes ya entró en vigor.

Estos gerundios mal empleados se corrigen así:

- Se publicó el nuevo Código Penal <u>que reforma</u> el anterior.
- El decreto <u>que prohíbe</u> fumar en cines y restaurantes ya entró en vigor.

10. Uso general del gerundio: de pie de foto, grabado o de cédula

El gerundio de *pie de foto, grabado* o *de cédula* tiene una historia muy larga en el español. Pongamos algunos ejemplos:

* Los Halcones <u>aporreando</u> a los manifestantes
* El ejército romano <u>atravesando</u> el Rubicón
* El senador Godínez <u>aceptando</u> una mordida de tres millones

En estos casos, y otros análogos, se encuentra implícita la acción de un verbo de percepción sensible: Aquí *se ve* a los Halcones <u>aporreando</u> a los manifestantes; En este cuadro *se aprecia* el ejército romano atravesando el Rubicón; Esta foto *nos muestra* al senador Godínez <u>aceptando</u> una mordida de tres millones. (No se pone punto tras los *pies de foto* o *grabado* por dos razones: 1. No es costumbre hacerlo en el mundo editorial, y 2. No se trata de enunciados completos.

11. Uso general del gerundio: de *ubicación* u *orientación locativa*

Hay que tener cuidado con este gerundio en la escritura. En el lenguaje oral no suele causar problemas gracias a los ademanes y el tono de voz del hablante, pero en el escrito puede ocasionar construcciones chuscas que probablemente nos harían estallar en carcajadas:

* La iglesia está <u>doblando</u> la esquina.
* La taquilla está <u>bajando</u> la rampa.
* El hospital está <u>atravesando</u> la calle.
* La errata está en la cuarta línea <u>contando</u> desde abajo.

Por escrito habría que realizar una inversión sintáctica para evitar tanto risas como confusiones:

* <u>Doblando</u> la esquina, está la iglesia.
* <u>Bajando</u> la rampa, está la taquilla.
* <u>Atravesando</u> la calle, está el hospital.
* <u>Contando</u> desde abajo, la errata está en la cuarta línea.

12. Uso general del gerundio: *ardiendo* e *hirviendo* como adjetivos

Los únicos gerundios que pueden emplearse como adjetivos en cualquier posición dentro de la oración y con cualquier verbo son *arder* y *hervir*:

- Le tiraron un litro de agua <u>hirviendo</u>.
- Se llevaron al niño <u>ardiendo</u> en fiebre.

Como se ve, los verbos no son de percepción sensible ni intelectual, mental o intelectiva, ni de representación, descubrimiento o hallazgo. Son comunes y corrientes: *tirar*, *llevarse*.

13. Uso general del gerundio: tras la preposición *en* y en diminutivo

Es posible anteponer la preposición *en* a un gerundio. De hecho, es la única preposición que puede asumir esta posición:

- En llegando a casa, le habló al hospital para saber cómo estaba su mamá.
- En <u>abriendo</u> la carta que encontró sobre la mesa, se comunicó de inmediato con el abogado al que había contratado para defenderlo.

El gerundio también admite el diminutivo. Tanto el uso de *en* antes del gerundio como el empleo del diminutivo del gerundio empiezan a parecernos un poco anticuados o *folclóricos*, especialmente a los hablantes más jóvenes. Aún así, ambos usos del gerundio siguen siendo legítimos:

- Llegó *resoplandito* el mensajero.
- José Emilio se marchó *leyendito* encima de su caballo.
- En *llegandito*, mandó llamar a sus criados.

14. Uso general del gerundio: para dar respuestas a ciertas preguntas

Cuando damos respuestas a inquisiciones como "¿En qué andas?" o "¿Qué haces?", son comunes respuestas como las siguientes:

- <u>Pasándola</u> como Dios me da a entender.
- <u>Sudando</u> la gota gorda, para variar.
- <u>Trabajando</u> como mexicano, para vivir como francés.

Incluso es común emplear un gerundio en preguntas y las respuestas a esas preguntas:

—¿Qué haciendo, mi buen?
—Encontrando la cuadratura a este círculo, nomás…

15. Uso general del gerundio: *tirando a…*

Tirando a… es un gerundio *lexicalizado* (con sentido propio) equivalente al adverbio *casi*, y se usa con cierta frecuencia tanto en el lenguaje oral como en el escrito:

* Pintaron la casa de un azul claro, tirando a celeste.
* Era un joven en extremo delgado, tirando a famélico.

16. Uso general del gerundio: *andando* (el tiempo, los años…)

Se emplea el gerundio *andando* + *el tiempo* o *los años* (o cualquier otra expresión parecida) para expresar el transcurso de cierto tiempo. Estas oraciones poseen el sentido de *Con el paso del tiempo* y *Con el paso de los años*, respectivamente:

* Andando el tiempo, el equipo empezó a jugar con cada vez más confianza.
* Andando los años, Felipe llegó a convertirse en un herrero conocido en toda la comarca.
* Andando los meses, el niño dejó de agredir a su padrastro por todo y por nada.
* Andando los siglos, los pueblos originales iban afirmándose como no lo habían hecho inmediatamente después de la Conquista.

Lista de usos indebidos del gerundio

1. El gerundio de posterioridad que indica consecuencia
2. El gerundio como adjetivo
3. El gerundio en lugar de un verbo conjugado en oraciones compuestas

1. El gerundio de *posterioridad* que indica *consecuencia*

La acción del gerundio nunca debe ser posterior a la acción del verbo principal. No importa si ocurre un milisegundo después. ¡No debe ser posterior! Como ya hemos visto, su acción puede ser simultánea con la del verbo principal o puede ser anterior, pero jamás posterior.

En otras palabras, la acción del gerundio no debe indicar *consecuencia* o *efecto* de la acción del verbo principal. Algunos ejemplos del gerundio de *posterioridad*, cuya acción es posterior a la del verbo:

⊗*Cayó* el avión, muriéndose 103 personas.

⊗El director firmó el acuerdo, quedando todos contentos.

⊗La pentatleta se tropezó, fracturándose la pierna izquierda.

⊗El tragón comió un cerdo entero, infartándose minutos después.

⊗Se abrieron las puertas de la cárcel de par en par, quedando en libertad los presos.

El lector seguramente reconocerá esta clase de construcciones, pues aparecen sin piedad todos los días en los periódicos y revistas donde los buenos editores brillan por su ausencia. Los gerundios están mal empleados porque pretenden indicar alguna *consecuencia* de la acción del verbo principal, para lo cual no fueron diseñados dentro de la evolución del idioma.

En todos los ejemplos arriba, la acción del gerundio es posterior a la del verbo principal, aunque se trate de una separación temporal de nanosegundos. Así corroboramos que el tiempo que se da entre la acción principal y la del gerundio es lo que menos importa. Lo que *más* nos concierne es la naturaleza de la acción del gerundio, y que *no* indique consecuencia. Para que así sea, la acción del gerundio no debe ser *de ninguna manera* posterior a la del verbo principal.

La *Nueva gramática de la lengua española. Manual* concuerda generalmente con lo que acabo de apuntar, pero abre un resquicio que, para mí, siembra confusión (27.3.1.d). Primero ratifica la idea de que "Se considera incorrecto el uso del gerundio para indicar una pura relación de POSTERIORIDAD, como en *Estudió en Santiago, **yendo*** (en lugar de … *y fue*) *después a Bogotá*". No obstante, casi de inmediato el *Manual*… introduce confusión al afirmar que "[…] la anomalía de estas construcciones, documentadas ya en la lengua clásica, se atenúa cuando la posterioridad que se expresa es tan inmediata que casi se percibe como simultaneidad, y también cuando cabe pensar que el gerundio denota una relación causal, consecutiva o concesiva: *Los cartagineses lo atacaron, obligándole a refugiarse en una torre, a la que luego le prendieron fuego* (Fuentes, *Naranjo*); *Alba se la arrebató de la mano de un zarpazo y la lanzó contra la pared, haciéndola añicos* (Allende, *Casa*).

Pregunto: ¿qué tan *inmediata* tras la acción del verbo principal debe ser la del gerundio para que este sea *correcto*? No hay ninguna indicación de cronómetro en este sentido: ¿un milisegundo?, ¿medio segundo?, ¿cinco segundos?, ¿un minuto?, ¿una hora? Si bien el objeto lanzado por Alba se hizo añicos milisegundos después de tener contacto con la pared, no se aprecia esta inmediatez en el ejemplo de Carlos Fuentes. ¿Cuánto tiempo tuvo que haber transcurrido para que el complemento indirecto de la proposición (*le*) se sintiera obligado a refugiarse en una torre tras el ataque de los cartagineses? ¿Cinco, diez o treinta segundos?, ¿un minuto?, ¿15 minutos?, ¿media hora?, ¿una hora?, ¿más…?

Si volvemos a leer los ejemplos de gerundios mal empleados por ser de posterioridad, o porque indican consecuencia de la acción del verbo principal, nos damos cuenta de que la acción de posterioridad expresada por algunos de los gerundios es tan inmediata como el gerundio *haciéndola* en el ejemplo de Isabel Allende. No hay que ir más lejos que el avión que cayó. Seguramente murieron de inmediato las 103 personas como *consecuencia* del impacto del avión contra la superficie de la tierra. ¿Pero realmente se trata de discutir si algunas murieron de inmediato tras el choque —y *debido* al choque— o si varias permanecieron con vida durante cinco, diez o quince minutos? Aunque hubiera habido un solo pasajero, seguiría siendo igualmente incorrecto el uso del gerundio: *Cayó un avión,* ⊗*muriéndose una persona.* A pesar de que se satisfacen los dos *requisitos* del *Manual…*, inmediatez y consecuencia, el gerundio de este enunciado está mal empleado.

Por todas estas razones desaconsejo encarecidamente el uso del gerundio de *posterioridad* o de *consecuencia*. Aunque en algunos casos pudiera parecer aceptable, no faltarán los redactores que aprovechen el resquicio abierto por el *Manual…* para abusar, creando proposiciones inaceptables como ⊗*Cancelaron el concierto,* ⊗*enojándose todos aquellos que ya habían comprado su boleto y que estaban formados para entrar en el auditorio.* "Después de todo —pensarían estos redactores— su enojo fue consecuencia directa de la cancelación del concierto, y se enojaron de inmediato". Aún así, este gerundio no procede, y estoy casi seguro de que la Asociación de Academias estaría de acuerdo conmigo.

Resulta en extremo sencilla la corrección de estas oraciones; solo hay que emplear un segundo verbo conjugado y replantearlas donde se estime necesario:

- <u>Cayó</u> el avión y en el percance <u>murieron</u> 103 personas.
- Todos <u>quedaron</u> contentos cuando <u>se firmó</u> el acuerdo.

- La pentatleta <u>se tropezó</u> y la caída <u>le produjo</u> una fractura en la pierna izquierda.
- El tragón <u>comió</u> un cerdo entero y <u>se infartó</u> minutos después.
- <u>Se abrogó</u> la ley e inmediatamente <u>quedaron</u> en libertad los presos.

2. El gerundio como adjetivo

En los usos 4, 10 y 12 del gerundio, listados arriba, vimos cómo usar gerundios legítimamente como adjetivos. Pero muchos redactores inexpertos emplean el gerundio de modo indiscriminado con función adjetiva, como es común en inglés y francés. Por eso es necesario repetir que los gerundios siempre denotan *acción, transformación* o *cambio*, nunca *cualidades*. Veamos algunos ejemplos, demasiado comunes, del mal empleo del gerundio como adjetivo:

⊗<u>Abrimos</u> una caja *conteniendo* 100 libros y varias partituras.
⊗<u>Escribieron</u> un artículo *atacando* al senador Domínguez.
⊗El equipo *ganando* más partidos <u>será</u> campeón.
⊗<u>Merecieron</u> un bono extra los policías *alcanzando* un promedio de 10 en su curso de capacitación.
⊗<u>Obtuvieron</u> la nómina *revelando* los nombres de los empleados que cobraban sin trabajar.[1]

En cada uno de estos casos el gerundio quiere cumplir una función adjetiva, para la cual no está facultado. Para evitar este problema, se vuelve a plantear la proposición con una oración subordinada adjetiva especificativa (véase el apartado §12.7.1):

- *Abrimos* una caja <u>que contenía</u> 100 libros y varias partituras.
- *Escribieron* un artículo <u>que atacaba</u> al senador Domínguez.
- El equipo <u>que gane</u> [ganador de] más partidos *será* campeón.
- *Merecieron* un bono extra los policías <u>que alcanzaron</u> un promedio de 10 en su curso de capacitación.
- *Obtuvieron* la nómina <u>que revelaba</u> los nombres de los empleados que cobraban sin trabajar.

[1] Este enunciado, tal como aparece, podría considerarse correctamente escrito, pero el gerundio *revelando* no tendría valor adjetivo sino adverbial. En otras palabras, la manera en que *obtuvieron la nómina* sería *revelando los nombres de los empleados que cobraban sin trabajar*. En el ejemplo, sin embargo, el autor pretendía que *revelando* fuera el equivalente de *reveladora* [*de*], un adjetivo: *Obtuvieron la nómina **reveladora** de los nombres de los empleados que cobraban sin trabajar*.

3. El gerundio en lugar de un verbo conjugado en oraciones compuestas

Como se vio en el capítulo 12, es posible unir —*coordinar*— dos oraciones independientes para que coexistan en una sola proposición. O puede subordinarse una oración a otra independiente. Podría escribir, por ejemplo: *Gritaron una serie de improperios al dignatario, aunque ignoraban la reacción que provocarían entre los guardaespaldas.* Aquí, de hecho, hay tres oraciones: una independiente y dos subordinadas. La independiente (*Gritaron una serie de improperios al dignatario*) se une a la primera subordinada (*aunque ignoraban la reacción*) por la conjunción adversativa *aunque*, y después se agrega la segunda subordinada: *que provocarían entre los guardaespaldas.*

> ➤ Hay redactores inexpertos que prefieren suprimir el verbo conjugado de la subordinada, o de la segunda de dos oraciones coordinadas, y poner en su lugar un gerundio porque consideran que el verboide es más *elegante*.

Esto es precisamente lo que ocurre en los ejemplos siguientes. Los últimos dos fueron tomados de la prensa mexicana; el primero es el mencionado:

- Gritaron una serie de improperios, *ignorándose* la reacción que provocarían en los guardaespaldas.
- Al momento de disparar al frente del candidato, fui empujado por una de las personas que se encontraban en ese lugar, *logrando* efectuar dos disparos con el arma de fuego que portaba, *siendo* detenido en esos momentos por unas personas vestidas de civil. (Declaración de Mario Aburto Martínez, asesino confeso de Luis Donaldo Colosio, tomada el 23 de marzo de 1994).
- El 30% de la población se encuentra en la pobreza extrema, *destacándose* los estados de Guerrero, Oaxaca y Chiapas.

Aquí se ve que no se trata de los primeros dos gerundios mal empleados: no pretenden ser adjetivos ni indican consecuencia o efecto. Simple y sencillamente, los redactores optaron por *gerundizar* el segundo verbo conjugado de dos o más oraciones compuestas. Para que estos gerundios estén bien empleados, deben cumplir alguno de los requisitos ya mencionados: tienen que regirse por el verbo principal, por ejemplo, lo cual no sucede; tienen que formar parte de un complemento circunstancial, lo cual tampoco sucede; tienen que fungir como adverbio, y aquí no lo hacen... La solución en estos casos es obvia y fácil: no hace falta sino reconocer que, en el fondo, se trata de dos o más oraciones independientes coordinadas, o una independiente más otra subordinada, u otras subordinadas. Para que así sea en la escritura, debemos conjugar cada verbo:

- Gritaron una serie de improperios aunque *ignoraban l*a reacción que *provocarían* en los guardaespaldas. (Independiente: *Gritaron una serie de improperios*; más una subordinada: *aunque ignoraban la reacción*; más otra subordinada: *que provocarían en los guardaespaldas*).
- Al momento de disparar al frente del candidato, <u>fui empujado</u> por una de las personas que *se encontraban* en ese lugar, *quien logró* efectuar dos disparos con el arma de fuego que portaba, *y <u>fui</u> <u>detenido</u>* en esos momentos por unas personas vestidas de civil. (Independiente más subordinada: *que se encontraban en ese lugar*: más otra subordinada: *quien logró efectuar dos disparos con el arma de fuego que portaba*; más otra independiente coordinada: *y fui detenido en esos momentos por unas personas vestidas de civil*).
- El 30% de la población se encuentra en la pobreza extrema; se *destacan* los estados de Guerrero, Oaxaca y Chiapas. (Independiente: El 30% de la población se encuentra en la pobreza extrema; más una segunda oración independiente coordinada por yuxtaposición: *se destacan los estados de Guerrero, Oaxaca y Chiapas*).

En conclusión

Como se ha visto, aquí se han explorado 16 usos legítimos del gerundio y se ha explicado el porqué de cada uno. Apegándose uno a estos usos, no tendrá problemas en su redacción. Por otro lado se han descrito los tres errores principales que se cometen al usar este verboide. Casi todos los yerros en relación con el gerundio caben en alguna de estas categorías. Si usted se familiariza con los 16 usos legítimos del gerundio y es capaz de reconocer las tres maneras en que los redactores inexpertos abusan de él, no tendrá por qué sentirse inseguro con esta forma verbal impersonal. Bien utilizado, el gerundio resulta muy expresivo; mal empleado, resulta poco preciso, confuso, y es señal inequívoca de que el redactor no domina su oficio.

Apéndice B
Casos especiales de concordancia

Aun en los escritores más cuidadosos surgen muchísimas dudas acerca de la concordancia de verbos con sustantivos, y de estos con adjetivos. No es para menos: a pesar de que en nuestro idioma hay reglas clarísimas en este sentido, pareciera que hay más excepciones que reglas, lo cual lleva a uno a pensar que, después de todo, el idioma es sumamente flexible en este aspecto.

La abundancia de excepciones a las reglas de concordancia vuelve en extremo difícil la tarea de hablar ordenadamente de ellas, pero es imprescindible hacerlo. Quien mejor lo hizo fue Andrés Bello en su *Gramática de la lengua castellana*, de la cual existen muchísimas ediciones, pues se trata de una obra escrita hace más de 165 años.

Este *Apéndice* no pretende mejorar la obra de Bello, sino ofrecer al redactor de hoy un compendio de los puntos más importantes y conflictivos de la concordancia en el español moderno. Como se trata de la interrelación de verbos y sustantivos, y de sustantivos y adjetivos de toda clase, no es fácil dividir el tema cómodamente en secciones. Procuraré, en cambio, ofrecer una lista de observaciones acerca de aquellos casos que surgen con frecuencia a la hora de escribir; suprimiré, por otra parte, los que aparecen solo fugazmente, junto con los que únicamente interesan a los filólogos.

Soy yo quien lo… ¿*digo* o *dice*?

Una de las polémicas más frecuentes gira alrededor de la persona del verbo en casos como el referido o como este: *Soy el hombre que [construyó o construí] esta casa con [sus o mis] propias manos*. Ambas posibilidades han sido aceptadas por el uso, aunque Bello halla más lógico el uso de la tercera persona.

La mayoría de las personas… ¿*sabe* o *saben*?

Palabras como *mayoría*, *especie*, *parte*, *número*, *cantidad*, etcétera, se llaman *colectivos* porque llevan implícitas más de una persona o cosa. A pesar de que el sujeto de la oración con que se titula este párrafo es singular (*la mayoría*), pertenece a una construcción que incluye, tras la preposición *de*, una frase sustantiva plural: *las personas*. En esta clase de construcciones el redactor es libre de elegir el número en que habrá de conjugarse el verbo, según dicte la lógica. Algunos ejemplos:

- Un gran número de personas *salieron* a aplaudir al candidato.
  O: Un gran número de personas *salió* a aplaudir al candidato.

- Una especie de manchas *cubrían* la piel de su cara.
  O: Una especie de manchas *cubría* la piel de su cara.

- Un sinnúmero de alimañas *devoraban* lo que el tigre dejó.
  O: Un sinnúmero de alimañas *devoraba* lo que el tigre dejó.

Se rebeló la gente, pero de súbito... *¿se entregó* o *se entregaron*?

Cuando se emplean colectivos en la primera de dos oraciones coordinadas (véase el apartado §4.2.1), o cuando la segunda se subordina a la primera, puede emplearse en la segunda un verbo en singular o en plural, según parezca más lógico. Hay, sin embargo, una condición: el colectivo debe ser de *especie indeterminada*, como los que hemos mencionado. Hay otros que implican cosas determinadas, y estos no entran en la presente excepción a la regla de concordancia. Bello da el ejemplo del colectivo *regimiento*, que implica *soldados*. De la misma manera, *jauría* implicaría *perros*; *clase*, *alumnos*; etcétera. Por ende, no podríamos decir: ⊗*La clase estuvo en silencio hasta que sonó la sirena, cuando todos se agolparon en la puerta.* Habría que decir: ...*cuando todos los alumnos...* Un ejemplo del uso lícito del singular o plural:

- La gente se mantuvo quieta durante varias horas, pero al escuchar el movimiento de la lava dentro del volcán, *salieron* rápidamente hacia parajes más seguros.

  O: La gente se mantuvo quieta durante varias horas, pero al escuchar el movimiento de la lava dentro del volcán, *salió* rápidamente hacia parajes más seguros. (*En este caso podría ser preferible el uso del plural para evitar cualquier confusión que podría producir la cercanía del sustantivo* lava *con el verbo* salió*; no vaya a pensarse que la lava salió a parajes más seguros*).

En general, los sustantivos como *parte*, *resto*, *mitad*, *tercio*, etcétera, pueden concordar con un verbo y un adjetivo en plural, si así pareciera más lógico:

- El barco se hundió en altamar; la mitad *perecieron* [o *pereció*] en el percance.

- Arribaron veinte peregrinos a las tres de la madrugada; el resto no *llegaron* [o *llegó*] nunca.

- Había muchas personas en la iglesia; parte no *habían* [o *había*] comido; parte *tenían* [o *tenía*] dos días sin dormir.

Parte, como adverbio, puede construirse con adjetivos masculinos o femeninos; el ejemplo pertenece a Andrés Bello: "El terreno es, *parte* sólido, *parte* arenisco".

Compró la bicicleta donde... ¿*la* o *las*?... vendían

Se trata de un caso de *silepsis* en que reproducimos, con un artículo y un verbo en plural, algo que se había expresado anteriormente en singular. La silepsis es *una figura de construcción que consiste en quebrantar las leyes de la concordancia en el género o el número de las palabras* (DRAE). Así, podemos decir que *Compró* la *bicicleta donde* las *vendían*. Otro caso: *No te cases con una mexicana, porque son amantes desenfrenadas que enloquecen a cualquiera.*

Los violadores... ¿*son* o *es*?... gente enferma

En las oraciones de predicado nominal con el verbo copulativo *ser*, el verbo suele concordar con el sujeto (la construcción sustantiva antes del verbo). Pero antes, veamos en qué consiste un verbo copulativo, y qué es una oración de predicado nominal:

Verbos copulativos

Los verbos *ser* y *estar (entre otros que también pueden funcionar copulativamente)* se llaman *copulativos* porque ligan el sujeto con sus atributos. Por ejemplo: *Juan es mi hermano.* En esta proposición, *mi hermano* es el atributo de Juan; el verbo, *es.* Otro ejemplo: *El mecánico está borracho.* Aquí, el atributo es el adjetivo *borracho*; quien está borracho es *el mecánico*; el verbo que liga ambos elementos es *está.*

Oración de predicado nominal

El *predicado nominal* consiste en un verbo copulativo + el atributo (y los complementos, si hubiera). La *oración de predicado nominal*, entonces, consiste en el *sujeto* y el *predicado nominal.*

En el caso del título de esta sección, la concordancia lógica sería: *Los violadores son gente enferma.* El verbo concertaría en plural con el sujeto. No obstante, el predicado nominal puede ejercer tal atracción sobre el verbo, que lo obliga a concertar con él, como en este ejemplo: *Cuando bajó del vagón, se dio cuenta de que lo que había visto eran pequeños animales de color gris oscuro*. El buen sentido debe regir en estos casos. Sin embargo, es preciso señalar que cuando se involucra el adjetivo *todo*, el verbo debe conjugarse en el singular: *La mujer fue toda sonrisas y elogios*. Una excepción: las construcciones demostrativas y colectivas, como *lo que, todo lo, todo esto, todo aquello*, etcétera, pueden concertarse con cualquier número, siempre y cuando el del predicado sea plural.

Deben regir, una vez más, la lógica y el decoro; mucho depende del contexto, el cual aquí no se ve:

- Todo lo anterior fueron cuestiones de simple criterio.
  O: Todo lo anterior fue cuestiones de simple criterio.

- Lo que tú necesitas son grandes extensiones de tierra.
  O: Lo que tú necesitas es grandes extensiones de tierra.

- Todo aquello serían mentiras si tú así lo quisieras.
  O: Todo aquello sería mentiras si tú así lo quisieras.

Aquí se... ¿*repara* o *reparan*?... televisores

A pesar de las grandes polémicas que se han desatado alrededor de las oraciones de esta clase, en realidad solo hay una respuesta: *Aquí se **reparan** televisores*. La prueba: si pasáramos la proposición a voz pasiva pura, solo se admitiría el plural: *Los televisores **son** reparados aquí*.

En proposiciones con infinitivos, sin embargo, se puede concordar en singular o plural (si el complemento directo es plural), ya que el infinitivo (que es singular) puede concordarse con el verbo conjugado:

- *El amor en los tiempos del cólera*, de Gabriel García Márquez, es una de las novelas más hermosas que se *puede* <u>leer</u>.

También puedo escribir:

- *El amor en los tiempos del cólera*, de Gabriel García Márquez, es una de las novelas más hermosas que se *pueden* <u>leer</u>.

Andrés Bello utiliza este ejemplo de Cervantes:

- Una de las más fermosas doncellas que *se puede* <u>hallar</u>.

Aquí, el infinitivo *hallar* es el sujeto de *se puede*. No obstante, Bello se inclinaba porque el verbo concordara con *las más fermosas doncellas*:

• Una de las más fermosas doncellas que *se pueden* hallar.

No siempre tenemos abiertas ambas posibilidades. Considérese esta oración:

• Se quiere alterar los documentos para dar la razón al fiscal.

En este caso no es lícito emplear el plural (*Se quieren alterar los documentos para dar la razón al fiscal*) porque se daría a entender que los documentos quieren alterarse solos para dar la razón al fiscal, situación que es imposible.

Es ¿o *son*?… constante ¿o *constantes*?… su ir y venir

Cuando dos o más ideas forman un solo hecho colectivo, se comportan como una sola cosa en cuanto a la conjugación del verbo que le corresponde:

• Es constante su ir y venir.
• El flujo y reflujo de ideas estimula el debate.
• A los políticos les fascina el estira y afloja de las negociaciones.

No obstante, cuando cada parte de la construcción colectiva lleva su adjetivo (o su artículo), el hecho único se convierte en un fenómeno plural:

• *Son* constantes su ir y su venir.
• El flujo y el reflujo del capital *afectan* los niveles de la bolsa.
• A los políticos les *fascinan* el estira y el afloja de las negociaciones.

Esto y lo que me dijiste me… ¿*da* o *dan*?… pavor

Cuando se unen dos o más demostrativos neutros, como en este caso, se considera —para los efectos de la conjugación del verbo— que forman uno solo en singular. Diríamos, así: *Esto y lo que me dijiste me da pavor*. Otro ejemplo: *Aquello de ayer y esto otro me obliga a tomar medidas inmediatamente*.

También hay un contraejemplo: si se mezcla con los demostrativos neutros (o si se combina con uno solo) un sustantivo masculino o femenino, el verbo puede conjugarse en plural o no: *Aquello de las invasiones y la declaración de los colonos me obligan* [o *me obliga*] *a tomar una posición al respecto. Tu afirmación de hoy y lo que antes negaste me* **enferman** [o *me enferma*].

El que haya llegado y el que tú la hayas recibido me... ¿*alarma* o *alarman*?

Dos proposiciones llevadas por el *que* o *quién* anunciativo concertarán en el singular:

- El que haya llegado y el que tú la hayas recibido me *alarma*.
- No *es* posible que comas tanto y que sigas tan delgado.
- Me *resulta* demasiado que vengas y que me pidas aun más dinero.
- No se *sabe* ni quién vino ni por qué dejó este extraño baúl.

Si existe la idea de reciprocidad, sin embargo, deben concertar en el plural:

- Se *contraponen* esto que dices y lo que se afirma aquí.
- Aquello que escribieron en el documento y esto se *contradicen*.

En oraciones de predicado nominal, por otra parte, si el predicativo es plural, el verbo también tendrá que serlo:

- Lo que me dices y lo que me demuestras **son** cosas, para mí, irreconciliables.
- Aquello de la carta y esto del beso dizque inocente **serán** marcas de Caín en la frente de mi hermana.

¿*Provocó* o *provocaron*?... hilaridad el payaso, el gato y la mujer desnuda

Cuando un verbo precede a una enumeración sustantiva, puede conjugarse en el plural o concertar con el primer elemento de la serie. Si el verbo viene *después* de la enumeración, debe conjugarse solo en el plural, pues así lo dicta el uso moderno:

- *Provocó* [o *provocaron*] hilaridad el payaso, el gato y la mujer desnuda.
  Pero: El payaso, el gato y la mujer desnuda *provocaron* hilaridad.
- **Conmovió** [o *conmovieron*] profundamente la *Novena sinfonía* de Mahler, la *Serenata para cuerdas* de Tchaikovski y *La historia de un soldado* de Stravinski.
  Pero: La *Novena sinfonía* de Mahler, la *Serenata para cuerdas* de Tchaikovski y *La historia de un soldado* de Stravinski *conmovieron* profundamente.

No importa que esté ausente la conjunción, si el verbo viene después de la enumeración, habrá de conjugarse en el plural:

- La *Novena sinfonía* de Mahler, la *Serenata para cuerdas* de Tchaikovski, *La historia de un soldado* de Stravinski **conmovieron** profundamente.

No obstante, si el último elemento de la enumeración envuelve a todos los anteriores, entonces sí puede emplearse una conjugación en singular.

- La *Novena sinfonía* de Mahler, la *Serenata para cuerdas* de Tchaikovski, *La historia de un soldado* de Stravinski…, toda esta belleza **conmovió** profundamente.

Con la conjunción copulativa negativa *ni* la situación cambia. Si todas las cláusulas son regidas por *ni*, el verbo puede conjugarse en plural o concertar con el elemento que lo precede:

- Ni el Ejército ni el Estado Mayor ni la Iglesia *pudo* [o *pudieron*] disuadirlo de su propósito.
- No la **molestó** [o *molestaron*] ni la presencia de mosquitos ni el niño que no la dejaba en paz junto a la alberca.

Pero si la oración empieza con *no*, y luego sigue el verbo tras el cual viene el primer elemento [*No la molestó la presencia de mosquitos…*], y solo entonces vienen los demás con *ni* [*ni el niño que no la dejaba en paz junto a la alberca…*], el verbo tras el *no* concertará con el primer elemento. En los demás se da por entendido:

- No la molestó la presencia de mosquitos ni el niño que no la dejaba en paz junto a la alberca ni la música estridente que salía de una radio portátil cerca de ella.

Cuando el sujeto es compuesto y las palabras que conforman su núcleo están ligadas por la palabra *o* (conjunción disyuntiva), lo más común es que el verbo sea conjugado en singular:

- Le *llamó* la atención su belleza o su simpatía.

Esto parece estar de acuerdo con el sentido común, porque sería una sola de las dos cosas la que le llamó la atención. Al escribir *Le llamaron la atención…*, se quiere indicar que hubo dos acciones diferentes, pero la lógica general de la oración indica que hubo una sola. El uso, sin embargo, permite que se emplee también el plural, independientemente de la ubicación del verbo:

- Le *llamaron* la atención su belleza o su simpatía.
- Su belleza o su simpatía le *llamaron* la atención.

Si cualquiera de los elementos del núcleo es plural, hay que usar el verbo en plural y colocarlo junto al que así lo exige:

- Su belleza o los destellos de su genio le *llamaron* la atención.
- Le *llamaron* la atención los destellos de su genio o su belleza.

El funcionario con su asistente… ¿*fue* o *fueron*?… abucheados

Cuando dos o más sustantivos singulares se enlazan por medio de palabras como *con, junto con, como, tanto como* o *así como*, se considera que forman un plural, y el verbo debe conjugarse de acuerdo con esta situación:

- El funcionario *con* su asistente *fueron* abucheados.
- Tanto el funcionario *como* su asistente *fueron* abucheados.
- El funcionario *así como* su asistente *fueron* abucheados.

No obstante, si los sustantivos no están directamente ligados, debe emplearse el singular:

- El funcionario *fue* abucheado junto con su asistente.
- El funcionario *fue* abucheado, así como su asistente.

La dignidad y ¿*el*? honor del hombre

El uso permite que el artículo o adjetivo que precede a dos o más sustantivos concierte con el primero. No es necesario usar otro artículo o adjetivo posesivo antes de los demás:

- La dignidad y honor del hombre están en juego.
- Me interesan su capacidad y talento.
- Su amable sonrisa y consejos me alentaron constantemente.
- Su enorme sabiduría y suerte lo salvaron de una muerte segura.

En los dos últimos casos los adjetivos *amable* y *enorme* modifican tanto a *sonrisa* y *consejos* como a *sabiduría* y *suerte*, respectivamente. Si el redactor quiere que únicamente modifiquen el primer elemento sustantivo, tiene que repetir el pronombre posesivo o colocar otra clase de adjetivo antes del segundo:

- Su amable sonrisa y sus consejos me alentaron constantemente.
  (*Aquí los* consejos *ya no son* amables).

- Su enorme sabiduría y la suerte lo salvaron de una muerte segura.
  (*Aquí su* suerte *ya no es* enorme).

Se necesita... ¿o *se necesitan*?... su valor y dinero

Cuando el verbo precede a un adjetivo singular que califica dos o más sustantivos que le siguen, puede optarse por el verbo en singular o plural (las palabras *su* y *ese* son adjetivos porque modifican el sustantivo que les sigue; concuerdan con él en número y género).

- Se necesita [o *se necesitan*] su valor y dinero para eso.
- Se pedía [o *se pedían*] su cooperación y comprensión para seguir adelante.
- ¿Qué se hizo [o *se hicieron*] ese gran talento y carisma?

Pero debe recordarse que si el verbo viene después, debe conjugarse en el plural:

- Tu promesa y talento *exigen* dedicación.
- Su dedicación y desinterés le *merecieron* el premio.

En Argentina misma ¿o *mismo*?

Cuando se usa la preposición *en* antes de un nombre propio de lugar, suele usarse la palabra *mismo* en masculino: *en Argentina mismo, en España mismo, en Colombia mismo*. Esto cambia, sin embargo, si se emplea un artículo antes del nombre propio de lugar: *en la Argentina misma, en la España misma, en el Perú mismo*.

Su excelencia será recibido ¿o *recibida*? por el presidente

Gracias a la figura retórica llamada *silepsis*, los títulos como *merced, señora, excelencia, majestad*, etcétera, concuerdan con la terminación adjetiva propia del sexo de la persona:

- Su excelencia será *recibido* por el presidente. (*Si* su excelencia *es hombre*).

De manera análoga, la silepsis permite situaciones como las que siguen, las cuales no debieran causar extrañeza; el adjetivo ha de concordar con la terminación adjetiva del sexo de la persona aludida:

- ¿Qué tal esa alimaña? Es feo como él solo.
- No me interesa esa mugre; es mentiroso y además inepto.

Como el lector se habrá dado cuenta, hay muchos más casos excepcionales que reglas para la concordancia en castellano. Para estas precisiones, y sus ejemplos, me he basado en el Capítulo xxx, "Concordancia", de Andrés Bello, obra que hasta ahora sigue siendo fundamental para estudiar estas cuestiones.

Índice analítico

a causa (de) que 126
a del acusativo 75
a donde 131
a fin de que 130
a personal 74-75
a pesar de que 106, 127, 128, 327, 373
a que 115-116, 130
accesar 74
acento diacrítico 249-250
acento diacrítico en pronombres o adverbios interrogativos . . . 250
acentuación (reglas de) 247-248
acentuación, reglas . . . . 245 y ss.
adjetivo 26, 58, 108, 114, 117
adonde 131
adverbio 26
agente 79-80, 87
agudas (palabras) 245-247
Alá, nombre de Dios proveniente del árabe 236
Álex Grijelmo . . . . 286, 286 (n.)
Andrés Bello, nomenclatura de (vse. *nomenclatura de Andrés Bello*)
antes (de) que 133
aparte de que 130
apenas 133, 335, 339
apenas... cuando 133
aplicar 70, 72-73
apódosis 128-129, 330, 336, 341
aposición 168
artículo 26
   (determinado o definido) 26, 57-58, 60, 231, 237, 249
   (indeterminado o indefinido) 26, 57
así como 133, 126-127

así como... así también 127
así pues 127
así que 127, 133
así... que 127
atributo 117-118, 137, 206, 261, 300-301, 369, 387
aun cuando 127-128
aunque .... 106, 106 (n.), 127-128
   (coordinante) .... 106 (n.)
   (subordinante) .... 106 (n.), 128
bien así 127
bien que 127-128
categorías gramaticales 135
certeza 115-116
cláusula 101
colectivo (vse. *sustantivo colectivo*)
coma .... 146 y ss., 150 y ss.
   antes de *pero, mas, aunque* (cuando es conjunción)
    y *sino que* 173
   antes de una conjunción para anunciar que se rompe
    la serie, o que no se establece 153, 166
coma de la elipsis 153, 172
   del vocativo .... 153, 170, 170 (n.)
   después de ciertos giros y frases hechas 210
   después de una inversión sintáctica consistente en una oración
    subordinada circunstancial condicional 185
   después de una inversión sintáctica que contiene
    gerundio o participio pasivo 184
   discrecional entre el sujeto y el núcleo del predicado 174
   comas para aislar información parentética, adicional
    o incidental .... 167 y ss.
   parentética 153, 164
   que evita confusión o ambigüedad entre la última
    palabra de la inversión sintáctica y la primera
    del resto de la proposición 181
   que usamos después de un adverbio o locución
    adverbial empleados de manera absoluta en
    una inversión sintáctica 186

seguida de la *y* [, y] 160
serial 157, 197
tras inversión sintáctica 174
prohibición 154
   (excepción de la...) 155, 174
uso obligatorio después de una inversión sintáctica 154
usos discrecionales 154
usos obligatorios . . . . 153 y ss.
comenzar 73
comillas . . . . 226 y ss.
francesas 226
simples 226-227
antes y después de una cita textual 226
para citar capítulos, cuentos, poemas, canciones
  o secciones de obras mayores 228
como 106, 126, 127, 132, 133
para 132
que 126
que + indicativo 132
quiera que 126
si + subjuntivo 132
son (evítese) 208
... *así bien* 127
... *así también* 127
complementarias directas (vse. *subordinadas sustantivas*
  complementarias directas)
complemento adnominal 54, 57, 61-62, 93-94, 116-117
complemento circunstancial de agente 87
de causa 87
de concesión 87
de destinatario 87
de destino 87
de finalidad 82
de instrumento 87
de lugar 87
de materia 87
de medio 87-88

de modo 87-88
de origen 87-88
de tiempo 87-88
complemento de régimen preposicional del verbo 93
complemento directo ... 70 y ss., 81, 83-84, 88, 93, 112, 117-119, 134
complemento indirecto .... 47, 70, 77, 81 y ss., 93, 114, 117
complemento preposicional con oración subordinada sustantiva
   que modifica adjetivos en la oración de predicado nominal ... 117
   que modifica sustantivos 115
   del verbo 93-94
     con oración subordinada sustantiva 133
   en lugar de complemento directo 261
   que funciona como adverbio .... 126 (n.)
complemento prepositivo del verbo 93
complementos circunstanciales .... 87 y ss., 108
complementos del predicado 69
complementos preposicionales del verbo 93, 108
complementos prepositivos 94
con que 106, 115
concordancia, casos especiales de .... 383 y ss.
condicional 31
conforme 106, 132
conforme a 132
conjugación 53-55, 67, 128-129, 274-275, 288
conjunción 27, 103-105, 148, 159
contexto 55, 71
contracción 59
coordinación 28-29, 99-101, 148
   adversativa 104
   distributiva 103
   disyuntiva 104
   exclusiva 104-105
   negativa 103
   restrictiva 105
corchetes 223-224
cual, cuales .... 106, 120 (n.), 127
cuando 106, 133

cuanto más 130
cuanto, cuan .... 106, 120 (n.), 131
cursiva, letra .... 227 y ss.
   para citar los nombres de revistas y periódicos 232
   para consignar tecnicismos poco comunes 227-228
   para escribir palabras extranjeras 228
   para indicar sentido figurado, irónico o sarcástico 227
   para neologismos o palabras aún no comprendidas
     universalmente 227-228
   para recalcar la importancia de una palabra 227
   para referirse a una palabra como *palabra*, fuera
     de su campo semántico natural 227-228
   para citar los títulos de obras artísticas mayores 228
cuyo, cuya, cuyos, cuyas .... 106, 120 (n.)
de + que 115
de donde 131
de manera que 127
de que 126
debido a que 106, 126
deseo 115
desinencia (del verbo) 309
después (de) que 133
detector de subordinaciones 105-106
devolver 71
dígrafo .... 225 (n.)
diptongo 245-246
   cuando se rompe 246
disyuntiva pura 104
doble sustitución 84-86
donde 106, 131
dos puntos .... 170 (n.), 204 y ss.
   antes de una cita textual, formal o directa 208
   antes de una lista en un cartel o anuncio 204
   después de ciertos giros y frases hechas 210
   no deben usarse después de un verbo cuando
     este introduce una enumeración 205

  para empezar a escribir una carta en forma
   (personal, laboral, oficial, de negocios, etcétera) 204
  para sugerir una consecuencia, para dar una explicación
   o anunciar una conclusión 209
duda 115
Edad Media 153
edición de escritorio 229
efecto cantilena 158
elipsis .... 104 (n.), 126 (n.), 164, 172, 192, 200, 223
emigrar (vse. *migrar*)
empezar 73
en donde 131
en grando que 127
en que 115
en tanto 130
en vista de que 106, 126
encabalgamiento .... 29-30, 104, 147, 149 y (n.), 160, 164, 191
entre tanto 130
enunciado 28, 101
errores de prestigio 74
escáner 74
esdrújulas (palabras) 246-247
estar 117
Fábula de Polifemo y Galatea 37
flexión .... 262, 262 (n.)
flexión (del verbo) 314
frase 28, 101-102
 sustantiva 108
 u oración parentética 169, 178, 220-222
 en serie 159
 preposicionales 94
gay 12, 21
género .... 79, 83, 90, 120 (n.)
gerundio .... 49 (n.), 67, 95 (n.), 365 y ss.
 compuesto 273, 280
 simple 280
 con pronombres enclíticos 274

Góngora y Argote, Luis de 37-38
graves (palabras) 246-247
guion
    entre palabras dan a conocer oposición o contraste 226
    para separar palabras que forman un neologismo
        no asimilado aún por el público lector 226
    para separar una palabra entre dos sílabas 225
hardware 74
hasta 20
Hilda Basulto .... 262, 276 (n.), 316 (n.)
igual... que 127
imitación lingüística 73
imperativo 30-31, 312-313
inciso 88, 168, 178, 221
indicativo 30, 312
infinitivo 67, 312
    compuesto 274-275, 280
    simple 275
    con pronombres enclíticos 274
información adicional, incidental o parentética 168
iniciar 10, 73
inseguridad 115
interfaz 9
interjección 27
internet 74
inversión sintáctica 91, 174, 180-181, 184, 185, 186
le, lo 85
lenguaje oral 55
letra redonda
    para consignar titulos de libros sagrados 234
    uso dentro de algo escrito con pura letra cursiva 227
lo mismo que 127
lógica temporal relativa .... 255 y ss., 347 y ss.
    el futuro como plano narrativo 358
        el futuro del futuro 359
        el pasado del futuro 359
    el pasado como plano narrativo 351, 354, 360

del pasado al presente 352, 355, 357
el futuro del pasado .... 354-355, 358, 360 (n.)
el pasado del pasado 325, 341, 353-354, 356, 360
el presente como plano narrativo 355
del pasado al presente de nuevo 357
el futuro del presente 357
el pasado del presente 56
estela del pluscuamperfecto 360
luego .... 106 (n.)
luego que 133
mainframe 74
mal que 128
malicia (literaria) 38
mandato 115
María Moliner 104, 150
mas 103
más 127
más... que 127
mayúscula (letra), al escribir la primera palabra
  de los táxones en latín 239
  al inicio de cada palabra del nombre de un periódico
    o revista 232
  al inicio de la primera palabra de un título o de cada
    parte de un nombre propio 231-232
  en la palabra *Dios* cuando es nombre propio de
    la divinidad 235-236
  en nombres propios de divinidades de cualquier religión ... 236
  para denominar acontecimientos históricos relevantes 239
  para designar disciplinas científicas o humanísticas,
    y las instituciones donde se estudian 238
  para designar entidades, organismos e instituciones 233
  para designar instituciones, oficinas, dependencias ... 234-235
  para designar otros apelativos de divinidades 236
  para escribir los nombres de las festividades 237
  para escribir nombres propios dentro de teorías,
    principios científicos y leyes 239
  para iniciar una proposición o enunciado 231

para los puntos cardinales cuando forman parte de
un nombre propio, o cuando están abreviados 238
para nombrar constelaciònes, estrellas y planetas 237
para referirse a las dos guerras mundiales 239-240
mayúsculas (letra) y el uso de la tilde 240
mayúsculas y minúsculas, uso de .... 231 y ss.
menos 127
menos... que 127
mientras 106, 133
mientras más 130
mientras que 106, 130
migrar 9, 72
minúscula (letra), en la palabra *dios* cuando
es sinónimo de *divinidad* 235-236
para designar cargos de dignidad 235
para designar cargos o títulos 234
para designar los puntos cardinales 238
para designar teorías, principios científicos y leyes 239
para escribir gentilicios y adjetivos relativos
a religiones y nacionalidades 237
para escribir los días de la semana 237
para escribir los meses 237
para nombrar acontecimientos históricos menores 239
para nombrar razas de animales y plantas 240
para referirse al sol, la tierra y la luna como objetos
comunes de la realidad 237-238
para referirse a frailes y hermanas religiosas 235
para referirse a las áreas de conocimiento empleadas
genéricamente 238
modificadores 55
modificadores directos del sujeto 57-60, 62
del modificador indirecto 60
modificador indirecto 61-62, 116
del sujeto 58-59
de otros modificadores indirectos 60
modo .... 30-31, 42, 99, 262 (n.), 274 (n.), 312-314
modo indicativo 115

modo subjuntivo 115
monosílabos que jamás emplean tilde 251
neologismos 74
nexo 105, 148
ni 103
ni... ni 103
nomenclatura académica actual de los tiempos verbales
   de Andrés Bello 262, 314
núcleo de predicado 42, 45-47, 54, 67-68, 70, 180
núcleo de sujeto 54-55, 57-58, 60, 62, 116-117
núcleo verbal 42, 45, 47, 53, 69, 99-100
número .... 67, 79, 83, 120 (n.), 262 (n.), 309-311
o 103
ó 104
objeto directo, (vse. *complemento directo*)
oración 28, 38-40, 43, 101-102
   bimembre 40
   compuesta 28, 42, 69, 99, 101-102, 108-109
   de predicado nominal 118, 206
   dependiente .... 43 (n.)
   incidenal 122
   independiente 43-45, 68-69, 99-100
   parentética 122, 168
   principal 44, 69, 99-100
   simple 28, 42, 88, 99, 102, 109, 112
   subordinada adjetiva 108, 114, 121
      especificativa 121, 122
      explicativa 122-123
      circunstancial 108, 125
         de adición 125
         de causa (causales) 125, 195
         de comparación (comparativas) 125-126
         de concesión (concesivas) 125, 127-128
         de condición (condicionales) 125, 128-129, 215
         de consecuencia (consecutivas) 125, 127
         de contraste 125, 129
         de excepción 125, 130

de finalidad (finales) 125, 130
de intensidad 125, 131
de lugar (locativas) 125, 131
de modo (modales) 125, 131-132
de restricción (restrictivas) 125, 132
de tiempo (temporales) 125, 132
especificativa 90-91
sustantiva, ... 54, 107 y ss., 110 y ss., 115 y ss.
que funge como complemento circunstancial 108
que funge como complemento directo 108, 112
que funge como complemento indirecto 108, 113-114
que funge como sujeto 107, 110-111
que modifica al núcleo de complemento directo 116
oración unimembre 28, 40, 67
coordinadas .... 43-44, 68, 99-100, 101 y ss.
seriadas, oraciones en serie .... 104 (n.), 148, 162 y ss.
subordinadas ... 15, 43-45, 62-63, 71, 78, 100-101 y ss., 105 y ss.
orden de los complementos en el predicado 90
orden natural de los elementos oracionales (vse. *orden lógico*)
orden natural o lógico 88, 90-91, 174
orden tradicional de las palabras (vse. *orden lógico*)
ortografía 145
palabras (agudas, graves, esdrújulas y sobreesdrújulas) ... 246-247
para que 130
parecer 117
paréntesis, signos de 221-222
participio .... 27, 67, 275 y ss.
activo 27, 68, 275
pasivo 27, 68, 79, 275
pausa 151-152
perífrasis verbal .... 49 (n.), 286
pero 103, 105
pero, no usar dos o más veces al hilo 199
persona 42, 54, 67, 309-311
plural 85-86
por cuanto 126
por donde 131

por que 106, 115
por razón de que 126
por... que 128
porque 106
posibilidades combinatorias del idioma 90
potencial 31
predicado 28, 39, 41, 46, 67, 69
predicativo 117-118, 206
preposición 27, 57, 59-62, 74, 80-82, 93-94, 117
pretérito imperfecto (o copretérito) 318-319
    pasado condicional 319
    pasado de conato 318
    pasado de cortesía o modestia 318
    pasado de hechos sucesivos 318
    pasado reiterativo 318
    pretérito de gran amplitud 318
primero que 133
pronombre 27, 78, 83-85, 87
    de complemento directo 77, 83
    de complemento indirecto 86
    reflexivo 73
    relativo 120
    demostrativo 13-14
        ya no emplean acento diacrítico 251-252
proposición 29-30, 43, 101-102, 116, 147
prótasis 128-129
puente 105, 148
pues 106, 126
pues que 126
puesto que 106, 126
punto .... 146 y ss.
punto y coma .... 172, 191 y ss.
    cuando se guarda una estrecha relación en cuanto al sentido .. 196
    en casos de elipsis 200
    para separar oraciones en serie donde se meten frases
      u oraciones incidentales 197

para separar oraciones yuxtapuestas de construcción no
    semejante, que no se han unido por una conjunción   192
    para yuxtaponer dos oraciones que tienen el mismo sujeto ... 194
punto y seguido 110
punto, su posición en relación con comillas y paréntesis ... 229-231
puntos suspensivos, cuando se cita solo la primera parte
  de una oración que se entiende bipartita 215
  cuando se deja una frase célebre incompleta, cuando
    una oración es interrumpida o cuando se cita solo parte
    de alguna obra 214
  para indicar que una enumeración podría continuar 213
  para introducir un elemento de sarcasmo, ironía, sorpresa
    o dramatismo 216
puntuación, (vse. *signos de puntuación*)
que 106, 133
que + pronombre + *ser* (*que yo sepa, que nosotros sepamos*) ... 132
quien, quienes .... 106, 120 (n.)
raíz (del verbo) 262, 274
raya de diálogo y acotación 224-225
rayas parentéticas 220-223
regresar 71
relación gramatical 150
relación ideológica 193
replanteamiento general de la proposición 109
resultar 117
salvo que 130
sarcasmo, (vse. *sentido irónico*)
se los 85
según 106, 132
según que 132
seguridad 115
sentido figurado, (vse. *sentido irónico*)
sentido irónico, uso de comillas o letra cursiva 227-228
separación silábica, regla para la .... 225 (n.)
ser 79, 117
servilismo lingüístico, (vse. *imitación lingüística*)
si 106

signos de interrogación y exclamación .... 216 y ss.
   abrir con uno y cerrar con otro 218-219
signos de puntuación 145, 153, 192, 213, 241-242
sílaba tónica 245
simplificaciones académicas, acerca de las 253
simultaneidad 130
singular 86
sino que 103, 105
sino que 106
sintagma 101
sintaxis 22, 37, 90, 156, 175, 178-180, 220
sistemas operativos 72
sobreesdrújulas (palabras) 247
software 72, 74
solo (adverbio) 13-14
   ya no emplea acento diacrítico 251
Strunk y White .... 104 (n.)
subjuntivo 30-31, 312-313
subordinación 28-29, 99-100, 148
subordinación adjetiva 119
subordinación adjetiva que modifica al núcleo
   del complemento directo 119
subordinación adjetiva que modifica al núcleo
   del complemento indirecto 119
subordinación adjetiva que modifica al núcleo
del sujeto 119
subordinación adjetiva que modifica al sustantivo que
   se encuentra en el complemento circunstancial 119
subordinación especificativa 121
subordinación excesiva 108-109
subordinación explicativa 121
subordinación sustantiva 110
   de complemento indirecto 113
subordinadas de complemento directo 113
subordinadas sustantivas complementarias directas 113
sujeto 27, 39, 41-42, 46-48, 53-55, 60, 62-63, 67,
   69-70, 80-82, 99-100, 111, 179

sujeto complejo 53-55
sujeto implícito, (vse. *sujeto tácito*)
sujeto pasivo (o *paciente*) 79-80
sujeto principal 68
sujeto simple 53-54
sujeto tácito 54-55, 100
superlativo 90
supuesto que 126
sustantivo 25, 57-58, 62, 108
sustantivo colectivo 53
tal 127
tal... cual 127
tal... que 127
tan 127, 215
tan pronto como 133
tan... que 127
tanto 215
tanto es así... que 127
tanto más... cuanto que 127
tanto...cuanto 127
terminación (del verbo) 262
término (de complemento adnominal) 62, 108, 116-117
término de complemento preposicional 133
términos técnicos 9
tiempo .... 42, 67, 99, 262, 262 (n.), 274 (n.)
tilde, uso ortográfico o diacrítico .... 247 y ss.
u 103
uso absoluto del adverbio o locución adverbial 187
verbo 25, 102
   callado .... 104 (n.)
   conjugado 42, 45, 62, 67, 99, 101, 105
   conjugado en subjuntivo 115
   copulativo 117-118, 261, 300
   perifrástico .... 49 (n.), 95, 286
   principal 53-54, 69, 70, 81-82, 87
   función y constitución .... 261 y ss.
   compuestos 285

copulativos 300
de pensamiento .... 112 (n.)
enunciativos 112
impersonales o unipersonales 299
intransitivos 70-73, 79, 305
irregulares .... 290 y ss.
   imperativo 292
   indicativo 291
   subjuntivo 291
perifrásticos con preposiciones 288
regulares .... 289 y ss.
verbos regulares, imperativo 290
verbos regulares, indicativo 289
verbos regulares, subjuntivo 289
verbos subordinados en subjuntivo e indicativo 115
verbos transitivos 70-72, 74, 76, 79, 88, 304
verbos, accidentes gramaticales de los .... 307 y ss.
   modo 312
    imperativo 313
    indicativo 312
    subjuntivo 312
   persona y número 309
   persona, flexión 309
   persona, voseo 311
   tiempo ... 262 y ss., 275, 296, 301, 309, 313, 316 y ss., 334 y ss., 345
    tiempo de imperativo 345
     presente 345
    tiempos de indicativo .... 316 y ss.
    condicional o pospretérito 330
    condicional concesivo 331
    condicional de acción futura 331
    condicional de cortesía 331
    condicional de posibilidad de la acción 330
     en el futuro 331
    condicional de propósito u obligación 331
    condicional perfecto, o antepospretérito,
     condicional perfecto concesivo 333

condicional perfecto, o antepospretérito 332

condicional perfecto, o antepospretérito, condicional
   perfecto de cortesía 333

condicional perfecto, o antepospretérito, condicional
   perfecto de posibilidad de la acción 332

condicional perfecto, o antepospretérito, condicional
   perfecto de probabilidad 333

tiempos de indicativo, futuro, ... 326

futuro de concesión 327

futuro de obligación 327

futuro de sorpresa, asombro, inquietud o molestia . . . 327

futuro empírico 327

futuro exhortativo 327

futuro perfecto, o antefuturo 328

antefuturo de concesión 329

futuro admirativo 329

futuro perfecto 328

pasado del presente, ... 329

futuro perfecto, o antefuturo, pasado
   inmediato del futuro 328

futuro potencial 327

el futuro de posibilidad o hipotético 326

tiempos de indicativo, presente actual 316

presente de futuro 316

presente de mandato 316

presente de verdad absoluta 317

presente en el condicional 316

presente habitual 316

presente histórico 316

tiempos de indicativo, pretérito anterior, o antepretérito . . 323

pretérito perfecto compuesto, o antepresenste 322

pretérito perfecto compuesto, pasado
   de consecuencias presentes 322

pretérito perfecto compuesto, pasado inmediato . . . 322

pretérito perfecto simple, o pretérito 320

pretérito pluscuamperfecto, o antecopretérito 325

pasado inmediato del pasado 325

pasado mediato del pasado 325
tiempos de subjuntivo 334
  presente 334
    presente como futuro 335
    presente del subjuntivo con matiz de eventualidad
      o incertidumbre 335
  futuro, ... 342
    perfecto, o antefuturo 343
      futuro hipotético que es pasado de un futuro 344
    futuro hipotético 342
  pretérito imperfecto, o pretérito 336
  pretérito imperfecto, o pretérito, pasado
    con relación de posterioridad 337
  pretérito imperfecto, o pretérito, pasado
    en coexistencia con el presente 337
  pretérito imperfecto, o pretérito, pasado
    netamente de anterioridad 337
  pretérito perfecto, o antepresente 339
    pasado perfecto que funciona como imperfecto 339
    pasado que indica futuro 339
  pretérito pluscuamperfecto o antecopretérito 340
    pasado con sentido de posibilidad 341
    pasado del pasado 341
  tiempo, tilde, con letras mayúsculas 240
  en palabras que pueden causar confusión 248-249
verbos, clasificación de los .... 283y ss.
verbos, clasificación de los, por su conjugación 288
  defectivo 296
    en el imperativo 297
    en el indicativo 297
    en el subjuntivo 297
  impersonales o unipersonales 299
  irregulares 290
    cuya desinencia se altera 292
      para el imperativo 294
      para el indicativo 292
      para el subjuntivo 293

cuya raíz se altera 290
   para el imperativo 292
   para el indicativo 291
   para el subjuntivo 291
cuya raíz y cuya desinencia se alteran 294
   para el imperativo 295
   para el indicativo 294
   para el subjuntivo 294
regulares 289
   para el imperativo 290
   para el indicativo 289
   para el subjuntivo 289
verbos, clasificación de los, por su función sintáctica 300
  auxiliares 301
  copulativos 300
verbos, clasificación por el destino de la acción 304
  intransitivos 305
  transitivos 304
verbos, clasificación por su necesidad
de usar pronombres (pronominales) 302
  recíprocos 303
  reflexivos 302
verbos, clasificados por estructura 285
  compuestos 285
  derivados 285
  perifrásticos (perífrasis verbal) 286
  perifrásticos (perífrasis verbal),
    unión con conjunción 287
    unión con preposiciones 288
    prepositivos 285
    primitivos 285
    simples 285
verbos, lógica temporal relativa (vse. *lógica temporal relativa*)
verboide 67, 69, 271
  simple (infinitivo simple) 273
  simple (infinitivo compuesto) 274
formas no personales de los verbos 271

vírgula 153
visto que 126
vocales fuertes y débiles (abiertas y cerradas) 245-246
vocativo 152
voluntad 115
voseo 311
voz activa 79-80
voz pasiva 79, 80
web 74
y 103-104
y/o 104
ya que 106, 126, 128, 133
yuxtaposición 30, 103, 105, 191, 193-194
yuxtaposición mediante coma . . . . 104 (n.)

Índice de materias

Agradecimiento 7

Prólogo a la sexta edición. Lengua y tiempo, una batalla constante .. 9

Introducción para escépticos y entusiastas 19

Un leve anestésico (A manera de advertencia) 25
    Tabla de términos 25
      A. Partes de la oración 25
      B. Construcciones sintácticas básicas 27
      C. Modos indicativo, subjuntivo e imperativo 30

Primera parte: **Vista panorámica de la oración**

Capítulo 1. Sujeto y predicado

1.1 Sintaxis: orden, desorden y sus infinitas posibilidades 37
    1.1.1 La oración 38
1.2 Oración bimembre: algunas estructuras 40
1.3 El sujeto, planteamiento preliminar 41
1.4 El núcleo del predicado 42
1.5 Identificación del sujeto, tras haber localizado
    el núcleo del predicado 46

Capítulo 2. El sujeto y sus complementos

2.1 Sujeto simple y sujeto complejo 53
    2.1.1 Sujeto tácito: aquí estoy pero no me ves 54
2.2 Modificadores directos del sujeto 57
2.3 Modificadores indirectos 58
2.3.1 El complemento adnominal 61

Capítulo 3. El predicado y sus complementos

3.1 El predicado: la esquina caliente de la oración 67
3.2 El núcleo del predicado 67
3.3 El complemento directo 70

§3.3.1 Consideraciones especiales en relación
  con la preposición a y el complemento directo 74
3.3.2 ¿Qué o quién hizo qué? 75
3.3.3 Sustituir el presunto complemento por un pronombre 77
3.3.4 La prueba de la voz pasiva 79
3.4 El complemento indirecto 81
  3.4.1 El pronombre de complemento indirecto 83
  3.4.2 La doble sustitución 84
3.5 Los complementos circunstanciales 87
3.6 El orden de los complementos en el predicado 90
3.7 Complementos preposicionales del verbo 93

Capítulo 4. Oraciones compuestas

4.1 La naturaleza de las oraciones compuestas 99
  4.1.1 La diferencia principal entre la oración
  simple y la compuesta 99
4.2 Oraciones coordinadas y subordinadas 101
  4.2.1 Las oraciones coordinadas 103
  4.2.2 Las oraciones subordinadas 105
4.3 La subordinación sustantiva 110
  4.3.1 Subordinada sustantiva de sujeto 110
  4.3.2 Subordinada sustantiva de complemento directo 112
4.4 Un aparte: verbos subordinados en subjuntivo e indicativo 115
4.5 Otro aparte: Complemento preposicional con oración
subordinada sustantiva que modifica sustantivos 115
4.6 Último aparte: Complemento preposicional con oración
subordinada sustantiva que modifica adjetivos en la oración de predicado
nominal 117
4.7 Las subordinaciones adjetivas 119
  4.7.1 Oraciones subordinadas adjetivas especificativas 121
  4.7.2 Oraciones subordinadas adjetivas explicativas 122
4.8 Oraciones subordinadas circunstanciales, también llamadas
subordinaciones circunstanciales 124
  4.8.1 Adición 125
  4.8.2 Causa (causales) 125
  4.8.3 Comparación (comparativas) 126
  4.8.4 Consecuencia (consecutivas) 127
  4.8.5 Concesión (concesivas: que indican concesión
  o vencimiento de alguna dificultad u objeción planteada
  en la oración principal) 127

4.8.6 Condición (condicionales) 128
4.8.7 Contraste 129
4.8.8 Excepción 130
4.8.9 Finalidad (finales) 130
4.8.10 Intensidad 131
4.8.11 Lugar 131
4.8.12 Modo (o modales 131
4.8.13 Restricción 132
4.8.14 Tiempo (temporales) 132
4.9 Complemento preposicional del verbo
con oración subordinada sustantiva 133

Segunda parte: **Puntuación**

Capítulo 5. La coma [,] y el punto [.]

5 La puntuación: los signos son señales 143
5.1 Los usos del punto [.] y de la coma [,] 146
5.1.1 El punto, para estar juntos aunque no revueltos:
¡rehúya, a toda costa, el encabalgamiento! 147
5.1.2 Acerca de los usos de la coma 150
5.1.2.1 La coma no es una pausa, a pesar del mito 151
5.1.2.2 Lista de los 12 usos de la coma 153
5.1.2.2.1 Usos obligatorios 153
5.1.2.2.2 El primer uso discrecional 154
5.1.2.2.3 El segundo uso discrecional 154
5.1.2.2.3.1 Usos obligatorios de la coma después
de una inversión sintáctica 153
5.1.2.2.4 La prohibición 154
5.1.2.2.4.1 La excepción a la prohibición 155
5.2. Las reglas 157
5.2.1 Regla 1: La coma serial (para separar palabras,
frases u oraciones en serie) 157
5.2.1.1 Acerca de cómo se forman oraciones en serie 162
5.2.2 Regla 2: La coma antes de una conjunción para
anunciar que se rompe la serie, o que no se establece
una serie 166
5.2.3 Regla 3: El uso de una o dos comas para aislar
información *parentética, adicional* o *incidental* 167
5.2.4 Regla 4: La coma del vocativo (para separar
el elemento vocativo del resto de la oración 170

5.2.5 Regla 5: La coma de la elipsis (para indicar dónde se ha suprimido, *elidido*, un verbo), también llamada verbo callado 172

5.2.6 Regla 6: La coma antes de la conjunción adversativa pe*ro, mas* (y *aunque* cuando es conjunción) y de la locución conjuntiva *sino que* cuando coordinan dos oraciones 173

5.2.7 Regla 7: La coma discrecional que usamos entre el sujeto y el núcleo del predicado *cuando el sujeto es o incluye una oración subordinada*, y entonces se hace *solo cuando resulta* absolutamente necesario para eliminar *confusión* o *ambigüedad* 174

5.2.8 Regla 8: La coma tras inversión sintáctica es discrecional cuando no se presentan los casos descritos en los usos 9, 10, 11 y 12 174

5.2.9 Regla 9: La coma que evita confusión o ambigüedad entre la última palabra de la inversión sintáctica y la primera del resto de la proposición 181

5.2.10 Regla 10: Usamos coma después de una inversión sintáctica que contiene gerundios o participios pasivos 184

5.2.11 Regla 11: La coma después de una inversión sintáctica consistente en una oración subordinada circunstancial condicional 185

5.2.12 Regla 12: La coma que usamos después de un adverbio o locución adverbial empleados de manera absoluta en una inversión sintáctica 186

Capítulo 6. El punto y coma [;] y los dos puntos [:]

6.1 El punto y coma, consideraciones generales 191

6.1.1 Para separar oraciones yuxtapuestas de construcción no semejante, que no se han unido por una conjunción 192

6.1.1.1 Para yuxtaponer dos oraciones que tienen el mismo sujeto 194

6.1.1.2 Cuando se guarda una estrecha relación en cuanto al sentido 196

6.1.2 Para separar oraciones en serie donde se meten, además, frases u oraciones incidentales 197

6.1.3 Para separar oraciones que comparten el mismo verbo, cuando este se ha suprimido después de la primera mención (elipsis) 200

6.2 Los dos puntos, 204

6.2.1 Para empezar a escribir una carta 204

6.2.2 Antes de una lista en un cartel o anuncio 204

6.2.3 En la buena prosa, no deben usarse los dos puntos
después de un verbo cuando este introduce una
enumeración 205

6.2.4 Evítese la frase *como son* 208

6.2.5 Antes de una cita textual 208

6.2.6 Para sugerir una consecuencia, para dar
una explicación o anunciar una conclusión 209

6.2.7 Después de ciertos giros y frases hechas 210

Capítulo 7. Los puntos suspensivos […], los signos de interrogación [¿?] y de admiración [¡!], la raya [—], los paréntesis ( ), los corchetes [ ], el guion [-] y las comillas [" ", « », '',< >]; además, algunas reglas para usar las mayúsculas

7.1 Los puntos suspensivos 213

7.1.1 Para indicar que una enumeración podría continuar 213

7.1.2 Cuando se deja una frase célebre incompleta,
cuando una oración es interrumpida o cuando se cita
solo parte del título de alguna obra 214

7.1.3 Cuando se cita solo la primera parte de una oración
que se entiende que debiera ser bipartita 215

7.1.4 Para indicar sarcasmo,
ironía, sorpresa o dramatismo 216

7.2 Los signos de interrogación y de exclamación 216

7.3 Los paréntesis, la raya, los corchetes, el guion
y las letras cursivas o itálicas 220

7.4 Las comillas 226

7.5 ¿Comillas o cursivas? 227

7.6 Con comillas y paréntesis, ¿dónde va el punto,
adentro o afuera? 229

7.7 Acerca del uso de mayúsculas y minúsculas 231

7.7.1 Mayúsculas en títulos, nombres propios y entidades
colectivas o institucionales 231

7.7.1.1 Títulos de libros sagrados 234

7.7.1.2 Cargos, títulos, instituciones, oficinas, dependencias 234

7.7.2 Los días de la semana, los meses, las festividades;
los gentilicios y adjetivos relativos a religiones
y nacionalidades 237

7.7.3 Constelaciones, estrellas, planetas, puntos
cardinales 237

7.7.4 Terminología latina, disciplinas científicas
o humanísticas y las instituciones donde se estudian 238
7.7.5 Teorías, principios científicos y leyes 239
7.7.6 Nombres de acontecimientos históricos 239
7.7.7 Nombres de razas de animales y de plantas 240
7.7.8 Mayúsculas y tildes de acentuación 240

Capítulo 8. Acentuación
8 Acentuación, reglas, problemas y soluciones 245
8.1 Los diptongos 245
8.2 Palabras graves, agudas y esdrújulas 246
8.3 Las reglas de la acentuación 247

Tercera parte. **Los verbos y su lógica temporal relativa**

Capítulo 9. Función y construcción del verbo
Introducción 257
9 Función y constitución del verbo 261

Capítulo 10. Verboides (formas no personales del verbo)
10 Verboides (formas no personales del verbo) 273
10.1 Infinitivo 273
10.2 Participio 275
10.3 Gerundio 280

Capítulo 11. Clasificación de los verbos
11.1 Por su estructura 285
11.1.1 Simples 285
11.1.1.1 Primitivos 285
11.1.1.2 Derivados 285
11.1.2 Compuestos 285
11.1.3 Prepositivos 285
11.1.4 Perifrásticos (perífrasis verbal) 286
11.1.4.1 Unión con conjunción 287
11.1.4.2 Unión con preposiciones 288
11.2 Por su conjugación 288
11.2.1 Regulares 289
11.2.2 Irregulares 290

11.2.3 Defectivos 296
11.2.4 Impersonales o unipersonales 299
11.3 Por su función sintáctica 300
11.3.1 Copulativos 300
11.3.2 Auxiliares 301
11.4 Por su necesidad de usar pronombres (pronominales) 302
11.4.1 Reflexivos 302
11.4.2 Recíprocos 303
11.5 Por el destino de la acción 304
11.5.1 Transitivos 304
11.5.2 Intransitivos 305

Capítulo 12. Accidentes gramaticales del verbo

12 Accidentes gramaticales del verbo 309
12.1 Persona y número 309
12.1.1 Voseo 311
12.2 Modo 312
12.2.1 Indicativo 312
12.2.2 Subjuntivo 312
12.2.3 Imperativo 312
12.3 Tiempo 312
12.3.1 Tiempos de indicativo 316
12.3.1.1 Presente 316
12.3.1.2 Pretérito imperfecto o copretérito 318
12.3.1.3 Pretérito perfecto simple o pretérito 320
12.3.1.4 Pretérito perfecto compuesto o antepresente 322
12.3.1.5 Pretérito anterior o antepretérito 323
12.3.1.6 Pretérito pluscuamperfecto o
antecopretérito 325
12.3.1.7 Futuro 326
12.3.1.8 Futuro perfecto o antefuturo 328
12.3.1.9 Condicional o pospretérito 330
12.3.1.10 Condicional perfecto o antepospretérito 332
12.3.2 Tiempos de subjuntivo 334
12.3.2.1 Presente 334
12.3.2.2 Pretérito imperfecto o pretérito 336
12.3.2.3 Pretérito perfecto o antepresente 339
12.3.2.4 Pretérito pluscuamperfecto o
antepretérito 340
12.3.2.5 Futuro 342

12.3.2.6 Futuro perfecto o antefuturo 343

12.3.3 Tiempo de imperativo 345

12.3.3.1. Presente 345

Capítulo 13. Lógica temporal relativa

13 Lógica temporal relativa 349

13.1 El pasado como plano narrativo 351

13.1.1 Del pasado al presente 352

13.1.2 El pasado del pasado 353

13.1.3 El futuro del pasado 354

13.2 El presente como plano narrativo 355

13.2.1 El pasado del presente 356

13.2.1 Del pasado al presente de nuevo 357

13.2.2 El futuro del presente 357

13.3 El futuro como plano narrativo 358

13.3.1 El pasado del futuro 359

13.3.2 El futuro del futuro 359

Apéndice A. *El gerundio bien y mal empleado*

La formación del gerundio 365

Lista de los usos generales del gerundio 366

1. Uso general del gerundio: modal 366

Uso modal A: simultaneidad 367

Uso modal *B*: anterioridad 367

2. Uso general del gerundio: *perifrástico* 368

3. Uso general del gerundio: *predicativo* 369

4. Uso general del gerundio: para modificar un complemento
   directo de un verbo de percepción sensible, mental o intelectiva, de
   representación, descubrimiento
   o hallazgo 370

5. Uso general del gerundio: *exhortativo* o *directivo*,
   o como reconvención 371

6. Uso general del gerundio: *interrogativo* o *exclamativo* 372

7. Uso general del gerundio: *condicional* 372

8. Uso general del gerundio: *concesivo* 373

9. Uso general del gerundio: de nombres de información
   o comunicación 374

10. Uso general del gerundio: de pie de foto, grabado
    o de cédula 375

11. Uso general del gerundio: de *ubicación* u
   orientación locativa 375
12. Uso general del gerundio: *ardiendo* e *hirviendo*
   como adjetivos 375
13. Uso general del gerundio: tras la preposición *en* y
   en diminutivo 376
14. Uso general del gerundio: para dar respuestas a
   ciertas preguntas 376
15. Uso general del gerundio: tirando a... 377
16. Uso general del gerundio: *andando*
   (el tiempo, los años...) 377
Lista de usos indebidos del gerundio 377
   1. El gerundio de *posterioridad* que indica *consecuencia* 377
   2. El gerundio como adjetivo 380
   3. El gerundio en lugar de un verbo conjugado
   en oraciones compuestas 381

Apéndice B. *Casos especiales de concordancia*

Soy yo quien lo... *¿digo* o *dice?* 385
La mayoría de las personas... *¿sabe* o *saben?* 385
Se rebeló la gente, pero de súbito... *¿se entregó* o *se entregaron?* .. 387
Compró la bicicleta donde... *¿la* o *las?*... vendían 387
Los violadores... *¿son* o *es?*... gente enferma 387
Verbos copulativos 387
Oración de predicado nominal 387
Aquí se... *¿repara* o *reparan?*... televisores 388
Es *¿o son?*... constante *¿o constantes?*... su ir y venir 389
Esto y lo que me dijiste me... *¿da* o *dan?*... pavor 389
El que haya llegado y el que tú la hayas recibido me...
   ¿alarma o *alarman?* 370
¿Provocó o *provocaron?*... hilaridad el payaso, el gato
   y la mujer desnuda 390
El funcionario con su asistente... *¿fue* o *fueron?*...
   abucheados 392
La dignidad y *¿el?* honor del hombre 393
Se necesita... *¿o se necesitan?*... su valor y dinero 393
En Argentina misma *¿o mismo?* 394
Su excelencia será recibido *¿o recibida?* por el presidente 394

Índice analítico 395